Familienbildung in der Migrationsgesellschaft

Erwachsenenbildung

Schriftenreihe des Comenius-Instituts
und der Deutschen Evangelischen
Arbeitsgemeinschaft für Erwachsenenbildung

herausgegeben von
Michael Glatz, Carola Iller,
Freimut Schirrmacher, Peter Schreiner

Band 4

Die Reihe Erwachsenenbildung reflektiert aktuelle Forschungen, innovative Konzepte und Erfahrungen von Anbietern und Teilnehmenden. Die Bände resultieren aus der Kooperation zwischen dem Comenius-Institut (CI) und der Deutschen Evangelischen Arbeitsgemeinschaft für Erwachsenenbildung (DEAE). Die gemeinsame Herausgeberschaft ist Ausdruck des verbindenden Interesses von DEAE und CI an der Entwicklung von Wissenschaft und Praxis der Erwachsenenbildung.

Thomas Geisen, Carola Iller,
Steffen Kleint, Freimut Schirrmacher (Hrsg.)

Familienbildung in der Migrationsgesellschaft

Interdisziplinäre Praxisforschung

Waxmann 2019
Münster • New York

Bibliografische Informationen der Deutschen Nationalbibliothek
Die Deutsche Nationalbibliothek verzeichnet diese Publikation in der Deutschen Nationalbibliografie; detaillierte bibliografische Daten sind im Internet über http://dnb.dnb.de abrufbar.

Erwachsenenbildung, Band 4

ISSN 2197–9383
Print-ISBN 978-3-8309-3688-6
E-Book-ISBN 978-3-8309-8688-1

Steinfurter Straße 555, 48159 Münster

www.waxmann.com
info@waxmann.com

Umschlaggestaltung: Anne Breitenbach, Münster
Satz: MTS. Satz & Layout, Münster
Druck: Hubert & Co., Göttingen

Gedruckt auf alterungsbeständigem Papier, säurefrei gemäß ISO 9706

MIX
Papier aus verantwortungsvollen Quellen
FSC® C016439
FSC www.fsc.org

Printed in Germany

Vorwort

Familien mit Migrationserfahrungen sind auf vielfältige Weise von Marginalisierungsprozessen betroffen und in ihren Lebenssituationen vielfach auf Unterstützung angewiesen.

Gesellschaftliche Marginalisierung schränkt ihre Handlungsmöglichkeiten ein und zwingt sie dazu, bestehende Lebensstrategien anzupassen und neue zu entwickeln. Erwachsenenbildung und insbesondere Familienbildung sind in diesem Kontext herausgefordert, ihre bestehenden Angebote zu überprüfen und neue zu entwickeln, die den subjektiven Bedürfnissen von Familien im Kontext von Migration besser gerecht werden können. Dazu bedarf es theoretischer und konzeptioneller Überlegungen ebenso wie innovativer Praxismodelle.

Die Expertinnen und Experten der Fachgruppe Familienbezogene Erwachsenenbildung der Deutschen Evangelischen Arbeitsgemeinschaft für Erwachsenenbildung (DEAE) und des Comenius-Instituts (CI) begegnen mit ihren Aktivitäten und Projekten dem erhöhten Orientierungs- und Forschungsbedarf für die konzeptionelle Weiterentwicklung von migrationssensibler Familienbildung in umfassender Weise. Bei mehreren Symposien wurden Bezüge von Erwachsenenbildungsforschung und der Forschung zu Migration und zu Familien hergestellt. Bei den Diskussionen standen zwei Perspektiven im Zentrum: Erstens ist der Bedarf nach einem deutlichen Praxisbezug von Forschung sichtbar geworden. Wenn aus Ergebnissen der Forschung keine Anregungen dafür erkennbar werden, wie Familienbildung im Kontext von Migration konstruktiv gestaltet werden kann, bleibt sie im konzeptionellen Bereich verhaftet. Zweitens ist ein Interesse der Praxis nach wissenschaftlicher Begleitung angemessen, um reflexiv Kontexte und Bedarfe entdecken, reflektieren und bearbeiten zu können. Ein verstärktes Interesse besteht dabei an religiösen Aspekten der Familienbildung. Sie sind im Kontext einer Migrationsgesellschaft besonders zu diskutieren.

Die vorgelegte Publikation ist im Kontext dieser Bezugspunkte angesiedelt. Sie bietet reichhaltiges Material und Argumentationen zu Fragen und Forschungsinitiativen einer migrationssensiblen Familienbildung. Viele Beiträge sind interdisziplinär ausgerichtet, Konzeptionen und Schlüsselbegriffe werden thematisiert, theoretische Ansätze beleuchtet und gelingende Praxis dargestellt. Das ist kein Zufall, ist doch die Familienbezogene Erwachsenenbildung im Rahmen der Arbeit von DEAE/CI insgesamt interdisziplinär und ressortübergreifend ausgerichtet.

Die gemeinsam von DEAE und dem Comenius-Institut verantwortete Reihe Erwachsenenbildung ist wichtig, um die intensive Praxisunterstützung wissenschaftlich zu reflektieren und zu begleiten bzw. die wissenschaftlichen Diskurse auf aktuelle Praxisentwicklungen und Desiderate aufmerksam zu machen. Dieser Aufgabe stellen sich die DEAE und das Comenius-Institut, als Institut an der Schnittstelle von Erziehungswissenschaft und Praxis.

Wir danken allen Autorinnen und Autoren für ihre Beiträge zu diesem Band, dem Herausgeberkreis für seine Initiative und behutsame Begleitung der Entstehung sowie dem Waxmann-Verlag für die gewohnt sorgfältige Begleitung der Erstellung und Drucklegung. Dem Band wünschen wir eine möglichst weite Verbreitung und Resonanz bei denjenigen, die in diesem so zentralen Feld forschen und arbeiten, als Beitrag zu einer fruchtbaren Debatte zu Perspektiven von Familienbildung in der Migrationsgesellschaft.

Münster, im Dezember 2018

Peter Schreiner
(Direktor des Comenius-Instituts)

Michael Glatz
(Bundesgeschäftsführer der DEAE)

Inhalt

Thomas Geisen, Carola Iller, Steffen Kleint und Freimut Schirrmacher

Einleitung

Neue Herausforderungen: Zur Familienbildungspraxis in der Migrationsgesellschaft

Pluralität ist ein zentrales Kennzeichen moderner Gesellschaften, für die der gesellschaftliche Zusammenhalt nicht mehr selbstverständlich gegeben ist, sondern immer wieder durch gesellschaftliches Handeln hergestellt und aufrechterhalten werden muss. Dies gilt insbesondere im Zusammenhang mit internationaler Migration, bei der Menschen ihren Lebensmittelpunkt in ein anderes Land verlagern (vgl. Geisen 2017; Moch 1997). Im Kontext von Migration stellen sich daher Fragen der gesellschaftlichen Partizipation, sowie Fragen nach den individuellen und sozialen Lernformen. Dies gilt sowohl unmittelbar für die Migrantinnen und Migranten selbst, als auch mittelbar für den gesellschaftlichen Kontext, in dem sie ankommen und sich neu orientieren. Pluralität zeigt sich hier deutlich als Maßgabe und Aufgabe: Einerseits entwickeln die durch Migration geprägten Gesellschaften Maßnahmen und Programme, um für Neuankommende den Übergang in eine neue komplexe Lebenswelt zu erleichtern und zu unterstützen (vgl. Eilert u.a. 2017; Heyse u.a. 2016); anderseits erweist sich am Umgang mit Migrationsfragen und den konkreten Programmen und Maßnahmen, wie es tatsächlich um die Pluralität beziehungsweise die Toleranz einer Gesellschaft steht (vgl. Eigenmann u.a. 2015).

Pädagogischen Handlungsfeldern kommt in Migrationsgesellschaften ein besonderes Gewicht zu, denn in ihnen werden nicht nur aktuelle Problemlagen fokussiert, vielmehr erfolgt in ihnen auch die Weichenstellung für die gesellschaftliche Zukunft, indem *intergenerationale Zusammenhänge* in den Blick genommen und bearbeitet werden (vgl. Geisen u.a. 2015). Die im Zusammenhang mit Migration auftretenden intra- und intergenerationalen Zusammenhänge werden insbesondere auch in Einrichtungen der Eltern- und Familienbildung bearbeitet (vgl. Kapella u.a. 2018; Öztürk & Reiter 2017b). Migrationsspezifische Herausforderungen sind für dieses pädagogische Handlungsfeld zwar keineswegs neu, allerdings spielten sie im Fachdiskurs bislang eine untergeordnete Rolle (vgl. etwa den evangelischen Diskurs in forum erwachsenenbildung: Schweitzer 2006; Harz 2007; Schröer 2008; Fischer 2009; Garske 2009; Tunc 2009; Herre 2009; Thiesen 2010).

Mit der Aufnahme von geflüchteten Menschen in 2015 ist die pädagogische Aufmerksamkeit für Migrationszusammenhänge stark gewachsen – insbesondere im Bereich der Fluchtmigration. Dies hat in den Einrichtungen vermehrt zu einer Sensibilisierung von Professionellen für Migrationsthematiken und zu Veränderungen in der Wahrnehmung gesellschaftlicher Erfordernisse geführt. Mittlerweile ist Migration daher für Anbietende von Eltern- und Familienbildung zu einer augenfälligen und signalhaften Thematik geworden. Vielen Anbietenden wird deutlich, dass ihre Programme nicht allein lebenslaufbezogener und sozialräumlicher zu entwickeln und zu gestalten sind, sondern dass dabei auch die Bildungsinteressen und Bildungsbedarfe einer Migrationsgesellschaft stärker zu berücksichtigen sind. Für die konkrete Praxis der eltern- und familienbezogenen Bildung ergeben sich hieraus nicht nur neue Bedarfe, sondern auch neue Herausforderungen im Umgang mit Migrationsthematiken. So kann sich bereits der Zugang zu migrationserfahrenen Familien, Eltern und Großeltern als kompliziert erweisen. Dabei sind sowohl herkunfts- und migrationsbezogene Aspekte relevant, z.B. kulturelle und religiöse familiale Praxen, spezifische Fluchterfahrungen und aufenthaltsrechtliche Fragestellungen, als auch kontextbezogene Faktoren. In der Eltern- und Familienbildung ist dabei vor allem von Bedeutung, dass institutionalisierte Bildungsangebote für Familien in den Herkunftsländern von Migrantinnen und Migranten oftmals nicht bekannt sind. Bildungsanbietende reagieren darauf vermehrt, indem sie mehr informelle Lernangebote entwickeln (zum Beispiel über offene Treffs oder bereitgestellte Räumlichkeiten) und erst darauf aufbauend non-formale Angebote platzieren. Nach wie vor aber scheinen die Angebotsstrukturen in Deutschland vor allem auf familienbiografische Verläufe und Entwicklungen ausgerichtet, zum Beispiel auf Familiengründung und Familientrennung, und auf spezifisch-familienbezogene Thematiken, wie Fragen der Freizeitgestaltung oder der Bearbeitung von Konflikten. Eine an den Bedürfnissen von (Migrations-) Familien ansetzende Angebotsentwicklung ist demgegenüber in den Einrichtungen noch kaum etabliert. Zugleich sind die institutionell breit aufgefächerten Bildungsangebote aber auch durch eine ressort- und disziplinübergreifende Perspektive und Arbeitsweise geprägt (vgl. Iller 2017) und stehen für einen integrierten Bildungsansatz. Konkret bedeutet dies, dass in der Bildungspraxis angesichts von Migrationserfahrungen bereits Konzepte der Inter- und Transkulturalität Anwendung finden. Dies gilt auch für diversitätspädagogische Ansätze oder neuere Paradigmen einer „migrationssensiblen", „diversitätsbezogenen" oder „rassismuskritischen" Bildungsarbeit. Eine systematische Verknüpfung dieser Ansätze und ihre Einbeziehung in die (Neu-) Entwicklung von Konzepten und Methoden der Eltern- und Familienbildung steht bislang jedoch noch weitgehend aus. Wachsender Bedarf besteht bei den Anbietenden der Eltern- und Familienbildung auch im Hinblick auf die „interkulturelle Öffnung" ihrer Einrichtungen. Interkulturelle Öffnung stellt einen Prozess organisationalen Wandels dar, bei dem Ausrichtung und Orientierung der Bildungseinrichtung sowohl im Innen- als auch im Außenverhältnis dem Anspruch von Interkulturalität genügen. Während das Innenverhältnis sich auf die Organisation selbst bezieht, etwa in Bezug auf Leitbild, Handlungsgrundsätze und Personalstruktur (vgl. Ruhland 2016), geht es im Außenverhältnis um die konkrete, zielgruppenspezifische Ausgestaltung von Bildungsangeboten. Dabei sollen Barrieren und Hindernisse für Familien, Eltern und Großeltern mit Migrationserfahrungen minimiert oder vermieden werden. Der Bedarf einer interkulturellen Öffnung der Anbietenden verstärkt sich insbesondere dort, wo im Rahmen einer systematischen Angebotsentwicklung migrationsspezifische und migrationssensible Maßnahmen und Aktivitäten in der Eltern- und Familienbildung entwickelt werden sollen.

Vor diesem Hintergrund besteht Bedarf an wissenschaftlichen Orientierungen und Befunden für das pädagogische Handlungsfeld „Familienbildung", das zwischen Erwachsenenbildung, Kindheitspädagogik und Sozialer Arbeit changiert und sich nicht nur temporär mit Migrationsthematiken auseinanderzusetzen hat. Das pädagogische Feld „Familienbildung" steht aber weder für eine Professionsspezifik noch für eine Wissenschaftsdisziplin, sie meint vielmehr eine spezifische Bildungspraxis, die sich in unterschiedlichen Graden institutionalisiert hat. In Deutschland sind es vor allem konfessionelle Familienbildungsstätten und Erwachsenenbildungswerke, die hier auf eine breite Tradition aufbauen (vgl. Iller 2010). Konzeptionelle Weiterentwicklungen finden derzeit aber weitgehend ohne Orientierung an Praxisforschungen statt. Was fehlt sind interdisziplinäre Impulse mit einer möglichst klaren Gegenstandsbestimmung, also mit einem konkreten Bezug zur Praxis. Allerdings verwundert es kaum, dass ein derart heterogenes, interprofessionelles und interdisziplinäres Handlungsfeld als großes Forschungsdesiderat firmiert. Es fehlen insgesamt empirische Forschungen, die die familienbezogene Bildungspraxis mit ihren Ansätzen, Leistungen und Fragestellungen transparent machen, insbesondere auch in Bezug auf Migrationsthematiken. Darüber hinaus fehlt es weitgehend an pädagogischer und bildungspolitischer Aufmerksamkeit für dieses Feld, obgleich die Sorge um die nächsten Angehörigen nicht nur Generationen verbindet, sondern auch Angehörige unterschiedlicher sozialer Schichten, verschiedener Herkunft und kultureller Prägung. Diese Ausgangslage verleiht der Familienbildung, als non-formale Unterstützung von familiären Bildungsbedarfen und Anliegen, auch Gewicht im Hinblick auf die Realisierung konkreter Integrationsbedarfe und damit letztlich auch im Hinblick auf die Konkretisierung menschenrechtlicher gesellschaftlicher Ansprüche.

In der Realisierung dieser bildungspolitischen Zielsetzungen kommt der Forschung über familienbezogene Bildungsangebote im Kontext von Migration eine große Bedeutung zu. Diese Forschung bietet einen systematischen Ort zur Generierung und Vermittlung von migrations- und familienbezogenem Orientierungswissen, was wichtig ist, um in Angeboten gezielt Problemstellungen und Herausforderungen der Migrationsgesellschaft aufzugreifen und entwickeln zu können.

Der vorliegende Band beabsichtigt vor diesem Hintergrund, Familie und Familienbildung in einer interdisziplinären, migrationssensiblen Perspektive zu erschließen. An den Nahtstellen von Erwachsenenbildungswissenschaft, Migrations- und Familienforschung, Sozialpädagogik und Religionspädagogik versammelt der Band Beiträge, die diese Perspektive ausleuchten und sich so dem Desiderat der Erforschung migrationssensibler Familienbildungspraxis widmen. Bislang ist dieses Praxisfeld nur in Ansätzen und kaum systematisch oder interdisziplinär von Trägern der Familien- und Weiterbildung entwickelt worden (vgl. Heinemann u.a. 2018). Diskussionen darüber, welches Programmplanungshandeln und Angebotsspektrum als adäquat anzusehen beziehungsweise als ineffektiv zu kritisieren ist, finden bislang de facto ohne wissenschaftliche Fundierung und Bezüge statt. Es gibt so gut wie keine länderspezifischen, bundesweiten oder international vergleichenden Erkenntnisse darüber, welches Angebotsspektrum den Bedürfnissen von Familien mit Migrationserfahrungen – am besten aufgeschlüsselt nach Großeltern-, Eltern- und Kinder-Generation – besonders Rechnung trägt. In diesem Zusammenhang liegen auch kaum Forschungserkenntnisse vor, wie Eltern und Großeltern die Erwachsenenbildung mit ihren offenen Angeboten, nichtcurricularen Ansätzen und hilfreichen Gruppendynamiken und Gesprächsformaten nutzen. Zu klären ist auch, ob Eltern mit Migrationserfahrungen nicht noch adäquater dabei zu unterstützen sind, neue Weiterbildungsmöglichkeiten und Alternativen zu den vielfach unbefriedigend verlaufenden formalen Bildungslaufbahnen zu erschließen.

Das Feld der Familienbildung bietet hierzu viele Anhaltspunkte und Fragestellungen für eine Reihe von Professionen und Wissenschaftsdisziplinen. Gemeinsam können sie ein pädagogisches Handlungsfeld in den Blick rücken, dass in besonderer Weise Migrationserfahrungen aufgreift und sich auch aus diesem Grund aktuell sehr dynamisch entwickelt. Die Autorinnen und Autoren dieses Bandes tragen dazu bei, diese Dynamik zu reflektieren und ihr zugleich (neue) Orientierung zu bieten.

Das beginnt bereits mit der Frage, was unter dem Begriff „Familie mit Migrationserfahrungen" zu verstehen ist. Zwar gibt es keinen eigenständigen Typus der „Migrationsfamilie", sondern alle familialen Formen und Lebensweisen einheimischer Personen lassen sich auch bei Migrantinnen und Migranten feststellen (vgl. BMFSFJ 2017; Geisen u.a. 2013). Anderseits wird man durch Familien mit Migrationserfahrungen auch deutlich mit dem aktuell herrschenden Grundverständnis von Familie konfrontiert, immer dann, wenn Familien dieses Grundverständnis herkunftsbedingt unterlaufen oder davon abweichen (vgl. Geisen u.a. 2014). In welcher Hinsicht das kulturelle Selbstverständnis von Familien ihren Alltag bestimmt und zu welchen Konflikten normative Dissonanzen führen, sollte dringend genauer beforscht werden.

Ein erster Ansatzpunkt hierfür bietet die Perspektive der Migrationsforschung. Sie entwickelte sich als kritische Migrationsforschung in Auseinandersetzung mit einer stark „kulturalisierenden" Normativität beziehungsweise in Abgrenzung zu Forschungsarbeiten der 1970er und 1980er Jahre zu Migrationsfamilien, die vielfach einem national-kulturellen Paradigma folgten. Erst neuere Debatten fokussieren wieder mehr auf kulturelle Fragestellungen, wobei „Kultur" als lebensweltspezifische Praxis verstanden wird (vgl. Geisen 2014a; Geisen 2015). Dies lässt sich im Hinblick auf die gegenwärtigen Herausforderungen der Familienbildung konzeptionell sehr gut aufgreifen. Kulturspezifische Fragestellungen werden in dieser Perspektive aber auch im Zusammenhang mit Fragen religiöser Sozialisation oder religiösen Praktiken in Familien gesehen, sowohl inter- als auch intragenerational (vgl. Allenbach et al. 2011; Kaya 2009; Kaya 2011). Insofern lassen sich die Migrationsforschungen zu Familien mit der Religionspädagogik beziehungsweise mit einer Pädagogik interreligiöser Lern- und Bildungsprozesse verbinden (vgl. Albrecht u.a. 2018). Weltanschauliche und religiöse Auffassungen in Familien sind oftmals Anlass oder Ausgangspunkt für Konflikte und Auseinandersetzungen zwischen Familien mit Migrationserfahrungen sowie zwischen Familien mit und ohne Migrationshintergrund. Für Familien mit Migrationserfahrungen geht es dabei in der Regel auch darum, wie der familiale Zusammenhalt sowohl intergenerational, als auch unter den durch Migration veränderten familialen Verhältnissen und Beziehungen aufrechterhalten werden kann. In der Migrationsforschung wird dies seit den 1990er Jahren vor allem in der „Transnationalismus"-Forschung diskutiert (Parrenãs 2013; Pries 1997; Pries 2011). Durch unterschiedliche Formen der „Transnationalisierung" entstehen nicht nur veränderte Lebensweisen, zum Beispiel neue dauerhafte geografische Trennungssituationen von Eltern und Kindern in transnationalen Familien (vgl. Bryceson/Vuorela 2002; Geisen 2014b; Pratt 2012), sondern auch neue respektive veränderte Sorge- und Reproduktionsbeziehungen oder Erziehungsformen (vgl. Fibbi/Efionayi 2008; Kofman/Raghuram 2015), so dass sich eine familiensoziologische Perspektive ergibt, die auf die innerfamiliale Dynamik von Familien mit und ohne Migrationshintergrund bezogen ist. Durch diese Situation der „Transnationalisierung" entstehen vermehrt neue Bildungsbedarfe für Familien in den jeweiligen Aufenthaltsländern: Familienbildung erscheint so jedenfalls in einer durch Migrationsphänomene begründeten grundständig veränderten Komplexität.

Schon diese ersten Erwägungen deuten an, dass Migration erhebliche Auswirkungen für Bildungsvollzüge oder -anforderungen hat, sowohl für Familien mit Migrationserfahrungen, als auch für Familien ohne Migrationserfahrungen. Deswegen wirken sich Migrationsfragen in der Familienbildungspraxis so vielschichtig aus. Bei der Erforschung und wissenschaftlichen Begleitung dieses pädagogischen Handlungsfeldes kann Migration längst nicht mehr additiv, als ergänzende Perspektive, verstanden werden. Vielmehr deutet vieles darauf hin, dass Bildungsangebote für Familien, Eltern und Großeltern nur noch auf der Grundlage einer Auffassung von Gesellschaft als Migrationsgesellschaft entwickelt und angesichts wachsender gesellschaftlicher Komplexität gestaltet und weiterentwickelt werden können.

Bislang aber wird Bildung von Migrantinnen und Migranten in der pädagogischen Forschung fast ausschließlich in Bezug auf schulische Bildung untersucht. Dabei werden vor allem Bildungsverläufe von Kindern aus Migrationsfamilien in den Blick genommen (Bergman u.a. 2011) und Unterschiede in den Bildungsverläufen aufgezeigt, die aus der sozialen Herkunft von Migrantinnen und Migranten resultieren (vgl. Becker u.a. 2011). Zunehmend wird im Zusammenhang mit der Frage der Bildungsbenachteiligung von Migrantinnen und Migranten in der Schulforschung jedoch die Bedeutung von Nachbarschaften, Institutionen und Organisationen im Umfeld von Schule als relevanten Bildungsakteuren erkannt. Diese werden – etwa im Zusammenhang mit Ganztagsschulen – immer mehr als bildungsunterstützende Akteure angesehen und in die Reflexion einbezogen (vgl. Fürstenau/Gomolla 2013; Geisen u.a. 2017; Rosen 2013).

In diesem Zuge wird auch die Familie vermehrt als zentraler Akteur einer erfolgreichen Gestaltung von schulischen Bildungsprozessen angesehen (vgl. Fürstenau/Gomolla 2009). Hierauf verweist nicht nur das Konzept der „Bildungs- und Erziehungspartnerschaft mit Eltern" (vgl. Engin in diesem Band) oder der „Elternarbeit". Diese Konzepte sind allerdings in Bezug auf ihre Praktikabilität im Migrationskontext genau zu prüfen. Familien mit Migrationserfahrungen werden vor allem auch daraufhin untersucht, ob und inwiefern der Bildungsstand von Eltern in deren Erziehungshandeln von Bedeutung ist. Dabei wird den Familien mit Migrationserfahrungen in der Regel eine hohe Bildungsaspiration attestiert. Im Gegensatz hierzu wird allenthalben jedoch darüber geklagt, dass Eltern mit Migrationshintergrund nicht oder nicht ausreichend in der Lage seien, ihre Kinder im Einwanderungsland adäquat zu unterstützen. Dieser widersprüchliche Befund und die zum Teil sehr hohen Anforderungen, die bildungspolitisch an Migrantinnen und Migranten gestellt werden, werfen weitere Forschungsfragen auf (vgl. Hamburger u.a. 2005). Auf diesem Weg kommt dann auch der Bildungsbedarf von Eltern mit Migrationshintergrund in den Blickpunkt und etwa auch, dass viele familienbezogene Angebote weniger im schulischen Bildungsbereich, sondern in der vierten Bildungssäule, der Erwachsenen- und Weiterbildung zu verorten sind. Zum Beispiel wurden im Jahr 2016 in der Evangelischen Erwachsenenbildung im Bereich „Familien - Gender - Generationen" die meisten Unterrichtstunden geleistet, nämlich 362.773 Unterrichtstunden bei 26.453 Teilnahmen (vgl. DEAE-Statistik 2016). Diese non-formale Bildungspraxis organisiert sich bildungspolitisch über Bundes- und Landesverbände, wird aber, abgesehen von wenigen Ausnahmen (zuletzt Öztürk & Reiter 2017a), wissenschaftlich bislang kaum wahrgenommen und diskutiert.

Der vorliegende Band sucht daher: 1. Konzeptionelle Grundlagen von nonformalen, familienbezogenen Bildungsangeboten zu entwickeln; 2. dabei bestimmte Formen der Institutionalisierung von Familienbildung zu berücksichtigen; 3. die Perspektive von Adressatengruppen zum Ausgangspunkt zu nehmen; und 4. insbesondere religiöse und interreligiöse Fragestellungen zu bearbeiten.

Es versteht sich, dass die jeweilige Perspektive nur exemplarisch aufgegriffen werden kann und insofern und mit Blick auf die kaum bestehende Forschungsliteratur der vorliegende Band als Pionierarbeit anzusehen ist. Zu wünschen ist, dass sich aus den exemplarischen Beiträgen, der interdisziplinären Gesamtperspektive und den Praxisbezügen der Forschungsbeiträge dieses Bandes Diskussionen und Anregungen ergeben, die dazu beitragen, das jeweilige Forschungsfeld und die Erforschung von familienbezogenen Bildungsangeboten insgesamt weiter auszuarbeiten und zu profilieren.

Herzlich gedankt sei an dieser Stelle ganz besonders den Autorinnen und Autoren, die dazu beitragen, die aktuelle Familienbildungspraxis in der Migrationsgesellschaft transparent zu machen, neu zu denken und weiterzuentwickeln!

Literatur

Albrecht, Heidi/Dargel, Matthias/Freitag, Michael (Hrsg.) (2018). #religionsundkultursensibel. Perspektiven für die Arbeit mit Kindern und Jugendlichen in evangelischen Kontexten. Leipzig: Evangelische Verlagsanstalt.

Allenbach, Brigit/Goel, Urmila/Hummrich, Merle/Weissköppel, Cordula (Hrsg.) (2011). Jugend, Migration und Religion. Interdisziplinäre Perspektiven. Zürich/Baden-Baden: Pano/Nomos.

Becker, Rolf/Jäpel, Franziska/Beck, Michael (2011). Statistische und institutionelle Diskriminierung von Migranten im Schweizer Schulsystem. Oder: Werden Migranten oder bestimmte Migrantengruppen in der Schule benachteiligt? Bern: Institut für Erziehungswissenschaft, Abteilung Bildungssoziologie, Universität Bern.

Bergman, Manfred Max/Hupka-Brunner, Sandra/Keller, Anita/Meyer, Thomas/Stalder, Barbara E. (Hrsg.) (2011). Transitionen im Jugendalter. Ergebnisse der Schweizer Längsschnittstudie TREE. Zürich: Seismo Verlag.

BMFSFJ (Bundesministerium für Familie, Senioren, Frauen und Jugend) (2017). Gelebte Vielfalt: Familien mit Migrationshintergrund in Deutschland. Berlin. https://www.bmfsfj.de/blob/116880/83c02ec19dbea15014d7868048f697f2/gelebte-vielfalt--familien-mit-migrationshintergrund-in-deutschland-data.pdf (abgerufen am 14.12.2018)

Bryceson, Deborah Fahy/Vuorela, Ulla (2002). Transnational Families in the Twenty-first Century. In: Bryceson, Deobrah Fahy/Vuorela, Ulla (Hrsg.). The Transnational Family: New European Frontiers and Global Networks. Oxford: Berg. S. 3–30.

DEAE-Statistik 2016: http://www.deae.de/Archiv/Statistik.php (abgerufen am 14.12.2018)

Eigenmann, Philipp/Geisen, Thomas/Studer, Tobias (Hrsg.) (2015). Migration und Minderheiten in der Demokratie. Politische Formen und soziale Grundlagen von Partizipation. Wiesbaden: Springer VS.

Eilert, Anne/Schiffauer, Werner/Rudloff, Marlene (2017). So schaffen wir das – eine Zivilgesellschaft im Aufbruch. Bielefeld: transcript.

Fibbi, Rosita/Efionayi, Denise (2008). Erziehungsfragen in Migrationsfamilien. In: Eidgenössische Koordinationskommission für Familienfragen (Hrsg.). Familien – Erziehung – Bildung. Bern: Eidgenössische Koordinationskommission für Familienfragen. S. 48–79.

Fischer, Veronika (2009). Zuwanderung als Herausforderung für die Familienbildung. In: forum erwachsenenbildung, Heft 2, S. 4–8.

Fürstenau, Sara/Gomolla, Mechthild (Hrsg.) (2009). Migration und schulischer Wandel: Elternbeteiligung. Wiesbaden: VS Verlag.

Fürstenau, Sara/Gomolla, Mechthild (Hrsg.) (2013). Migration und schulischer Wandel: Stadtteilkooperation. Wiesbaden: VS Verlag.

Garske, Karin (2009). Wertebildung in Familien. In: forum erwachsenenbildung, Heft 2, S. 42–45.

Geisen, Thomas (2014a). Multilokale Existenzweisen von Familien im Kontext von Migration. Herausforderungen für Forschung und Theorieentwicklung. In: Geisen, Thomas/Studer, Tobias/Yildiz, Erol (Hrsg.). Migaration, Famile und Gesellschaft. Beiträge zu Theorie, Kultur und Politik. Wiesbaden: Springer VS. S. 27–58.

Geisen, Thomas (2014b). „Sie wollten nur das Beste für uns!“ Intergenerationale Transmissionsprozesse in Migrationsfamilien mit Trennungserfahrungen von Eltern und Kindern. In: Weiss, Hildegard/Ates, Gülay/Schnell, Philipp (Hrsg.). Zwischen den Generationen. Transmissionsprozesse in Familien mit Migrationshintergrund. Wiesbaden: Springer VS. S. 167–192.

Geisen, Thomas (2015). Jugend, Kultur und Migration. Zur Bedeutung kultureller Orientierungen. In: Diskurs für Kindheits- und Jugendforschung, 10 (3), S. 279–292.

Geisen, Thomas (2017). Zugehörigkeit im Kontext von Migration. In: Migration und Soziale Arbeit, 39 (1), S. 4–13.

Geisen, Thomas/Studer, Tobias/Yildiz, Erol (2013). Migration und Familie im Kontext von Bildung, Gender und Care. In: Geisen, Thomas/Studer, Tobias/Yildiz, Erol (Hrsg.). Migration, Familie und soziale Lage. Beiträge zu Bildung, Gender und Care. Wiesbaden: Springer VS. S. 1–13.

Geisen, Thomas/Studer, Tobias/Yildiz, Erol (2014). Gesellschaftliche Perspektiven auf Familie im Kontext von Migration. In: Geisen, Thomas/Studer, Tobias/Yildiz, Erol (Hrsg.). Migration, Familie und Gesellschaft. Beiträge zu Theorie, Kultur und Politik. Wiesbaden: Springer VS. S. 1–9.

Geisen, Thomas/Gilliéron, Gwendolyn/Günes, Sevda (2015). Bildung und Lebensstrategien von Migrationsfamilien. In: Migration und Soziale Arbeit, 37 (2), S. 152–158.

Geisen, Thomas/Riegel, Christine/Yildiz, Erol (Hrsg.) (2017). Migration, Stadt und Urbanität. Perspektiven auf die Heterogenität migrantischer Lebenswelten. Wiesbaden: Springer VS.

Hamburger, Franz/Badawia, Tarek/Hummrich, Merle (Hrsg.) (2005). Migration und Bildung. Wiesbaden: VS Verlag.

Harz, Frider (2007). Wertebildung in Familie und Kindertagesstätte. In: forum erwachsenenbildung, Heft 3, S. 30–34.

Heinemann, Alischa M. B./Stoffels Michaela/Wachter Steffen (Hrsg.) (2018). Erwachsenenbildung für die Migrationsgesellschaft. Bielefeld: wbv Verlag.

Herre, Petra (2009). Migration und Integration als gesellschaftliche Schlüsselfragen. In: forum erwachsenenbildung, Heft 4, S. 49–50.

Heyse, Volker/Erpenbeck, John/Ortmann, Stefan (Hrsg.) (2016). Intelligente Integration von Flüchtlingen und Migranten. Münster: Waxmann.

Iller, Carola (2010). Familienbildung. In: Enzyklopädie Erziehungswissenschaft Online (EEO), Fachgebiet Erwachsenenbildung, Anbieter von Erwachsenenbildung: Einrichtung und Organisation, hrsg. von Christine Zeuner, Weinheim und München: Juventa Verlag (DOI 10.3262/EEO 16100070)

Iller, Carola (2017). Forschungsdesiderat familienbezogene Erwachsenenbildung. In: forum erwachsenenbildung, Heft 1, S. 24–27.

Kapella, Olaf/Schneider, Norbert F./Rost, Harald (Hrsg.) (2018). Familie – Bildung – Mig ration. Familienforschung im Spannungsfeld zwischen Wissenschaft, Politik und Praxis. Opladen: Barbara Budrich.

Kaya, Asiye (2009). Mutter-Tochter-Beziehungen in der Migration. Biographische Erfahrungen im alevitischen und sunnitischen Kontext. Wiesbaden: VS Verlag für Sozialwissenschaften.

Kaya, Asiye (2011). Generation, Geschlecht und soziale Vererbung. In: Allenbach, Brigit/Goel, Urmila/Hummrich, Merle/Weissköppel, Cordula (Hrsg.). Jugend, Migration und Religion. Interdisziplinäre Perspektiven. Zürich/Baden-Baden: Pano Verlag/Nomos. S. 137–157.

Kofman, Eleonore/Raghuram, Parvati (2015). Gendered Migrations and Global Social Reproduktion. Houdmills/New York: Palgrave Macmillan.

Moch, Leslie Page (1997). Dividing Time: An Analytical Framework for Migration. In: Lucassen, Jan/Lucassen, Leo (Hrsg.). Migration, Migration History, History. Bern: Peter Lang. S. 41–56.

Öztürk, Halit/Reiter, Sara (2017a). Migration und Diversität in Einrichtungen der Weiterbildung. Bielefeld: Bertelsmann Verlag

Öztürk, Halit/Reiter, Sara (2017b). Angebote der Familienbildung im Kontext von Migration. In: forum erwachsenenbildung, Heft 4, S. 39–40.

Parrenãs, Rhacel (2013). Transnational Mothering a Source of Gender Conflict in the Family. In: Geisen, Thomas/Studer, Tobias/Yildiz, Erol (Hrsg.). Migration, Familie und soziale Lage. Wiesbaden: Springer VS. S. 169–194.

Pratt, Geraldine (2012). Families apart. Migrant Mothers and the Conflicts of Labor and Love. Minneapolis/London: University of Minnesota Press.

Pries, Ludger (Hrsg.) (1997). Transnationale Migration. Bd. Soziale Welt, Sonderband 12. Baden-Baden: NOMOS.

Pries, Ludger (2011). Familiäre Migration in Zeiten der Globalisierung. In: Fischer, Veronika/Springer, Monika (Hrsg.). Handbuch Migration und Familie. Schwalbach/Ts.: Wochenschau Verlag. S. 23–35.

Rosen, Lisa (2013). Biographische Konstruktionen im Spannungsfeld von Familie, Schule und Migration. In: Geisen, Thomas/Studer, Tobias/Yildiz, Erol (Hrsg.). Migration, Familie und Soziale Lage. Beiträge z uBildung, Gender und Care. Wiesbaden: Springer VS. S. 145–165.

Ruhlandt, Marc (2016). Erwachsenenbildung in der Einwanderungsgesellschaft. Wiesbaden: Springer VS.

Schröer, Hubertus (2008). Dialog zwischen Generationen und Kulturen. In: forum erwachsenenbildung, Heft 4, S. 27–32.

Schweitzer, Helmuth (2006): Deutschlernen, Deutschlernen über alles? In: forum erwachsenenbildung, Heft 3, S. 23–27.

Thiesen, Barbara (2010). Lebenswirklichkeiten von Familien. In: forum erwachsenenbildung, Heft 2, S. 10.

Tunc, Michael (2009). Väter mit Zuwanderungsgeschichte in der Forschung und der Praxis der interkulturellen Elternbildung. In: forum erwachsenenbildung, Heft 2, S. 14–21.

Anselm Böhmer

Inklusive Differenzen

Perspektiven migrationssensibler Familienbildung

Abstract

In der Familienbildung finden sich bereits seit vielen Jahren Angebote für Familien mit Migrationsbezügen. Die dabei gesammelten Erfahrungen sind vielfältig, erweisen sich aber nur zum Teil als erfolgreich. Der vorliegende Aufsatz basiert auf der These, dass hinsichtlich familialer Bewältigungsaufgaben migrantische Familien vor vergleichbaren Herausforderungen stehen wie nichtmigrantische, aber in Alltag wie Familienbildung zusätzliche Barrieren vorfinden. Ausgehend vom Konzept einer inklusiven Bildung werden Perspektiven für eine migrationssensible Familienbildung sowie eine postmigrantische Familienpolitik skizziert.

Migrantische Familien werden in der Familienbildung gemeinhin als Gruppe besonderer Adressat/innen verstanden – sei es, dass sie sich durch besondere kulturelle Differenzen oder aber zumindest diesbezügliche Besonderheiten (Bräuche o.a.) auszeichnen, sei es, dass ihnen eine kategoriale Andersheit zugeschrieben wird, von der auf vermeintliche Auswirkungen etwa von Gewalt, sprachlicher Distanz oder anders gelagerte Fremdheiten geschlossen wird. Dies hat für gewöhnlich zur Konsequenz, dass Familienbildung mit einem „add on" für Menschen mit Bezug zu Migration versehen werden soll – in den besonderen Angeboten für Menschen mit sogenanntem Migrationshintergrund etwa, aber auch für die Organisationen der Familienbildung wie die seit Langem diskutierte „Interkulturelle Öffnung" oder aber spezifische Kommunikationsformen und -wege der Angebote.

Andererseits sind migrantische Familien in mindestens demselben Maß den Herausforderungen der späten Moderne ausgesetzt wie Familien in solchen Gesellschaften generell (vgl. Lange, 2017). Angesichts der vielfältigen Erwartungen an Eltern und Familien einerseits und der insgesamt eher selten qualifizierten Vorbereitung auf ihr Elternsein andererseits sehen sich Eltern vor der Herausforderung, der Vielschichtigkeit gesellschaftlicher Ansprüche mit ausdrücklich gestalteten Alltagspraktiken zu begegnen (vgl. Faas, Landhäußer & Treptow, 2017, S. 17). Für migrantische Familien kommt zu dieser alltäglichen Vielgestaltigkeit noch ein hohes Maß an milieuspezifischer Heterogenität hinzu (vgl. Krüger-Potratz, 2013). Dies scheint sich auf Familienstrukturen, Erwerbstätigkeit und die finanzielle Situation der Eltern (vgl. MASFFS BW, 2012; zur Bedeutung von Bildung und Erwerbstätigkeit migrantischer Familien Geisen, Gilliéron & Günes, 2015) sowie auf gesellschaftliche Partizipation und Bildungszugänge Geflüchteter (vgl. Peucker, 2018) auszuwirken. In der Familienbildung werden für diese Familien noch weitgehend nicht gehobene Potenziale gesehen (vgl. BMFSFJ, 2016).

Im Folgenden wird vor diesem Hintergrund die Frage nach Perspektiven migrationssensibler Familienbildung gestellt. Dabei kommen zunächst Herausforderungen der späten Moderne für Familien und deren Alltag zur Sprache (1). Im Anschluss daran werden Folgerungen für eine migrationssensible Familienbildung gezogen (2). Auf dieser Grundlage werden dann die konkreten Anforderungen an die Praxis migrationssensibler Familienbildung (3) erhoben und in Bezug zu einer inklusiv organisierten Bildungspraxis gestellt (4), um schließlich zu einem inklusiven Verständnis migrationssensibler Familienbildung (5) zu gelangen.

1 Jede Familie ein Unikat – alle Tage wieder

Um die Situation von migrantischen Familien, ihrer Bildung und die damit verbundenen Perspektiven näher erfassen zu können, sollen zunächst einige gesellschaftliche Rahmenbedingungen der Familienbildung allgemein skizziert werden.

In der späten Moderne ist – nicht nur für die Familien – von einer „Vielfachkrise" (Lange, 2017, S. 22) auszugehen, die sich entlang der „Megatrends" von Enttraditionalisierung und Individualisierung (vgl. Jurczyk, 2018, S. 151f.) beschreiben lässt. Damit werden

- ökonomische Ungleichheit,
- multilokale Arrangements (z.B. bei Trennung von Familien und Stieffamilien),
- Familie als „Verhandlungshaushalt",
- Familie als besonderer Ort von Förderung und Bildung sowie
- die Verdichtung der familiären Kopräsenz als Planungsherausforderung (vgl. ebd., S. 158)

zu besonderen Gestaltungsaufgaben von Familien in spätmodernen Gesellschaften. Sie können sich in der Bearbeitung dieser Aufgaben nicht mehr verlässlich auf tradierte Antworten und kollektive Lösungsmuster beziehen, wenn es um die konkrete Gestaltung des familiären Alltags geht. Familie wird insofern eine andauernde Produktionsleistung, in der Alltag nicht die Gewohnheit des immer schon und für alle verbindlich Überlieferten ist, sondern ein räumlich und zeitlich situatives Ereignis, das in wechselnden Konstellationen, mit wechselnden Ressourcen, Kooperationen, Möglichkeiten und Begrenzungen ausgestaltet werden muss. Als Illustration mag der Schulweg von Kindern gelten, der zwar in der Regel für viele Kinder tagtäglich entlang derselben Strecke verläuft, jedoch von Tag zu Tag in Abhängigkeit von Präsenz oder Fehlen eines Elternteils bzw. einer weiteren Person, der jeweiligen Witterung, der Beförderungsart, dem schulischen Sonderprogramm etc. zu gestalten ist. Folglich wird der familiäre Alltag zu einer andauernden Aufgabe aktiver Gestaltung in Abhängigkeit von der jeweiligen Familiendynamik, aber auch weiteren sozialen und institutionellen Dynamiken. Die für die Arbeitszeit der Eltern identifizierten Strukturkonstanten und -probleme „Flexibilisierung, Fragmentierung und Verdichtung" (Lange, 2017, S. 24) lassen sich insofern auf die gesamte Konstruktion der familiären Situation und ihrer Prozesse beziehen und als alltagsbezogene Unikatsproduktion familiären Lebens verstehen.

2 Der Rahmen migrationssensibler Familienbildung

Um die nun folgende Argumentation transparenter zu gestalten, sollen – indes angesichts der vertieften Beiträge dieses Bandes lediglich gerafft – einige Gesichtspunkte der hier angesetzten Kategorien von Familienbildung allgemein und migrationssensibler Familienbildung im Besonderen skizziert werden.

2.1 Verständnisformen der Familienbildung

Dass Familien einer Förderung ihrer (zumeist: defizitär angesetzten) pädagogischen Fähigkeiten und Möglichkeiten bedürften, ist in der Pädagogik seit der Schwelle zur Neuzeit eine bekannte Tendenz – schon Comenius, Salzmann, Rousseau, Pestalozzi und Fröbel formulierten diesbezügliche Anforderungen sowie Praxisansätze (vgl. Rupp & Smolka, 2007). Ob dies bedeutet, dass Bildungsbenachteiligungen von Eltern und Kindern präventiv durch besondere Förderkonzepte zu begegnen ist (vgl. Friedrich & Siegert, 2013), wäre im Hinblick auf die subjektivierenden Auswirkungen und den möglichen Ausfall institutioneller, sozialer und gesellschaftlicher Bedingungen an anderer Stelle zu thematisieren.

Familienbildung kann jedoch allgemein verstanden werden als das professionell zu gestaltende Feld der Kinder- und Jugendhilfe, die auf eine allgemeine Förderung der Erziehung in der Familie zielt (vgl. § 16 SGB VIII, näherhin Abs. 2 Nr. 1). Dabei „handelt es sich bei Familienbildung um ein weites Feld von unzähligen Anbietern und einer unüberschaubaren Vielfalt von Angebotsformen, die vom Erziehungsratgeber über Selbsthilfegruppen bis hin zu stark standardisierten curricularen Angeboten reicht." (Grunwald, 2017, S. 125) Die vorherrschende Zuordnung der Familienbildung zum Jugendhilfebereich erfolgt offenkundig, um eine stringentere Koordination und weiterführende Planung auf kommunaler Ebene zu ermöglichen (vgl. ifb, 2013, S. 4ff.), mitunter auch, um der häufig zu beobachtenden Verengung von Angeboten und Nachfragen der Familienbildung auf die Mittelschicht (vgl. BMFSFJ, 2016, S. 10) strukturell entgegenzuwirken.

Angesichts der vielfältigen Herausforderungen für Eltern und Familien einerseits (vgl. Abschnitt 1) und die insgesamt eher spärliche und kaum fachlich qualifizierte Vorbereitung auf die Familienaufgaben andererseits sehen sich Eltern vor der Herausforderung, der Polyvalenz der Ansprüche mit klar umrissenen Eindeutigkeiten zu begegnen. Damit geht es nicht allein um Formen des Wissens um und des Könnens von erzieherischen und entwicklungsbezogenen Interventionen der Familienmitglieder, sondern zugleich um die wechselseitige Vermittlung von gesellschaftlichen und innerfamiliären Erwartungen, Möglichkeiten und Begrenzungen (vgl. Faas, Landhäußer & Treptow, 2017, S. 15). Im Zuge dieser Trendbeschreibung bilden sich in der Familienbildung unterschiedliche Schwerpunkte heraus (vgl. allgemein Euteneuer, Sabla & Uhlendorf, 2015, S. 446f.; Bird & Hübner, 2013, S. 32ff.):

- formelle wie informelle Bildungsarbeit (vgl. Fischer & Gebert, 2015; Müller, et al., 2015, S. 20),
- Kompensation für (noch) ausstehende Kompetenzen der Akteure und Zugänge der Familienmitglieder zu gesellschaftlichen Ressourcen (Kapital, Wohnen, Gesundheit, Bildung etc.) und Prävention entsprechend der rechtlichen Maßgaben des § 16 SGB VIII,
- Unterstützung bei der biografischen und arbeitsgesellschaftlichen Selbstverortung (vgl. Böhmer, 2017) sowie Unterstützung bei kritischen Übergängen (vgl. Wittke, 2015, S. 148) und
- Netzwerkarbeit als Vermittlung im sozialen Raum (vgl. MFKJKS NRW & LAG FB NRW, 2010) und generelle Vergesellschaftung (vgl. Lokhande, 2014).

Ob eine eigene zielgruppenorientierte Arbeit mit migrantischen Familien vor diesem Hintergrund sinnvoll ist, soll unter der Perspektive von Inklusion nochmals reflektiert werden (vgl. Abschnitt 4).

2.2 Migrationssensible Familienbildung

Das Themenfeld „Familie und Migration" steht im Zusammenhang der spätmodernen Auffassung von Nationalstaatlichkeit und kapitalistischer Vergesellschaftung (vgl. Geisen, 2014). Insofern sind die Individuen, denen ein Bezug zur Migration zugeschrieben wird, ebenso individuell, familial wie gesellschaftlich bedingt in die Anforderungen einer spätmodernen Selbst- und Familienproduktion des Alltags eingebunden. Eigens zu erweisen wäre, ob eine Homogenisierung von migrantischen Familien, z.B. als muslimische (vgl. BMFSFJ, 2009), den empirischen Gegebenheiten tatsächlich entspricht – oder ob die Heterogenität nicht doch größer ist als die Gemeinsamkeit des gemeinsamen Labels (so auch Krüger-Potratz, 2013, S. 22; MASFFS BW, 2012, S. 2).

Angesichts der zunehmend kenntlich werdenden Migrationsphänomene in der deutschen, somit als „postmigrantisch" (Yildiz, 2016; Yildiz & Hill, 2014) zu verstehenden Gesellschaft zeigt sich, dass die Frage des Migrationsbezugs der potenziell Teilnehmenden für die Familienbildung von besonderem Interesse ist (für die Arbeit der Familienzentren in Nordrhein-Westfalen vgl. Harmsen, 2016, S. 119). In diesem Zusammenhang werden häufig Fragen diskutiert nach

- der Vertrautheit von Migrant/innen mit den Gepflogenheiten sozialer Praxis in institutionellen Bildungssettings (vgl. kritisch zu dieser Produktion von „Bildungsaffinität" und „Bildungsferne" Krüger-Potratz, 2013, S. 30; Yildiz, 2014, S. 59ff.),
- der Sprachförderung (vgl. Lengyel, 2017),
- der kulturellen Bildung (zu einer diesbezüglichen milieuspezifischen Differenzierung vgl. MASFFS BW, 2012, S. 2; zu statistischen Befunden hinsichtlich der Familienstrukturen vgl. ebd., S. 12ff.),
- der sozialräumlichen Integration (zur tendenziellen Entkoppelung von geografischem und sozialem Raum migrantischer Familien vgl. Geisen, 2014, S. 42; zur

biografisierenden Konsequenz Yildiz, 2014, S. 64; zur Relevanz der sozialen Medien Marci-Boehncke in LAG FB NRW & PA NRW, 2017, S. 22f.) sowie
- der Selbsthilfepotenziale (vgl. Gaitanides, 2015).

Dabei ist stets zu berücksichtigen, dass solche Ansätze eingebettet sind in die oben dargestellten Rahmungen gesellschaftlicher Entwicklungen und folglich deren Tendenzen, aber auch blinde Flecken mittransportieren. Insofern muss es darum gehen, diese Einbettungen ebenso strukturbildend zu lesen wie sie kritisch zu hinterfragen.

3 Herausforderungen der migrationssensiblen Familienbildung

Herausforderungen für eine migrationssensible Familienbildung sind gemäß der bisher dargestellten Zusammenhänge zunächst jene, die für jegliche Familienbildung in der Spätmoderne gelten: Planung sowie Unikatsproduktion des prekären und multiperspektivischen Alltags, der an vielerlei Orten und zu vielerlei Zeiten fragmentiert zu praktizieren und der mit unterschiedlichen Ressourcen sowie Möglichkeiten der Partizipation zu verwirklichen ist.

Häufig wird migrantischen Familien immer noch eine Bildungsferne unterstellt (vgl. Krüger-Potratz, 2013, S. 30), die am Fernbleiben bei bestimmten Bildungsangeboten, an der oben erwähnten mangelnden Vertrautheit mit der sozialen Praxis in Bildungsinstitutionen o.a. festgemacht wird. Mit Stereotypen, die Migrant/innen defizitär und fremd stilisieren, wird ein „Herkunftsdispositiv" (Yildiz, 2014, S. 62f.) etabliert, das nicht durch Individuen erzeugt wird, sondern durch die institutionell praktizierte Alterisierung (vgl. ebd., S. 63) und somit Diskriminierung. Gleichwohl bedarf es noch immer der individuellen Praxis in solchen Institutionen, um Andersheit überhaupt und auf jeweils unterschiedliche Weise zuzuschreiben. Einer solchen einseitigen Attribuierung von Andersheit ist indes unter Nutzung empirischer Befunde mit einiger Vorsicht zu begegnen: So machen Untersuchungen deutlich, dass die familiären Strukturen von Migrant/innen spätestens ab der zweiten Generation der Zugewanderten ausgesprochen heterogen sind (vgl. Krüger-Potratz, 2013, S. 22). Des Weiteren ist die Bildungsaspiration in migrantischen Familien merklich hoch (vgl. Barz, et al., 2015) und zudem mit den familialen Dynamiken hin zur Entscheidung für die Migration und den damit einhergehenden Veränderungen für das künftige Zusammenleben verkoppelt (vgl. Geisen, Gilliéron & Günes, 2015, S. 157).

Eine besondere Herausforderung ist die Herstellung von Möglichkeiten, gerade Geflüchteten „faire Chancen in der Gesellschaft" (BMFSFJ, 2016, S. 22) zu eröffnen, mithin der Zusammenführung von durch Flucht und Migration räumlich getrennten Familien auch im Kontext von Familienbildung besondere Aufmerksamkeit zu widmen und somit Chancen für eine familiäre Etablierung in einer Gesellschaft zu gewähren. Dies kann u.a. durch eine fluchtsensible Angebotslage der Familienbildung erfolgen oder auch durch die Kommunikation jener Erfahrungen, die im Rahmen solcher Familienbildung gemacht werden, in die fachliche und die gesellschaftliche Öffentlichkeit hinein.

Ebenso kann es hilfreich sein, sich mit den Jugendämtern und anderen Organen der öffentlichen Verwaltung zu vernetzen (vgl. Peucker, 2018, S. 133f.), um auf diese Weise Informationen über die Familienbildung konzentriert und kompetent zu platzieren und mit weiteren Aktivitäten und Angeboten im sozialen Raum zu kombinieren.

Zusammenfassend kann also festgehalten werden, dass sich migrantische Familien einerseits denselben spätmodernen Anforderungen an die Herstellung des familiären Alltags gegenübersehen wie nichtmigrantische, andererseits aufgrund migrationsbiografischer, informationeller und strukturell diskriminierender Besonderheiten weitere Herausforderungen gewärtigen müssen, die ihnen die Teilnahme an Angeboten der Familienbildung erschweren können. Diese Herausforderungen bedürfen eines besonders sensiblen Umganges und tragen gerade dann zu einer Umstrukturierung von bisherigen Formen der Familienbildung bei, wenn diese Angebote als inklusive auf eine nicht benachteiligende und eine barrierefreie Teilhabe aller Interessierten abzielen.

4 Inklusive Bildung

Inklusion soll hier verstanden werden als die in Teilausschnitten erfolgende Einbeziehung von Handlungsroutinen in einen jeweiligen gesellschaftlichen Kontext. Aufgrund der skizzierten spätmodernen Produktionsvoraussetzungen des Alltags sowie der Heterogenität familiärer Lebensverhältnisse wird eine „Totalinklusion" aus empirischen wie systematischen Erwägungen als ebenso wenig erstrebenswert wie realisierbar eingeschätzt (vgl. Böhmer, 2016, v.a. S. 80ff.; dort auch weitere Literatur und konzeptionelle Grundlegungen wie Ableitungen). Daraus ergibt sich für eine migrationssensible und inklusive Familienbildung „die Frage nach dem Gemeinsamen im Unterschiedlichen" (ebd., S. 82). Unterschiede wären erst dann ausdrücklich zu betonen, wenn daraus Bildungsfortschritte für die Nutzer/innen von Familienbildungsmaßnahmen erwartet werden können.

Nicht bestritten werden soll in diesem Zusammenhang, dass in der Familienbildung „aufgrund kultureller, sozialer oder anderer Barrieren gleichzeitig der Zugang zu erforderlichen Ressourcen und Hilfen" (Wittke, 2015, S. 148) eingeschränkt werden kann. Hier sollte nicht einfach auf pragmatischer Ebene eine Behebung von Benachteiligung angestrebt werden, sondern zunächst eine Analyse behindernder Strukturen erfolgen. Ansonsten besteht die Gefahr, die andernorts ausführlicher dargestellte Verkürzung gesellschaftlicher Probleme auf individuelle und soziale Problemstellungen (vgl. Böhmer, 2017, S. 9ff.) auch in der Familienbildung vorzunehmen.

Stattdessen kann inklusive Pädagogik als Alternative zu feudalen und meritokratischen Ordnungen angelegt werden (vgl. Prengel, 2017). Statt Lernprozesse festzuschreiben, sollten sie offengehalten und mit der Anerkennung von Lernfortschritten verbunden werden, die weder hierarchisiert noch in ein erwartetes Leistungsspektrum eingeordnet werden (vgl. ebd., S. 156). Voraussetzung hierfür ist das inklusive

Verständnis für ein „universelles Design“[1]. Angesichts der bereits herausgearbeiteten Barrieren und Herausforderungen (vgl. v.a. Abschnitt 3) geht es dann darum, sich zu Beginn dieses Design-Prozesses mit Ansatzpunkten für eine Umformung der Familienbildung auseinanderzusetzen, mit besonderem Augenmerk auf Angebote für besondere Zielgruppen (vgl. Abschnitt 1.2). Solche zielgruppenspezifische Angebote werden mit der Unterschiedlichkeit der migrantischen Subgruppen (vgl. MASFFS BW, 2012, S. 17) und der Unmittelbarkeit der sozialen Kontakte aus der jeweiligen Community (vgl. Gaitanides, 2015) begründet. Damit können Niedrigschwelligkeit sowie Sozialraumorientierung differenziert umgesetzt und bislang weniger erreichte Gruppen und Milieus angesprochen werden (vgl. Grunwald, 2017, S. 128ff.; Friedrich & Siegert, 2013; Friedrich & Smolka, 2012). Gleichwohl ist zu berücksichtigen, dass sich auf diese Weise neue Homogenisierungen (z.B. über die Zuschreibung von kulturellen Spezifika) und Abstraktionen vom gesellschaftlichen und sozialen Rahmen ergeben, indem eine „übliche“ von einer „anderen“ Klientel unterschieden und Letztere auf diese Weise tendenziell vom Regelprogramm exkludiert wird. Andererseits lassen sich aber Herausforderungen wie eine möglicherweise vorliegende Unkenntnis der alltäglichen sozialen Praxis von Bildungsinstitutionen oder auch die Problematik der Familienzusammenführung Geflüchteter bei einer größeren Zahl von Menschen gemeinsam identifizieren. Es kommt folglich darauf an, Angebote so universell zu designen, dass sie inkludierend sind und den – ihrerseits verschiedenen – Besonderheiten der Nutzer/innen entsprechen. Dies gilt auch, wenn derartige Besonderheiten sowie Gemeinsamkeiten über einen längeren Zeitraum in der alltäglichen Interaktion von Professionellen der Familienbildung zu „bedienen“ sind (vgl. Müller, et al., 2015, S. 22). Zielgruppenorientierung ist für eine migrationssensible und inklusive Familienbildung folglich dann anzustreben, wenn die so Gruppierten dadurch einen größeren Bildungsfortschritt erwarten können und zugleich nicht aus den Handlungsroutinen des jeweils maßgeblichen gesellschaftlichen Kontextes ausgeschlossen werden.

Aus dieser Konzeption ist weiter abzuleiten, dass die Heterogenität der Fachkräfte in der Familienbildung näherungsweise jener der Adressat/innen entsprechen sollte (vgl. ebd., S. 29). Dies setzt eine migrationsbezogene Personalpolitik in der Familienbildung voraus.

Aus der Niedrigschwelligkeit und Alltagsnähe der migrationssensiblen Familienbildung ist ferner zu folgern, dass Angebote gemeinsam mit Migrant/innen entwickelt werden. Auch hier dürfte sich zeigen, dass die Heterogenität innerhalb migrantischer Communities jenen in autochthonen keineswegs nachsteht – und insofern ergibt sich daraus das Plädoyer für eine plurale Familienbildung, gerade für „die“ Migrant/innen in ihrer Differenz. Familienbildung mit einem universellen Design ist folglich inklusiv, wenn sie mit den möglichen Nutzer/innen nach deren Bildungsinteressen fragt, ihre

1 „Im Sinne dieses Übereinkommens […] bedeutet ‚universelles Design‘ ein Design von Produkten, Umfeldern, Programmen und Dienstleistungen in der Weise, dass sie von allen Menschen möglichst weitgehend ohne eine Anpassung oder ein spezielles Design genutzt werden können. ‚Universelles Design‘ schließt Hilfsmittel für bestimmte Gruppen von Menschen mit Behinderungen, soweit sie benötigt werden, nicht aus.“ (UN-BRK Art. 2).

Besonderheiten – jenseits der gängigen Mittelschichtsorientierung – berücksichtigt und bereit ist, sich in Inhalten, Angebotsformen, institutionellen Strukturen und politischen wie rechtlichen Rahmungen auf neue Wege zu begeben.

Solche Wege sind nicht unbekannt: Zahlreiche Träger und Initiativen beschreiten einzelne davon bereits seit geraumer Zeit. Insofern lassen sich von dorther auch Perspektiven einer migrationssensiblen Familienbildung erschließen, wie nun gezeigt werden soll.

5 Perspektiven der Inklusion durch migrationssensible Familienbildung

In den einschlägigen Veröffentlichungen werden eine Vielzahl von „Erfolgsfaktoren" für die Familienbildung mit Migrant/innen definiert, so u.a. die individuelle Ansprache von Adressat/innen, Mehrsprachigkeit, Erhebung des tatsächlichen Bedarfs, sozialräumliche Konzepte und allgemeine Kooperation mit migrantischen Eltern (vgl. MASFFS BW, 2012, S. 20; zu Netzwerkstrukturen in der Familienbildung ifb, 2013). Somit werden einige der vorher erarbeiteten Aspekte auch andernorts benannt. Hier soll es nun weniger darum gehen, weitere gute Praktiken einer migrationssensiblen Familienbildung zu beschreiben, sondern darum, deren inhärente Potentiale perspektivisch herauszustellen und auf diese Weise für die künftige Entwicklung veränderter guter Praxis zu motivieren.

5.1 Perspektiven der allgemeinen Vergesellschaftung

Eine perspektivische Erkenntnis, die sich aus der hier vorgetragenen Sicht auf die Familienbildung ergibt, ist sicherlich, dass migrationssensible Familienbildung dieselben Aufgaben bewältigen muss und auf viele (allerdings nicht: alle) Ressourcen zurückgreifen kann wie die Familienbildung insgesamt. Dies schärft den Blick dafür, wie Herausforderungen den familiären Alltag betreffen und an welchen Stellen Familien Unterstützung durch Bildung unter der Voraussetzung benötigen, dass spätmoderne Familienpraxis Unikatsproduktion familiären Alltags bedeutet.

Zur Vermittlung solcher Selbstorganisation (des Alltags, aber auch der politischen Interessenvertretung) bedarf es in der Praxis einer migrationssensiblen Familienbildung z.B.:

- Vermittlung der Kenntnisse von Rechten im Hinblick auf familienunterstützende Hilfen,
- Informationen zur Bildung von Netzwerken im Sozialraum, die im Alltag förderlich wirken,
- Analyse-Instrumente zur Erhebung der Besonderheiten jeder, damit auch jeder migrantischen, Familie,

- Berücksichtigung der lokal gegebenen Strukturen – von Alltagsmöglichkeiten, Bildungsangeboten, Familienbildung etc. – mit ihren Möglichkeiten und Grenzen für die Entwicklung von Angeboten für die verschiedenen Familien.

5.2 Perspektiven der besonderen Vergesellschaftungen

Darüber hinaus werden Herausforderungen erkennbar, die bislang nur wenig Aufmerksamkeit erhielten (vgl. dazu u.a. die Abschnitte 2.2 und 3). Deutlich wird, dass eine postmigrantische Gesellschaft auch in der Familienbildung eine allzu häufig mittelschichtsbezogene Bildungsarbeit aufweist und dabei weitere Gruppen – solche von Migrant/innen, aber eben auch weitere bildungspraktisch marginalisierter Personenkreise – oft nicht zureichend in den Blick nahm. In diesem Zusammenhang sind nationale, kulturelle, soziale, ökonomische, genderspezifische, gesundheitliche und weitere Kategorien genauer zu reflektieren, um Ausgrenzung in der Familienbildung durch weiterführende Konzepte zu beantworten.

Zugleich wird damit der Blick über die praktische Familienbildung hinaus gelenkt in weitere Bildungszusammenhänge und gesellschaftliche Felder. Denn die mangelnde Berücksichtigung von und Kooperation mit migrantischen Familien weist auf ein Querschnittsproblem von Bildungsarbeit und politischer Arbeit hin, wie vielfältige Studien deutlich machen (vgl. für Schulleistungsstudien neben vielen anderen Reiss, Sälzer, Schiepe-Tiska, Klieme & Köller, 2016; Stanat, Böhme, Schipolowski & Haag, 2016; für Studien zur politischen Teilhabe von Migrant/innen und deren politischen Möglichkeiten u.a. Hunger & Candan, 2009; Müssig & Worbs, 2012).

Für die Angebote und Strukturen einer migrationssensiblen Familienbildung folgt daraus u.a.:

- Entwicklung von Angeboten gemeinsam mit einzelnen Communities und Individuen aus migrantischen Milieus (bei Letzteren sollten insbesondere die lokalen Schlüsselpersonen gewonnen werden),
- Gründung eines Beirates aus Nutzer/innen, an dem durch eine Quote abgesichert auch Menschen mit familiären Bezügen zur Migration teilhaben können,
- Entmigrantisierung der Angebote, die somit nicht mehr für „die“ Migrant/innen formuliert werden, sondern für alle Familien,
- jedoch zugleich die besonderen Barrieren für migrantische Menschen in den Blick nehmen und strukturiert zurückbauen (Sprache, Ästhetik, Inhalte).

5.3 Perspektiven für die Fortentwicklung der Familienbildung

Aus beiden Feldern – jenem der allgemeinen und jenem der besonderen Vergesellschaftung – lassen sich in einem weiteren Schritt Perspektiven für die Weiterentwicklung der Familienbildung ableiten. Trotz aller bereits erkennbarer Sensibilität für Heterogenität werden in der Familienbildung nach wie vor eine Vielzahl von möglichen Gruppen nicht oder nur in geringem Maße erreicht. Exklusion kann dabei durch soziale und ökonomische Effekte hervorgerufen werden, so dass spezifisch migrantische oder andere Differenzen lediglich Zusatzeffekte darstellen (vgl. die Hinweise in Bird & Hübner, 2013, S. 25ff.; für die schulische Benachteiligung von Migrant/innen Cinar, Otremba, Stürzer & Bruhns, 2013, S. 193; Maaz, Baeriswyl & Trautwein, 2011, S. 13; Ruokonen-Engler, 2015, S. 330).

Vor dem Hintergrund dieser Hypothese kommt dem Konzept eines universellen Designs im Sinne der Inklusion (vgl. Abschnitt 4) eine hohe Bedeutung zu. Universell wären somit insbesondere die Angebote auf unterschiedliche soziale Milieus gemeinsam zuzuschneiden. Dies setzt einen kontinuierlichen Dialog mit verschiedenen sozialen Gruppen und ihre aktive Partizipation in Planung und Durchführung voraus.

Solche Ansätze eines sozial inklusiven universellen Designs beziehen sich dann aber nicht auf die Interkulturelle Öffnung, da es nun nicht schlicht um die Öffnung von Bestehendem gehen kann. Vielmehr ist ein gänzlich neu zu justierendes institutionelles Design zu entwickeln auf der Grundlage von Einsichten der Organisations- und Personalentwicklung und unter Einbezug von Mitarbeitenden und Nutzer/innen-Gruppen, um auf diese Weise

- Räume,
- Zeiten,
- Inhalte,
- Formen,
- Vermittelnde und
- Rahmenbedingungen

der Angebote insgesamt zur Disposition zu stellen. Die Aufgabe lautet dann, im Rahmen der organisationalen Handlungsspielräume sukzessive migrationssensible Familienbildung als universelle, sozial inklusive Familienbildung neu zu formieren.

5.4 Perspektiven für eine postmigrantische Politik: Heterogenität und Kohäsion

Damit öffnet sich schließlich die Perspektive auf jene Potenziale, die sich aus der Bildungsarbeit mit Migrant/innen allgemein ergeben können – jene der politischen Ansätze angesichts von postmigrantischer Heterogenität. Dass diese in den kommenden Jahren für Deutschland eher zunehmen werden, ist eine Prognose, die sich durch die nationalen, europäischen, aber ebenso sehr globalen Entwicklungen der vergangenen Jahre nahelegt. Insofern zeigt sich an der Familienbildung, was für das Feld der Politik allgemein gelten kann: Die Normalität der Migration wird auch in den kommenden Jahren eine Veränderung gesellschaftlicher Zusammenhänge und Prozesse ergeben, aus denen ihrerseits Veränderungen von Politik- und Bildungskonzepten abzuleiten sind.

Leitlinie dieser noch zu definierenden Politiken und Bildungskonzepte wird die Ambivalenz von wachsender Heterogenität und zugleich umso dringlicherer Gestaltung gesellschaftlichen Zusammenhalts werden. Beiden Tendenzen ist politisch Rechnung zu tragen: Es bedarf der politischen Diskurse zum Umgang mit Differenzen sowie politischer Entscheidungen und Programme, um solche Vielfalt der Lebensführungen auch faktisch sicherstellen zu können. Der gesellschaftliche Zusammenhalt ist somit neu zu organisieren, da Differenzen, die nicht miteinander vermittelt werden, in Distanz und mangelndes Verständnis für „die Anderen" münden können. Als in der europäischen Geschichte etablierter Konsensrahmen erweist sich dabei – als dritte Leitkategorie – das freiheitlich-demokratische Verständnis der „offenen Gesellschaft". In diesem politischen Prozess wird zu klären sein, wie der besagte Konsens unter veränderten gesellschaftlichen und politischen Rahmenbedingungen erneuert werden kann.

Diese politischen Perspektiven bedeuten für die praktische Arbeit einer migrationssensiblen Familienbildung, dass diese nicht allein allgemeine Angebote für Familien oder insbesondere für Familien mit Migrationserfahrungen entwickelt, sondern dass sie zunächst die politischen Bedingungen der Möglichkeiten von Bildung zur Disposition stellt, diskutiert und die Erträge der Debatten in aller Besonnenheit und Diskretion erprobt. Migrationssensible Familienbildung trägt so dazu bei, Strukturen und Möglichkeiten von Bildung in einer offenen Gesellschaft unter den sich merklich wandelnden Voraussetzungen der späten Moderne neu zu projektieren. Dies kann sie gewährleisten, indem sie beispielsweise

- politische Bildung in ihre Angebote aufnimmt,
- eine Entmigrantisierung der politischen Debatten befördert (u.a. durch Hinweis auf die sozialen Behinderungen gesellschaftlicher Teilhabe),
- politische und sozialräumliche Diskurse zu gesellschaftlicher Heterogenität auch im eigenen Beitrag für die politische Kultur des jeweiligen Standortes verwirklicht – in lokalen Bündnissen für Demokratie, Netzwerken für Respekt gegenüber sozialer und kultureller Differenz etc.

Migrationssensible Familienbildung bietet insofern Perspektiven, einen Beitrag zur Inklusion der Verschiedenen in einer Form zu leisten, die sie als Bildungs- und als politische Akteurin mit neuen Herausforderungen konfrontiert – und eröffnet darüber hinaus mit ihrer Arbeit Möglichkeiten, diese Herausforderungen im Sinne einer wachsenden Sensibilität für die Differenzen und Zusammenhänge postmigrantischer Gesellschaften zu bewältigen. Die Chance für die Familienbildung besteht darin, angesichts weiterhin erfolgender Migration nicht allein Individuen und Familiensysteme zu bilden, sondern zudem Angebote für die Bewältigung einer neu aufkommenden „Physik der Ungleichheit" (Fassin, 2017, S. 184) anzubieten – inklusive aller Differenzen.

Literatur

Barz, Heiner; Barth, Katrin; Cerci-Thoms, Meral; Dereköy, Zeynep; Först, Mareike; Thao Le, Thi; Mitchnik, Igor (2015): Große Vielfalt, weniger Chancen. Eine Studie über die Bildungserfahrungen und Bildungsziele von Menschen mit Migrationshintergrund in Deutschland. Essen, Düsseldorf.

Bird, Katherine; Hübner, Wolfgang (2013): Handbuch der Eltern- und Familienbildung mit Familien in benachteiligten Lebenslagen. Opladen u.a.

BMFSFJ (Bundesministerium für Familie, Senioren, Frauen und Jugend) (2009): Wie erreicht Familienbildung und -beratung muslimische Familien? Eine Handreichung. Berlin.

BMFSFJ (Bundesministerium für Familie, Senioren, Frauen und Jugend) (2016): Familie und frühe Bildung. Monitor Familienforschung. Beiträge aus Forschung, Statistik und Familienpolitik 35. Berlin.

Böhmer, Anselm (2016): Bildung als Integrationstechnologie? Neue Konzepte für die Bildungsarbeit mit Geflüchteten. Bielefeld.

Böhmer, Anselm (2017): Bildung der Arbeitsgesellschaft. Intersektionelle Anmerkungen zur Vergesellschaftung durch Bildungsformate. Bielefeld.

Cinar, Melihan; Otremba, Katrin; Stürzer, Monika; Bruhns, Kirsten (2013): Kinder-Migrationsreport. Ein Daten- und Forschungsüberblick zu Lebenslagen und Lebenswelten von Kindern mit Migrationshintergrund. München.

Euteneuer, Matthias; Sabla, Kim-Patrick; Uhlendorf, Uwe (2015): Familienpolitik, Soziale Arbeit mit Familien und Familienbildung. In: Otto, Hans-Uwe; Thiersch, Hans (Hrsg.): Handbuch Soziale Arbeit. 5. Aufl. München. S. 438–450.

Faas, Stefan; Landhäußer, Sandra; Treptow, Rainer (2017): Familien- und Elternbildung stärken. Konzepte, Entwicklungen, Evaluation. Mit einem Beitrag von Prof. Dr. Andreas Lange. Wiesbaden.

Fassin, Didier (2017): Das Leben. Eine kritische Gebrauchsanweisung. Frankfurter Adorno-Vorlesungen 2016. (Übers. v. C. Pries.). Berlin.

Fischer, Veronika; Gebert, Bärbel (2015): Familienbildung macht Schule – zur Kooperation von Familienbildung und Schule. In: Migration und Soziale Arbeit 37(2). S. 159–164.

Friedrich, Lena; Siegert, Manuel (2013): Frühe Unterstützung benachteiligter Kinder mit Migrationshintergrund: Effekte von Konzepten der Eltern- und Familienbildung. In: Stamm, Margit; Edelmann, Doris (Hrsg.): Handbuch frühkindliche Bildungsforschung. Wiesbaden. S. 461–471.

Friedrich, Lena; Smolka, Adelheid (2012): Konzepte und Effekte familienbildender Angebote für Migranten zur Unterstützung frühkindlicher Förderung. In: Zeitschrift für Familienforschung 24(2). S. 178–198.

Gaitanides, Stefan (2015): Niedrigschwellige, partizipative Elternbildung in Berlin Neukölln – Kazim Erdogan und die ehrenamtliche Initiative „Aufbruch Neukölln". In: Migration und Soziale Arbeit, 37(2), S. 165–169.

Geisen, Thomas (2014): Multilokale Existenzweisen von Familien im Kontext von Migration. Herausforderungen für Forschung und Theorieentwicklung. In: Geisen, Thomas;

Studer, Tobias; Yildiz, Erol (Hrsg.): Migration, Familie und Gesellschaft. Beiträge zu Theorie, Kultur und Politik. Wiesbaden. S. 27–57.

Geisen, Thomas; Gilliéron, Gwendolyn; Günes, Sevda (2015): Bildung und Lebensstrategien von Migrationsfamilien. In: Migration und Soziale Arbeit 37(2). S. 152–158.

Grunwald, Winnie (2017): Der Zielgruppenansatz in der institutionellen Familienbildung. In: Baader, Meike Sophia; Freytag, Tatjana (Hrsg.): Bildung und Ungleichheit in Deutschland. Wiesbaden. S. 125–137.

Harmsen, Thomas (2016): Familienzentren im Landesprogramm Nordrhein-Westfalen – innovative Organisationsformen oder normierte Pseudoprofessionalität? In: Busse, Stefan; Ehlert, Gudrun; Becker-Lenz, Roland; Müller-Hermann, Silke (Hrsg.): Professionalität und Organisation. Wiesbaden. S. 113–125.

Hunger, Uwe; Candan, Menderes (2009): Politische Partizipation der Migranten in der Bundesrepublik Deutschland und über die deutschen Grenzen hinweg. Expertise im Auftrag des Bundesamts für Migration und Flüchtlinge (BAMF). Münster.

ifb (Staatsinstitut für Familienforschung an der Universität Bamberg) (2013): Strukturelle Weiterentwicklung kommunaler Familienbildung. Erfahrungen aus dem Modellprojekt „Familienstützpunkte" und weiterführende Handlungsempfehlungen des Bayerischen Staatsministeriums für Arbeit und Sozialordnung, Familie und Frauen. ifb-Materialien 4–2013. Bamberg.

Jurczyk, Karin (2018): Familie als Herstellungsleistung. Elternschaft als Überforderung? In: Jergus, Kerstin; Krüger, Jens Oliver; Roch, Anna (Hrsg.): Elternschaft zwischen Projekt und Projektion. Aktuelle Perspektiven der Elternforschung. Wiesbaden. S. 143–166.

Krüger-Potratz, Marianne (2013): Vier Perspektiven der Beobachtung im Themenfeld Migration – Familie – Bildung. In Geisen, Thomas; Studer, Tobias; Yildiz, Erol (Hrsg.): Migration, Familie und soziale Lage. Beiträge zu Bildung, Gender und Care. Wiesbaden. S. 13–22.

LAG FB NRW & PA NRW (Landesarbeitsgemeinschaften der Familienbildung in NRW; Paritätische Akademie LV NRW e.V.) (Hrsg.) (2017): Digitale Medien in der Praxis der Familienbildung. Eine Arbeitshilfe für Fachkräfte. Wuppertal.

Lange, Andreas (2017): Eltern- und Familienbildung in der späten Moderne: Soziologische Perspektiven auf Herausforderungen und Konsequenzen. In: Faas, Stefan; Landhäußer, Sandra; Treptow, Rainer (Hrsg.): Familien- und Elternbildung stärken. Konzepte, Entwicklungen, Evaluation. Mit einem Beitrag von Prof. Dr. Andreas Lange. Wiesbaden. S. 21–47.

Lengyel, Drorit (2017): Stichwort: Mehrsprachigkeitsforschung. In: Zeitschrift für Erziehungswissenschaft 20(2): S. 153–174.

Lokhande, Mohini (2014): Kitas als Brückenbauer. Interkulturelle Elternbildung in der Einwanderungsgesellschaft. (Hrsg. v. Sachverständigenrat deutscher Stiftungen für Integration und Migration in Kooperation mit der Vodafone Stiftung Deutschland.) Berlin.

Maaz, Kai; Baeriswyl, Franz; Trautwein, Ulrich (2011): Herkunft zensiert? Leistungsdiagnostik und soziale Ungleichheiten in der Schule. Eine Studie im Auftrag der Vodafone Stiftung Deutschland. Düsseldorf.

MASFFS BW (Ministerium für Arbeit und Sozialordnung, Familie, Frauen und Senioren Baden-Württemberg) (Hrsg.) (2012): Familien in Baden-Württemberg 5. Stuttgart.

MFKJKS NRW & LAG FB NRW (Ministerium für Familie, Kinder, Jugend, Kultur und Sport des Landes Nordrhein-Westfalen; Landesarbeitsgemeinschaften der Familienbildung in Nordrhein-Westfalen) (Hrsg.) (2010): Praxisleitfaden Interkulturelle Öffnung der Familienbildung. Düsseldorf.

Müller, Dagmar; Beck, Mira; Gerleigner, Susanne; Guglhör-Rudan, Angelika; Hein, Kerstin; Schwaß, Mariann; Stemmler, Mark; Walper, Sabine (2015): Evaluation des Bundesprogramms „Elternchance ist Kinderchance – Elternbegleitung der Bildungsverläufe der Kinder". Abschlussbericht. (Hrsg. v. Deutschen Jugendinstitut.) München.

Müssig, Stephanie; Worbs, Susanne (2012): Politische Einstellungen und politische Partizipation von Migranten in Deutschland. Working Paper 46 aus der Reihe „Integrationsreport", Teil 10. (Hrsg v. Bundesamt für Migration und Flüchtlinge.) Nürnberg.

Peucker, Christian (2018): Kinder, Jugendliche und Familien mit Fluchthintergrund – Ausgangslage und Potenziale der Kinder- und Jugendhilfe. In: Bröse, Johanna; Faas, Stefan; Stauber, Barbara (Hrsg.): Flucht. Herausforderungen für Soziale Arbeit. Wiesbaden. S. 125–137.

Prengel, Annedore (2017): Zur Relationalität und Veränderlichkeit von Differenzen – Intersektionale Forschungsperspektiven auf inklusive Pädagogik. In: Budde, Jürgen; Dlugosch, Andrea; Sturm, Tanja (Hrsg.): (Re-)Konstruktive Inklusionsforschung. Differenzlinien – Handlungsfelder – Empirische Zugänge. Opladen, Berlin, Toronto. S. 145–162.

Reiss, Kristina; Sälzer, Christine; Schiepe-Tiska, Anja; Klieme, Eckhard; Köller, Olaf (Hrsg.) (2016): PISA 2015. Eine Studie zwischen Kontinuität und Innovation. Münster.

Ruokonen-Engler, Minna-Kristiina (2015): „Die Macht der Sprache". Zur Bedeutung der Sprache als Ausschlussmechanismus am Beispiel der Partizipation in schulischen Elternbeiräten. In: Migration und Soziale Arbeit 37(4). S. 329–334.

Rupp, Marina; Smolka, Adelheid (2007): Von der Mütterschule zur modernen Dienstleistung. Die Entwicklung der Konzeption von Familienbildung und ihre aktuelle Bedeutung. In: Zeitschrift für Erziehungswissenschaft 10(3). S. 317–333.

Stanat, Petra; Böhme, Katrin; Schipolowski, Stefan; Haag, Nicole (Hrsg.) (2016): IQB-Bildungstrend 2015. Sprachliche Kompetenzen am Ende der 9. Jahrgangsstufe im zweiten Ländervergleich. Münster.

Wittke, Verena (2015): Nur eine Frage der Haltung?! Von der Elternarbeit zur Zusammenarbeit mit Eltern und Familien. In: Theorie und Praxis der Sozialen Arbeit 66(2). S. 148–157.

Yildiz, Erol (2016): Postmigrantische Perspektiven. Von der Hegemonie zur urbanen Alltagspraxis. In: Doğmuş, Aysun; Karakaşoğlu, Yasemin; Mecheril, Paul (Hrsg.): Pädagogisches Können in der Migrationsgesellschaft. Wiesbaden. S. 71–84.

Yildiz, Erol (2014): Migrationsfamilien: Vom hegemonialen Diskurs zur (transnationalen) Alltagspraxis. In: Geisen, Thomas; Studer, Tobias; Yildiz, Erol (Hrsg.): Migration, Familie und Gesellschaft. Beiträge zu Theorie, Kultur und Politik. Wiesbaden. S. 59–71.

Yildiz, Erol; Hill, Marc (Hrsg.) (2014): Nach der Migration. Postmigrantische Perspektiven jenseits der Parallelgesellschaft. Bielefeld.

Veronika Fischer

Leitlinien einer diversitätsbewussten Familienbildung im Kontext von Migration

Zur wissenschaftlichen Auseinandersetzung mit migrationsbedingter Vielfalt in der Familienbildung

Abstract

Ausgehend von der lückenhaften Forschungslage zu migrationsbezogenen Themen der Familienbildung und einer erst am Anfang stehenden theoretischen Auseinandersetzung mit „Diversität" in der Erziehungswissenschaft, beschäftigt sich der vorliegende Artikel mit den normativen Grundlagen und Leitlinien einer diversitätsbewussten Familienbildung. Durch die Diversity-Perspektive eröffnet sich für die Familienbildung ein sinnvoller Zugang zu einer Vielzahl von miteinander verschränkten Identitäts- und Zugehörigkeitskategorien, deren Berücksichtigung für die pädagogische Praxis von hoher Relevanz ist. Eine isolierte Betrachtung von einzelnen Differenzlinien wie Geschlecht, Alter, Behinderung oder Migrationsgeschichte birgt die Gefahr von Essentialisierung, sonderpädagogischen Konzepten und des Othering. Stattdessen bietet das hier skizzierte Konzept einer diversitätsbewussten Familienbildung Wege zu einem reflektierten, angemessenen Umgang mit Vielfalt an. Aufbauend auf der normativen Grundlage der Menschen- bzw. Kinderrechte werden „Anerkennung", „Antidiskriminierung/Antirassismus", „Teilhabe" und „Empowerment" als Leitlinien für die Bildungspraxis dargestellt.

Diversitätsbewusste Ansätze in der Familienbildung[1] werden noch nicht lange diskutiert und stehen erst am Anfang ihrer Entwicklung, was auch damit zusammenhängt, dass sich die deutsche Erziehungswissenschaft insgesamt erst seit Mitte 2000 intensiver mit „Diversity" oder „Diversity Education" auseinandersetzt (Nestvogel 2008, 21/ Leiprecht 2011, 15–44/Baader 2013, 39)[2].

---

1 Familienbildung wird im Folgenden definiert als Unterstützung von Familien durch bildende Angebote, die entwicklungsförderliche Strategien für die Familienerziehung aufzeigen, eine bedürfnisorientierte Gestaltung des Familienlebens ermöglichen, hilfreich beim Durchlaufen des Lebens- und Familienzyklus sind sowie zur Nutzung von Chancen für die familiäre Weiterentwicklung und ein partnerschaftliches Miteinander anhalten (Textor 2007, 369).

2 Im Hinblick auf die Soziale Arbeit hat Leiprecht im Sammelband „Diversitätsbewusste Soziale Arbeit" (2011) verschiedene Beiträge zum Thema zusammengeführt. Für die Erwachsenenbildung hat Robak in dem Sammelband „Diversity Education" (2013) das Thema Diversität ausgelotet. Näheres zur Diversity-Diskussion im Hinblick auf Schulsozialarbeit ist nachlesbar bei Fischer (2016, 107) im dritten Kapitel des Bandes „Soziale Arbeit und Schule. Diversität und Disparität als Herausforderung".

Familienbildung hat auf die gesellschaftliche Tatsache der Migration zunächst mit dem seit Mitte der 1990er Jahre diskutierten Ansatz der „interkulturellen Öffnung“ reagiert. Allerdings ist die Forschungslage im Weiterbildungsbereich zu diesem Thema eher desolat. Bis auf Nordrhein-Westfalen liegt zur „Interkulturellen Öffnung der Familienbildung“ bisher keine systematische Evaluation in den Bundesländern vor. Noch immer ist der Prafxisleitfaden „Interkulturelle Öffnung der Familienbildung“ (MGFFI 2008) bundesweit die einzige Publikation, die systematisch aus einer wissenschaftlichen Evaluation der Familienbildung in einem Bundesland (Fischer/Krumpholz/Schmitz 2008) hervorgegangen ist (Sozialministerium Baden-Württemberg 2012; Öztürk/Reiter 2017, 17). Auch Öztürk/Reiter weisen in ihrer Studie „Migration und Diversität in Einrichtungen der Weiterbildung. Eine empirische Bestandaufnahme in NRW“ (2017) auf nur wenige Arbeiten zum Umgang mit migrationsbedingter Vielfalt im Bereich der Weiterbildung hin (Kap. 2). Sie stellen enorme Lücken in der empirischen Forschung zu Themen migrationsbezogener Erwachsenen- und Familienbildung fest, die Forschungslage liefere derzeit noch kein umfassendes Bild über den Umgang der Weiterbildungs- und Familienbildungseinrichtungen mit den Herausforderungen, die sich aus migrationsbedingter Diversität ableiten lassen (Öztürk/Reiter 2017, 27). Fachwissenschaftliche Beiträge und praxisorientierte Ansätze befassen sich eher mit partiellen Fragestellungen[3] der interkulturellen und migrationsorientierten Ausrichtung der Familienbildung wie der adäquaten Ansprache von Familien mit Migrationshintergrund durch niedrigschwellige Angebotsformen und sozialraumorientierte Strategien (Stamm 2009, 38ff.), der passgenauen Ausrichtung von Familienbildungsangeboten auf bestimmte Zielgruppen wie Väter oder muslimische Familien (BMFSFJ 2008, 33–39), der Vernetzung der Familienbildung mit migrationsspezifischen Beratungseinrichtungen oder Migrantenorganisationen (Fischer 2017b, 147–153), der Verknüpfung des Unterrichts im Fach Deutsch als Fremdsprache mit Elternkursen (Berliner Volkshochschulen 2009) oder der Effizienz von Multiplikatorenmodellen im Bereich der Elternarbeit (Michalek/Laros 2008).

Während Konzepte der „Interkulturellen Öffnung“ sowohl in der theoretischen Debatte als auch in praxisorientierten Ansätzen zur Organisationsentwicklung eher Beachtung gefunden haben, ist das Thema „Diversity“ in Theorie und Praxis der Familienbildung kaum präsent, außer in den Leitbildern der Einrichtungen der Familienbildung. Die so zum Ausdruck kommende steigende strategische Relevanz des Diversity-Themas haben Öztürk und Reiter (2017) in einer Studie, die in Nordrhein-Westfalen[4] durchgeführt worden ist, nachgewiesen. Über die Hälfte der in NRW untersuchten Volkshochschulen (58%) und Familienbildungseinrichtungen (55%) hat die Anerkennung von Vielfalt in ihrem Leitbild verankert. Den Einrichtungen geht es bei der Umsetzung solcher Konzepte insbesondere darum, eine Kultur der Wertschätzung zu etablieren, was am häufigsten von der Familienbildung als Ziel geäußert

3 Hier werden einige ausgewählte Beispiele aufgeführt.

4 Untersuchungen, die sich auf das gesamte Bundesgebiet beziehen, gibt es zurzeit nicht, so dass hier auf die Studie von Öztürk/Reiter (2017) zurückgegriffen werden muss, die landesweite Daten aus NRW auswertet.

wird (ebd. S. 65). Allerdings gibt es offenbar noch Wissenslücken und Schwächen bei der Umsetzung solcher Strategien. Nur 46,5% der Einrichtungen, die Diversity-Management und Interkulturelle Öffnung als Konzepte kennen, haben Erfahrungen mit ihrer Umsetzung. Interessanterweise zeichnet sich die Familienbildung gegenüber den anderen Einrichtungstypen dadurch aus, dass die Befragten mit 58,1% am häufigsten angeben, Erfahrungen insbesondere mit der „Interkulturellen Öffnung" ihrer Organisation zu haben (ebd., S. 69).

Da eine diversitätsbewusste Perspektive einen differenzierteren Umgang mit Heterogenität in der Familienbildung und weiterführende Impulse für Theorie und Praxis verspricht, widmet sich der vorliegende Aufsatz dieser Thematik. Allerdings wird ein Schwerpunkt gesetzt im Hinblick auf die normativen Grundlagen und Leitlinien eines Diversity Modells und dessen Übertragung auf die Familienbildung. Zunächst werden einige Themen aus dem Diversity-Diskurs referiert.

Einige Aspekte zu Diversity in der fachwissenschaftlichen Diskussion

Die Beschäftigung mit der Diversity-Thematik ist eng verknüpft mit der Kritik an zentralen Fehlentwicklungen, wie sie aus der gesonderten Behandlung einzelner Differenzlinien (z.B. Gender, Ethnie oder Behinderung) resultierten. Exemplarisch kann dies an der Interkulturellen Pädagogik aufgezeigt werden (Mecheril 2004, 16ff.; Hamburger 2009, 143ff.). Kritisiert wurden u.a.

- die Tendenz zur Essentialisierung, also einzelne Merkmale zu Wesensmerkmalen bestimmter Adressaten zu machen;
- sonderpädagogische Konzepte, die Menschen Defizite zuschrieben, sie aussonderten und in speziellen Gruppen zusammenfassten;
- die Gefahr des Othering, also ein Konstrukt zu schaffen, das das Gegenüber zum Anderen werden ließ und in Abgrenzung zu einem konstruierten „Wir" als nicht zugehörig definiert.

Die Schlussfolgerungen, die aus dieser Kritik gezogen wurden, fielen gegensätzlich aus und reichten vom „Abschied von der Interkulturellen Pädagogik" (Hamburger 2009) bis zu einem Plädoyer für eine kritisch reflexive Bearbeitung der Thematik. Eine diversitätsbewusste Perspektive müsse sich – so Leiprecht (2011, 37ff.) – auf weitere fachliche Disziplinen stützen können, „die sich mit verschiedenen Differenzlinien befassen – also etwa die Geschlechterpädagogik, die Interkulturelle Pädagogik und die Sonderpädagogik" (ebd., 38). Allerdings bestünde die Aufgabe, dass die speziellen Disziplinen die Anschlussmöglichkeiten und Verbindungen zu den jeweils anderen Differenzlinien mitdenken und ihre intersektionale Verschränkung (Crenshaw 1989) begreifen.

In der fachwissenschaftlichen Diskussion (Soziologie, Psychologie, Erziehungswissenschaft, Ökonomie etc.)[5] gibt es unterschiedliche Zugänge zum Diversity-Begriff (Robak u.a. 2013, 16), so dass keine einheitliche Definition existiert. Neben dem Diversity-Begriff werden in der deutschsprachigen Diskussion beispielsweise auch die Bezeichnungen Diversität, Vielfalt, Heterogenität und Pluralität verwendet. Daneben gibt es verwandte Begriffe wie den Differenzbegriff, der auf eine lange Tradition in unterschiedlichen Disziplinen (wie Philosophie, differentielle Psychologie, Erziehungswissenschaft, Soziologie) zurückgeht. In der Soziologie galt der Analyse gesellschaftlicher Differenzierungsprozesse seit jeher ein besonderes Interesse, was Salzbrunn (2014, 13ff.) exemplarisch an Klassikern wie Simmel, Spencer und Elias aufzeigt. Neben Differenz tauchen auch Begriffe wie Alterität, Andersheit oder Fremdheit auf (Krell u.a. 2007, 8). Während Diversity-Strategien im Bildungsbereich häufig auf die Anerkennung von Vielfalt abzielen und daher wertbasiert und normativ ausgerichtet sind, handelt es sich bei „*Differenz*" um eine analytische Kategorie, wie sie z.B. in einen Intersektionalitätsansatz zur Feststellung der Wirkmächtigkeit von Differenzordnungen einfließt. Daher unterscheiden Mecheril und Plößer (2011, 278) zwischen einem *normativ präskriptiven* und einem *analytisch-empirischen* Ansatz. Krell nennt als Differenzkategorien u.a. „Geschlecht, Alter, Nationalität, Ethnizität, Kultur, Religion, sexuelle Identität und Orientierung, familiäre beziehungsweise Lebenssituation, Klasse, Ausbildung, Werte, Verhaltensmuster und so weiter" (Krell u.a. 2007, 9), die man vielfach sowohl in der Praxis als auch in der Forschung zu reduzieren versucht. Die am häufigsten thematisierten Dimensionen in den USA seien die sogenannten „Big 8" „(race, gender, ethnicity/nationality, organizational role/function, age, sexual orientation, mental/physical ability, religion)." In Deutschland würden in erster Linie die Dimensionen Geschlecht, Kultur/Ethnie/Nation und Alter berücksichtigt (Krell u.a. 2007, 9). Dass oft die Dimensionen Einkommen bzw. soziale Klasse fehlten, hinge – so die Soziologin Monika Salzbrunn – „mit dem cultural turn in den Sozialwissenschaften" zusammen, „infolge dessen Klassenunterschiede im Zuge der Diversity-Studien nur noch am Rand untersucht werden (obwohl doch ‚race, class und gender' die wichtigsten Elemente in der Geschichte der Diversitätsdebatte waren)" (Salzbrunn 2014, 6).

Der Diversity-Ansatz war in der Vergangenheit unterschiedlicher Kritik ausgesetzt (Emmerich/Hormel 2013, 26). Insbesondere die Auflistung einer Vielzahl aneinandergereihter Differenzkategorien, die keinen inneren Zusammenhang erkennen ließ, wurde moniert. Außerdem erweckten diese Aufzählungen den Anschein, als ob die

5 Innerhalb der Erziehungswissenschaft wird über ‚Diversity-Education' diskutiert und auch in diesem Feld liegt laut Meike Baader (2013, 46) kein einheitliches Verständnis vor: „Eingegangen sind, wie bereits skizziert, Fragen und Anregungen aus der Frauen- und Geschlechterforschung, den Queer Studies, der Intersektionalität, den Cultural und den Postcolonial Studies, der interkulturellen und der Migrationspädagogik, der Ungleichheitsforschung, der antirassistischen Bildungsarbeit, der politischen Bildung, der Pädagogik der Anerkennung, der Pädagogik der Menschenrechte, der Sexualpädagogik, den Disability Studies sowie aus dem Diversity-Management."

Kategorien gleichgewichtig nebeneinander stünden, obwohl doch einigen Kategorien eine ungleichheitsgenerierende Wirkung zukomme (wie class oder gender).

Mecheril und Plößer (2011, 278) konstatieren, dass es – trotz der unterschiedlichen Diskurse über Diversity – ein gemeinsames wissenschaftliches Interesse gebe, das mit der Perspektive „Diversity" verbunden sei, das „empirisch und theoretisch auf die Analyse der Vielzahl von Identitäts- und Zugehörigkeitskategorien und ihrem Zusammenspiel bezogen" sei. Sie verdeutlichen, dass sich gesellschaftliche Wirklichkeit nicht angemessen beschreiben lasse, wenn sie ausschließlich oder primär aus Sicht einer Differenzordnung wie der des Geschlechts, der Migrationsgeschichte oder des Alters erfasst werde. Scherr (2011, S. 80) verweist auf die Bedeutsamkeit des Diversity-Begriffs für die Weiterentwicklung sozialpädagogischer Theorie und Praxis, da die „komplexen Verschränkungen von individuellen und kollektiven Identitätskonstruktionen" vor dem Hintergrund von Strukturen sozialer Ungleichheit sowie Macht- und Herrschaftsverhältnissen in den Fokus rücken.

Ein so verstandener Diversity-Ansatz kann für die Familienbildung produktiv genutzt werden, weil ihr Adressat, die Familie, erst durch die theoretische Durchdringung einer Vielzahl sich wechselseitig beeinflussender Differenzlinien erschlossen werden kann: So kann beispielsweise die Geschlechterthematik im Zusammenhang mit den Rollen von Mutter und Vater bearbeitet werden; die Kategorie Alter findet im Generationenverhältnis (Alt und Jung/Großeltern und Enkelkinder) ihren Niederschlag; die soziale Herkunft, die mit unterschiedlichen sozialen Positionen und ungleichen Zugängen zu ökonomischen, kulturellen und sozialen Ressourcen verbunden ist, durchdringt wiederum alle anderen Beziehungen.

Der Ansatz einer diversitätsbewussten Familienbildung sensibilisiert – im Hinblick auf das Thema dieses Sammelbandes – für den Umgang mit migrationsbedingter Vielfalt und schärft den Blick auf die Adressaten, deren vielfältige Identitäten und Merkmale gesehen werden. So sind die Voraussetzungen für eine adäquate Ansprache der Familien gewährleistet, die sich an den Bedarfen, Bedürfnissen und Ressourcen der Betroffenen orientiert und passgenauere Angebotsinhalte und -formen ermöglicht.

Diversitätsbewusste Familienbildung

Bevor in dem nun folgenden Kapitel die Leitlinien einer diversitätsbewussten Familienbildung skizziert werden, sei auf einen Strukturierungsvorschlag von Nestvogel (2008, 23f.) verwiesen. Sie unterscheidet vier Hauptströmungen/Traditionslinien in der Wahrnehmung von und dem Umgang mit Vielfalt, die ideologisch Trennendes aufwiesen, sich aber auch – zumindest partiell – miteinander verbinden ließen: 1.) Eine (selektiv) *„affirmative Strömung"*, die davon ausgeht, dass im Zuge der Globalisierung eine zunehmende Zahl von Menschen mit einer Vielfalt an Kulturen und Eigenschaften miteinander in Beziehung trete. 2.) Eine *normativ-demokratische Strömung*, die sich auf Menschenrechts- und Demokratievorstellungen berufe und davon ausgeht, dass alle Menschen gleich, gleichwertig und gleichberechtigt sind, d.h. mit den gleichen unveräußerlichen Rechten ausgestattet, so dass sich auf dieser Grundlage jegliche Form von Diskriminierung verbiete. 3.) Eine utilitaristische Strömung, die unter dem Begriff des „Diversity-Managements" firmiere und Vielfalt ökonomistisch zur Verbesserung der Markt-, Kunden-, Kooperations-, Fusions- und Mitarbeiterstrukturen nutze, um im Interesse des jeweiligen Unternehmens die Effizienz und Wettbewerbsfähigkeit zu steigern. 4.) Die Traditionslinie der *Ungleichheitskonstrukte,* die Vielfalt wahrnehme, aber nicht wertschätze, sondern Differenzkategorien im Lichte von Ungleichwertigkeit sehe und das Augenmerk vor allem auf Praktiken der Ungleichbehandlung richte. Zentrale Begriffe dieses Ansatzes seien Rassismus, Ethnozentrismus, Kulturalismus, Antisemitismus und Sexismus.

Das im Folgenden von mir entwickelte Modell einer diversitätsbewussten Familienbildung integriert verschiedene von Nestvogel beschriebene Strömungen:

1.

Es geht zunächst in einem deskriptiven Sinne von einer unter den Folgen der Globalisierung und internationalen Migration sich zunehmend ausdifferenzierenden heterogenen Gesellschaft aus. Demografisch gesehen hat dies zu einer Vielfalt von Familienformen und -strukturen geführt. Die Migrationsgeschichte ist nur ein Merkmal unter anderen, das Familien auszeichnen kann. Verallgemeinernd von *den Migrantenfamilien* zu sprechen, birgt das Risiko einer Stereotypisierung und wird den tatsächlichen Lebensumständen der Familien nicht gerecht. Eine diversitätsbewusste Perspektive, die auch *sozio-ökonomische* Differenzen einbezieht, setzt sich stattdessen mit den unterschiedlichen Differenzlinien auseinander, die Aufschluss über die Bildungsbedarfe der Familien geben können. So muss sich Familienbildung sowohl bei der Adressatenansprache als auch der Ausgestaltung der Familienbildungsangebote sehr genau mit der Lebenssituation auseinandersetzen, die durch eine Reihe von Differenzlinien charakterisiert werden kann (z.B. der sozialen Herkunft, der ökonomischen Situation, den Bildungsvoraussetzungen der Eltern und Kinder, den Rollenvorstellungen von Vater und Mutter, der gesundheitlichen Situation).

2.

Weiterhin ist das Modell normativ-demokratisch ausgerichtet, weil professionelles pädagogisches Handeln immer mit der Bestimmung von Zielen verbunden ist, die ihrerseits auf Werten basieren. Die Menschen- und Kinderrechte bilden eine solche Wertebasis. Sie definieren als ein zentrales Ziel die Gleichberechtigung, hier vor allem Bildungsgerechtigkeit, als eine wichtige Leitplanke pädagogischen Handelns.

3.

Schließlich gilt es alle Formen der Ungleichbehandlung kritisch zu hinterfragen, die ihre Wurzeln vielfach in Rassismus, Ethnozentrismus, Antisemitismus, Sexismus und einem Etabliertenstandpunkt haben. Fachkräfte in der Familienbildung müssen sich

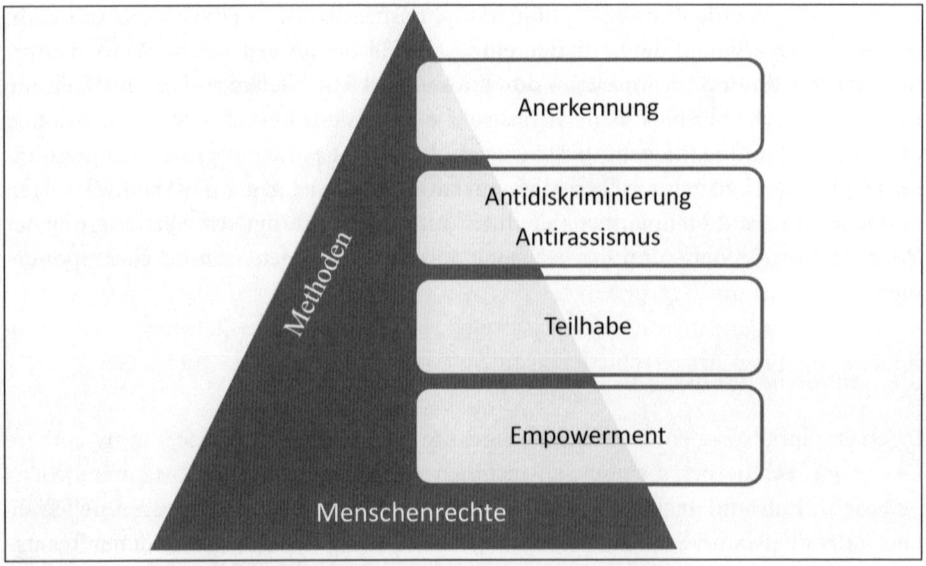

Abb. 1: Modell diversitätsbewussten pädagogischen Handelns

dieser ideologischen Ausprägungen bewusst sein – und zwar bei sich selbst und bei anderen –, damit sie im Verhältnis zu den Teilnehmenden selbstreflexiv ihre eigenen Vorurteile bedenken und im Dialog mit anderen intervenieren können, wenn ein solches Denken geäußert wird.

Zusammenfassend stützt sich ein Diversity-Modell, wie in Abbildung 1 dargestellt, zunächst auf eine Wertebasis, die die Grundlage für das Gesamtkonzept abgibt (Ebene der Werte: Menschenrechte/Kinderrechte), aus der sich dann im Sinne strategischer Ziele Leitlinien ableiten lassen, an denen sich das praktische Handeln orientieren kann (Ebene der Leitlinien)[6]. Diversity beinhaltet im Bereich der Familienbildung:

a) auf der Ebene der Werte das ethische Fundament der Menschen- bzw. Kinderrechte;
b) auf der Ebene der Leitlinien Anerkennung und als Gegenstrategie zu Formen der Nichtanerkennung (Missachtung)
   - Antidiskriminierung und Antirassismus, was zugleich ein Bewusstsein hinsichtlich Ungerechtigkeit und sozialer Ungleichheit impliziert, die sich u.a. in ungleicher Weiterbildungsbeteiligung äußert, so dass eine Steigerung der
   - Weiterbildungsbeteiligung (verbesserte Teilhabe) und
   - Empowerment als Stärkung von Eigenmacht erforderlich sind.

6 Ein solches Modell beinhaltet – didaktisch gesehen – auch Methoden und Sozialformen, deren Behandlung den Rahmen dieses Aufsatzes sprengen würde. Eine weitere Ausgestaltung des Konzepts im Hinblick auf alle Ebenen der Organisation und Dimensionen der Bildungsarbeit steht noch aus.

Im Folgenden werden zunächst die ethischen Grundlagen kurz skizziert, um dann schwerpunktmäßig auf die Leitlinien einzugehen. Jede der vier Leitlinien wird allgemein dargestellt und im Anschluss durch exemplarische Bezüge zur Familienbildung konkretisiert. Die Beispiele beziehen sich auf verschiedene Bereiche und Dimensionen der Familienbildung. Es geht um pädagogische Settings, die eine Anerkennungskultur begünstigen; um eine langfristige Präventionsstrategie gegen Diskriminierungen und Rassismus; um Maßnahmen der „Interkulturellen Öffnung" zur Verbesserung der Weiterbildungsteilhabe und um Stärkung von Elternkompetenzen durch Empowerment.

3.1 Ethische Grundlagen

In einer pluralistischen Gesellschaft sind die Menschenrechte eine unverzichtbare Grundlage, auf die sich die politisch-rechtlichen Grundnormen des Zusammenlebens beziehen. „Entstanden als Antworten auf strukturelle Unrechtserfahrungen stellen sie jene individuellen und gemeinschaftlichen Grundfreiheiten unter besonderen Rechtsschutz, die einem jeden Menschen um seiner Menschenwürde willen gleichermaßen zukommen" (Bielefeldt 2007, 64). Die Menschenrechte gelten auf allen Ebenen der Gesellschaft, so auch im Bildungssystem. In der Allgemeinen Erklärung der Menschenrechte wird der gleiche Zugang zu Bildungschancen für alle Menschen gefordert, „ohne irgendeinen Unterschied, etwa nach Rasse, Hautfarbe, Geschlecht, Sprache, Religion, politischer oder sonstiger Überzeugung, nationaler oder sozialer Herkunft, Vermögen, Geburt oder sonstigem Stand" (Allgemeine Erklärung der Menschenrechte, Art. 2, Abs. 1). Galt lange Zeit der Grundbildung und schulischen (formalen) Bildung verstärkte Aufmerksamkeit, so ist es in der Folgezeit insbesondere ein Verdienst der UNESCO das Menschenrecht auf Bildung im Hinblick auf die non-formale Bildung und den Einbezug der Erwachsenenbildung erweitert zu haben (Elfert 2011, 35). Wegweisend waren die 1976 verabschiedete „Empfehlung über die Entwicklung der Weiterbildung", die UNESCO-Weltkonferenzen zur Erwachsenenbildung und die Weiterbildungskonferenz von Jomtien im Jahr 1990. In der 1972 erschienenen Publikation „Wie wir leben lernen" (learning to be) wird das „Lebenslange Lernen" als bildungspolitisches Thema akzentuiert. Der Blick wird nun auf Lernen über die gesamte Lebensspanne hinweg gerichtet und ist nicht mehr einseitig auf schulisches Lernen konzentriert. Auch wenn die Familienbildung nicht explizit genannt wird, schließt Lifelong Learning auch Prozesse des Lernens im Familienkontext ein. Das bedeutet auch, dass auf der Ebene der Einrichtungen zu überprüfen wäre, inwieweit das Recht auf Bildung in der Familienbildung im Hinblick auf die vier Forderungen des Artikels 13 des UN-Sozialpakts umgesetzt wird: Availability (die ausreichende Verfügbarkeit und Qualität der Familienbildungsangebote), Accessibility (den diskriminierungsfreien Zugang zu den Einrichtungen) Acceptability (die Relevanz und kulturelle Angemessenheit von Familienbildung) und Adaptability (die flexible Einstellung auf gesellschaftliche Veränderungen). Neben der Berücksichtigung der Menschenrechte auf der Ebene der Organisationen der Familienbildung (Meso-Ebene), haben die

Menschenrechte auch auf der Mikro-Ebene der interpersonellen Beziehungen besonderes Gewicht. Auch die in die Familienbildung eingebundenen Akteure – Fachkräfte, Eltern wie Kinder – benötigen Leitlinien für ihr Handeln, damit grundlegende Prinzipien für die Zusammenarbeit im Bildungsprozess und die normative Ausrichtung des Erziehungshandelns respektiert werden, die die Würde jedes Einzelnen und ein verantwortungsvolles Miteinander betreffen. Familienbildung eignet sich daher als ein Ort, an dem allgemeine Werte und Normen nicht nur vermittelt, sondern auch gelebt werden können[7]. Dazu wird ein allgemeiner Referenzrahmen mit hoher Akzeptanz benötigt – wie die Menschen- und Kinderrechte –, an dem sich eine Gemeinschaft orientieren kann. Gerade auch pädagogische Fachkräfte in der Familienbildung sind darauf angewiesen, sich mit den wertgebundenen Grundlagen ihres Handelns auseinanderzusetzen, wenn sie beispielsweise mit Anschauungen und Praktiken anderer (der Eltern, Kinder, Mitarbeitenden) konfrontiert sind, die in Widerspruch zur freien Selbstbestimmung der Menschen stehen und diskriminierende Wirkung entfalten[8].

3.2 Leitlinie Anerkennung

Anerkennung als Achtung der Würde des Menschen ist sowohl eine fundamentale, übergreifende ethische Kategorie als auch Leitlinie sozialen Handelns. Hier zeigt sich die enge Verknüpfung mit den Menschenrechten.

Relevant für eine anerkennungstheoretische Fundierung der Pädagogik sind die Ausführungen von Axel Honneth, der sich im Rückgriff u.a. auf Hegel und Mead in verschiedenen Schriften, schwerpunktmäßig in seinem Werk „Kampf um Anerkennung“ (2003), mit dem Anerkennungsprinzip auseinandergesetzt hat. Honneth (2003, 196) streicht heraus, dass Menschen nur dann zu einem ungebrochenen Selbstverhältnis gelangen können, wenn sie „über die Erfahrung von affektiver Zuwendung und rechtlicher Anerkennung hinaus“ stets auch noch die Erfahrung einer sozialen Wertschätzung machen, „die es ihnen erlaubt, sich auf ihre konkreten Eigenschaften und Fähigkeiten positiv zu beziehen“. Honneth zeigt in diesem Zusammenhang auch auf, dass die soziale Wertschätzung in modernen Gesellschaften einem „permanenten Kampf“ (ebd., S. 205) unterliegt, in dem die verschiedenen gesellschaftlichen Gruppen versuchen, das Prestige ihrer kollektiv repräsentierten Eigenschaften und Fähigkeiten anzuheben. Die Schwierigkeit, Anerkennung zu erhalten, wird vor allem in Forschungen deutlich, die sich dem Gegenteil von Anerkennung, der Missachtung, Abwertung und Diskriminierung von Gruppen widmet. Exemplarisch sei auf eigene Forschun-

7 Familienbildungsprogramme wie „Starke Kinder brauchen starke Eltern“ beziehen sich explizit auf die Menschen- und Kinderrechte (Honkanen-Schoberth o.J., 18ff.)

8 Eine menschenrechtsbasierte Arbeit hat Tradition in der Pädagogik, so etwa in der Menschenrechtspädagogik, wie sie von der UNESCO getragen wird, und der Sozialen Arbeit, die in der Idee der sozialen Gerechtigkeit eine tragende Handlungsmaxime sieht. Beispielhaft für diese Position stehen Staub-Bernasconi (2007), die Soziale Arbeit als „Menschenrechtsprofession‘ oder Thiersch (2002), der Soziale Arbeit in der Rolle eines ‚Anwalts sozialer Gerechtigkeit‘ sieht.

gen im Bereich des Elternnetzwerks NRW verwiesen. Es handelt sich dabei um einen Zusammenschluss von Migrantenorganisationen im Elternbereich. Im Rahmen einer Gruppendiskussion wurden Anerkennungsdefizite seitens des Vorstands eines Vereins festgestellt: „Es ist für mich immer noch spürbar die nicht vorhandene Willkommenskultur und die fehlende Akzeptanz der Einwanderungsgesellschaft. Es ist immer noch so – trotz der Einwanderungsgeschichte seit 1955 hier in Deutschland – und spürbar für jeden Einwanderer, dass er sich immer wieder … erklären muss und immer wieder sein Ausländersein … erstmal aufarbeiten muss.“ (GD, Elternnetzwerk NRW 21.06.2014[9]). Anerkennung im Sinne von sozialer Wertschätzung (Honneth 2003, 211) schafft das Gefühl, dazu zu gehören, ein Gefühl des Beheimatetseins, während fehlende Akzeptanz zu Verunsicherung führt, die oft mit einem geschwächten Selbstwertgefühl, persönlichem Rückzug und psychischen Belastungen einhergeht.

Annedore Prengel (1995, 62) knüpft in ihrer „Pädagogik der Vielfalt“ an die von Honneth dargestellten drei Anerkennungsformen (Liebe, Recht, soziale Wertschätzung) an und sieht in der „intersubjektiven Anerkennung zwischen gleichberechtigten Verschiedenen“ das Herzstück ihres Ansatzes. Anerkennung von Gleichheit und Differenz bilden gleichermaßen das Fundament einer Pädagogik der Vielfalt. Der Wunsch nach „Anerkennung von Lebensweisen in ihrer Pluralität, von Verschiedenheit auf allen Ebenen durchdringt die Pädagogik der Vielfalt“ (Prengel 2007, 51). Die Option für Vielfalt – so Prengel – impliziert die Option für Gleichheit. „Egalität und Diversität“ werden nicht als gegensätzlich entworfen, sondern als einander bedingend. Scherr formuliert als Zielbestimmung einer pädagogischen Anerkennungstheorie, „zur Entwicklung von Selbstwahrnehmung, Selbstachtung, Selbstbewusstsein und Selbstbestimmungsfähigkeit in Anerkennungsverhältnissen beizutragen“. Dazu sei es unverzichtbar, „Individuen Erfahrungen der Anerkennung (im Sinne von Beachtung und Wertschätzung) ihrer Erfahrungen, Fähigkeiten, Bedürfnisse, Interessen und Lebensentwürfe zugänglich zu machen sowie Prozesse der Aneignung und kritischen Überprüfung vielfältiger Sichtweisen ihrer selbst, der Gesellschaft und der Natur anzuregen“ (Scherr 2013, 28).

Erfahrungen der Anerkennung werden vor allem durch solche pädagogischen Zusammenhänge begünstigt, in denen Menschen freiwillig zusammenkommen und motiviert sind, sich auf Basis gemeinsamer Erfahrungen (z.B. als Mütter oder Väter) auszutauschen. Die Erwachsenen- und Familienbildung bietet gruppenpädagogische Settings an, in denen Erwachsene unter pädagogischer Leitung die Chance haben, sich im Dialog miteinander als gleichwertige Diskutanten anzuerkennen, eigene Erfahrungen zur Sprache zu bringen, verfestigte Wahrnehmungs- und Deutungsmuster aufzubrechen und sich in die Perspektive anderer hineinzuversetzen. Das setzt voraus, dass die Beteiligten bereit sind, offen miteinander umzugehen, was wiederum nur unter der Bedingung einer wertschätzenden Atmosphäre gelingen kann. Zu der Einhaltung solcher Rahmenbedingungen sind pädagogische Fachkräfte erforderlich, die über selbstreflexive, soziale, fachliche und methodische Kompetenzen verfügen,

---

9 Es handelt sich um bisher unveröffentlichte Ergebnisse im Rahmen des Forschungs- und Entwicklungsprojekts „Studienpioniere“ an der Hochschule Düsseldorf.

wie sie beispielsweise aus der Themenzentrierten Interaktion (Cohn 1997) oder einer interkulturellen Pädagogik bekannt sind, die sich der Gefahr kulturalisierender Deutungen bewusst ist (Auernheimer 2002). Diese Kompetenzen schließen ein, dass sich die Gruppenleitungen auch der Machtasymmetrien bewusst sind (Status-, Rechtsungleichheit, Wohlstandsgefälle), die einerseits das gesellschaftliche Leben der Teilnehmenden prägen, andererseits auch immer wieder in der Gruppe zum Vorschein kommen können (etwa in Form diskursiver Macht oder der Wissensvorsprünge der Leitung oder anderer Teilnehmender).

Übertragen auf die Familienbildung könnte das heißen, dass Familienbildung einen Kommunikationsraum eröffnet, in dem sich z.B. Eltern über ihre Erziehungsziele und -stile austauschen, so dass der durch die eigene Sozialisation verengte Blick auf die vermeintliche Unverrückbarkeit und Selbstverständlichkeit der eignen Erziehungspraktiken zugunsten einer vergleichenden und kritischen Auseinandersetzung mit anderen Erziehungsvorstellungen geweitet werden kann. Im Kontext einer wertschätzenden taktvollen Diskussion hilft Familienbildung dann dabei, eine Distanz gegenüber den eigenen Vorstellungen einzunehmen, ohne die Gefahr einer eventuellen Beschämung einzugehen. Didaktisch ermöglicht der Ansatz biografischen Lernens solche selbstreflexiven und kritisch vergleichenden Prozesse. Familienbildung im Sinne einer anerkennungstheoretisch begründeten Pädagogik unterstützt z.B. Eltern bei der Vergewisserung ihrer eigenen Erziehungsgeschichte und Klärung der Elternrolle. Insofern geht Familienbildung nicht von einer unveränderlichen Erziehungspersönlichkeit aus, die durch vermeintlich ethnisch kulturelle Prägungen fixiert ist, sondern von Individuen, die sich mit ihrer Rolle im gegenwärtigen sozialen Umfeld kritisch auseinandersetzen und sich verändern können. Eine solche Pädagogik setzt an den subjektiven Erfahrungen, Vorstellungen und Ressourcen der Adressaten an, greift sie auf und macht deutlich, dass sie diese für bedeutsam erachtet. Ein solcher Ansatz grenzt sich zugleich von einem naiv anerkennenden Umgang mit Differenzen ab und kann als kritisch reflexiv bezeichnet werden.

3.3 *Antidiskriminierung/Antirassismus*

„Bei aller Affinität zum kulturellen Pluralismus markieren die Menschenrechte Grenzen der Toleranz, die dann erreicht sind, wenn bestimmte Praktiken in Widerspruch zur freien Selbstbestimmung der Menschen geraten" (Bielefeldt 2007, 69). Das Gegenteil von Anerkennung ist Diskriminierung bis hin zum Rassismus. Eltern mit Migrationshintergrund erleben in der öffentlichen Diskussion oder in der Begegnung mit anderen Eltern oft Vorurteile und Ressentiments, die zu Ausgrenzung führen. In bestimmten Quartieren, in denen überwiegend Migrantinnen und Migranten leben, nehmen manche Eltern lange Anfahrtswege in Kauf, um ihre Kinder in einer Kita mit höherem Anteil deutschstämmiger Kinder unterzubringen. Oft spielt neben der Sorge, die Kinder würden nicht hinreichend auf die Schule vorbereitet und das Leistungsniveau durch Migrantenkinder gedrückt, auch ein Unbehagen gegenüber „Fremden" eine Rolle, das sich in der Bevölkerung zunehmend ausbreitet. Die Antidiskriminierungsstelle des Bundes (2014) hat eine Untersuchung in Auftrag gegeben, die herausfinden sollte, welche gesellschaftlichen Gruppen den Befragten unsympathisch sind. An erster Stelle wurden Sinti und Roma genannt. Dann folgten Muslime, Asylbewerberinnen und Asylbewerber, Osteuropäerinnen und Osteuropäer, schwarze Menschen und Juden. Die Studie „Die enthemmte Mitte" (Decker u.a. 2016) kommt zu dem Ergebnis, dass rechte Einstellungen als Teil eines völkischen antipluralistischen Weltbildes und eines starken muslimischen Rassismus zunehmend enttabuisiert und öffentlich vertretbar gemacht werden.

Angesichts von Rassismus als einem machtvollen „System von Diskursen und Praxen der Unterscheidung (...), mit welchen Ungleichbehandlung und hegemoniale Machtverhältnisse legitimiert werden" plädiert Scharathow (2011, 13) im Hinblick auf die Bildungsarbeit für eine rassismuskritische Perspektive, durch die die Eingebundenheit des eigenen Handelns in herrschende Strukturen, Diskurse und Machtverhältnisse bewusst wird und deren rassismustheoretische Implikationen erhellt werden.

Aufgrund der Beständigkeit und tiefen Verwurzelung rassistischer Bewertungsmuster in den Vorstellungen und oft unbewussten Haltungen der Menschen liegt es nahe, rassismuskritische Bildungsarbeit langfristig und frühzeitig zu implementieren. Rassismus – so argumentiert auch Rommelspacher (2009, 29) – ist als ein System von Diskursen und Praxen zu verstehen, das meistens in frühen Sozialisationsprozessen weitergegeben worden ist. Für eine auf längere Dauer angelegte Bildungsarbeit bietet sich daher die Kooperation von Institutionen der Familienbildung mit Kindertagesstätten und Familienzentren an, in denen die Zusammenarbeit mit Eltern im Sinne einer Erziehungs- und Bildungspartnerschaft über eine längere Zeit verpflichtender Bestandteil der Arbeit ist. Im Bereich der Kindheitspädagogik ist der Ansatz einer vorurteilsbewussten Erziehung und Bildung (Wagner 2010, 29) auf der Basis des Anti-Bias-Approach von Louise Derman-Sparks und Carol Brunson-Phillips (1989) für Deutschland adaptiert und erprobt worden. Der Ansatz einer vorurteilsbewussten Bildung und Erziehung schließt Elternbildung ein und lässt sich gut in die dialogische Arbeit der Familienbildung einbetten. Die Arbeit nach dem Anti-Bias-Ansatz verlangt, den Hintergrund und die Lebenssituation jedes Kindes und seiner Familie zu respektieren und zu unterstützen und gleichzeitig eine Arbeitsweise einzuführen, die Stereotype und Diskriminierung problematisiert (Derman-Sparks 2010, 239). Die Eltern werden mit den Zielen und Anliegen vorurteilsbewusster Arbeit vertraut gemacht, damit sie ihren eigenen Anteil an der Arbeit erkennen und Anti-Bias-Sichtweisen in ihre eigene Erziehungspraxis einfließen lassen.

Dass der Austausch in Gesprächskreisen hilft, Vorurteile abzubauen, wird auch durch die sogenannte Kontakthypothese bestätigt, die von Allport bereits 1954 aufgestellt wurde (vgl. Allport 1978).

Demnach helfen Kontakte Vorurteile zu reduzieren, wenn die Gruppenmitglieder den gleichen Status haben, gemeinsame Ziele kooperativ verfolgen und der Kontakt durch Autoritätspersonen unterstützt wird. Pettigrew/Tropp (2006, zit. in Asbrock u.a. 2012, 200ff.) haben in einer Zusammenstellung von weltweit 515 empirischen Untersuchungen zur Kontakthypothese das Ergebnis von Allport (1978) bestätigt. Forschungen im Projekt „Gruppenbezogene Menschenfeindlichkeit" (GMF, 2002–2010) bestätigen die Kontakthypothese ebenfalls (Asbrock u.a. 2012, 200ff.).

3.4 *Teilhabe*

Teilhabe an Bildung ist ein Menschenrecht, das über die gesamte Lebensspanne wahrgenommen werden kann. Die Familienbildung bietet in diesem Zusammenhang die Möglichkeit, sich mit Aufgaben beim Durchlaufen des Familienzyklus auseinanderzusetzen. Hier kommt der Elternbildung eine besondere pädagogische und bildungspolitische Relevanz zu. Werden Eltern in die Lage versetzt, ihre Kinder angemessen im Erziehungsprozess zu unterstützen, so erhöhen sich die Chancen, dass die Kinder in ihren kognitiven, emotionalen und sozialen Kompetenzen gefördert und die Wege ins künftige Bildungssystem erleichtert werden. Familienbildung ist zwar von ihrem Anspruch her offen für alle Familien, in der Realität aber doch nicht für alle gleichermaßen zugänglich. Hinweise auf Zugangsbarrieren hat eine empirische Untersuchung der nordrhein-westfälischen Familienbildung aus dem Jahr 2005 ergeben (Fischer, Krumpholz, Schmitz 2008, 50f.)[10], die die Gründe für hemmende Faktoren auf drei Ebenen ansiedelt: a) Belastende Lebenslagen (wie Schichtarbeit, unsichere Bleibeperspektive aufgrund aufenthaltsrechtlicher Restriktionen, Leben im Übergangswohnheim, geringes Einkommen); b) subjektive Hemmschwellen (niedrige/fehlende Bildungsabschlüsse, Sprach- und Kommunikationsbarrieren, psychosoziale Belastungen, fehlende Kenntnisse über Familienbildungsangebote etc.) und c) institutionelle Barrieren (überwiegend schriftsprachliche Werbung, fehlende muttersprachliche Kontaktpersonen, Bürokratie, fehlende interkulturelle Kompetenz des Personals etc.). Dass die Adressatenansprache bei Personen mit Migrationshintergrund aus ressourcenarmen Milieus besonders schwierig ist, haben auch andere Untersuchungen gezeigt (Sacher 2012, 310; Gaitanides 2011, 323; Bremer u.a. 2015; Öztürk/Reiter 2017, 21); dass es sich nicht nur um ein deutsches Phänomen handelt, verdeutlicht die vergleichende Untersuchung von Janet Boddy u.a. (2009), die für alle fünf untersuchten Länder (Dänemark, Frankreich, Deutschland, Italien und die Niederlande) feststellt: „All five countries had encountered difficulties with engaging particular groups of parents, including fathers and parents from socio-economically disadvantaged and minority ethnic communities" (ebd., 3).

Allerdings ist die Datenlage für die Familienbildung ausgesprochen dünn. Aktuelle Daten zur Weiterbildungsbeteiligung weisen die Familienbildung nicht gesondert aus, sondern unterscheiden wie der Adult Education Survey nach den Segmenten der betrieblichen, berufsbezogenen und nicht berufsbezogenen Weiterbildung. Insofern lassen die Zahlen nur globale Aussagen für die Weiterbildung insgesamt und nicht speziell für die Familienbildung zu. Dennoch wird ein gewisser Trend sichtbar, der die Weiterbildungsbeteiligung von Personen mit Migrationshintergrund betrifft. Wie

---

10 Zurzeit liegen keine aktuelleren Studien zu dem Thema in NRW vor. Aus anderen Bundesländern sind auch keine empirischen Erhebungen bekannt.

bereits in den Vorgängeruntersuchungen deutlich wurde, zeigt sich auch 2016 wieder, dass Menschen mit Migrationshintergrund in der Weiterbildung unterrepräsentiert sind. „Im Jahr 2016 beteiligten sich Deutsche mit Migrationshintergrund (43%) und Ausländer (40%) prägnant seltener an Weiterbildung als Deutsche ohne Migrationshintergrund (51%)“ (BMBF 2017, 36). Hohe und steigende Teilnahmequoten gibt es vor allem im Segment der nichtberufsbezogenen Weiterbildung, was im Zusammenhang mit einer erhöhten Teilnahme an Deutsch- und Integrationskursen zu sehen ist (Fischer 2017a, 35; Öztürk/Reiter 2017, 20).

Die Öffnung der Familienbildung für Menschen aus ressourcenarmen Milieus, unter denen auch ein hoher Anteil von Zugewanderten mit ihren Familien zu finden ist, wurde in der Vergangenheit in verschiedenen Publikationen thematisiert (Fischer/Krumpholz/Schmitz 2008, 69ff.; Gaitanides 2011; Müller u.a. 2015). Im Hinblick auf die Adressatenansprache wurden u.a. folgende Maßnahmen empfohlen: Gegenüber den Print-Medien ist der Mund-zu-Mund-Propaganda Priorität einzuräumen; auch die direkte Ansprache über Brückenpersonen mit Kenntnissen der Herkunftssprachen (Michalek/Laros 2008) hat sich als wirksam herausgestellt. Die Zusammenarbeit mit Sozialen Diensten im Bereich der Migrationsarbeit und mit Migrantenorganisationen eröffnet Wege zu den Familien (SVR 2014, S. 3), ebenso wie niedrigschwellige offene Angebote (z.B. Elterncafés), aufsuchende Elternarbeit (z.B. HIPPY); Nutzung der Infrastruktur der Migrantencommunity im Stadtteil; Angebote in Wohnortnähe (kurze Wege), Sozialraumorientierung; Verlagerung der Angebote der Elternbildung in die Bildungswelten der Kinder (KiTa und Grundschule); niedrige Gebühren oder Gebührenerlass; Kinderbetreuung und Zusammenarbeit mit Dolmetschern.

3.5 *Empowerment*

Die Überwindung von Hemmschwellen gegenüber Einrichtungen der Familienbildung und die Entscheidung, dort Angebote wahrzunehmen, erfordern Selbstvertrauen und eine gewisse Selbstsicherheit seitens der Eltern. Es gilt ein Bewusstsein zu entwickeln, dass ein Zugewinn an Wissen über Bildung und Erziehung und eine Stärkung der Erziehungskompetenz hilfreich für den erzieherischen Alltag und die Zukunft des Kindes sind. Insofern benötigen Eltern aus ressourcenarmen Milieus oft einen Anstoß von außen beispielsweise durch eine Brückenperson, die beratend und informierend zur Seite steht. Dadurch wird ein Prozess eröffnet, in dessen Verlauf sich die Stärken der Eltern entfalten sollen.

Empowerment bedeutet nach Herriger (2010, S. 20) mutmachende Prozesse der „Stärkung von Eigenmacht, Autonomie und Selbstverfügung“. Menschen, die Benachteiligung und Ausgrenzung erleben, beginnen ihre Geschicke selbst in die Hand zu nehmen, indem sie ihre individuellen und kollektiven Ressourcen zu einer selbstbestimmten Lebensführung nutzen lernen. Übertragen auf die Elternbildung heißt Empowerment dreierlei:

a) dass Optionen aufgezeigt werden, wie Eltern ihre Erziehungskompetenzen weiterentwickeln können, um ihre Kinder in ihrer Persönlichkeitsentwicklung zu fördern und Erziehungssituationen angemessen zu bewältigen (Programme wie „Starke Kinder brauchen starke Eltern" gehen sozusagen von einer „Empowermentkette" aus, dass nämlich durch „Ermächtigung" der Eltern auch die Kinder gestärkt aus dem Erziehungsprozess hervorgehen und bessere Chancen für ihre weitere Entwicklung haben);
b) dass Eltern selbstbewusst ihre Rolle gegenüber Repräsentanten der Bildungsinstitutionen und auch in den Vertretungsorganen ausfüllen und ihre Vorstellungen und Wünsche dezidiert artikulieren können, denn gerade von Eltern mit Migrationsgeschichte ist bekannt, dass sie z.B. in schulischen Gremien unterrepräsentiert sind und
c) dass sie ihre Interessen als politische Akteure zusammen mit anderen z.B. in Elternverbänden und Migrantenorganisationen durchsetzen lernen, wofür es inzwischen auch Beispiele wie das Elternnetzwerk in Nordrhein-Westfalen (www.elternnetzwerk-nrw.de) gibt.

Das oben skizzierte Empowerment-Konzept geht mit einer Reihe von Implikationen einher, die mit den Leitlinien einer diversitätsbewussten Familienbildung übereinstimmen:

- Die Orientierung an den Ressourcen der Familien und das Vertrauen in die Fähigkeit der Eltern, ihren Erziehungsalltag in eigener Regie zu gestalten, beinhaltet eine Abkehr von der Defizitperspektive und eine Anerkennung der Potenziale der Familienmitglieder.
- Die oft unkonventionellen und fremd erscheinenden Lebensentwürfe zu akzeptieren und mit ihnen zu arbeiten, statt sie zu ignorieren, verlangt eine empathische, offene und migrationssensible Haltung seitens der Fachkräfte in der Familienbildung.
- Das Empowerment-Konzept ist den Menschenrechten verpflichtet, es achtet auf die Wahrung von Selbstbestimmungsrechten, tritt für soziale Gerechtigkeit und das Recht auf demokratische Partizipation ein (Herriger 2010, 80f.) und ist somit mit dem ethischen Referenzrahmen des Konzepts einer diversitätsbewussten Familienbildung deckungsgleich.

Fazit

Angesichts einer Gesellschaft, die in vielfältiger Weise durch die Dynamik globaler Wanderungsprozesse charakterisiert wird, müssen sich auch die Bildungsinstitutionen flexibel auf die sich verändernden Kontextbedingungen einstellen. Es reicht allerdings nicht, mit Einzelmaßnahmen auf die sich verändernden Koordinaten der Bildungsplanung zu reagieren, sondern ein Gesamtkonzept ist gefragt. Im vorliegenden Artikel wurden die Leitlinien für ein mögliches Gesamtkonzept einer diversitätsbewussten

Familienbildung vorgestellt, die auf dem ethischen Fundament der Menschen-/Kinderrechte basieren. Ausgangspunkt eines diversitätsbewussten Ansatzes ist die Anerkennung der Vielfalt von Identitäten, Mehrfachzugehörigkeiten und familialen Lebensformen. Die milieuspezifischen Präferenzen und Ressourcen der Adressaten sind bei der Ansprache von Einzelnen und Gruppen sowie der Planung, Durchführung und Evaluation des Familienbildungsangebots zu beachten. Familienbildung prüft kritisch Vielfalt als Potenzial und entwickelt eine Anerkennungskultur in der Einrichtung. Im Zusammenhang mit der zweiten Leitlinie, Antidiskriminierung und Antirassismus, sind Angebote vorgesehen, die für Diskriminierungen auf Basis der Menschenrechte/Kinderrechte sensibilisieren. Vor dem Hintergrund des Menschenrechts auf Bildung gilt es, ungleiche Weiterbildungsteilhabe abzubauen und durch Empowerment-Strategien dazu beizutragen, dass Menschen in die Lage versetzt werden, sich Wissen anzueignen, um die eigenen Interessen selbstständig und kompetent umsetzen zu können. In diesem Sinne trägt Familienbildung zur Inklusion der Betroffenen bei, verstanden als „gesellschaftliche Zugehörigkeit und Teilhabe", die nicht nur in der formalen Einbindung von Menschen in die Bildungsinstitutionen, sondern auch in den Veränderungspotenzialen der Institutionen und den möglichen Formen der Mitgestaltung der Teilnehmenden besteht (Kronauer 2010, 17 und 44).

Literatur

Allport, Gordon W. (1978): Struktur und Ausbreitung des Vorurteils. In: Karsten, A. (Hrsg.): Vorurteil. Ergebnisse psychologischer und sozialpsychologischer Forschung. Darmstadt, S. 139–156.

Antidiskriminierungsstelle des Bundes (Hrsg.) (2014): Zwischen Gleichgültigkeit und Ablehnung. Bevölkerungseinstellungen gegenüber Sinti und Roma. Expertise für die Antidiskriminierungsstelle des Bundes. Zentrum für Antisemitismusforschung. Institut für Vorurteils- und Konfliktforschung e.V. Berlin.

Asbrock, Frank u.a. (2012): Kontakt hilft – auch wenn die Politik es nicht immer leichtmacht. In: Heitmeyer, Wilhelm (Hrsg.): Deutsche Zustände. Folge 10. Frankfurt a. M., S. 199–219.

Auernheimer, Georg (Hrsg.) (2002): Interkulturelle Kompetenz und pädagogische Professionalität. Opladen.

Baader, Meike (2013): Diversity Education in den Erziehungswissenschaften – ‚Diversity' as a buzzword. In: Hauenschild, Katrin/Robak, Steffi/Sievers, Isabel (Hrsg.): Diversity Education. Zugänge – Perspektiven – Beispiele. Frankfurt a. M., S. 38–59.

Berliner Volkshochschulen (Hrsg.) (2009): Elternkurs-Curriculum. Lernziele und Themen für den schulbezogenen Unterrichtsschwerpunkt in den Deutschkursen der Berliner Volkshochschulen für Eltern/Mütter in Grundschulen und Kitas. Berlin.

Bielefeldt, Heiner (2007): Menschenrechte in der Einwanderungsgesellschaft. Plädoyer für einen aufgeklärten Multikulturalismus. Bielefeld.

BMBF (Bundesministerium für Bildung und Forschung) (2017): Weiterbildungsverhalten in Deutschland 2016. Ergebnisse des Adult Education Survey. AES-Trendbericht. Bonn.

BMFSFJ (Bundesministerium für Familie, Senioren, Frauen und Jugend) (Hrsg.) (2008): Wie erreicht Familienbildung und -beratung muslimische Familien? Eine Handreichung. Berlin.

Boddy, Janet u.a. (2009): International Perspectives on Parenting Support Non-English Language Sources. London. www.dcsf.gov.uk/research/data/uploadfiles/DCSF-RR114.pdf (Zugriff: 07.01.2016).

Bremer, Helmut/Kleemann-Göhring, Mark/Wagner, Farina (2015): Weiterbildung und Weiterbildungsberatung für „Bildungsferne". Ergebnisse, Erfahrungen und theoretische Einordnungen aus der wissenschaftlichen Begleitung von Praxisprojekten in NRW. Bielefeld.

Cohn, Ruth C. (1997): Von der Psychoanalyse zur themenzentrierten Interaktion. Von der Behandlung einzelner zu einer Pädagogik für alle. Stuttgart.

Crenshaw, Kimberlé (1989): Demarginalizing the Intersection of Race and Sex: A Black Feminist Critique of Antidiscrimination Doctrine, Feminist Theory and Antiracist Politics. In: University of Chicago Legal Forum 1989(1), S. 139–167. http://chicagounbound.uchicago.edu/uclf/vol1989/iss1/8, (Zugriff am 10.09.2018).

Decker, Oliver/Kiess, Johannes/Brähler, Elmar (Hrsg.) (2016): Die enthemmte Mitte. Autoritäre und rechtsextreme Einstellung in Deutschland. 2. Auflage. Gießen. https://www.boell.de/sites/default/files/buch_mitte_studie_uni_leipzig_2016.pdf (Zugriff 10.09.2018).

Derman-Sparks, Louise (2010): Aktuelle Entwicklungen und Erkenntnisse aus den USA. In: Wagner, Petra (Hrsg.): Handbuch Kinderwelten. 2. Auflage. Freiburg, Basel, Wien, S. 239–248.

Elfert, Maren (2011): Der globale Bildungsdiskurs aus menschenrechtlicher Perspektive. Gibt es ein Recht auf lebenslanges Lernen? In: DIE Zeitschrift für Erwachsenenbildung 2011(2), S. 35–38.

Emmerich, Marcus/Hormel, Ulrike (2013): Heterogenität – Diversity – Intersektionalität. Zur Logik sozialer Unterscheidungen in pädagogischen Semantiken der Differenz. Wiesbaden.

Fischer, Veronika (2016): Der Diversity-Diskurs und schulisch orientierte Soziale Arbeit. In: Fischer, Veronika/Genenger-Stricker, Marianne/Schmidt-Koddenberg, Angelika (Hrsg.): Soziale Arbeit und Schule. Diversität und Disparität als Herausforderung. Schwalbach/Ts., S. 65–132.

Fischer, Veronika (2017a): Diversität anerkennen – Weiterbildungsteilhabe erhöhen. Familienbildung im Migrationskontext. In: DIE Zeitschrift für Erwachsenenbildung 24(1), S. 34–37.

Fischer, Veronika (2017b): Familienbildung – Orte gelebter Diversität? Der Beitrag bürgerschaftlichen Engagements von Migrantenorganisationen zur Interkulturellen Öffnung der Familienbildung. In: Groß, Torsten u.a. (Hrsg.): Engagierte Migranten. Teilhabe in der Bürgergesellschaft. Schwalbach/Ts., S. 147–153.

Fischer, Veronika/Krumpholz, Doris/Schmitz, Adelheid (2008): Zuwanderung - Eine Chance für die Familienbildung. Bestandsaufnahme und Empfehlungen zur Eltern- und Familienbildung in Nordrhein-Westfalen. 2. Aufl.. Hrsg. vom Ministerium für Generationen, Familie, Frauen und Integration des Landes Nordrhein-Westfalen. Düsseldorf.

Gaitanides, Stefan (2011): Zugänge der Familienarbeit zu Migrantenfamilien. In: Fischer, Veronika/Springer, Monika (Hrsg.): Handbuch Migration und Familie. Grundlagen für die soziale Arbeit mit Familien. Schwalbach/Ts., S. 323–333.

Hamburger, Franz (2009) Abschied von der Interkulturellen Pädagogik. Plädoyer für einen Wandel sozialpädagogischer Konzepte. Weinheim und München.

Herriger, Norbert (2010): Empowerment in der Sozialen Arbeit. Eine Einführung. 4. Auflage. Stuttgart.

Honkanen-Schoberth, Paula (o.J.): Starke Kinder brauchen starke Eltern. Der Elternkurs des Deutschen Kinderschutzbundes. Stuttgart.

Honneth, Axel (2003): Kampf um Anerkennung. Zur moralischen Grammatik sozialer Konflikte. Frankfurt a. M.

Krell, Gertraude u.a. (Hrsg.) (2007): Diversity Studies. Grundlagen und disziplinäre Ansätze. Frankfurt und New York.

Kronauer, Martin (Hrsg.) (2010): Inklusion und Weiterbildung. Reflexionen zur gesellschaftlichen Teilhabe in der Gegenwart. Bielefeld.

Leiprecht, Rudolf (2011): Auf dem Weg zu einer diversitätsbewussten Sozialpädagogik. In: Ders. (Hrsg.): Diversitätsbewusste Soziale Arbeit. Schwalbach/Ts., S. 15–44.

Mecheril, Paul (2004): Einführung in die Migrationspädagogik. Weinheim und Basel.

Mecheril, Paul/Plößer, Melanie (2011): Diversity und Soziale Arbeit. In: Otto, Hans-Uwe/Thiersch, Hans (Hrsg.): Handbuch soziale Arbeit. 4. völlig neu bearb. Auflage. München und Basel, S. 278–287.

MGFFI (Ministerium für Generationen, Familie, Frauen und Integration des Landes Nordrhein-Westfalen)/Landesarbeitsgemeinschaften der Familienbildung in NRW (Hrsg.) (2008): Praxisleitfaden Interkulturelle Öffnung der Familienbildung. Düsseldorf.

Michalek, Ruth/Laros, Anna (2008): Multiplikatorenmodelle für die Arbeit mit Eltern mit Migrationshintergrund. Expertise für das BAMF. Nürnberg.

Müller, Dagmar u.a. (2015). Evaluation des Bundesprogramms „Elternchance ist Kinderchance - Elternbegleitung der Bildungsverläufe der Kinder". Abschlussbericht. München.

Nestvogel, Renate (2008): Diversity Studies und Erziehungswissenschaften. In: GPJE (Gesellschaft für Politikdidaktik und politische Jugend- und Erwachsenenbildung) (Hrsg.): Diversity Studies und politische Bildung. Schwalbach/Ts., S. 21–33.

Öztürk, Halit/Reiter, Sara (2017): Migration und Diversität in Einrichtungen der Weiterbildung. Eine empirische Bestandsaufnahme in NRW. Bielefeld.

Prengel, Annedore (1995): Pädagogik der Vielfalt. Verschiedenheit und Gleichberechtigung in Interkultureller, Feministischer und Integrativer Pädagogik. 2. Auflage. Opladen.

Prengel, Annedore (2007): Diversity Education – Grundlagen und Probleme der Pädagogik der Vielfalt. In: Krell, Gertraude u.a. (Hrsg.): Diversity Studies. Grundlagen und disziplinäre Ansätze. Frankfurt und New York, S. 49–68.

Robak, Steffi (2013): Diversität in der Erwachsenenbildungs(forschung) im Spiegel theoretischer und empirischer Reflexionen – eine Standortdiskussion. In: Hauenschild, Katrin/Robak, Steffi/Sievers, Isabel (Hrsg.): Diversity Education. Zugänge – Perspektiven – Beispiele. Frankfurt a. M., S. 183 – 203.

Robak, Steffi/Sievers, Isabel/Hauenschild, Katrin (2013): Einleitung. Diversity Education: Zugänge und Spannungsfelder. In: Hauenschild, Katrin/Robak, Steffi/Sievers, Isabel (Hrsg.): Diversity Education. Zugänge – Perspektiven – Beispiele. Frankfurt a. M., 15–35.

Rommelspacher, Birgit (2009): Was ist eigentlich Rassismus? In: Melter, Claus/Mecheril, Paul (Hrsg.): Rassismuskritik. Band 1: Rassismustheorie und -forschung. Schwalbach/Ts., S. 25–38.

Sacher, Werner (2012): Elternarbeit mit Migranten. In: Matzner, Michael (Hrsg.): Handbuch Migration und Bildung. Weinheim und Basel, S. 301–314.

SVR (Sachverständigenrat deutscher Stiftungen für Integration und Migration/Forschungsbereich) (Hrsg.) (2014): Migrantenorganisationen in der kooperativen Elternarbeit: Potenziale, Strukturbedingungen, Entwicklungsmöglichkeiten. Berlin. https://www.stiftung-mercator.de/media/downloads/3_Publikationen/SVR_Migrantenorganisationen_in_der_kooperativen_Elternarbeit_2014.pdf (Zugriff: 06.11.2017).

Salzbrunn, Monika (2012): Gebietskartierung. Vielfalt/Diversity/Diversité. In: Soziologische Revue 35, S. 375–394.

Salzbrunn, Monika (2014): Vielfalt/Diversität. Bielefeld.

Scharathow, Wiebke (2011): Zwischen Verstrickung und Handlungsfähigkeit – Zur Komplexität rassismuskritischer Bildungsarbeit. In: Scharathow, Wiebke/Leiprecht, Rudolf (Hrsg.): Rassismuskritik. Bd. 2: Rassismuskritische Bildungsarbeit. Schwalbach/Ts., S. 12–22.

Scherr, Albert (2011): Diversity: Unterschiede, Ungleichheiten und Machtverhältnisse. In: Leiprecht, Rudolf (Hrsg.): Diversitätsbewusste Soziale Arbeit. Schwalbach/Ts., S. 79–90.

Scherr, Albert (2013): Subjektbildung in Anerkennungsverhältnissen. Über ‚soziale Subjektivität' und ‚gegenseitige Anerkennung' als pädagogische Grundbegriffe. In: Hafeneger, Benno/Henkenborg, Peter/Scherr, Albert (Hrsg.): Pädagogik der Anerkennung. Grundlagen, Konzepte, Praxisfelder. Schwalbach/Ts., S. 26–44.

Sozialministerium Baden-Württemberg (Hrsg.) (2012): Familien in Baden-Württemberg. https://sozialministerium.baden-wuerttemberg.de/fileadmin/redaktion/m-sm/intern/downloads/Downloads_Familie/Report_2_2012_Eltern-_und_Familienbildung.pdf (Zugriff 19.02.2018).

Stamm, Elisabeth (2009): Familienzentren und MGH's als Orte niedrigschwelliger Elternbildung für Migranteneltern. Modellprojekt „Evangelisches Familienzentrum". In: forum erwachsenenbildung, H. 2, S. 38–40.

Staub-Bernasconi, Sylvia (2007): Soziale Arbeit: Dienstleistung oder Menschenrechtsprofession? Zum Selbstverständnis Sozialer Arbeit in Deutschland mit einem Seitenblick auf die internationale Diskussionslandschaft. In: Lesch, Walter/Lob-Hüdepohl, Andreas (Hrsg.): Einführung in die Ethik der sozialen Arbeit. Stuttgart, S. 20–54.

Textor, Martin R. (2007): Familienbildung. In: Ecarius, Jutta (Hrsg.): Handbuch Familie. Wiesbaden, S. 366–386.

Thiersch, Hans (2002): Positionsbestimmungen der Sozialen Arbeit. Gesellschaftspolitik, Theorie und Ausbildung. Weinheim.

Wagner, Petra (2010) (Hrsg.): Handbuch Kinderwelten. 2. Auflage. Freiburg, Basel, Wien.

Tatjana Kasatschenko und Olga Zitzelsberger

Zur Ent/täuschung pädagogischer Professionalität in und für die Migrationsgesellschaft

Wie die eigene Bildung Professionalisierungsprozesse behindert

Abstract

Migration und die damit verbundenen Fragen nach einer pädagogischen Professionalität sind nicht erst seit der Zuwanderung von geflüchteten Personen in den letzten Jahren relevant. Vielmehr beschäftigt(e) sich Pädagogik in wissenschaftlicher und handlungsorientierter Praxis immer wieder in ihrer Geschichte mit dieser Thematik. Hierbei spielt die Auseinandersetzung mit einer rassismuskritischen und differenzreflexiven Professionalisierung von pädagogischem Fachpersonal eine zentrale Rolle. Denn gerade vor dem Hintergrund einer zunehmend migrationsbedingten heterogenen Kinder- und Schüler/innengeneration werden sensibilisierende Maßnahmen und Angebote (die als wichtiger Bestandteil von (Aus-)Bildung auch dauerhaft finanziert werden sollten) zum notwendigen Bestandteil einer migrationsgesellschaftlichen Pädagogik. Dieser Beitrag widmet sich auf unterschiedlichen Ebenen den Bedingungen und Möglichkeiten einer differenzreflexiven Professionalisierung von Pädagog/innen, die insbesondere Kulturalisierungsprozesse durch eine einseitige Fokussierung von Migration kritisch in den Blick nimmt.

Einleitung

„Welche normativen Konsequenzen folgen dem Umstand, dass ‚Migration' ein zentrales Moment gesellschaftlicher Realität und Dynamik ist?" fragt Paul Mecheril (2010, S. 179) und formuliert damit eine für die pädagogische Theorie und Praxis zentrale Frage.

Wir leben in einer Migrationsgesellschaft. Diese Positionierung ist vergleichsweise neu für die Bundesrepublik und resultiert aus einem jahrzehntelang anhaltenden Diskurs zum Umgang mit Migrant/innen. Immer noch existieren Zuschreibungen bestimmter Denk- und Verhaltensweisen aufgrund von (realer, vermeintlicher oder zugeschriebener) Herkunft/Kultur und führen zu Ausgrenzungen und Benachteiligungen sowohl in vielen Subsystemen wie dem schulischen und außerschulischen Bildungssystem, Arbeits- und Wohnungsmarkt und auch in Einrichtungen, die sich der Unterstützung von Migrant/innen und ihren Familien widmen. Der Wunsch die ‚andere' und als ‚fremd' markierte Kultur verstehen und kennenzulernen, um damit mögliche ‚Kulturkonflikte' zu vermeiden, wird nicht selten formuliert. Übersehen wird dabei allerdings zuweilen, dass soziale Ungleichheiten in den Mantel der Kultur gekleidet werden; häufig mit dem Gestus der ‚Unvereinbarkeit kultureller Differenzen', obwohl bereits durch zahlreiche Studien belegt ist, dass der soziale Status der Familie enorme Auswirkungen auf den Bildungserfolg bzw. die Bildungschancen der

Kinder hat (vgl. Autorengruppe Bildungsberichtserstattung 2014, 96; Klieme/Artelt/Hartig 2010). Für eine reflektierte kultursensible Familienbildung ist es unerlässlich, sich mit Fragen der Konstruktion und den Möglichkeiten der Dekonstruktion von *Geänderten* zu beschäftigen. Dabei beschränkt sich die Auseinandersetzung mit Differenzkonstruktionen und ihren Folgen nicht nur in Hinblick auf die Konzeption von Angeboten innerhalb der Familienbildung[1], die sich beispielsweise explizit an Eltern mit Migrationshintergrund, muslimische Väter etc. richten. Auch die Reflexion eines traditionellen Ehe- und Familienmodels sowie vorausgesetzte heteronormative Identitätsentwürfe gilt es angesichts *vielfältiger* und real gelebter Familienformen als Bestandteil pädagogischer Professionalisierungsprozesse zu berücksichtigen.

Historische Einordnung

Migrationsbewegungen durchziehen die gesamte Menschheitsgeschichte, selbstredend trifft dies auch für den europäischen Kontinent und das heutige Staatsgebiet der Bundesrepublik Deutschland zu. Aufgrund des Formats dieses Bandes verweisen wir hinsichtlich einer historisch wissenschaftlich-pädagogischen Analyse zur Migration auf andere Ausarbeitungen (vgl. Zitzelsberger 2011; Scherschel 2006), gleichwohl wissend, dass bestimmte Handlungen, Entwicklungen und Diskurse bis heute nachwirken (Kolonialismus, Arbeitsmigrationen im 19. und frühen 20. Jahrhundert, Judenverfolgung und Antisemitismus, Antiziganismus, Hugenottenverfolgung usw.). Wenn wir bei unserer Betrachtung mit dem Beginn der Arbeitsmigration und dem ersten Anwerbevertrag mit Italien 1955 einsetzen, so akzentuieren wir damit den Aspekt der sich wiederholenden Arbeitsmigration sowie der damit einhergehenden sich ebenfalls wiederholenden Vernachlässigung von institutionellen Bildungsangeboten sowohl für Arbeitsmigrant/innen als auch für deren Kinder. So konnte für die Arbeitsmigration des frühen 20. Jahrhunderts festgestellt werden, dass die schulpflichtigen Kinder der Migrant/innen nicht hinreichend beschult wurden (vgl. Krüger-Potratz et al. 1998). Auch für die Phase der 1950er bis Ende der 1970er Jahre lässt sich beobachten, dass das Bildungssystem die Anwesenheit von Kindern der Arbeitsmigrant/innen zunächst nicht zur Kenntnis nahm und in der Folge eine stark defizitorientierte Perspektive auf die zugewanderten Kinder und Jugendlichen einnahm. Im Fokus der damaligen Maßnahmen zur Schuleingliederung standen die Behebung von vermeintlichen Defiziten sowie die Anpassung der migrantischen Schüler/innen an die deutsche Mehrheitsgesellschaft bei gleichzeitigem Erhalt der Rückkehrfähigkeit ins Herkunftsland. Strukturell vergleichbar sind die Entwicklungen im außerschulischen Bereich. Es gab wenige bis keine Angebote, die auch gezielt Kinder und Jugendliche aus Migrationsfamilien adressierten. Ebenfalls wurden Arbeitsmigrant/innen selbst keine Angebote zum Erwerb der deutschen Sprache, zur Anerkennung von Berufs- und Bildungsabschlüssen und zur gleichberechtigten gesellschaftlichen Teilhabe offeriert. Vielmehr ignorierten

1 Hier wäre beispielsweise zu fragen: *Wer* stellt für *wen* und mit welchen Vorannahmen und Vorstellungen *welche* Angebote bereit?

sowohl Staat als auch gesellschaftliche Institutionen die sich abzeichnende dauerhafte Ansiedelung der Arbeitsmigrant/innen in Deutschland (vgl. Ha 2004).

Insbesondere aufgrund der stark defizitorientierten und auf Assimilation ausgerichteten Grundhaltung wurde die *Ausländerpädagogik* ab den 1980er Jahren innerhalb der pädagogischen Disziplin und bestimmter Politikbereiche kritisiert. Betitelt mit *Interkultureller Pädagogik* ging es in der Folge verstärkt um die Anerkennung von kulturellen Differenzen, wobei insbesondere der Vermittlung von Kenntnissen über Unterschiede große Bedeutung zukam (vgl. Mecheril 2004).

Instrumentalisierung von Differenz: Zur Karriere des Kulturbegriffs

Die Annahme einer grundsätzlichen Unterschiedlichkeit und scheinbar klaren Abgrenzbarkeit von Kulturen macht die *Wissens*vermittlung über die Andersartigkeit ‚der Anderen' zu einer nicht unbedeutenden Aufgabe Interkultureller Pädagogik. Formuliert wird damit zeitgleich *Interkulturelle Kompetenz* als eine Anforderung an pädagogisch Professionelle (vgl. Freieck/Kasatschenko 2017, S. 384)[2]. Interkulturelle Pädagogik rückt damit den *Kulturbegriff* als eine zentrale Differenzdimension im Diskurs um Migration in den Blick. Bereits in der zweiten Hälfte der 1990er Jahre (vgl. Kiesel et al. 1999) wird vor der/n Gefahr(en) von *Kulturalisierung(en)*[3] von Personen und Personengruppen innerhalb der pädagogischen Disziplin gewarnt, denn durch die Reduktion von Personen auf ihre vermeintliche *kulturelle Bestimmtheit* wird Personen Individualität einerseits abgesprochen und andererseits werden soziale Positionierungen im Gesellschaftsgefüge so negiert bzw. sehr stark relativiert. Die Annahme eines kulturellen Determinismus ist insofern äußerst problematisch, als dass dadurch rassistische Funktionsweisen und Wirkungen deutlich zum Tragen kommen: Die Konstruktion einer homogenen Gruppe, bei gleichzeitiger Gegenüberstellung der ‚eigenen' und ‚fremd(gemacht)en' als grundsätzlich verschiedene und nicht miteinander zu vereinbarende Gruppen, ist ein wesentliches Moment rassistischer Logik. Denn Kultur und kulturelle Differenzen erscheinen in solchen Diskursen *nicht* als neutrale Begriffe, sondern sind ungleichwertig und hierarchisch konstruiert[4]. Anschaulich wird dies im Sprechen über ‚unsere' deutschen und/oder europäischen Werte und Normen auf der einen Seite und die Zuschreibung grundsätzlich patriarchaler, rück-

2 Auf ähnliche Weise verhält es sich hinsichtlich der Differenzkategorie *Geschlecht*, wenn geschlechtersensible Pädagogik bedeutet, Wissen darüber bereitzustellen und zu vermitteln, wie ‚die Jungen' oder ‚die Mädchen', einer dichotomen und essenzialisierenden Logik folgend, denn *wirklich seien*.

3 Kulturalisierung meint, dass z.B. Verhaltensweisen oder Einstellungen von Personen aber „auch gesellschaftliche Verhältnisse kulturell interpretiert und auf diesen Aspekt reduziert werden" (Reindlmeier 2006, S. 236).

4 Neben der Homogenisierung, Polarisierung und Hierarchisierung als Funktionsweisen von Rassismus, zählt Birgit Rommelspacher auch die Naturalisierung, d.h. die Konstruktion von kultureller Bestimmtheit als etwas gar Natürliches, in das Subjekt eingeschriebenes und damit auch Unveränderbares (vgl. Rommelspacher 2011).

ständiger und gewaltbereiter Einstellungen von Migrant/innen auf der anderen Seite. Mit Rassismen und rassistischen Konstruktionen ‚der Anderen' gelingt es immer noch, den Ausschluss dieser konstruierten Gruppen von materiellen und symbolischen Ressourcen zu legitimieren, obgleich demokratische Gesellschaften in ihren Selbstverständnissen auf die Gleichheit[5] aller rekurrieren. Folglich bedeutet dies, dass der Kulturbegriff, ähnlich wie zu Zeiten von Kolonialismus und Rassentheorien, zum Zweck der Legitimation und Reproduktion von gesellschaftlichen Machtverhältnissen dient (vgl. Messerschmidt 2008, S. 5).

Trotz zahlreicher Kritikansätze dominiert die Differenzkategorie *Kultur* weiterhin den Diskurs um Bildung und Migration. Gerade aktuell – auch aufgrund der angestiegenen Anzahl an geflüchteten Personen, darunter vielen Kindern und Jugendlichen – ist der Versuch von Grenzziehungen mit dem Verweis auf Kultur weiterhin bzw. erneut en vogue[6]. Das Thema *Kultur* findet sich in unterschiedlichen pädagogischen Handlungsfeldern (Erwachsenenbildung, Familienbildung, Soziale Arbeit, Fort- und Weiterbildung usw.) und Settings (Praxisreflexion, Supervision usw.). Hierbei geht es allerdings vorwiegend um die Kultur der ‚Anderen'; die kritische Auseinandersetzung mit dem eigenen Blick auf die ‚andere Kultur' oder die Frage nach den Vorstellungen über die eigene Kultur bleiben meist aus. Herangezogen werden kulturelle Erklärungsansätze meist vor allem dann, wenn es um die Nichtpassung, das Scheitern pädagogischer Bemühungen oder generell sogenannten Probleme mit und aufgrund der Anwesenheit von Migrant/innen geht[7]. Insbesondere als muslimisch identifizierte Kinder und Jugendliche[8] sind mit rassistischen Zuschreibungen und Diskriminierungen konfrontiert, die vielfältig wirken. So machen die Anrufungen für die Betroffenen eine persönliche Auseinandersetzung notwendig und wirken in der Folge subjektivierend. Auch haben derartige Zuschreibungen und Diskriminierungen erhebliche Auswirkungen auf Erfolge/Misserfolge im Bildungssystem und wirken sich in hohem Maße auf biografische Verläufe aus (vgl. Lingen-Ali 2015; Steinbach 2015; Weber 2008). „Insbesondere in Deutschland werden auch die zweite und dritte Generation der Nachkommen von Migranten auf den Status des Migriertseins fixiert. Es zeigt sich

5 U.a. auf Chancengleichheit in Hinblick auf den Arbeitsmarkt, das Bildungssystem, den Wohnungsmarkt u.v.m. Kritisch zum Begriff der Chancengleichheit und warum dieser nicht die erwünschte Chancengerechtigkeit bezeichnet: Sattler 2009.

6 Und dies nicht nur aus rechtspopulistischer Richtung, sondern aus der Mitte der Gesellschaft heraus. Zudem weisen gerade aktuelle Umgangsweisen hinsichtlich der Zuwanderung von Geflüchteten große Parallelen zur defizitorientierten Ausländerpädagogik auf.

7 Dabei sind, wie Eingangs angerissen, Migrationsbewegungen immer Teil der Herausbildung von Gesellschaften gewesen. Die Vorstellung eines homogenen deutschen Volkes war nie haltbar; nicht zuletzt auch deswegen, weil selbst die Nation eine von Menschen konstruierte Erfindung der Moderne darstellt.

8 Betroffen sind unterschiedliche Minderheiten, wie beispielsweise Sinti/zze oder Rom/nja Kinder und sollten an dieser Stelle mit dem Fokus auf antimuslimischen Rassismus nicht vernachlässigt werden.

darin eine nationale Strategie, Fremdheit an Herkunft fest zu machen [...]" (Messerschmidt 2008, S. 6).

Nicht zuletzt weil der Kulturbegriff etwas sich stets Wandelndes, durch Subjekte und Gesellschaft Mitgestaltetes und eben *nichts* Statisches beschreibt[9], kann der Topos *Migration* nicht darauf reduziert werden. Ebenso wenig kann er losgelöst von rechtlichen Aspekten, unterschiedlichen (sozio-ökonomischen) Lebensbedingungen und Bedingungen zur Teilhabe an unterschiedlichen Ressourcen, Diskriminierungserfahrungen und ihrer subjektiven Bearbeitung betrachtet werden. Es zeigt sich zudem, dass die Differenzmarkierung als *Migrant/in* nicht losgelöst von anderen Kategorien, wie beispielsweise *Geschlecht* (und damit einhergehend mit der Norm heterosexueller Orientierung) angemessen zu denken ist. Setzt man sich beispielsweise mit antimuslimischen Konstruktionen auseinander, so sind diese angewiesen auf kontrastierende weibliche oder männliche Geschlechterbilder[10] im Hinblick auf Imaginationen ‚unserer' mehrheitsdeutschen und ‚westlichen' Weiblichkeit und Männlichkeit[11]. So formuliert Sedef Gümen, dass es „Bilder und Selbstbilder über die westliche Weiblichkeit [sind, die] die tägliche Rekonstruktion der Unterdrückung und Rückständigkeit islamischer Frauen benötigt und [...] sich die Vorstellungen und Bilder von ‚unserer' westdeutschen Weiblichkeit geradezu über die Abgrenzung der westlichen Frau gegenüber der Orientalin konstruieren" (Gümen 2007, S. 157). In der Funktions- und Wirkweise ähnlich, aber mit teils stark differenten Konstruktionen verhält es sich beispielsweise beim Antiziganismus: Vorstellungen über ‚das' Geschlecht (das weibliche u.a. als vulgär, naturnah, verführerisch und heimtückisch), gehen einher mit klassistischen Imaginationen ‚der Anderen' als einem bürgerlich-kapitalistischen Gegenbild (faul, schmarotzend/klauend, nicht sesshaft) und damit Hand in Hand mit Rassismus (vgl. Eulberg 2009). So sind Klassismus, Sexismus und Rassismus Diskriminierungsformen, die analytisch nicht voneinander zu trennen sind, da sie sich gegenseitig bedingen und ihre ungleichheitsgenerierende Wirkung nicht losgelöst voneinander entfalten.

Für einen Diskurs über Unterscheidungspraktiken wird deutlich, dass Differenzkategorien immer in ihren Verflechtungen miteinander reflektiert und thematisiert werden sollten. Hierzu zählen ebenso weitere Differenzen wie u.a. Handicap, Alter, sexuelle Orientierung, soziostrukturelle Herkunft und religiöse Zugehörigkeit. Das Zusammenwirken unterschiedlicher Kategorien mitzudenken, lässt sich mit dem Begriff der *Intersektionalität* (vgl. Messerschmidt 2017; Krüger-Potratz 2011; Crenshaw 1989) beschreiben. Die unterschiedlichen Kategorien wirken nicht nur ineinander verschränkt, sondern auch im Sinne einer „Mehrebenenanalyse" (Degele/Winker 2009, S. 11) auf die Identitäts-, Struktur- und Repräsentationsebene ein.

---

9 Zu einem Verständnis des Kulturbegriffs innerhalb der Cultural Studies: z.B. Hörning/Winter 1999.

10 Hierzu u.a. Shooman 2014; Diehm/Messerschmidt 2013; Attia 2009 und Munsch/Gemende/Weber-Unger Rotino 2007.

11 In heteronormativer Perspektive, welche ebenfalls zu kritisieren ist.

Für eine migrationssensible Bildung rückt ausgehend von dieser Problemlage der Begriff der *Differenzreflexivität* in den Fokus. Dabei ist es uns wichtig zu betonen, dass Differenz nicht in Frage gestellt, sondern mit Wertschätzung anerkannt wird. Wesentlich ist jedoch, zu reflektieren, *wie* Differenz zur Absicherung von Herrschaft in den Dienst genommen wird (vgl. Hark/Villa 2017, S. 15). Entsprechend stehen in einer differenzreflexiven Pädagogik in der Migrationsgesellschaft Fragen nach Zugehörigkeiten und den in ihnen enthaltenen Hierarchisierungen im Vordergrund (vgl. Messerschmidt 2008, S. 13). Nicht ‚das Andere' (z.B. ‚die fremde Kultur', Frauen als ‚das andere Geschlecht' oder Menschen mit Handicap als ‚Abweichung' von einer gesundheitlich-leistungsfähigen Norm) wird dann zum Thema, sondern *wie* die ‚Anderen' überhaupt zu ‚Anderen' gemacht werden und welche sozialen Konsequenzen dies für *alle* Menschen nach sich zieht. Sehr prägnant formulieren dies Sabine Hark und Paula-Irene Villa: „Statt Differenz identitätslogisch zu denken, wollen wir *in* Differenz über Differenz nachdenken und *zwischen* Differenzen differenzieren" (Hark/Villa 2017, S. 16).

So lassen sich hinsichtlich der Auseinandersetzung mit dominanten Strukturen und Un/Gleichheit sowie der eigenen Involviertheit, im Folgenden einige Aspekte begründet herausgreifen.

Disziplinare Ebene: Verstrickung der Pädagogik als Wissenschaft und Handlungspraxis

Pädagogik ist als wissenschaftliche Disziplin in die Generierung von Ungleichheit verstrickt. So ist die sich ab dem 18. Jahrhundert etablierende Pädagogik *selbst* Produkt und in ihrer Entstehung nicht loszulösen von der Zeit der Aufklärung. D.h., sie ist nicht loszulösen von der zeitgleichen Etablierung von Rassen(theorien), Kolonialismus und der Entstehung eines zweigeschlechtlichen Wissenssystems (vgl. Kasatschenko 2015; Kerner 2009; Müller 2003). *Weiße* europäische Selbst- und Fremdbilder sind damit seit Beginn wissenschaftlicher Pädagogik wirkmächtig für die eigene Theorie(entwicklung) (vgl. Scherschel 2006). Neben der kritischen Reflexion auf historische Entstehungszusammenhänge ist die fortlaufende Reproduktion von Ungleichheit, zu welcher die eigene Disziplin beitrug und trägt, ins Blickfeld zu rücken. Dies schließt an die Formulierung von Astrid Messerschmidt an, wenn sie schreibt: „Geschlecht, Nation und Kultur können für reaktionäre Zwecke und identitäre Projekte beansprucht werden, doch sie bilden zugleich Topoi der Auseinandersetzung mit den historischen Beschädigungen, die im Namen der Identität verursacht worden sind und werden. Eine geschlechterreflektierende, nationalismus- und kulturalismuskritische Erziehungswissenschaft und Bildungsarbeit bleiben im Kontakt mit diesen Beschädigungen, sie können nicht davon losgelöst werden, sollen sie nicht idealistisch oder ignorant werden. Geschlechterreflektierende migrationsgesellschaftliche Bildung verstehe ich als eine involvierte Praxis, die ihre eigene Mittäterschaft an Ausgrenzung und Diskriminierung nicht nur reflektiert, sondern auch dazu beiträgt, weniger ausgrenzend zu forschen, um weniger diskriminierend zu erziehen und zu bilden" (Messerschmidt 2016a, S. 8f.).

Interaktionsebene: Privilegierung, Widerstand und Professionalisierung

In einem durch Rassismus strukturierten heteronormativen gesellschaftlichen System sind die Privilegien der etablierten Gruppen zunächst nicht sichtbar. Entsprechend kann ein erster Schritt sein, sich der eigenen Privilegien, die man beispielsweise als *weißer*[12] *Mann* hat, bewusst zu werden. Hierdurch kann die bisher unsichtbare, weil unhinterfragte Norm, zum eigentlichen Gegenstand der Reflexion werden. Unsichtbar ist diese, da *Weißsein* in der Regel als etwas ‚Neutrales' empfunden wird, als selbstverständlich betrachtet und nicht als Selbstbezeichnung wirksam wird. Unsichtbar erscheinen für *weiße* Menschen auch die eigenen Privilegien, die allerdings nur *aufgrund* rassistischer Strukturen entstehen können. Neben der privilegierten Positionierung, zum Beispiel bei Bewerbungen, der Wohnungssuche, sozio-ökonomischen Aspekten, im Bildungssystem[13] u.v.m.[14], zählt auch das Privileg, sich mit Rassismus nicht beschäftigen zu müssen. Im Alltag *nicht* damit konfrontiert zu sein, als Migrationsandere/r und nichtdazugehörig konstruiert zu werden, (scheinbar) davon befreit zu sein, sich zu Rassismus verhalten und positionieren zu müssen. Die Unsichtbarkeit und Normalität rassistischer und heteronormativer Ordnungen erschwert die Thematisierung und Auseinandersetzung mit diesen in der pädagogischen Professionalisierung auf sehr unterschiedlichen Ebenen.

Die Dekonstruktion dieser Wissensordnungen[15] und die Anerkennung der eigenen Involviertheit ist für viele (angehende) Pädagog/innen anstrengend, kränkend, führt zu Irritationen und manchmal auch zu einer Verweigerung(shaltung). Dies betrifft zwar nicht nur pädagogisch Professionelle, allerdings gilt vor allem in pädagogischen Handlungsfeldern das eigene Professionsverständnis als weiterhin stark geleitet von einem „Souveränitätskonzept umfassender Handlungsfähigkeit" (Messerschmidt 2016b, S. 61), was in Anbetracht des formulierten Anspruchs ins Wanken geraten muss. Entgegen der geläufigen Verwendung im Alltag lässt sich Irritation aus pä-

---

12 *Weißsein* beschreibt keine Hautfarbe oder biologische Eigenschaft. *Weißsein* meint eine politische und soziale Kategorie, die historisch konstruiert und gewachsen und mit Macht- und Privilegien ausgestattet ist (vgl. Arndt 2009, S. 343).

13 Dies gilt auch für den Übergang in die berufliche Bildung (vgl. Thielen 2016).

14 So zählt u.a. zur *weißen* Privilegierung, sich nicht vor (oftmals) unbekannten Menschen erklären zu müssen, ‚wo man denn eigentlich herkommt?!'; selbstverständlich davon ausgehen zu können, dass Personen in Büchern, Zeitschriften, aber auch in der Kleider- und Kosmetikwerbung, *weiß* sind; oder schlichtweg sich keine Gedanken darüber machen zu müssen, ob bei einem Besuch im Juweliergeschäft oder bei Polizeikontrollen das vermeintlich ‚fremde' Äußere, der Grund für die Erfahrung hoher (negativer) Aufmerksamkeit oder Verdächtigung ist (vgl. Sow 2015).

15 In Anlehnung an Michel Foucault (1974): Durch Diskurse, die aus unterschiedlichen Wissensfeldern heraus entstehen, wird Wissen erst erzeugt, welches (dann) wiederum Gültigkeit beansprucht und damit auch ordnend wirkt. Mecheril (2004) beschreibt Rassismus als ein Phänomen des Ordnens, demnach auch von Wissensordnungen im Kontext von Rassismus gesprochen werden kann.

dagogischer Perspektive als durchaus positives Element im Verstehensprozess begreifen. Käte Meyer-Drawe versteht Lernen als ein „Widerfahrnis" (Meyer-Drawe 2008, S. 153), insofern besonders Erfahrungen von Enttäuschung und Irritation zu einer Überschreitung gewohnter Denk- und Handlungsmuster führen (können). Gleichwohl können irritierende und verstörende Inhalte auch unterschiedliche Formen der Abwehr erzeugen: So formulieren Florian Cristobal Klenk und Olga Zitzelsberger aus der Praxis der Lehrer/innenbildung heraus, dass „[...] die Irritation, der Bruch mit der Selbstverständlichkeit der Welt, für viele Studierende ebenso wie für Lehrende ein Wagnis darstellt, das nicht jeder gleichermaßen bereit ist, einzugehen" (Klenk/Zitzelsberger 2015, S. 80).

Die Auseinandersetzung mit der eigenen Involviertheit als ein erschwerendes und irritierendes Moment in der Professionalisierung von angehenden Pädagog/innen[16] ist auf theoretischer Ebene bereits mehrfach formuliert worden. Insbesondere in der US-amerikanischen Forschung zur rassismuskritischen Sensibilisierung von Studierenden lassen sich Beschreibungen zu den Irritationen, die diese hervorrufen, finden[17]. Bezugnehmend auf diese Erkenntnisse schreibt Jule Bönkost treffend: „Für sich kritisch verstehende Hochschullehrveranstaltungen, die Rassismus analysieren, ist charakteristisch, dass sie zu heftigen emotionalen Reaktionen und auch energiezehrenden Konflikten und Interventionen führen können [...]. Weil Rassismus Teil der Lebensrealität aller Menschen ist, betrifft das Emotionserleben, das das Sprechen über Rassismus auslöst, sowohl Lernende als auch Lehrende unabhängig von der sozialen Positionierung im rassistischen Diskurs[18], [...] [wobei] *weiße* Emotionen, die an die soziale Position *weiß* gebunden sind, [...] zum Motor von Rassismus [gehören] und gleichzeitig zu den Hindernissen für die Kritik an ihm" (Bönkost 2016, S. 5f.). Sichtbare Reaktionen auf die Irritation, die sich oftmals auch emotional ausdrücken, sind z.B. Abwehrhaltungen und Distanzierungsstrategien. Die Bagatellisierung des Gegenstandes (Rassismus, Heteronormativität, Ableismus usw.) und die Verleugnung sowohl eigener Privilegierung und Teilhabe innerhalb und an diesen Strukturen als auch die Verleugnung von Diskriminierungserfahrungen anderer, stellen solche Umgangsweisen mit der (irritierenden) Infragestellung von Normalitätsvorstellungen dar. Diese Widerstände sind Ausdruck gesamtgesellschaftlicher Verhältnisse zum Thema Rassismus, geschlechtliche, heterosexuelle und ableistische Normalitätskonstruktionen und der Tabuisierung dessen, was als natürliche Ordnung begriffen wird[19]. Eben dies kann mit den angehenden Pädagog/innen auch gezielt zu Beginn einer Veranstaltung thematisiert werden.

---

16 Dies gilt auch für bereits etablierte und in der Praxis tätige Pädagog/innen.

17 Hierzu auch: hooks 2010; Tatum 1992 sowie im bundesdeutschen Kontext u.a. Mecheril et al. 2013.

18 Folglich ist eine diskriminierungskritische und differenzreflexive Sensibilisierung insbesondere auch in Hinblick auf die Lehrenden unabdingbar und sollte als Anspruch an Hochschuldozierende formuliert sein.

19 vgl. Butler 2006.

Des Weiteren sind Hochschulen selbst Bildungsräume, besiedelt mit sehr heterogenen Akteur/innen[20]. Ebenso wie Lehrer/innen sich von Konstruktionen passender (monolingualer und monokultureller) ‚Norm-Schüler' verabschieden müssen, so sind auch Lehr-Lern-Räume innerhalb der pädagogischen Professionalisierung nicht *weiß*, *heterosexuell* etc. Die Auseinandersetzung kann auch dann als verstörend wahrgenommen werden, wenn dadurch an eigene Rassismus- und Diskriminierungserfahrungen erinnert wird. Die eigene Positionierung in heteronormativen und rassistischen Strukturen als ‚Abweichung von der Norm' (und damit – auch körperlich – als Minderheit im Seminarraum) kann ebenfalls zu schmerzhaften Erfahrungen und/oder Widerstand auf unterschiedlichen Ebenen führen. Die Gefahren der Objektivierung durch die Zuschreibung einer ‚Expert/innenrolle' zum Thema Diskriminierung oder der Reproduktion einer Markierung als Migrationsandere[21] sollten daher stets auch von den Lehrenden mitreflektiert werden. Im Bildungsraum Hochschule ebenso wie in anderen Bildungsinstitutionen, die die Professionalisierung von Pädagog/innen gestalten und die selbst in Rassismus und Sexismus verstrickt sind, wird es demnach erforderlich, nicht nur sensibilisierende Maßnahmen und Angebote mit Blick auf Adressat/innen bereit zu stellen, sondern auch die eigenen impliziten ungleichheitsreproduzierenden Wissensbestände zu dekonstruieren.

Konsequenzen

Pädagog/innen in der Bildungsarbeit mit Kindern, Jugendlichen und/oder Erwachsenen tragen in zentralen Bildungseinrichtungen entscheidend zu einer Nicht-/Reproduktion dominanter Wissensordnungen bei. Rassistische und heteronormative Strukturen[22] sind inhärenter Bestandteil normativer Wissensordnungen in Bezug auf *Differenz* und konstituieren so Individuen und Bildungsinstitutionen wie Schule oder Familienbildungsstätte wesentlich mit. Dabei wirkt *implizites Wissen* (sexistisches, rassistisches, klassistisches, ableistisches und grundsätzlich diskriminierendes) sowohl in curricularen Bildungsinhalten, aber auch in alltäglichen Abläufen und Routinen (vgl.

20 Heterogenität kann sich im Hochschulkontext auf zahlreiche Differenzierungen beziehen (unterschiedliche Berufsgruppen, unterschiedliche Disziplinen, unterschiedliche Forschungsprinzipien usw.). Wir beziehen uns insbesondere auf die zunehmende migrationsbedingte Heterogenität, obwohl diese Gruppe weiterhin sowohl bei wissenschaftlichen Mitarbeiter/innen als auch bei den Studierenden unterrepräsentiert ist (vgl. Gutiérrez Rodríguez 2016).

21 Erst „Diskurse über migrationsgesellschaftlich als Andere Geltende […] machen die Anderen zu dem, was sie sind, und produzieren zugleich Nicht-Andere" (Mecheril 2016, S. 11). Der Begriff verweist darauf, dass es Migrant/innen und Nichtmigrant/innen nicht an sich, „sondern nur als *relationale Phänomene* gibt" (Mecheril 2004, S. 24).

22 Dabei bleiben institutionelle Diskriminierungspraktiken in der Regel gerade deshalb unerkannt, weil sie auf „kollektive kulturelle und historische Wissensbestände" zurückgreifen, „die als Common Sense in die Normalität eingehen und daher nicht mehr begründungsbedürftig sind" (Weber 2008, S. 47).

Broden/Mecheril 2010; Gomolla/Radtke 2007) von Bildungsinstitutionen, und zwar aufgrund deren Funktion als ‚Wissensvermittlerin' besonders tiefgreifend.

Differenzen gilt es anzuerkennen und wertzuschätzen sowie kontinuierlich darauf hin zu reflektieren, ob durch solche Differenzierungspraktiken Handlungsmöglichkeiten von Individuen erweitert, oder aber Machtverhältnisse legitimiert und absichert werden. Differenziert über Differenzen nachzudenken, setzt die Bereitschaft voraus, die eigene Souveränität zu riskieren, Fehler zu machen und keine eindeutigen Antworten zu haben. Nur so lässt sich zumindest zum Teil den heterogenen Lebensformen und Erfahrungen gerecht werden. Diese bestehen in zunehmend unterschiedlichen Lebensentwürfen, Bewältigungs- und Aushandlungsleistungen, erfahrener Diskriminierung und/oder Privilegierung. Es geht darum, Unterschiede, die einen Unterschied machen[23], von jenen zu scheiden, die Individualität horizontal ausgestalten. Professionalität zeichnet sich in diesem Kontext dadurch aus, in konkreten Praxen spontan ambivalente Handlungsanforderungen im Sinne von erweiterten Handlungsmöglichkeiten der Einzelnen auszuhalten. Auf einer Metaebene sind diese ambivalenten Handlungsanforderungen und deren unterschiedliche Handlungsoptionen zur Diskussion zu stellen, so dass Empfindungen und Bedürfnisse bei den Handlungen und deren Wahrnehmung zur Sprache kommen (können).

Differenzreflexivität bedeutet also nicht nur kritische Auseinandersetzung mit unterschiedlichen Unterscheidungskategorien und ihrem Zusammenwirken, sondern auch Reflexion der *eigenen* Perspektive auf Differenzen bei gleichzeitiger und nicht umgehbarer *eigener* Involviertheit in normative Wissensformen, Konstruktions(re)-produktionen, Strukturen von De- und Privilegierung etc. Denn „der Blick auf die eigenen Abhängigkeiten und auf Verhältnisse, die dem eigenen Bildungsanspruch widersprechen, verunsichert und ist zugleich der Ausgangspunkt für eine kritische Professionalisierung" (Messerschmidt 2016b, S. 61)[24].

Fazit

Professionelle Pädagog/innen können und haben einen Beitrag dazu zu leisten, Gleichberechtigung bei gleichzeitiger Verschiedenheit zu ermöglichen. Zugehörigkeiten sind nicht statisch und determinierend, sondern variabel und mehrfach[25], denn für viele Personen ist die Frage und dadurch abverlangte Entscheidung ob man z.B. Iranerin oder Deutsche sei, im realen Leben irrelevant. Es sind die Bedingungen zur Teilhabe, der möglichen Rechte und Pflichten innerhalb der Gesellschaft, die Handlungsmöglichkeiten und Selbstverortungen bestimmen. Das vermeintlich notwendige national-

23 Vgl. Kalpaka 2006.

24 In der Professionalisierung angehender Lehrkräfte stellt u.a. das seit 2014 bestehende Projekt „Heterogenität als Qualitätsherausforderung in der Lehramtsausbildung" am Institut für Allgemeine Pädagogik und Berufspädagogik der Technischen Universität Darmstadt einen Versuch dar, den hier formulierten Anspruch in die Praxis umzusetzen.

25 Zugehörigkeiten beschränken sich zudem nicht auf eine natio-ethno-kulturelle Ebene, sondern sind stets und für alle Individuen vielfältig.

staatliche Zugehörigkeit(sgefühl) – und um etwas anderes kann es sich bei der Frage vor dem Hintergrund sehr unterschiedlicher Milieus in allen Ländern gar nicht handeln – sollte recycelt werden zu einer Frage nach dem eigenen Wohlbefinden in dieser Gesellschaft, nach Fragen zu den Wünschen und Träumen einer menschenwürdigen Gesellschaft im Hier und Jetzt. Somit gilt es auch, die sich hartnäckig haltende (normative) Vorstellung kultureller, aber auch geschlechtlicher und sexueller Homogenität und Gemeinschaft bewusst zum Gegenstand der Reflexion zu machen. Hybridität, so Mecheril, „ist nun der Zustand, der die propagierte, geglaubte und sozial praktizierte Reinheit und Exklusivität der natio-kulturellen Identität dauerhaft in Frage stellt" (Mecheril 2001, S. 44). Um die Infragestellung normativer (Wissens-)Ordnungen und der eigenen Positionierung innerhalb dieser Machtgefüge kommt eine differenzreflexive Pädagogik in der Migrationsgesellschaft nicht herum. Doch die Enttäuschung und das Arbeiten an und mit der eigenen Irritation lohnt sich auf dem Weg zu einem Leben mit anderen, „in dem man ohne Angst verschieden sein kann" (Adorno 1980, S. 113f.).

Literatur

Adorno, Theodor W. (1980): Minima Moralia – Reflexionen aus dem beschädigten Leben. Frankfurt am Main.

Arndt, Susan (2009): ‚Rassen' gibt es nicht, wohl aber die symbolische Ordnung von Rasse. Der ‚Racial Turn' als Gegennarrativ zur Verleugnung und Hierarchisierung von Rassismus. In: Eggers, Maureen Maisha/Kilomba, Grada/Piesche, Peggy/Arndt, Susan (Hrsg.): Mythen, Masken und Subjekte. Kritische Weißseinsforschung in Deutschland. Münster, S. 340–362.

Attia, Iman (2009): Die „westliche Kultur" und ihr Anderes. Zur Dekonstruktion von Orientalismus und antimuslimischem Rassismus. Bielefeld.

Autorengruppe Bildungsberichterstattung (2014): Bildung in Deutschland 2014. Bielefeld.

Bönkost, Jule (2016): *Weiße* Emotionen – Wenn Hochschullehre Rassismus thematisiert. Online-Ressource, Berlin. URL: http://www.aric.de/fileadmin/users/aric/PDF/Weisse_Emotionen_Wenn_Hochschullehre_Rassismus_thematisiert.pdf (Letzter Zugriff: 31.07.2017).

Broden, Anne/Mecheril, Paul (2010) (Hrsg.): Rassismus bildet. Bildungswissenschaftliche Beiträge zu Normalisierung und Subjektivierung in der Migrationsgesellschaft. Bielefeld.

Butler, Judith (2006): Hass spricht: Zur Politik des Performativen. Berlin.

Crenshaw, Kimberlé (1989): Demarginalizing the Intersection of Race and Sex: A Black Feminist Critique of Antidiscrimination Doctrine. In: The University of Chicago Legal Forum 140, S. 139–167.

Degele, Nina/Winker, Gabriele (2009): Intersektionalität. Zur Analyse sozialer Ungleichheiten. Bielefeld.

Diehm, Isabell/Messerschmidt, Astrid (2013) (Hrsg.): Das Geschlecht der Migration. Bildungsprozesse in Ungleichheitsverhältnissen. Opladen/Berlin/Toronto.

Eulberg, Rafaela (2009): Doing Gender and Doing Giypsy. Zum Verhältnis der Konstruktion von Geschlecht und Ethnie. In: End, Markus/Herold, Kathrin/Robel, Yvonne (Hrsg.): Antiziganistische Zustände. Zur Kritik eines allgegenwärtigen Ressentiments. Münster, S. 41–66.

Freieck, Lisa/Kasatschenko, Tatjana (2017): Kulturalisierungskritik als Gegenstand und Aufgabe rassismuskritischer Bildung. In: Weiß, Gabriele (Hrsg.): Kulturelle Bildung – Bildende Kultur. Bielefeld, S. 383–396.

Foucault, Michel (1974): Die Ordnung der Dinge – Eine Archäologie der Humanwissenschaften. Berlin.

Gomolla, Mechtild/Radtke, Frank-Olaf (2007): Institutionelle Diskriminierung. Die Herstellung ethnischer Differenz in der Schule. Wiesbaden.

Gümen, Sedef (2007): Das Soziale des Geschlechts. Frauenforschung und die Kategorie Ethnizität. In: Hark, Sabine (Hrsg.): Dis/Kontinuitäten: Feministische Theorie. Wiesbaden, S. 145–164.

Gutiérrez Rodríguez, Encarnación (2016): Institutioneller Rassismus an der „unternehmerischen" Hochschule. URL: http://migrazine.at/artikel/institutioneller-rassismus-der-unternehmerischen-hochschule (Letzter Zugriff 31.10.2017).

Ha, Kein Nghi (2004): Ethnizität und Migration reloaded. Kulturelle Identität, Differenz und Hybridität im postkolonialen Diskurs. Berlin.

Hark, Sabine/Villa, Paula-Irene (2017): Unterscheiden und herrschen. Ein Essay zu den ambivalenten Verflechtungen von Rassismus, Sexismus und Feminismus in der Gegenwart. Bielefeld.

Hörning, Karl-Heinz/Winter, Rainer (1999) (Hrsg.): Widerspenstige Kulturen. Cultural Studies als Herausforderung. Frankfurt am Main.

hooks, bell (2010): Teaching Critical Thinking: Practical Wisdom. New York.

Kalpaka, Annita (2006): „Hier wird Deutsch gesprochen" – Unterschiede, die einen Unterschied machen. In: Elverich, Gabi/Kalpaka, Annita/Reindlmeier, Karin (Hrsg.): Spurensicherung. Reflexion von Bildungsarbeit in der Einwanderungsgesellschaft. Frankfurt am Main/London, S. 263–297.

Kasatschenko, Tatjana (2015): Das Geschlecht (in) der Migration. ‚Er, Sie, Wir' und ‚die Anderen': Die soziale Konstruktion von Ethnie und Geschlecht als Macht- und Strukturkategorien. Hamburg.

Kerner, Ina (2009): Differenzen und Macht. Zur Anatomie von Rassismus und Sexismus. Frankfurt am Main.

Kiesel, Doron/Messerschmidt, Astrid/Scherr, Albert (1999) (Hrsg.): Die Erfindung der Fremdheit. Zur Kontroverse um Gleichheit und Differenz im Sozialstaat. Frankfurt am Main.

Klenk, Florian Cristobal/Zitzelsberger, Olga (2015): Dekonstruktive Lehrer_innenbildung: Intervention durch Irritation. In: Rendtorff, Barbara et al. (Hrsg.): Erkenntnis. Wissen. Intervention. Geschlechterwissenschaftliche Perspektiven. Weinheim/Basel, S. 77–96.

Klieme, Eckhard/Artelt, Cordula/Hartig, Johannes et al. (Hrsg.) (2010): PISA 2009. Bilanz nach einem Jahrzehnt. Münster.

Krüger-Potratz, Marianne (2011): Intersektionalität. In: Faulstich-Wieland, Hannelore (Hrsg.): Umgang mit Heterogenität und Differenz. Baltmannsweiler, S. 183–200.

Krüger-Potratz, Marianne/Jasper, Dirk/Knabe, Ferdinande (1998): Fremdsprachige Volksteile und deutsche Schule. Schulpolitik für die Kinder der autochthonen Minderheiten in der Weimarer Republik – ein Quellen- und Arbeitsbuch. (= Interkulturelle Bildungsforschung, 2), Münster.

Lingen-Ali, Ulrike (2015): Die ‚andere' Religion: Muslimisierung und Selbstpositionierung – wie der Islam (nicht nur) im Religionsunterricht als Differenzlinie fungiert. In: Leiprecht, Rudolf/Steinbach, Anja (Hrsg.): Schule in der Migrationsgesellschaft. Ein Handbuch. Band 1. Schwalbach, S. 324–341.

Mecheril, Paul (2001): Pädagogiken natio-kultureller Mehrfachzugehörigkeit. Vom „Kulturkonflikt" zur „Hybridität". Diskurs 10/2, München, S. 41–48.

Mecheril, Paul (2004): Die Ordnung des pädagogischen Diskurses über natio-ethno-kulturelle Andere. In: Mecheril, Paul: Einführung in die Migrationspädagogik, Weinheim/Basel, S. 80–93.

Mecheril, Paul (2010): Anerkennung und Befragung von Zugehörigkeitsverhältnissen. Umriss einer migrationspädagogischen Orientierung. In: Mecheril, Paul et al. (Hrsg.): Migrationspädagogik. Weinheim/Basel, S. 179–191.

Mecheril, Paul (2016): „Migrationspädagogik – ein Projekt". In: Mecheril, Paul (Hrsg.): Handbuch Migrationspädagogik. Weinheim/Basel, S. 8–30.

Mecheril, Paul et al. (2013) (Hrsg.): Differenz unter Bedingungen von Differenz. Zu Spannungsverhältnissen universitärer Lehre. Wiesbaden.

Messerschmidt, Astrid (2008): Pädagogische Beanspruchung von Kultur in der Migrationsgesellschaft. Bildungsprozesse zwischen Kulturalisierung und Kulturkritik. In: Zeitschrift für Pädagogik 54, S. 5–17.

Messerschmidt, Astrid (2016a): Irritation bildet – Geschlecht, Nation und Kultur als Schauplätze der Selbstreflexion. Antrittsvorlesung an der Bergischen Universität Wuppertal, 01.06.2016, unveröffentlichtes Manuskript.

Messerschmidt, Astrid (2016b): Involviert in Machtverhältnisse. Rassismuskritische Professionalisierungen für die Pädagogik in der Migrationsgesellschaft. In: Doğmuş Aysun/Karakaşoğlu, Yasemin/Mecheril, Paul (Hrsg.): Pädagogisches Können in der Migrationsgesellschaft. Wiesbaden, S. 59–70.

Messerschmidt, Astrid (2017): Differenzreflexivität und intersektionale Kritik – Ansatzpunkte einer nicht identifizierenden Pädagogik. In: Balzter, Nadine/Klenk, Florian Cristobal/Zitzelsberger, Olga (Hrsg.): Queering MINT. Impulse für eine dekonstruktive Lehrer_innenbildung. Opladen, S. 47–58

Meyer-Drawe, Käte (2008): Diskurse des Lernens. München.

Müller, Marion (2003): Geschlecht und Ethnie. Historischer Bedeutungswandel, Interaktive Konstruktion und Interferenzen. Wiesbaden.

Munsch, Chantal/Gemende, Marion/Weber-Unger Rotino, Steffi (2007) (Hrsg.): Eva ist emanzipiert, Mehmet ist ein Macho. Zuschreibung, Ausgrenzung, Lebensbewältigung und Handlungsansätze im Kontext von Migration und Geschlecht. Weinheim/München.

Reindlmeier, Karin (2006): Alles Kultur? Der ‚kulturelle Blick' in der internationalen Jugendarbeit. In: Elverich, Gabi/Kalpaka, Annita/Reindlmeier, Karin (Hrsg.): Spurensicherung. Reflexion von Bildungsarbeit in der Einwanderungsgesellschaft. Frankfurt am Main/London, S. 235–261.

Rommelspacher, Birgit (2011): Was ist eigentlich Rassismus? In: Melter, Claus/Mecheril Paul (Hrsg.): Rassismuskritik. Band 1: Rassismustheorie und -forschung. Schwalbach, S. 25–38.

Sattler, Elisabeth (2009): Chancengleichheit und Vereinbarungskultur. In: Dies.: Die riskierte Souveränität. Erziehungswissenschaftliche Studien zur modernen Subjektivität, Bielefeld, S. 121–131.

Scherschel, Karin (2006): Aufgeklärtes Denken und Abwertung ethnisch Anderer – historische und aktuelle Aspekte. In: Zeitschrift für Genozidforschung 1(6), S. 49 – 71.

Shooman, Yasemin (2014) (Hrsg.): „...weil ihre Kultur so ist". Narrative des antimuslimischen Rassismus. Bielefeld.

Sow, Noah (2015): weiß. In: Arndt, Susan/Ofuatey-Alazard, Nadja (Hrsg.): (K)Erben des Kolonialismus im Wissensarchiv deutsche Sprache. Ein kritisches Nachschlagewerk. Münster, S. 190–191.

Steinbach, Anja (2015): Forschungen zu Sichtweisen von Lehrpersonen im Kontext der Schule in der Migrationsgesellschaft. Zur Konstruktion einer schulischen ‚Nicht-Passung' von Kindern und Jugendlichen mit Migrationshintergrund. In: Leiprecht, Rudolf/Steinbach Anja (Hrsg.): Schule in der Migrationsgesellschaft. Ein Handbuch. Band 2. Schwalbach, S. 335–367.

Tatum, Beverly Daniel (1992): Talking About Race, Learning About Racism: The Application of Racial Identity Development Theory in the Classroom. Massachusetts.

Thielen, Marc (2016): Migrationsgesellschaftliche Differenz am Übergang in die berufliche Bildung. Anmerkungen zur Thematisierung von natio-ethno-kultureller Zugehörigkeit. In: Doğmuş Aysun/Karakaşoğlu, Yasemin/Mecheril, Paul (Hrsg.): Pädagogisches Können in der Migrationsgesellschaft. Wiesbaden, S. 161–178.

Weber, Martina (2008): Intersektionalität sozialer Unterscheidungen im Schulalltag. In: Seemann, Malvine (Hrsg.): Ethnische Diversitäten, Gender und Schule. Geschlechterverhältnisse in Theorie und schulischer Praxis. Oldenburg, S. 41–59.

Zitzelsberger, Olga (2011): Kleine Geschichte des Scheiterns globaler Zusammenarbeit. In: Eger, Marion/Gondani, Bahereh/Kröger, Robin (Hrsg.): Verantwortungsvolle Hochschuldidaktik. Gesellschaftliche Herausforderungen, Nachhaltigkeitsanspruch und universitärer Alltag. Berlin, S. 47–63.

Donja Amirpur

Inklusionsorientierte Bildung mit Familien in der Migrationsgesellschaft

Abstract

Der Beitrag setzt sich mit drei Spannungsfeldern auseinander, die frühpädagogische Einrichtungen mit einem konkreten Familienbezug im Kontext migrationsgesellschaftlicher Differenzverhältnisse umgeben. Die Spannungsfelder werden verortet zwischen (1) Bedarfsorientierung und „Veröffentlichung" des Familialen, (2) der Überantwortung sozialer Risiken an Familien und der Herstellung vermeintlicher Risikofamilien und (3) der Zugänglichkeit zu familienbezogenen Bildungsangeboten zwischen Berechtigung und Beschämung. Eine Auseinandersetzung mit diesen Spannungsfeldern, so die These, ist notwendig für die Gestaltung inklusionsorientierter Veränderungsprozesse. Darauf aufbauend ergeben sich Voraussetzungen und Konsequenzen für die Gestaltung familienbezogener Bildungsangebote in der Migrationsgesellschaft, die abschließend im Beitrag dargestellt werden.

Einleitung

Das Feld der ‚familienbezogenen Bildungsangebote' umfasst einen weiten, ein stückweit auch unübersichtlichen „Markt der Möglichkeiten" (Tschöpe-Scheffler 2005, S. 9). Als „präventive Maßnahme" für „Bildungs- und Beratungsarbeit mit Familien zur Förderung der Kompetenzen für ein gelingendes Familienleben" (Iller 2015, S. 2) ist sie bundeseinheitlich als Aufgabe der Kinder- und Jugendhilfe gesetzlich geregelt im SGB VIII (§16 Abs. 2) und findet etwa in Form von Workshops, Vorträgen, sogenannten Eltern-Kind-Gruppen oder in Elterngesprächen statt (ausführlich siehe ebd.). Ihre Angebote beziehen sich dabei auf die private Lebensführung: Neben der Vermittlung von Kenntnissen und Fertigkeiten, die „zu einer stabilen und befriedigenden Partnerschaft beitragen" oder eine „rationelle Haushaltsführung und gesunde Ernährung gewährleisten sowie eine sinnvolle, abwechslungsreiche und entspannte Freizeitgestaltung ermöglichen" (Textor 2007, S. 368), sollen familienbezogene Bildungsangebote insbesondere eine Unterstützung in der Förderung von „Erziehungskompetenz und Stärkung der Erziehungsfähigkeit" leisten (vgl. BMFSFJ 2005). Damit kommt vor allem der „funktionellen Familienbildung" eine große (auch familienpolitische) Bedeutung zu. Diese wird gemäß der Forderung nach Mitarbeit von Eltern in Bildungs- und Betreuungseinrichtungen dazu beauftragt, die Einrichtungen systematisch für die Idee einer frühkindlichen Bildung als ein „Fit-für-die-Schule-Machen" zu gewinnen und sie bei der Schaffung von Grundlagen für den erfolgreichen Start formaler Bildungslaufbahnen zu unterstützen (vgl. Otyakmaz/Karakaşoğlu 2015, VII). Die institutionelle Kritik an der sogenannten elterlichen Erziehungskompetenz in der frühen Kindheit fußt auf der Kernannahme, dass in vielen Familien

> „das Unterstützungspotential für die formalen Bildungsprozesse der Kinder fehlen, da die Eltern entweder nicht in der Lage oder teilweise auch nicht ausreichend motiviert seien, ihren Kindern die notwendigen Kompetenzen für eine erfolgreiche Bildungsintegration zu vermitteln" (ebd.).

Besonders trifft diese Sorge die sogenannten Migrantenfamilien: Regelmäßig werden sie in Einrichtungen und politischen Verlautbarungen pauschal identifiziert: als defizitär im Hinblick auf ihre Erziehungskompetenz und ihre Bereitschaft zur Zusammenarbeit mit Bildungseinrichtungen. Ihnen wird leicht ihre Bildungsorientierung abgesprochen, ihre Bemühungen hingegen, den Kindern eine gesellschaftliche Teilhabe zu ermöglichen, ist kaum Gegenstand wissenschaftlicher Betrachtung und Debatten (vgl. Amirpur 2016). Um die fehlenden Unterstützungspotenziale für die formalen Bildungsprozesse von Kindern „mit Migrationshintergrund" zu erhöhen, lautet die wissenschaftliche Empfehlung, ihre Familien möglichst früh mit vorschulischen Bildungseinrichtungen in Kontakt zu bringen. Und so sind spätestens seit PISA Kindertageseinrichtungen dazu aufgefordert, eine migrationsbedingte Bildungsungleichheit abzubauen, was zu einem Strukturwandel des Elementarbereichs geführt hat: Neben der verstärkten Verwendung entwicklungsdiagnostischer Verfahren und Fördermaßnahmen sollen zum Beispiel durch die Umstrukturierung von Kindertagesstätten zu Familienkitas/Familienzentren Eltern in die Lage versetzt werden, die innerfamiliäre Unterstützung auf dem Bildungsweg ihrer Kinder zu vollbringen. Damit rückt die Arbeit der Familienbildung – genauer: der Elternbildung – verstärkt in das öffentliche Interesse. Durch diese Anerkennung wird den Einrichtungen frühkindlicher Bildung, die auch konkrete Angebote für Eltern bieten, zunehmend eine „Präventionsfunktion" zugeschrieben (Müncher/Andresen 2009, S. 109). Bereits an dieser Stelle deutet sich an, mit welchen Herausforderungen sich alle familienbezogenen Angebote konfrontiert sehen. Sie sind von mehreren Spannungsfeldern und „doppelten Sichtweisen" (Fischer 2012, S. 3) geprägt, obwohl sie zur „Lobby für Inklusion" (vgl. Familienbildung NRW o.J.) zu rechnen sind, die sich kritisch mit sozialen Ungleichheitsverhältnissen auseinandersetzt.

Die Auseinandersetzung mit den Spannungsfeldern von familienbezogenen Angeboten im Kontext migrationsgesellschaftlicher Differenzverhältnisse ermöglicht und erfordert es nun, die Konturen einer inklusionsorientierten Familienbildung in der Migrationsgesellschaft zu schärfen, geben sie doch Hinweise auf ihren gesellschaftlichen Gestaltungsauftrag. Dieser Beitrag widmet sich folgenden Spannungsfeldern, die verortet werden *zwischen 1. Bedarfsorientierung und „Veröffentlichung" des Familialen*, d.h. der „Zerstörung" des privaten Schutzraums der Familie, *2. der Überantwortung sozialer Risiken an Familien und der Herstellung vermeintlicher Risikofamilien* und *3. der Zugänglichkeit zu familienbezogenen Bildungsangeboten zwischen Berechtigung und Beschämung.* Nach einer Auseinandersetzung mit den drei Spannungsfeldern folgt ein Ausblick, der sich mit den Möglichkeiten der Verflüssigung migrationsgesellschaftlicher Differenzverhältnisse auseinandersetzt: Welche Gestaltungsmöglichkeiten gibt es zur Unterstützung von Transformationsprozessen?

Drei Spannungsfelder von familienbezogenen Bildungsangeboten

1. Spannungsfeld: Zwischen Bedarfsorientierung und „Veröffentlichung" des Familialen

Ganztägige Bildungssettings (wie Kita und Offener Ganztag) werden vor dem Hintergrund thematisiert, eine ‚bessere' Vereinbarkeit von Beruf und Familie ermöglichen zu wollen. Der Arbeitsmarkt könne – so der politische Tenor in Deutschland – im Zuge des demografischen Wandels nicht auf die Arbeitskraft von Frauen verzichten. Zu Recht konstatiert Honig: „Die Vereinbarkeit von Beruf und Familie bedeutet letztlich die Beschäftigung von Frauen auf dem Arbeitsmarkt" (Honig 2007, S. 363). Damit einher geht aber auch eine „Veröffentlichung des Familialen" (Richter et al. 2009, S. 1): Im Diskurs um Familie und Ganztag heißt es, Familien geben Zuständigkeiten an Ganztagesbetreuung und an Kita ab (vgl. Züchner 2008). Den Einrichtungen wird damit einerseits eine größere Aufgabe zugemutet, anderseits geraten die Eltern, insbesondere die Mütter, stärker in den institutionellen Fokus (Pfaller-Rott 2010): Sind die Eltern tatsächlich in der Lage, der u.a. durch die „Veröffentlichung" des Familialen an sie herangetragenen Erziehungs- und Bildungsverantwortung nachzukommen? Was, wenn es zweifelhaft erscheint, ob sie ihrer pädagogischen Schlüsselrolle gerecht werden können? Entspricht ihre „Erziehungskompetenz" den Erwartungen der Fachöffentlichkeit? Zur Disposition steht laut Richter sogar die Bereitschaft zur Verantwortungsübernahme von Eltern (Richter 2010, S. 26). Diesen aktuellen „Defizitdiskurs" um Eltern verdeutlichen Fritzsche und Rabenstein (2007) am Beispiel der Aussage einer Schulleiterin einer Grundschule in Bandenburg:

> „[…] ich denke dass es in unserer gesellschaft auch einfach ja die notwendige alternative die ganztagsschule das ist zwar traurig aber das ist so (I: warum) weil diejenigen die keine arbeit haben sind mit sich beschäftigt diejenigen die arbeit haben haben so viel arbeit dass sie keine zeit für ihre kinder haben [...] es ist traurig dass wir die pflichten der eltern übernehmen müssen aber wenns uns gut geht oder gut gehen soll dann müssen wir das tun weil sonst haben wir nur konflikte ich denke das wird zunehmen" (ebd., S. 1).

In einer die Adressierungen von Eltern in ganztägigen Bildungssettings fokussierenden Untersuchung kommt Martina Richter zu dem Ergebnis, dass pädagogische Fachkräfte von Eltern häufig als paternalistisch erlebt werden. Familien sind in Bildungsinstitutionen mittlerweile in einen Kampf um Anerkennung verwickelt. Sie schmiegten sich an die antizipierten Normierungserwartungen an, denn jeder Widerstand ist mit der Gefahr verbunden, den Kampf um Anerkennung zu verlieren (Richter 2010, S. 26). Die sich abzeichnende „Neujustierung des Verhältnisses von Familie und Staat" (Mierendorff 2010, S. 144) zieht eine zunehmende Institutionalisierung nun schon der frühen Kindheit und eine genaue Ausdifferenzierung der Bildungsinhalte nach sich. Das Handeln von Eltern wird durch politische und gesellschaftliche Akteur/innen verstärkt in den Blick genommen; das Verhältnis zwischen Bildungsinstitutionen und Familien hat durch die auf Bildung, Betreuung und Schutz gerichteten kindbezogenen staatlichen Regulierungsweisen einen Wandel erfahren (zu den damit einhergehenden Gesetzesänderungen siehe ausführlich: Mierendorff 2013). Besonders betroffen von den Debatten, die sich 2005 mit dem Inkrafttreten des Kinder- und Jugendhilfeerweiterungsgesetzes auf ihrem Höhepunkt befanden, sind Einrichtungen der Kindertagesbetreuung – insbesondere solche mit einem konkreten Familienbezug (Familienkitas, Familienzentren). Ein möglichst früher Besuch von Kindertagesstätten gilt mittlerweile als „gesellschaftlich erwünscht"; an die Einrichtungen wird die Aufgabe herangetragen, „Bildung von Anfang an" zu ermöglichen und die Erziehung und Versorgung des Kindes zu gewährleisten.

Diese skizzierte Institutionalisierung der frühen Kindheit führt zu einer Veröffentlichung privater Zusammenhänge. Familien müssen den Institutionen vermehrt Einblicke in ihr Familienleben gewähren. Das zeigt sich am Beispiel der von Familienzentren eingeführten „Hausbesuche", die zunehmend als Grundlage guter pädagogischer Arbeit gelten (vgl. auch weitere Programme wie z.B. HIPPY (DRK o.J.)). Immer mehr Einrichtungen gehen dazu über, den Familien nicht nur nach der Aufnahme eines neuen Kindes einen Hausbesuch abzustatten. Solche Einblicke sollen einerseits die Basis für eine vertrauensvolle Partnerschaft zwischen Familie und der Einrichtung schaffen, ermöglichen gleichzeitig aber auch einen mächtigeren „amtlichen Zugriff auf Familie" und tragen zu einer Verschiebung im „Verhältnis von öffentlicher und privater Sphäre" bei (Richter et al. 2009, S. 1). Obwohl zunehmend einsichtig ist, dass die Kontexte, in denen Kinder wohlbehalten aufwachsen können, neue sind, orientiert sich die institutionelle Messlatte immer noch weitgehend an einer anachronistischen, aber weiter gehegten Normalitätsvorstellung: an einem klassischen Familienverständnis (vgl. Lenz 2013), an einem ganz bestimmten familiären Lebensraum (vgl. Pries 2001), an einem simplen und linearen Schema kindlicher Entwicklung (vgl. Krönig 2017) und an Normalitätsvorstellungen im Hinblick auf Konzepte von Kindheit, kindlicher Entwicklung und Erziehung (vgl. Otyakmaz/Karakaşoğlu 2015). Die Lebensumstände, Wohnverhältnisse, Essenskulturen, Vereinbarkeit von Berufs- und Familienleben und vieles mehr werden an Normalitätsvorstellungen von pädagogischen Fachkräften unkritisch gemessen. Das Private wird also nicht nur stärker thematisiert, problematisiert und veröffentlicht, es wird dabei auch stark enggeführt auf weitgehend unreflektierte institutionelle Maßgaben. Es ist evident, dass Familien diesem Zugriff und dem institutionellen Urteilsvermögen auch kritisch gegenüberstehen, insbesondere jene Familien, deren „Kompetenzen" öffentlich in Zweifel gezogen und die in vielerlei Hinsicht als „abweichend" wahrgenommen werden – selbst wenn diese Familien Unterstützungsbedarfe haben und engere Beziehungen zu den die Kinder betreuenden Einrichtungen grundsätzlich wünschen (vgl. SVR 2013).

2. Spannungsfeld: Zwischen der Überantwortung sozialer Risiken an Familien und der Herstellung vermeintlicher Risikofamilien

Die soziale Herkunft entscheidet in Deutschland immer noch maßgeblich über die Bildungsmöglichkeiten und -zugänge von Kindern. Daraus wird geschlussfolgert, dass Bildungsförderung zu einer „guten Elternschaft" gehört und ein gesamtgesellschaftliches Interesse an einer „erziehungskompetenten Elternschaft" formuliert – an einer Elternschaft, die „Humanvermögen produziert, private und semi-öffentliche Sorgeleistungen (care) erbringt, sozialen Zusammenhalt stiftet" (Jurczyk 2014, S. 50). Mit Hamburger und Hummrich lässt sich die auf diese politisch-pädagogische Weise aktivierte Familie als ein „normativ aufgeladenes Symbol" bezeichnen (Hamburger/Hummrich 2008, S. 112), was sich nicht nur auf politische und bildungspraktische Diskurse, sondern auch auf den erziehungswissenschaftlichen Diskurs auswirkt.

Die Überantwortung sozialer Risiken an Familie bedeutet nun aber keineswegs, dass der Staat sich aus Familienbelangen mehr zurückzieht, im Gegenteil: Zu beobachten ist ein verstärkter „Rückgriff" auf Familien (vgl. Richter et al. 2009). In der familiären Privatsphäre sieht man sich neuen gesellschaftlichen Anforderungen gegenüber, es wird von den Eltern mehr Eigenverantwortung und Eigenleistung gefordert (vgl. Schröder 2003), staatliche Unterstützungsleistungen werden an mehr Bedingungen geknüpft oder schneller gekürzt. Den Familien werden

> „[…] bedenkenlos sozialpolitische Funktionen von der Erziehung der nachwachsenden Generation bis hin zur Pflege der abtretenden Generation übertragen. Normative Idealisierung und politische Funktionalisierung gehen Hand in Hand" (Hamburger/Hummrich 2008, S. 112).

Besonders betroffen von diesem neoliberalen Wandel sind Mütter, die prekäre Beschäftigungsverhältnisse oder Teilzeit in Kauf nehmen müssen und gleichzeitig Hauptverantwortliche für das Familienleben sind (König 2013, S. 270). Soziale Risiken werden immer weiter an familiale und andere informelle Netzwerke überantwortet, in Privatsphären abgestellt.

Allerdings, das Zutrauen und der Appell an die Eigenverantwortlichkeit von Familien, wie durch die Agenda 2010 geschehen, richtet sich nicht an alle Familien, denn die sogenannte Migrantenfamilie wird vor allem als Ausdruck und Symbol einer „Gegengesellschaft" wahrgenommen und Migration nicht als Ausdruck einer modernen Lebensführung, sondern einseitig unter einem „Belastungsdiskurs" subsummiert (Hamburger/Hummrich 2008, S. 115). Die Familien werden zum „Symbol einer fremden Welt" (ebd., S. 113), die dortigen Erziehungs- und Bildungskompetenzen gelten in der öffentlich-medialen Wahrnehmung insgesamt als tendenziell defizitär. Diese Symbolik hat sich im Kontext von Flucht nochmal verschoben bzw. verstärkt, wie sich in Handlungsempfehlungen und bildungspolitischen Zielsetzungen zeigt. Hier wird die Wiederherstellung einer „Sicherheit im pädagogischen Alltag" (MFKJKS NRW 2016, o. S.) gefordert, weil die sogenannten „Flüchtlingsströme" eine zuvor scheinbar existente „Ordnung" ins Wanken gebracht haben. Neben den Themen „Umgang mit fremden Kulturkreisen", „Umgang mit Traumatisierungen" oder Resilienzförderung ist die „Sprachförderung" – genauer gesagt, die Deutschförderung – aktueller denn je (vgl. Wolters Kluwer 2016, vgl. Nifbe 2016). Die Suche nach Sicherheit zeigt sich in Theorie und Praxis in erneuten Rückgriffen auf ältere Konzepte Interkultureller Kompetenz mit den pädagogischen Zielen von Normalisierung und Integration. Durch einen einseitigen Bezug auf etwas kulturell „Anderes" verortet man bildungsbiografische Barrieren innerhalb der „Migrantenfamilie" (Amirpur 2016, S. 66; Karakaşoğlu-Aydin 2001). Doch die „[...] auf diesem Deutungsmuster aufruhenden Perspektiven sind familientheoretisch auf bemerkenswerte Weise verzerrt" (Hamburger/Hummrich 2008, S. 113). Dieser Widerspruch umreißt das zweite Spannungsfeld.

Beiden Spannungsfeldern ist gemeinsam, dass sie sozialstrukturelle Voraussetzungen und die entlang von Ethnisierungen verlaufende Prekarisierung und ihre Wirkung für Bildungsprozesse ausblenden. Den Anbietern von familienbezogenen Angeboten kommt dann die Aufgabe zu, Angebote für Eltern bereitzuhalten, die sie in der Erfüllung ihres Erziehungsauftrages unterstützen, mit denen sie jedoch gleichzeitig Gefahr laufen, den Eltern zu suggerieren, alle Benachteiligungen, Bildungsbarrieren und Blockaden ließen sich überwinden, wenn sie sich nur *richtig* verhielten, als wären ein prekärer Aufenthaltsstatus oder prekäre Arbeitsverhältnisse, Armut, Segregation und Überstunden, unregelmäßige Arbeitszeiten und steigende Mieten für Familien keine dauerhaft stark belastenden und hemmenden Faktoren. Doch Maßnahmen zur individuellen Verhaltensänderung, gemäß einer pädagogischen „Aktivierungslogik" (vgl. Sommerfeld 2006), sind unter diesen strukturell eingeschränkten Verhältnissen als politisch blauäugig und pädagogisch verantwortungslos zu bezeichnen.

3. Spannungsfeld: Zugänglichkeit zu familienbezogenen Bildungsangeboten zwischen Berechtigung und Beschämung

Als neue Anbieter von familienbezogenen Angeboten setzen als Familienzentren zertifizierte Kindertagesstätten auf eine Erweiterung ihrer bisher fast ausschließlich kindbezogenen Angebotsstruktur, um „Eltern bei der Wahrnehmung ihrer Bildungs- und Erziehungsaufgabe" zu stärken (vgl. MFKJKS o.J.). Dabei erweist es sich als die größte Herausforderung, überhaupt jene Eltern zu erreichen, die von den neuen Angeboten am meisten profitieren sollen. Es ist zweifelhaft, ob es den vielen Einrichtungen, die bisher im Kern ausschließlich kindbezogenen arbeiten und auch immer schon mit der Präsenz von Kindern rechnen können, nun gelingt, eine Angebotslogik zu entwickeln, die für die Ansprache von Eltern essentiell wäre. Eine bloße Ausweitung von kindbezogenen Angeboten mit Blick auf Eltern oder die Verstärkung der sogenannten „Elternarbeit" (Informationsveranstaltungen, Problemanzeigen, Tage der offenen Tür u. Ä.) werden jedenfalls nicht ausreichen. Doch nicht nur Inhalte und Offenheit der Angebote sind sehr unterschiedlich von Einrichtung zu Einrichtung, auch die Zugangsmöglichkeiten zu Einrichtungen mit familienbezogenen Angeboten variieren stark, je nach sozialem beziehungsweise sozioökonomischem Status der Familie (vgl. Boos-Nünning/Karakaşoğlu 2006; Heite 2009; Amirpur 2016). Die Anbieter sind aus finanziellen Gründen gezwungen, Teilnahmegebühren zu erheben, was ein Ausschlusskriterium für viele Eltern darstellt. Überdies treten Eltern und Familien mit einem höheren sozialen Status – auch in Notlagen – mit einer größeren Selbstverständlichkeit an Institutionen heran als Eltern mit einem niedrigeren sozialen Status, zum Beispiel aufgrund einer Migrationssituation. Sie beschreiben ihre Zugangsmöglichkeiten etwa so:

> „[auf Türkisch] Bei mir werden immer nur die Türen zu geschlagen, und ich weiß gar nicht, was ich machen soll. Sie sagen, es geht nicht. Und das muss ich einfach hinnehmen. Man weiß nicht, wie man sich durchsetzen soll, wenn ich etwas sage und mir gesagt wird, dass es nicht geht. Da ich nicht mein Wort machen kann, schweige ich einfach, auch wenn ich weiß, dass ich Recht habe" (Amirpur 2016, S. 207).

Dem hier zu Wort gekommenen Vater fehlten seiner Ansicht nach Voraussetzungen, um in seinem Interesse resolut genug auftreten und erfolgreich intervenieren zu können (zum Beispiel ausreichendes Wissen über seine Rechte und Möglichkeiten im Rahmen der Behindertenhilfe). Ein Hemmnis sind für ihn insbesondere die lingualen Machtstrukturen. Die von ihm für eine Inanspruchnahme von Angeboten erwarteten ausgefeilten Deutschkenntnisse behindern seinen Zugang zu diversen Unterstützungssystemen und deren Angeboten. Institutionelle Aktivitäten werden aus dieser Perspektive zu Recht „als einschränkender Zwang in Bezug auf die eigenen Handlungsmöglichkeiten" (Ecarius/Wahl 2009, S. 21) erfahren.

Aber auch Scham kann dazu führen, dass Eltern Angebote nicht in Anspruch nehmen, z.B. wenn ihnen in unterschiedlichsten Kontexten vermittelt wird, ihre Sprachfähigkeiten (genauer: Deutschfähigkeiten), religiöse und familiäre Lebensführung oder Motivation wären ein Anlass für institutionalisierte Hilfe. So wird nicht in Frage gestellt, dass Unterstützungsleistungen sich nur mit Standarddeutschkenntnissen erschließen lassen (vgl. Akbaş et al. 2017), mit der Folge, dass viele Eltern es tatsächlich auf die eigenen Deutschkenntnisse beziehen, wenn sie sich mit Benachteiligung, verordneten Hilfeleistungen oder expliziter staatlicher Regulierung konfrontiert sehen (Amirpur 2016, S. 189ff.).

Zwischenräume gestalten: Die Tatsache der Migration und die inklusionsorientierte Bildung

Die Spannungsfelder deuten darauf hin, dass die Lage für die Familien und für die Anbieter einer familienbezogenen Bildung komplex ist. Beispiele aus der Praxis zeigen aber, dass sie gesellschaftliche Verhältnisse zwar nicht ändern, in lokalen Veränderungsprozessen Diskriminierungspraxen dennoch thematisieren, abschwächen und Kräfteverhältnisse verschieben können (vgl. MSJG 2018). Viele Familienzentren z.B. nutzen die Anerkennung, die sie in letzter Zeit erhalten und verbünden sich mit verschiedenen Organisationen vor Ort (Flüchtlingsberatung, Selbsthilfeorganisationen), um sich gemeinsam sozial- und familienpolitisch zur Geltung zu bringen und Familien dabei zu unterstützen, ihre Vorstellungen von einem guten Leben umzusetzen. Hier gilt es anzusetzen. Im Folgenden werden einige Voraussetzungen und Konsequenzen für die Gestaltung inklusionsorientierter familienbezogener Bildungsangebote in der Migrationsgesellschaft erörtert, die sich aus der vorhergehenden Auseinandersetzung mit den Spannungsfeldern ergeben.

Migration als Offerte[1]

Erziehungs- und Bildungseinrichtungen treten vor allem mit dem Anspruch an, Handlungsfähigkeit und Mündigkeit zu ermöglichen (oder setzen diese zum Teil auch immer schon voraus). Allerdings bewirken sie tatsächlich vor allem Exklusion, sie verstärken oder konstruieren Unterschiede, die soziale Ungleichheitsverhältnisse über die Generationen hinweg perpetuieren. Diese Allokationsfunktion des deutschen Bildungssystems ist auch gut ohne Sensibilität für migrationsgesellschaftliche Differenzverhältnisse zu erkennen. Beispielsweise zeigt die Studie „Migrationsbedingt behindert?" (vgl. Amirpur 2016), die sich mit der Lebenssituation von Familien an der Schnittstelle von Migration und Behinderung befasst, beträchtliche Barrieren im Bildungs- und Hilfesystem auf und macht deutlich, dass Familien in der Migrationssituation ausgrenzende Erfahrungen mit dem System der Behindertenhilfe mit anderen Familien teilen. Diskriminierungen existieren hier auch unabhängig vom Grad der Deutschkenntnisse, der Intensität des Fremdheitsgefühls im Umgang mit Behörden und Institutionen oder dem aktuellen Aufenthaltsstatus. Allerdings wird durch eine intersektionale Analyse (vgl. Winker/Degele 2009) auch deutlich, dass die Möglichkeiten der Transformation und Durchbrechung der diskriminierenden Ordnungen für Familien mit rassistischen Erfahrungen, mit prekärem Aufenthaltsstatus oder durch linguale Machtstrukturen erheblich eingeschränkt werden. Die Tragweite der Ausgrenzung von einem auf Normierung und Standardisierung ausgerichteten Bildungssystem wird durch die Tatsache der Migration nochmals unterstrichen. Und so wird im Spiegel von Migration besonders deutlich, welche Veränderungen für inklusionsorientierte Bildungsanbieter anstehen. Die Tatsache der Migration bietet die Möglichkeit, sich kritischer mit den Kulturen, Strukturen und Praktiken (vgl. Achermann et al. 2017) in und um familienbezogene Bildungseinrichtungen und den Abbau von Zugangsbarrieren auseinanderzusetzen. Die aufgeführten Spannungsfelder verweisen darauf, dass dies momentan nicht oder nicht ausreichend gelingt, die Auseinandersetzung mit diesen zeigt jedoch Möglichkeiten zur Gestaltung von inklusiven Veränderungsprozessen auf, von denen letztlich alle profitieren würden und für die im Folgenden konkrete Handlungsbedarfe benannt werden sollen.

1 Vgl. Mecheril 2015.

Anbieter familienbezogener Bildung: Mitgestalter/innen und Sprachrohre

Anbieter familienbezogener Bildung dürfen nicht dazu genötigt werden, Maßnahmen zur Unterstützung der individuellen Verhaltensänderung von sogenannten Migrantenfamilien mit Hilfe programmatischer Aktivierungsansätze durchzuführen. Stattdessen sollten die sozialstrukturellen Voraussetzungen der Familien diskutiert werden. Damit stehen die Anbieter vor der Herausforderung, Eltern, die als Migranten/innen positioniert werden, weder paternalistisch aktivieren zu wollen, noch sie mit kleinen Gesten abzuspeisen, Familien nicht zu vereinnahmen, noch ihnen kurzsichtig mit einer aktivierungspädagogischen Rhetorik zu begegnen – ohne eine reflexive Auseinandersetzung über ihre gesellschaftlichen Möglichkeiten.

In diesem Sinne ist Familienbildung als eine politische Arbeit zu verstehen, die auf die Bedingungen, in denen Familien beispielsweise in der Kommune leben, aufmerksam macht. Anbieter von familienbezogener Bildung müssen ihr Angebot samt dem dazu gebotenen Zugang kritisch prüfen, um zumindest nicht vorbehaltlos in eine Entlastungsfunktion für sich zurückziehende staatliche Fürsorgesysteme beziehungsweise in eine Erfüllungsfunktion neoliberaler Maßgaben zu geraten.

Diesen Herausforderungen müssen sich die Anbieter familienbezogener Bildung in ihrer Bildungspraxis, bei deren Konzeptionierung und institutioneller Verortung stellen. Dabei kommt zupass, dass diese Anbieter – derzeit sehr gefragt – mit gesellschaftlicher Thematisierungsmacht ausgestattet sind. Die Anbieter müsse sich in ihren Verbänden nur noch mehr selbst als Mitgestalter/innen und Sprachrohre begreifen. Sie könnten sich noch weit mehr Gehör verschaffen, sich einmischen, und einen Gegenpol bilden zum herrschenden, vor allem ökonomischen Interessen dienenden bildungspolitischen Diskurs.

Stärkung von Widerstand

Statt Eltern zu belehren und zu monologisieren, kann die Familienbildung ansprechende Rahmenbedingungen schaffen, beispielsweise durch eine Verschachtelung institutioneller, funktioneller und informeller Familienbildung (vgl. Iller 2015), durch eine Mischung aus Impulsgebung durch pädagogische Fachkräfte, aus Selbstverwaltung durch Familien und Mitbestimmung von Familien in den Einrichtungen. Die pädagogischen Fachkräfte handeln dann nur noch verstärkt moderierend, bleiben stärker im Hintergrund und schaffen indirekt günstige Voraussetzungen für die Ausgestaltung von Bildungssettings.

Diese Settings sollten mehr nach den Orientierungen und konkreten Bedarfen der Familien gestaltet werden und darauf abzielen, deren Entwurf eines guten Lebens reflexiv und praktisch zu unterstützen. Es geht klassisch andragogisch darum, aus der Sicht der Einzelnen zu erfragen, was Wohlergehen und Glück für sie meint und davon ausgehend dann die ihnen bereits zustehenden und darüber hinaus für sie in Frage kommenden Handlungsräume aufzuzeigen – als Prozess der Selbstermächtigung und als Widerstand gegen diskriminierende Strukturen. Ziel sollte es sein, insbesondere den Familien einen Raum zu schaffen, in denen erlebte Ausgrenzungen zur Sprache zu bringen sind, wo sich Erfahrungen von Diskriminierungen und Ausgrenzungen zumindest erst einmal (mit)teilen lassen. Aber daraus ist nicht zu schließen, dass sie sich diesen Praktiken unterwerfen müssen. Vor allem die Anbieter familienbezogener Bildung sind es, die den Familien solidarisch zur Seite stehen können. Es ist eine zentrale Aufgabe von Familienbildung, den familiär wirkenden Erfahrungen von Diskriminierungen und Ausgrenzungen einen Raum zu geben, sie breit zur Sprache zu bringen und zur Grundlage von (kommunalen) Veränderungsprozessen zu machen.

Auseinandersetzung mit Normalitätsvorstellungen und Vermeidung von Othering

Familienbildung muss stärker der Pluralität migrationsgesellschaftlicher Positionen und Biografien Rechnung tragen, dabei die eigenen Zuschreibungen reflektieren und paternalistische Reflexe vermeiden. Die unter den Anbietern verbreiteten Konstruktionen von Kind und Familie haben direkte Auswirkungen auf die Programmentwicklung und langfristig auch auf die Organisationsentwicklung. Noch zu leicht wird eine Familie, die nicht dem überkommenen Bild der weißen Normfamilie entspricht, zu einer Risikofamilie und damit zum Ziel diverser Institutionen, die ihre Erziehungskompetenz stärken und sie zu einer verantwortungsvollen Familie machen wollen.

Professionelles pädagogisches Handeln erfordert u.a. eine Auseinandersetzung mit Normalitätskonstruktionen und bildet bestenfalls ein Korrektiv zu den bestehenden dominanten Normalitätskonstruktionen rund um die Familie. Dies gilt in diesem Fall für den „binären Normalitätstyp" Nichtmigrationsfamilie – Migrationsfamilie (Baros/Baumann 2016, S. 272). Durch eine Analyse der Differenzpraxis professioneller Akteure/innen werden pädagogische Fachkräfte für die Folgen von Othering sensibilisiert und befähigt, die eigene Positionierung in den verflochtenen Machtverhältnissen zu reflektieren.

Hier kann eine auf „ihre Differenz" blickende Pädagogik, eine kritische Differenzpädagogik, einen wesentlichen Beitrag leisten, um weitere Komplexitätsreduktionen zu vermeiden (vgl. Amirpur/Platte 2017). Eine sich auf herrschaftskritische Theorie- und Politikperspektiven beziehende Pädagogik, die sich auch mit den gegenwärtigen Vergesellschaftungseffekten des Kapitalismus auseinandersetzt, kann die Reproduktion sozialer Ungleichheit durch Bildung und Bildungsinstitutionen in den Blick nehmen und davon ausgehend fragen, wie Handlungsfähigkeit unter den Bedingungen des zu verändernden Gegebenen möglich ist (vgl. Mecheril et al. 2013). Die Differenzpädagogiken können auf vielfältige Formen der Diskriminierung, die diskriminierenden Logiken des Kapitalismus, Benachteiligung und Ausgrenzung aufmerksam machen und mittels weitreichender Analysen die für pädagogische Settings heute notwendige Rahmung bieten (vgl. Burman 2017). Genannt seien hier explizit: die Arbeiten der Disability Studies zu Normierungen und Normalisierungen, die der Gender Studies zu Unterdrückungs- und Machtverhältnissen oder die Auseinandersetzung der erziehungswissenschaftlichen Migrationsforschung mit einer Dialektik von Differenzsensibilität und differenzübergreifenden Ansätzen, die vor einer „Besonderung" und „Überbetonung" von Migrationsphänomenen warnt (vgl. Kuhn 2013).

Ein Zusammenschluss kritischer Differenzpädagogiken mit einer intersektionalen Perspektive würde Synergien freisetzen und etwa die Beschränktheit der einzelnen Differenzpädagogiken durch eine Fokussierung auf die Folgen von Verwobenheiten unterschiedlicher Differenzen bzw. Strukturkategorien als diskriminierungsrelevanter Positionierungen überwinden. Hier geht es nicht darum, das Spezifische unsichtbar, sondern das Spezifische an den Schnittstellen – wie etwa von Migration und Behinderung – transparent zu machen. Die Idee ist, Ansatzpunkte für ein politisches Handeln aufzuzeigen, das Macht- und Dominanzstrukturen aufbrechen und Transformationsprozesse einleiten und gestalten kann. Die Differenzpädagogiken werden in der Reflexion und Praxis von sich als inklusiv verstehenden Anbietern familienbezogener Bildung weniger dazu benötigt, um spezielle Bildungsinteressen von ‚speziellen Familien' zu formulieren, sondern um auf herrschende Benachteiligungen und Diskriminierungen, die entlang dieser Kategorisierungen verlaufen, aufmerksam zu machen. Diese Vorgehensweise hat natürlich Folgen, denn der Großteil der Förderprogramme zieht seine bildungspolitische Legitimation aus in der Anlage bereits ausgrenzend wirkenden und diskriminierenden Zuschreibungen (vgl. Kessl/Plößer 2010).

Ein inklusionsorientierter Bildungsdiskurs in der Migrationsgesellschaft befasst sich zudem mit Rassismus als hegemonialem Diskurs und als strukturell in die Gesellschaft verankert. Dabei wird deutlich, dass Rassismus sich nicht darin erschöpft, „ein Vorurteil oder Stereotyp zu sein, das durch interkulturelle Begegnungen und Informationen über eine fremde Kultur korrigiert werden könnte" (Attia 2013, 335). Iman Attia schlägt mit Jacques Derrida vor, ausgeschlossene Diskurse als Ausgeschlossene wieder in die Diskussion zu bringen (Attia 2013, 343). Dann wird gefragt, wie es eigentlich dazu kommt, dass ein spezifisches Wissen über ‚die Migrantenfamilie' hegemonial ist. Wovon wird die Familie unterschieden? In welcher Weise und in welchen Kontexten geschieht das und worüber wird nicht geredet, wenn über ‚die Migrantenfamilie' geredet wird? Welche Folgen hat dies für die als Migrantenfamilie Markierten?

Ausblick

Dem „Mainstream hoffnungsfroher Pädagogiken" (Bünger 2016, 115) wird unterstellt, die Augen vor den oben genannten Spannungsfeldern zu verschließen und soziale, rechtliche und politische Probleme pädagogisch lösen zu wollen. Aber „Inklusive Momente", so schreiben Andrea Platte und Franz Krönig im gleichnamigen Buch, sind „nicht careful … zumindest nicht, wenn man ‚care' als eine Verpflichtung von Individuen sich selbst gegenüber versteht" (Platte/Krönig 2017, S. 103). Sie beziehen sich auf den Soziologen Nikolas Rose und seine Arbeiten zur gesellschaftlichen Entsolidarisierung durch Gemeinschaftsorientierung (Rose 1999). Partizipation, Vernetzung, Aktivierung, Empowerment galten lange Zeit als Ausdruck von Widerstand und als Grundlage inklusiver Veränderungsprozesse in familienbezogenen Bildungsangeboten. Aber die Begriffe sind mutiert und haben ein Doppelleben entwickelt: Die aktivierenden Handlungskonzepte – beispielsweise in sozial benachteiligten Stadtteilen – laufen parallel zum Abbau staatlicher Leistungen oder zu den gesetzlichen Restriktionen und Entmündigungen, durch die Familien z.B. keine dauerhafte Bleibeperspektive in Deutschland erhalten und Familienzusammenführungen verweigert werden. Potenziale und Ressourcen, die es laut Handlungskonzepten für den Sozialraum zu entdecken gilt, stützen den Neoliberalismus und führen zum Erstarken neoliberaler Konzepte, während die sozialstrukturellen Voraussetzungen, mit denen Familien konfrontiert sind, unberücksichtigt bleiben. Gleichzeitig werden Familien problematisiert und rücken in den öffentlichen Fokus, weil sie nicht der Normfamilie entsprechen. In inklusiven Veränderungsprozessen werden diese Entwicklungen berücksichtigt, ihnen gilt es entgegenzutreten. Inklusion erfordert widerständig zu bleiben und sich der Vereinnahmung zu entziehen. Und so lassen sich in der Praxis auch zahlreiche Gegenbeispiele finden, die zeigen, dass man sich gesellschaftlichen Regulierungsweisen nicht gefügig machen muss. Sie nutzen die ‚Zwischenräume', treten Rassismus und Diskriminierung entgegen und solidarisieren sich mit den Ausgegrenzten.

Literatur

Achermann, Bruno/Amirpur, Donja/Braunsteiner, Maria-Luise/Demo, Heidrun/Plate, Elisabeth/Platte, Andrea (2017): Der Index für Inklusion. Beltz: Weinheim.

Akbaş, Bedia/Mecheril, Paul/Spies, Anke (2017): Frühkindliche Bildung in der Migrationsgesellschaft. In: Amirpur, Donja/Platte, Andrea (Hrsg.): Handbuch Inklusive Kindheiten. Leverkusen: UTB, S. 197–209.

Amirpur, Donja (2016): Migrationsbedingt behindert? Familien im Hilfesystem. Eine intersektionale Analyse. Bielefeld: transcript.

Amirpur, Donja/Platte, Andrea (2017): Die Erfindung der Anderen. Intersektionale und inklusive Perspektiven als Korrektiv für die Soziale Arbeit und Bildungsprozesse. In: Kruschel, R. (Hrsg.): Menschenrechtsbasierte Bildung. Bad Heilbrunn: Klinkhardt.

Attia, Iman (2013): Perspektivenwechsel durch Dekonstruktion. Islamdiskurs und (rassismus-)kritische Soziale Arbeit. In: Bettina Hünersdorf/Jutta Hartmann (Hrsg.): Was ist und wozu betreiben wir Kritik in der Sozialen Arbeit? Wiesbaden: Springer VS, S. 333–350.

Baros, Wassilios/Baumann, Tanja (2016): Familienverhältnisse. In: Mecheril, Paul (Hrsg.): Handbuch Migrationspädagogik. Weinheim: Beltz, S. 262–277.

BMFSFJ (Bundesminsterium für Familie, Senioren, Frauen und Jugend) (2005): Stärkung familialer Beziehungs- und Erziehungskompetenzen. https://www.bmfsfj.de/blob/95354/076596362455af26733a2bedf0a32d6e/staerkung-familialer-beziehungs-und-erziehungskompetenzen-data.pdf [Zugriff: 28.01.2017].

Boos-Nünning, Ursula/Karakaşoğlu, Yasemin (2006): Viele Welten leben. Zur Lebenssituation von Mädchen und jungen Frauen mit Migrationshintergrund. Münster: Waxmann.

Bünger, Carsten (2016): Kapitalismus. In: Mecheril, Paul (Hrsg.): Handbuch Migrationspädagogik. Weinheim: Beltz, S. 106–120.

Burman, Erica (2017): Between feminisms and childhoods: resources for critical childhood studies. In: Amirpur, Donja/Platte, Andrea (Hrsg.): Handbuch Inklusive Kindheiten. Leverkusen: UTB, S. 225–240.

DRK (Deutsches Rotes Kreuz) Hamburg (o.J.): HIPPY. Hausbesuchsprogramm für Einwandererfamilien. http://www.drk-kiju.de/projekt/hippy/willkommen [Zugriff: 26.01.2017].

Ecarius, Jutta/Wahl, Katrin (2009): Bildungsbedeutsamkeit von Familie und Schule. Familienhabitus, Bildungsstandards und soziale Reproduktion – Überlegungen im Anschluss an Pierre Bourdieu. In: Ecarius, Jutta/Groppe, Carola/Malmede, Hans (Hrsg.): Familie und öffentliche Erziehung. Wiesbaden: Springer VS, S. 13–34.

Fischer, Veronika (2012): Im Blickpunkt: Migration. Eltern stärken – Teilhabe verbessern. https://familienbildung-in-nrw.de/fileadmin/user_upload/Images/Content/fachkraefte/ElternBroschre_web.pdf [Zugriff 25.01.2017].

Fritzsche, Bettina/Rabenstein, Kerstin (2007): „Häusliches Elend" und „Familienersatz": Symbolische Konstruktionen in Legitimationsdiskursen von Ganztagsschulen in der Gegenwart. https://www.ah-ewi.tu-berlin.de/fileadmin/fg230/LUGS/Dokumente/FritzscheRabensteinHaeuslichesElendundFamilienersatz.pdf [Zugriff: 26.01.2017].

Hamburger, Franz/Hummrich, Merle (2008): Familie und Migration. In: Ecarius, Jutta (Hrsg.): Handbuch Familie. Wiesbaden: Springer VS, S. 112–136.

Heite, Catrin (2009): Zur Vergeschlechtlichung Sozialer Arbeit im post-wohlfahrtsstaatlichen Kontext – Kontinuitäten, Aktualisierungen und Transformationen. In: Kessl, Fabian/Otto, Hans-Uwe (Hrsg.): Soziale Arbeit ohne Wohlfahrtsstaat? Zeitdiagnosen, Problematisierungen und Perspektiven. Weinheim, München: Beltz Juventa, S. 101–119.

Honig, Michael Sebastian (2007): Kann der Ausbau der institutionellen Kinderbetreuung das Vereinbarkeitsproblem lösen? Rückfragen an den familienpolitischen Konsens. In: Lettke, Frank/Lange, Andreas (Hrsg.): Generationen und Familien. Frankfurt a.M.: Suhrkamp, S. 354–377.

Iller, Carola (2015): Familienbildung. In: Zeuner, Christine (Hrsg.): Enzyklopädie Erwachsenenbildung. Weinheim, München: Beltz.

Jurczyk, Karin (2014): Familie als Herstellungsleistung. Hintergründe und Konturen einer neuen Perspektive auf Familie. In: Jurczyk, Karin/Lange, Andreas/Thiessen, Barbara (Hrsg.): Doing family. Warum Familienleben heute nicht mehr selbstverständlich ist. Weinheim: Beltz Juventa, S. 50–70.

Karakaşoğlu-Aydın, Yasemin (2001): Muslimische Religiosität und Erziehungsvorstellungen: Eine empirische Untersuchung zu Orientierung bei türkischen Lehramts- und Pädagogik-Studentinnen in Deutschland. Frankfurt a.M.: IKO.

Kessl, Fabian/Plößer, Melanie (2010): Differenzierung, Normalisierung, Andersheit. Soziale Arbeit als Arbeit mit den Anderen – eine Einleitung. In: dies. (Hrsg.): Differenzierung, Normalisierung, Andersheit. Soziale Arbeit als Arbeit mit den Anderen. Wiesbaden: Springer VS, S. 7–16.

König, Tomke (2013): Familien-Ideale. Regulierungen einer privaten Lebensform. In: Bareis, Ellen/Kolbe, Christian/Ott, Marion/Rathgeb, Kerstin/Schütte-Bäumner, Christian (Hrsg.): Episoden sozialer Ausschließung. Münster: Westfälisches Dampfboot, S. 263–275.

Krönig, Franz Kasper (2017): Inklusion, Prävention und Diagnostik. Ein Rekonstruktionsversuch verdeckter Widersprüche. In: Amirpur, Donja/Platte, Andrea (Hrsg.): Handbuch Inklusive Kindheiten. Leverkusen: UTB, S. 51–63.

Kuhn, Melanie (2013): Professionalität im Kindergarten. Eine ethnographische Studie zur Elementarpädagogik in der Migrationsgesellschaft. Wiesbaden: VS.

Lenz, Karl (2013): Was ist eine Familie? Konturen eines universalen Familienbegriffs. In: Krüger, Dorothea/Herma, Holger/Schierbaum, Anja (Hrsg.): Familie(n) heute. Entwicklungen, Kontroversen, Prognosen. Weinheim: Beltz, Juventa, S. 104–125.

Mecheril, Paul (2015): Es bleibt anders. Kämpfe um die Pädagogik der Migrationsgesellschaft. Vortrag. https://www.youtube.com/watch?v=acB2F5nqkDw [Zugriff: 28.01.2018].

Mecheril, Paul/Thomas-Oalde, Oscar/Melter, Claus/Arens, Susanne/Romaner, Elisabeth (2013): Migrationsforschung als Kritik? Erkundung eines epistemischen Anliegens in 57 Schritten. In: Mecheril, Paul/Thomas-Oalde, Oscar/Melter, Claus/Arens, Susanne/Romaner, Elisabeth (Hrsg.): Migrationsforschung als Kritik? Konturen einer Forschungsperspektive. Wiesbaden: Springer VS, S. 7–58.

MFKJKS (Ministerium für Familie, Kinder, Jugend, Kultur und Sport NRW) (o.J.): Familienzentrum NRW. http://www.familienzentrum.nrw.de/79.html [Zugriff: 28.01.2017].

MFKJKS (Ministerium für Familie, Kinder, Jugend, Kultur und Sport NRW) (2016): Integration von Kindern mit Fluchterfahrung. www.kita.nrw.de/node/406 [Zugriff: 26.02.2017].

Mierendorff, Johanna (2010): Kindheit und Wohlfahrtsstaat. Entstehung, Wandel und Kontinuität des Musters moderner Kindheit. Weinheim: Juventa.

Mierendorff, Johanna (2013): Normierungsprozesse von Kindheit im Wohlfahrtsstaat. Das Beispiel der Regulierung der Bedingungen der frühen Kindheit. In: Kelle, Helga/Mierendorff, Johanna (Hrsg.): Normierung und Normalisierung der Kindheit. Weinheim: Beltz Juventa, S. 38–59.

MSJG (Montag Stiftung Jugend und Gesellschaft) (2018): Inklusion ist machbar! Berlin: Deutscher Verein für öffentliche und private Fürsorge e.V.

Müncher, Vera/Andresen, Sabine (2009): Bedarfsorientierung in Familienzentren – Eltern als ‚neue' Adressaten. In: Beckmann, Christof/Otto, Hans-Uwe/Richter, Martina/Schrödter, Mark (Hrsg.): Neue Familialität als Herausforderung der Jugendhilfe. Neue Praxis, Sonderheft 9, S. 108–119.

Nifbe (Niedersächsisches Institut für frühkindliche Bildung und Entwicklung) (2016): Kinder mit Fluchterfahrung. www.nifbe.de/867-themenschwerpunktfluechtlinge [Zugriff: 26.02.2017].

Otyakmaz, Özlem/Karakaşoğlu, Yasemin (2015): Vorwort. In: dies.: Frühe Kindheit in der Migrationsgesellschaft. Wiesbaden: Springer, S. V–XVI.

Pfaller-Rott, Monika (2010): Migrationsspezifische Elternarbeit beim Transitionsprozess vom Elementar- zum Primarbereich. Eine explorative Studie an ausgewählten Kindertagesstätten und Grundschulen mit hohem Migrationsanteil. Berlin: wvb.

Platte, Andrea/Krönig, Franz (2017): Inklusive Momente. Weinheim: Beltz.

Pries, Ludger (2001): Internationale Migration. Bielefeld: transcript.

Richter, Martina (2010): Zur Adressierung von Eltern in ganztägigen Bildungssettings. In: Kessl, Fabian/Plößer, Melanie (Hrsg.): Differenzierung, Normalisierung, Andersheit. Soziale Arbeit als Umgang mit den Anderen. Wiesbaden: VS Verlag für Sozialwissenschaften, S. 25–33.

Richter, Martina/Beckmann, Christof/Otto, Hans-Uwe/Schrödter, Mark (2009): Einführung. In: dies.: Neue Familialität als Herausforderung der Jugendhilfe. Neue Praxis, Sonderheft 9, S. 1–15.

Rose, Nikolas (1999): Governing the Soul. The Shaping of the Private Self. Second Edition. London/New York: Free Association Books.

Schröder, Gerhard (2003): Regierungserklärung 14. März 2003. https://www.bundestag.de/dokumente/textarchiv/2013/43257637_kw11_kalenderblatt_agenda2010/211202 [Zugriff: 15.01.2017].

Sommerfeld, Peter (2006): Erlebnisorientierung/Erlebnispädagogik. In: Dollinger, Bernd/Raithel, Jürgen (Hrsg.): Aktivierende Sozialpädagogik. Ein kritisches Glossar. Wiesbaden: Springer VS, S. 109–125.

SVR (Sachverständigenrat deutscher Stiftungen für Integration und Migration) (2013): Hürdenlauf zur Kita: Warum Eltern mit Migrationshintergrund ihr Kind seltener in die frühkindliche Tagesbetreuung schicken. https://www.svr-migration.de/publikationen/huerdenlauf-zur-kita-warum-eltern-mit-migrationshintergrund-ihr-kind-seltener-in-die-fruehkindliche-tagesbetreuung-schicken/ [Zugriff: 28.01.2019].

Textor, Martin R. (2007): Familienbildung. In: Ecarius, Jutta (Hrsg.): Handbuch Familie. Wiesbaden: Springer VS, S. 366–388.

Tschöpe-Scheffler, Sigrid (2005): Konzepte der Elternbildung – eine kritische Übersicht. Opladen: Barbara Budrich.

Winker, Gabriele/Degele, Nina (2009): Intersektionalität. Bielefeld: transcript.

Wolters Kluwer (2016): BeWAK Studie: Trotz mangelnder Ressourcen – Leitungskräfte als Motor für Integration? www.deutscher-kitaleitungskongress.de/images/downloads/bewak_studie_2016.pdf [Zugriff: 26.02.2017].

Züchner, Ivo (2008): Ganztagsschule und Familie. In: Holtappels, Heinz-Günther/Klieme, Eckhard/Rauschenbach, Thomas/Stecher, Ludwig (Hrsg.): Ganztagsschule in Deutschland. Weinheim, München: Juventa, S. 314–332.

Thomas Geisen

Familienbildung in der multikulturellen Gesellschaft: (Neue) Chancen und Herausforderungen für Familien und Einrichtungen

Abstract

Für Einrichtungen der Familienbildung stellen sich mit der Umsetzung von adressaten- und sozialraumorientierten Ansätzen und insbesondere mit migrationssensiblen Konzepten vielfältige Herausforderungen. Der vorliegende Beitrag greift einige dieser Herausforderungen auf und diskutiert sie im Zusammenhang mit Ergebnissen aktueller Familien- und Migrationsforschung. Neben konzeptionellen und begrifflichen Grundlagen von Migration und Familie werden Aspekte der Marginalisierung fokussiert und Lebensstrategien von Familien mit Migrationserfahrungen vorgestellt. Nur wenn es Einrichtungen mit ihren Angeboten gelingt, an den Lebensstrategien von Migrationsfamilien anzuknüpfen – so die zentrale These des Beitrags – kann es ihnen gelingen, zu einer familiennahen und bedürfnisorientierten Bildung von Eltern und Kindern beizutragen und damit der inter- und intragenerationalen Marginalisierung von Familien in Migrationsgesellschaften etwas entgegenzusetzen.

Bildungseinrichtungen mit Angeboten für Eltern und Familien sind in westeuropäischen Ländern weit verbreitet. In Deutschland hat sich eine von den Wohlfahrtsverbänden, insbesondere von den kirchlichen Verbänden, getragene institutionelle Struktur von Familienbildungsstätten etabliert (Kadera/Minsel 2018; Olbrich 2001; Textor 2007). Ihre Entstehungskontexte reichen zurück bis ins 19. Jahrhundert und erfahren von dort ihre kontinuierliche Fortführung und Weiterentwicklung. Vorläufer der heutigen „Familienbildungsstätten" in Deutschland waren die „Mütterschulen". Die erste Mütterschule wurde 1916 eröffnet und fand in der Folge eine weite Verbreitung. Ziel der Mütterschule war es, Mütter zu qualifizieren und zu guten Kinderpflegerinnen auszubilden. In den 1960/70er Jahren wurden die Mütterschulen mehr und mehr in Familienbildungsstätten umgewandelt (Häseler-Bestmann 2015, S. 78ff.; Schymroch 1989). Dabei kam es auch zu einer Neuausrichtung der Programmatik: Während bei der Mütterschule als Vorläuferin die Unterstützung der Mutter vor, während und nach der Geburt im Vordergrund stand, nicht zuletzt, um die hohe Kindersterblichkeit zu reduzieren, so stand in den Familienbildungsstätten vor allem die Bildung von Paaren, Eltern und Kindern im Fokus. Ab den 1990er Jahren ergänzten die Familienbildungsstätten ihre Arbeit zunehmend um Aspekte interkultureller Bildung. Sie nahmen das moderne Familienleben in der multikulturellen Gesellschaft in den Blick und konzentrierten sich dabei etwa auf binationale Familien oder neu eingewanderte Familien (Textor 2007). In den 1990er Jahren waren dies in Deutschland vor allem sogenannte „Aussiedlerfamilien", also Migrantinnen und Migranten aus Osteuropa, Russland und den Nachfolgestaaten der Sowjetunion, die deutsche Vorfahren hatten (Herwartz-Emden 2003; Metz 2016; Rosenthal/Stephan/Radenbach 2011; Vogelgesang 2008). Der Berücksichtigung von Migrationsfragen in den Einrichtungen entsprach die sich seit der Jahrtausendwende im deutschsprachigen Raum etablierende Auffassung von der eigenen Gesellschaft als „Migrationsgesellschaft“ (Bukow et al. 2007; Geisen 2002; Leiprecht/Kerber 2009). In Familienbildungsstätten sah man sich mit der multikulturellen Gesellschaft in Form von multi-religiösem Familienleben (Allenbach et al. 2011; Müller 2013), transnationalem Familienleben (Geisen/Studer/Yildiz 2013b; Geisen/Studer/Yildiz 2014), Fluchtmigration (Hartwig/Mennen/Schrapper 2018; Ottersbach/Kunz 2017) oder Arbeitsmigration (Anderson 2006; Geisen 2005; Geisen/Ottersbach 2015b; Ruhs/Anderson 2010) konfrontiert. Die Einrichtungen traten nun vermehrt als Bildungsakteure auf, die nicht mehr nur im Rahmen klassischer Bildungssettings, etwa im Seminar- und Kurswesen, und standardisiert abrechenbarer Angebotsstrukturen agieren. In den Einrichtungen vollzog sich ab der Jahrtausendwende ein grundlegender Wandel: Die wahrgenommene Bildungsverantwortung erweiterte sich und bekam eine deutlich sozialräumlichere Ausrichtung (Budde/Früchtel/Hinte 2012; Jares 2019; Kessl/Reutlinger 2019). Verstärkt werden nun bislang nur schwer erreichbare Eltern im Sozialraum fokussiert, doch besonders rücken dabei Familien mit Migrationserfahrungen in den Blickpunkt (Geisen/Riegel/Yildiz 2017; May/Alisch 2013).

Für Einrichtungen der Familienbildung stellen sich mit der Umsetzung von adressaten- und sozialraumorientierten Ansätzen und insbesondere mit migrationssensiblen Konzepten vielfältige Herausforderungen. Der nachfolgende Beitrag greift einige dieser Herausforderungen auf und diskutiert sie im Zusammenhang mit Ergebnissen aktueller Familien- und Migrationsforschung. In einem ersten Teil werden zunächst konzeptionelle und begriffliche Grundlagen von Migration und Familie thematisiert, daran anschließend Aspekte der Marginalisierung. Abschließend wird für eine konsequent an den subjektiven Bedürfnissen von Familien im Kontext von Migration ansetzende Bildungsarbeit von Familienbildungsstätten plädiert. Nur wenn es Einrichtungen mit ihren Angeboten gelingt, an den Lebensstrategien von Migrationsfamilien anzuknüpfen – so die zentrale These dieses Beitrags – kann es ihnen gelingen, zu einer familiennahen und bedürfnisorientierten Bildung von Eltern und Kindern beizutragen und damit der inter- und intragenerationalen Marginalisierung von Familien in Migrationsgesellschaften etwas entgegenzusetzen.

Was ist eine Migrationsfamilie?

Der Begriff Familie bedarf im Kontext von Migrationsgesellschaften durchaus einer Klärung und Präzisierung, denn anders als es der Begriff der „Migrationsfamilie“ nahelegt, handelt es sich bei Familien mit Migrationserfahrungen nicht um eine eigenständige Familienform. Zwar wird Familie im Kontext von Migration oft als Gegensatz zu modernen Familienformen wahrgenommen und als rückständig und traditionell charakterisiert – die moderne Familie wird dabei vor allem als begrenzt vorgestellt und als Kernfamilie wahrgenommen und die sogenannte Migrationsfamilie demgegenüber vielfach als erweiterte Familie, als Großfamilie, und als eingebunden in religiös-traditionelle Familienbeziehungen (vgl. kritisch hierzu: Hamburger/Badawia/Hummrich 2005; Herwartz-Emden 2000). Doch einer genaueren Überprüfung hält diese Wahrnehmung nicht stand und wurde bereits früh einer Kritik unterzogen (vgl. auch Filsinger 2011; Fischer/Springer 2011; Kaya 2009). Marianne Krüger-Potratz etwa verweist darauf, dass Familie im Kontext von Migration keinen besonderen Typus von Familie darstellt, sondern dass sich die Vielfalt moderner Familienformen auch im Kontext von Migration abbildet (Krüger-Potratz 2004a; Krüger-Potratz 2004b). Vor dem Hintergrund dieser Debatten bedarf es allerdings einer Verständigung und Präzisierung darüber, was „Familie" im Kontext von Migration alles bedeuten kann, denn erst durch eine Klärung dieses Zusammenhangs wird es möglich, spezifische Herausforderungen und Bedarfe der Familien zu identifizieren.

Familie kann mit Nave-Herz als intergenerationaler Zusammenhang vorgestellt werden, als eine Lebensform in der Eltern- und Kindergeneration gemeinsam zusammenleben (Nave-Herz 2004). Während die Normalität von Familie lange in der Form der Abstammungsgemeinschaft verstanden wurde, so wird sie heute als vielfältiger, komplexer sozialer Zusammenhang gedacht. Zwar kann Familie im Anschluss an René König weiterhin als *„biologisch-soziale Doppelnatur"* beschrieben und charakterisiert werden (Bertram 2002; König 2002), allerdings wird in dieser Sichtweise die auf Gebürtigkeit gründende biologische Reproduktionsfähigkeit des Menschen ergänzt um die soziale Fassung dieses Reproduktionsverhältnisses. Diese Ambivalenz ist entscheidend für den besonderen Status von Familie, die keinen freiwillig gewählten sozialen Zusammenhang darstellt, sondern eine biologisch-soziale Tatsache, bei der Fragen nach Abstammung und biologischer Reproduktion eng mit Fragen der sozialen Konstruktion von Familie verknüpft sind und sich überlagern. Dabei ist festzuhalten, dass Familienzugehörigkeit nicht gewählt wird, sondern dass man in eine spezifische Konstellation hineingeboren wird. In den Debatten um Familie wird die Tatsache der biologisch-sozialen Existenzweise von Familie aktuell vor allem im Zusammenhang mit Fragen der Reproduktionsmedizin deutlich (Diedrich/Ludwig/Griesinger 2012). Denn trotz der Dominanz von Familie als sozialer Institution stehen auch biologische Aspekte von Familie weiterhin im Fokus, etwa wenn es um das Bedürfnis von Kindern geht, etwas über ihre biologische Abstammung zu erfahren und diese zu klären, wenn sie im Rahmen einer künstlichen Befruchtung gezeugt wurden (Wischmann 2012). Gleichwohl zeigt bereits dieses Beispiel an, dass das Verständnis von Familie als einer biologisch-sozialen Doppelnatur vielfältige Fragen aufwirft, insbesondere diejenige des Verhältnisses von biologischen und sozialen Faktoren. Eine Perspektive, die Familie als biologisch-soziale Doppelnatur begreift, verweist einerseits auf Familie als biologische Abstammungsgemeinschaft, als unveränderliche Tatsache, während die Familie als spezifische soziale Gemeinschaftsform auf die Gestaltungsfähigkeit, Wandlungsfähigkeit und Veränderlichkeit von Familie hindeutet. In den modernen Gesellschaften wird Familie sowohl als soziale Gemeinschaftsform adressiert, als auch als biologische Abstammungsgemeinschaft. Im Kontext von Migration etwa steht in Bezug auf die geltende Rechtslage bei Einwanderung vor allem Familie als biologische Abstammungsgemeinschaft im Vordergrund. So erfolgt konzeptionell im Rahmen des Familiennachzugs eine Bezugnahme auf die Kernfamilie als normativer Grundlage von Familie. Diese kann lediglich dann erweitert werden, wenn es um den Nachzug der Elterngeneration aus den Herkunftsfamilien geht. Durch die Bezugnahme auf Familie als „biologisch-sozialer Doppelnatur" wird Familie rechtlich eng gefasst. Damit wird im Kontext von Migration nicht nur die Möglichkeit des Familiennachzugs eingeschränkt, sondern es werden auch Begrenzungen eingeführt im Hinblick auf Bedarfe und Ansprüche an familialer Unterstützung.

Neben der Frage der Konstitution von Familie, stellt sich für Familien in der Moderne auch die Frage nach ihrem Bestand und ihrer Kontinuität. Denn der *Zusammenhalt von Familie* wird in der Moderne nicht mehr durch äußere Zwänge hergestellt und aufrechterhalten, vielmehr ist er das Resultat einer Herstellungsleistung (Jurcyk 2014). König verweist darauf, dass die moderne Familie durch Familienbeziehungen und Gefühle, etwa Zuneigung, Sympathie und Liebe, zusammengehalten wird, die die Familienmitglieder untereinander entwickeln. Diese stellen wichtige Voraussetzungen für lebenslange Bindungen dar (König 2002). Zugleich besteht bei einem familialen Zusammenhalt, der vor allem von den internen, personalen Beziehungen der Familie getragen wird, die Gefahr, dass dieser Zusammenhalt beim Auftreten von internen Krisen und externen Konflikten, etwa bei der Bearbeitung neuer gesellschaftlicher Entwicklungen, gefährdet wird und dass es hier zu Prozessen der Desintegration und der Desorganisation von Familie kommt (Bertram 2002; König 2002). Bertram verweist darauf, dass gerade auf Grund des dynamischen Wandels von Gesellschaft, die Familie als „biologisch-soziale Doppelnatur" von Desintegration und Desorganisation bedroht ist, weil die Familie diesem Wandel nicht immer folgen und es daher zu erheblichen Anpassungsproblemen kommen kann (Bertram 2002, S. 517). Im Gegensatz zu König verweist Parson auf den funktionalen Aspekt von Familie, bei dem die „arbeitsteilige Familienorganisation" als Grundlage des familialen Zusammenhalts gesehen wird. Für ihn führen die gesellschaftlichen Veränderungen nicht zu Desintegration, sondern vielmehr zu einer Spezialisierung ihrer Funktionen. Diese liegen in der Sozialisation der kindlichen Persönlichkeit und in der Stabilisierung der Persönlichkeit der Erwachsenen. Bertram sieht hierin das Modell der Familie in der Industriegesellschaft realisiert, denn „sowohl die systemtheoretische Interpretation von Gesellschaft und Familie wie aber auch die umstandslose Übertragung eines Modells einer ziel- und aufgabenorientierten Kleingruppe auf die Familie macht deutlich, dass Parsons/ Bales die Familie und die Familienbeziehungen ganz nach dem Prinzip einer fordistisch organisierten Arbeitsgesellschaft rekonstruieren. Denn der Grundgedanke der Parsons'schen Familienkonstruktion entspricht weitgehend den Vorstellungen einer industriellen Organisation von Arbeit" (Bertram 2002, S. 521).

Für Betram haben sowohl Königs auf Intimität beruhendes Familienmodell als auch Parsons funktionalistisches Familienmodell an Erklärungskraft eingebüßt. Während die von König vertretene These einer Desorganisation von Familie sich empirisch kaum als haltbar erwies, so weist Parsons Familienmodell zwar eine große Erklärungskraft auf, doch auch hier zeigen sich Schwächen. So war das damit verbundene Konzept der „Neolokalität", also die Gründung der Familie an einem neuen Ort und damit einhergehend die Beschränkung von Familienbeziehungen auf den Haushalt der Kernfamilie, empirisch kaum haltbar und Familien unterhielten auch über den engen

Kreis der Kernfamilie hinaus vielfältige Kontakte zur erweiterten Familie (Bertram 2002, S. 522). Für Bertram entstehen im Anschluss an den Fordismus der 1970er Jahre „neue Formen familialen Zusammenlebens und familiärer Beziehungen" (Bertram 2002, S. 524). Auf Grund demografischer Veränderungen kommt es hier zur „Vertikularisierung der Familienbeziehungen", da sich die längere Lebenszeit in einer stärkeren Überlappung der verschiedenen Familiengenerationen niederschlägt (Bertram 2002, S. 525). Als Konsequenz ist ein Mehrgenerationenkontext entstanden, der mit dafür verantwortlich ist, dass es zu einer Zunahme intergenerationaler Solidarität kommt (Bertram 2002, S. 525). Das fordistische Modell von Familie wird damit zunehmend ergänzt und ersetzt durch die „multilokale Mehrgenerationenfamilie mit einer klaren vertikalen Beziehungsstruktur, die nicht über die Haushaltszugehörigkeit erfasst werden kann, zu einer der dominanten Lebensformen von Familien im 21. Jahrhundert" (Bertram 2002, S. 526). Als „multilokale Mehrgenerationenfamilie" wird Familie zugleich neu konzipiert. Sie wird nicht mehr als ein stabiles, festgefügtes Modell angesehen, sondern sie wird vielmehr unter Aspekten von Gestaltungsfähigkeit, Prozesshaftigkeit und (intergenerationaler) Vernetzung gedacht. Das hat Auswirkungen auf die Art und Weise, wie Familien nunmehr wahrgenommen und analysiert werden. Eher statische Analyseschema, etwa anhand einer Typisierung von Familie, werden der Veränderlichkeit von Familienbeziehungen und der Dynamik in der Entwicklung von Familien nicht mehr gerecht. Sie werden zunehmend durch stärker prozessorientierte Konzepte ersetzt. Dabei wird Familie vor allem als „Herstellungsleistung" im Rahmen des *doing family* Ansatzes angesehen (Jurcyk 2014), familiale Praxen (Morgan 2011) werden in den Fokus der Analyse gerückt und spezifische Konstellationen von Familie in den Blick genommen (Geisen 2014b). Dabei wird davon ausgegangen, dass Familie Resultat familialer „Aushandlungsprozesse" ist (Finch 2007; Finch/Mason 1993). Von Bedeutung sind dabei sowohl inter- als auch intragenerationale Prozesse des Aushandelns und des Transfers (Geisen 2014a).

Für die Analyse von Familien im Kontext von Migration hat die neuere Familienforschung damit wichtige Analysekonzepte bereitgestellt, mit denen diese spezifische familiale Lebensform besser analysiert werden kann. Denn eher statische Instrumente der Typologisierung von Migrationsfamilien, etwa als traditionelle Familie oder als Großfamilie, verfügen kaum über ausreichende Erklärungskraft. Zentrales Merkmal von Familien im Kontext von Migration ist die *Verlagerung ihres Lebensmittelpunktes* in eine andere Gemeinde, in eine andere Region, in eine andere Gesellschaft oder auf einen anderen Kontinent (Moch 1997). Bei der Verlagerung des familialen Lebensmittelpunktes handelt es sich um eine soziale Praxis, bei der die Migration zu einem spezifischen Handlungsansatz wird, um bestehende Herausforderungen, etwa die Existenzsicherung, die Bildung der Kinder oder den Schutz der Familie, zu bearbeiten. Migration hat zur Folge, dass sowohl die Familienbeziehungen innerhalb der Familie, als auch in der erweiterten Familie und in Bezug auf die sozialen Beziehungen mit Dritten, zum Beispiel Freundschaften, Nachbarschaften oder Arbeitskontakte, neu konfiguriert werden müssen, zum Teil brechen sie aber auch ab und gehen verloren (Geisen 2014b; Geisen/Studer/Yildiz 2013a). Zugleich werden am neuen Ort aber auch wieder neue soziale Beziehungen geknüpft, beispielsweise am Arbeitsplatz, in der Schule, in Vereinen und Organisationen. Insgesamt zeigt sich, dass aus der Verlagerung des Lebensmittelpunktes einerseits starke oder schwache soziale Beziehungen zum Herkunftsort und dort lebender Personen resultieren können. Andererseits ergibt sich aus der neuen sozialen Situation heraus auch der Bedarf an sozialer Neu-Positionierung, es werden neue Kontakte geknüpft und neue soziale Beziehungen entstehen (Geisen 2010a). Auf Familien bezogen bedeutet dies, dass das soziale Beziehungsgeflecht der Familie sowohl eine Einschränkung und soziale Deprivation als auch eine Erweiterung und Neuausrichtung erfährt, die mit Anpassungsleistungen und Widerständen verknüpft sind (Geisen 2010b; Geisen/Jurt 2013; Hoerder 2002).

Familiale Belastungen im Kontext von Migration ergeben sich einerseits aus der Notwendigkeit familiale, soziale Beziehungen über geografische Distanzen hinweg aufrecht zu erhalten. Andererseits sind es gerade auch bestehende, internationale familiale und soziale Beziehungen, die eine wichtige Grundlage bilden für die soziale, kulturelle und wirtschaftliche Neuorientierung im Einwanderungsland (Bryceson/ Vuorela 2002; Geisen 2016; Pries 2008; Pries 2011). Auch in diesem Zusammenhang ist die Ambivalenz (Geisen 2003; Junge 2000) von Migration als Charakteristikum eines Verständnisses von Migration als Handlungsansatz besonders hervorzuheben. Denn anders als im psychologischen Diskurs, in dem Migration lange vor allem als Belastungsfaktor gesehen wurde, werden inzwischen vermehrt Potenziale von Migration in den Blick genommen (Borde/David 2007). Auch unter soziologischer Perspektive können sowohl belastende als auch entlastende Migrationsfaktoren identifiziert werden. Diese stehen vielfach in einem ambivalenten Verhältnis zueinander (Geisen 2008). Im familialen Kontext wird dieser Zusammenhang deutlich, wenn einerseits hervorgehoben wird, dass man Entbehrungen und auch Leid auf sich genommen hat und dass die Zeiten nicht immer leicht waren, auch nicht für die Familie. Andererseits wird aber auch betont, dass es sich gelohnt habe, dass man keine andere Möglichkeit gesehen, dass man Entbehrungen für die Kinder auf sich genommen habe. Letztlich war es für die Familien entscheidend, ein familiales Migrationsprojekt zu realisieren, mit dem insbesondere konkrete familiale, soziale, politische oder ökonomische Probleme und Herausforderungen bearbeitet werden konnten (Geisen 2016; Geisen/ Gilliéron/Günes 2015). Rückblickend wird deutlich: „Es wäre meiner Familie gegenüber nicht fair gewesen, wenn wir nicht gewandert [oder: abgewandert, in eine für uns bessere Welt gegangen] wären" (Martellone, zit. in: Hoerder 2002).

In der Migrationsforschung wird der *Aspekt des Aushandelns und Entscheidens* im familialen Kontext immer wieder hervorgehoben. An der Entscheidung zur Migration sind oftmals viele aus der Familie und ihrem sozialen Umfeld beteiligt. Die vorhandenen Informationen über Gefahren und Risiken der Migration werden beurteilt und es wird abgewogen, wo die Vor- und Nachteile liegen, bis schließlich der Entscheid zur Migration als Resultat von familialen Aushandlungsprozessen feststeht (Fawcett 1989; Geisen 2015). Migration wird hier weniger als Zustand, sondern vielmehr als Prozess verstanden, als „ein Prozess des Ausgleichs und des Aushandelns" (Hoerder 2002, S. 19). Für Familien im Kontext von Migration bedeutet dies, dass sie kaum mehr als rückständig oder „traditionell" charakterisiert werden können, vielmehr bilden sich hier moderne Formen von Familie ab, die Familie als „Aushandlungsprozess" (Finch/Mason 1993) begreifen und bei denen Familie als „Herstellungsleistung" (Jurcyk 2014) sichtbar wird. Im Einwanderungsland findet diese Entwicklung vielfach ihre Fortsetzung. Dies hat insbesondere die Geschlechterforschung im Kontext von Migration gezeigt, da sich hier traditionelle, überkommene Geschlechterrollen verschieben, aufbrechen und grundlegend verändern können (Kofman/Raghuram 2015; Parrenãs 2013). Formen der (Re-)Traditionalisierung von Familien, die sich ebenfalls im Kontext von Migration finden, sind allerdings weniger als eine Form der Rückwendung zu verstehen. Vielmehr wird darin eine aktive Selbstpositionierung innerhalb eines gesellschaftlichen Kontexts sichtbar, der Migrantinnen und Migranten gegenüber feindlich eingestellt ist. (Re-)Traditionalisierung ist in diesem Zusammenhang als Schutzmechanismus, als Identitätsgenerator und als eine mögliche, auf die Zukunft ausgerichtete Form der sozial-kulturellen Selbstbestimmung anzusehen (Apitzsch 1999; Geisen 2007).

Insgesamt zeigt sich vor dem Hintergrund der bisherigen Ausführungen zu Familie und Migration, dass Familien mit Migrationserfahrungen als paradigmatisch für das Konzept der multilokalen Mehrgenerationenfamilie gelten können. Multilokalität und Mehrgenerationalität sind in Europa für viele Familien eine soziale Tatsache und bilden auch zentrale Charakteristika von Familien mit Migrationserfahrungen. Internationale Migration vollzieht sich dabei auch für Familien in vielfältigen Formen, oft schrittweise. So migrieren beispielsweise erst einmal ein oder beide Eltern, vielfach zunächst temporär. Erst auf der Grundlage der Erfahrungen im Einwanderungsland kann es dann zu familialen Neuorientierungen und schließlich zum Familiennachzug kommen. Die Migration von Familien geschieht also vielfach in Etappen. Auf Grund dieser familialen Migrationspraxen können Familien mit Migrationserfahrungen aber keineswegs per se als rückständig und modernisierungsskeptisch charakterisiert werden, da sie die sozial-kulturelle Bindung zum Herkunftsland aufrechterhalten. Vielmehr zeigt sich in der konkreten Ausgestaltung von Migration und Familienbeziehungen eine spezifische, sozialräumliche Flexibilität von Familie. In punkto Multilokalität und Mehrgenerationalität können Migrationsfamilien daher auch als Vorreiterinnen von gesamtgesellschaftlichen Modernisierungsprozessen angesehen werden (Apitzsch 2014). Unterschiede bei der Migration von Familien werden vor allem im Zusammenhang mit der Verfügbarkeit über Ressourcen sichtbar. Bei familialen Migrationsprozessen im Kontext von Marginalisierung zeigt sich dabei eine verstärkte Abhängigkeit von öffentlichen Ressourcen, insbesondere in den Bereichen Arbeit, Bildung und Wohnen. Hierzu gehören etwa der Zugang zu günstigem Wohnraum, zu einer angemessenen, mit den Bedürfnissen der Familie vereinbaren Erwerbstätigkeit oder zu Bildungs- und Betreuungseinrichtungen für Kinder und unterstützungsbedürftige Familienangehörige (Geisen 2016; Geisen/Ottersbach 2015a).

Marginalisierung und Stigmatisierung von Familien mit Migrationserfahrungen

Das Konzept der Marginalisierung wurde erstmals im Kontext von Migration verwendet, um die Randstellung von neu Eingewanderten in eine Gesellschaft und damit verbundene soziale Problemlagen beschreiben und analysieren zu können. Bei der „Marginality" handelt es sich um ein „multidimensional phenomenon in that a given person may be simultaneously integrated with one or more centers while being marginal from one or more other centers" (Dunne 2005, S. 15). Dunne weist darauf hin, dass für Park, der das Konzept erstmals in seinem Essay „The Marginal Man" (Park 1928) verwendet hat, Marginalisierung „a sense of a person or group" bedeutet, „that had been cut off or isolated from the mainstream of social life" (Dunne 2005, S. 13f.). Vor diesem Hintergrund wurde von Stonequist und anderen „the importance of a person or group failing to be fully integrated into dominant societal structures" (Dunne 2005, S. 14) hervorgehoben. Andere Autoren, unter anderem Goldberg und Antonovsky, reagierten auf diese Vorstellung, indem sie „the ability of individuals" betonten, „to achieve satisfactory integration into nondominant groups" (Dunne 2005, S. 14). Allerdings kann die dauerhafte Integration in nichtdominante Gruppen auch dazu führen, dass Bedürfnisse von marginalisierten Personen oder Gruppen nicht (ausreichend) wahrgenommen werden. Mit seinem 1952 veröffentlichten Roman „Invisible Man" liefert Ralph Ellison hierzu die ikonografische Charakterisierung der sozialen Situation einer marginalisierten Person (Ellison 1995). Dies gilt auch bei der Betrachtung von Marginalisierung als multidimensionales Phänomen. Hier stehen dann vielfältige Formen von Sichtbarkeit und Unsichtbarkeit, Achtung und Missachtung in den verschiedenen Bereichen des Lebens gegenüber, etwa in Familie, Nachbarschaft, Freizeit und Beruf. Marginalisierung kann daher unterschiedliche Bezugspunkte haben: (a) die Person, der „marginal man" (Park), (b) die Gruppe, die „social marginality", und (c) die Gemeinschaft, die „marginal community" (Jenkins 2005, S. 49). In Familien, die jeweils ein spezifisches Spannungsfeld von Individuum und Gemeinschaft abbilden, können diese Bezugspunkte der Marginalisierung auf sehr unterschiedliche Weise präsent und miteinander verknüpft sein. Dies gilt auch in Bezug auf die Formen der Marginalisierung, die unterschieden werden können nach (a) kultureller Marginalisierung, (b) Marginalisierung in der sozialen Rolle und (c) struktureller Marginalisierung (Mancini Billson 2005, S. 30).

Familien mit Migrationserfahrungen sind in der Regel auf sehr vielfältige und zum Teil auch widersprüchliche Weise von verschiedenen Formen der Marginalisierung betroffen. Zum Bereich der *kulturellen Marginalisierung* gehören etwa herkunftsbezogene Formen von Ausgrenzung und Abwertung, bis hin zu Rassismus. Bei der *sozialen Marginalisierung* geht es vor allem auch um tätigkeitsbezogene Formen der Abwertung, etwa auf Grund der Ausübung einfacher beruflicher Tätigkeiten, die keine besonderen Qualifikationen erfordern und die hier mit der Migrationsthematik negativ verknüpft werden. Gleiches gilt auch für Formen der *strukturellen Marginalisierung*, bei der etwa Familien im Kontext von Migration auf Grund unterschiedlicher aufenthaltsrechtlicher Bestimmungen in ihren Handlungs- und Entwicklungsmöglichkeiten eingeschränkt werden. Insbesondere für Bildungsthematiken sind Kenntnisse über diese Zusammenhänge von Bedeutung, da diese einen entscheidenden Einfluss auf Bildungsmöglichkeiten und Bildungsziele ausüben. In Fragen der Marginalisierung ist auch bedeutsam, inwieweit hier Bildungsangebote überhaupt eine Wirkung entfalten können. Um dies besser einschätzen zu können, gilt es, unterschiedliche Formen von Marginalisierung, aber auch verschiedene Dimensionen zu berücksichtigen. Jannet Mancini Billson unterscheidet etwa folgende Dimensionen: essentiell versus prozessual, Veränderbarkeit, hervorspringend, Sichtbarkeit, kulturelle Konflikte, Gruppenkonflikte, Einstellungen der dominanten Gruppe, Durchlässigkeit der aufnehmenden Gruppe, Richtung der Identifikation, Freiwilligkeit der eingenommenen Position (Mancini Billson 2005, S. 34ff.). Bildungsangebote können für Familien mit Migrationserfahrungen nur dann Bedeutung und Nutzen haben, wenn sie dazu beitragen, marginalisierende Bedingungen und Situationen zu verändern. So hat etwa die „Durchlässigkeit der aufnehmenden Gruppe“ eine große Bedeutung für die Möglichkeiten der Neu- und Selbstpositionierung von migrierten Familien. Angesichts der Marginalisierungsdimensionen und -formen wird Familienbildung im Kontext von Migration nur dann als Chance und Möglichkeit erfahren, wenn sie einen Beitrag zur Besserstellung von Familie und Familienmitgliedern leisten, und damit letztlich auch zur Überwindung der marginalen Positionierung von Familien mit Migrationserfahrungen beitragen kann.

Stabilität und Dauerhaftigkeit der verschiedenen Formen von Marginalisierung sind Resultat der strukturellen Verknüpfung von Marginalisierung mit Stigmatisierungsprozessen. Es handelt sich um Prozesse negativer Vergemeinschaftung, um die gesellschaftliche Produktion von Außenseiterinnen und Außenseitern (Elias/Scotson 1993; Mayer 1981). Über vielfältige Prozesse der Eigen- und Fremdzuschreibung kommt es zu ambivalenten gesellschaftlichen Positionierungen, in denen individuelle und kollektive Formen von Identifikationen entstehen, und zwar sowohl beschädigte, dem Ressentiment ausgelieferte Identifikationen als auch dominante, hegemoniale Identifikationen (Geisen 1996; Geisen 2004; Goffman 1975; Hall 2004). Beim Prozess der Stigmatisierung, bei der Produktion von „beschädigten Identitäten“, handelt es sich um einen Prozess der Bedeutungskonstitution und der Bedeutungszuschreibung, bei der die „virtuale“, die zugeschriebene, nicht mehr der „aktualen“ Identität entspricht (Goffman 1975, S. 11). Hierdurch entstehe eine besondere Art von Beziehung zwischen Eigenschaft(en) und Stereotyp(en). Denn tatsächlich vorhandene oder zugeschriebene Eigenschaften von Personen und Gruppen werden im Prozess der Stigmatisierung einerseits zu spezifischen, unveränderlichen Merkmalen dieser Personen und Gruppen gemacht und als Instrumente der Abwertung eingesetzt. Dabei können bereits „Diskreditierte und [potenziell, T.G.] Diskreditierbare“ als besondere Sozialformen der Stigmatisierung angesehen werden (Goffman 1975, S. 56f.). Goffman unterscheidet die „Abscheulichkeiten des Körpers“, „individuelle Charakterfehler“ und „phylogenetische Stigmata (‚Rasse‘, Nation, Religion)“ als Typen der Stigmatisierung (Goffman 1975, S. 12f.). Als Resultat gesellschaftlicher Aushandlungsprozesse bilden sie eine spezifische, von Dominanz und Herrschaft getragene, gesellschaftliche Konstellation, die Etablierten-Außenseiter-Figuration, die als strukturelles, gesellschaftliches Deutungs- und Handlungsmuster anzusehen ist, das der Marginalisierung Dauerhaftigkeit und Bestand verleiht (Elias/Scotson 1993). Dabei können „existentielle“ und „frei gewählte“ Formen des Außenseiter/innentums unterschieden werden (Mayer 1981). Zu den existentiellen Außenseiter/innen der bürgerlichen Gesellschaft zählt Mayer „die Frauen, die Homosexuellen, die Juden“ (Mayer 1981), da ihr Außenseiter/innentum nicht durch ihr Handeln bestimmt wird, sondern durch unabänderliche Bedingungen ihrer Existenz: Geschlecht, Sexualität und das „Judentum“ als Inbegriff des modernen „Rasse“-Denkens, das „Rasse“ als kulturelle Gemeinschaft vorstellt (Balibar 1992; Geisen 1996). Für Familien im Kontext von Migration stellen Stigmatisierungsprozesse entscheidende Hindernisse für eine (Selbst- und Neu-)Positionierung in der Einwanderungsgesellschaft dar, da ihnen der Zugang zu gesellschaftlichen Ressourcen verstellt, erschwert oder sogar verweigert wird.

Bildungsangebote und familiäre Lebensstrategien

Vor dem Hintergrund der vielfältigen Existenzweise von Familie mit Migrationserfahrungen und ihren ebenso vielfältigen Erfahrungen von Marginalität ergeben sich besondere Herausforderungen für die Familienbildung. Bildungsprozesse können nur dort erfolgreich initiiert und umgesetzt werden, wo Bildungsinteressen und -anstrengungen eng mit familialen Lebensstrategien verknüpft werden. Das Konzept der „Lebensstrategie“ wird dort verwendet, wo Migration als Handlungsansatz verstanden wird, als eine individuelle und kollektive Aktivität, bei der die aktive Lebensgestaltung fokussiert wird (Geisen 2015; Geisen 2016). Den Ausgangspunkt hierfür bildet die Evaluation der aktuellen Lebenssituation, aufgrund derer Lebensstrategien entwickelt und etabliert werden (Bauman 2009). Diese sind jedoch nicht starr und fixieren das menschliche Handeln, vielmehr habe sie orientierenden Charakter. Sie können daher bei Bedarf stets kontextbezogen angepasst und verändert werden. Bezogen auf Familien bedeutet das, dass Lebenspläne nicht nur individuell von den einzelnen Familienmitgliedern entworfen werden, sondern dass sie sich in ihren Lebensstrategien immer auch auf Familie als Ganzes, als gemeinschaftlichen Zusammenhang beziehen. Im Rahmen von familialen Aushandlungsprozessen werden dann Absprachen und Verabredungen getroffen, Vereinbarungen geschlossen und Versprechen gegeben, um sowohl die individuelle als auch die gemeinsame Zukunft der Familie zu gestalten. Auf Grund dieser Bezugnahme auf Familie als gemeinschaftlichem Zusammenhang kann daher auch von familialen Lebensstrategien gesprochen werden. Diese stehen in einem ambivalenten Zusammenhang zu den individuellen Lebensstrategien der Familienmitglieder (Geisen 2015). Der „soziale Ort“, an dem dies geschieht, an dem Menschen beheimatet sind und sich zugehörig sehen, der ihnen „je eine andere Chance der Entwicklung“ setzt und ermöglicht (Bernfeld 1973, S. 210), ist das Alltagsleben (Heller 1978; Lefebvre 1975). Die im Alltag vollbrachten Taten und Werke, die allein oder mit anderen zusammen vollbracht werden, bilden Alltäglichkeit ab, die mit einer evaluativen Haltung und Orientierung verbunden ist, da sie „den Appell an das Mögliche“ enthält, „um das Gegenwärtige und Vollbrachte zu beurteilen“ (Lefebvre 1975, S. 299).

Für Familien ist die Bedeutung dieses wertenden und wertsetzenden Umgangs des Menschen in Bezug auf seine materielle, soziale und kulturelle Umwelt entscheidend. Nur dort, wo Familien und ihre einzelnen Mitglieder wertend mit ihrer Umwelt umgehen, entsteht Handlungsfähigkeit, erst dann sind sie in der Lage, ihr Leben auf eine konkrete Zukunft hin zu entwerfen und zu gestalten. Der weitaus größte Teil dieser Zielstrebigkeit des Menschen ist kulturbedingt und durch „Lernen und Erfahrung" erworben (Jouhy 1996, S. 66). Mit Hilfe des Konzepts der Lebensstrategien als Analysekategorie kann diese Zielstrebigkeit des Handelns von Individuen und sozialen Gruppen erfasst und menschliches Handeln im Alltagsleben verstehbar gemacht werden.

Ein Beispiel hierfür ist die familiale Lebensstrategie „Zusammenhalten", sie steht beispielsweise bei Familie G im Zentrum (Geisen 2016, S. 534).[1] „Zusammenhalten" hat bei Familie G einen hohen Stellenwert und wird intra- und intergenerational gepflegt, etwa im Zusammenhang mit der Alltagsgestaltung, Wohnformen, Familienfesten, Betreuungs- und Pflegearrangements. Es handelt sich bei Familie G um eine multilokale Mehrgenerationenfamilie. Zwei Kinder der Familie haben bereits selbst eine Familie im Einwanderungsland der Eltern gegründet, in dem sie geboren und aufgewachsen sind. Ihre eigenen Haushalte befinden sich in der Region, in der Nähe des Elternhaushalts. Die Großeltern-Generation ist zum Teil ebenfalls im Einwanderungsland, so holte etwa der Vater seine betreuungsbedürftige Großmutter im Rahmen des Familiennachzugs zu sich, um Betreuung und Pflege zu gewährleisten. Die erweiterte Verwandtschaftsfamilie befindet sich meist noch in der Herkunftsregion der Eltern. Die Familienbeziehungen werden sowohl innerhalb der Region als auch im internationalen Kontext inter- und transgenerational aufrechterhalten und gepflegt. Neben dem „Zusammenhalten" konnten auch „Unabhängig Werden", also der Fokus auf Selbständigkeit und Autonomie der Familienmitglieder, und „Gestalten", das auf die Potenzialentwicklung fokussiert, als Lebensstrategien von Migrationsfamilien herausgearbeitet werden (Geisen 2016, S. 558).

Je nach Lebensstrategie haben Familien im Kontext von Migration sehr unterschiedliche Bedürfnisse. So unterscheiden sich bei einzelnen Lebensstrategien auch die jeweiligen Handlungsstrategien in Bezug auf Bildung, Erwerbsarbeit und Wohnen (vgl. Tab. 1).

Bei der Lebensstrategie „Unabhängig Werden" geht es vor allem darum, den formalen Bildungserwerb zu „kontrollieren". Damit soll sichergestellt werden, dass die verschiedenen Bildungsschritte in und außerhalb der Schule, etwa bei Sport, Musik oder Religion, angegangen und erfolgreich vollzogen werden. Während sich die familiäre Kontrolle im Handlungsbereich Bildung vor allem auf die Kinder und ihre Leistungen bezieht, ist „sichern" die Handlungsstrategie im familialen Handlungs-

1 Die in diesem Artikel präsentierten Ergebnisse stammen aus dem Schweizer Teil des internationalen Forschungsprojekt „Lebensstrategien von Migrationsfamilien in marginalisierten Stadtteilen" (2012–2015), das unter der Leitung von Thomas Geisen (Schweiz), Christine Riegel und Barbara Stauber (Deutschland), sowie von Erol Yildiz (Österreich) durchgeführt und vom Schweizer Nationalfonds (SNF) (CH), der Deutschen Forschungsgemeinschaft (DFG) (D) und dem FWF Wissenschaftsfonds (A) finanziert wurde.

Tab. 1: Lebens- und Handlungsstrategien* von Familien in verschiedenen Handlungsbereichen

Handlungsbereiche / Lebensstrategien	Bildung	Erwerbstätigkeit	Wohnen
zusammenhalten	unterstützen*	identifizieren	einrichten
unabhängig werden	kontrollieren	sichern	begrenzen
gestalten	fördern	ausbalancieren	entfalten

* Die Handlungsstrategien befinden sich in den weißen Feldern. Sie wurden empirisch aus dem Interviewmaterial mittels Dokumentarischer Methode (Nohl 2009) entwickelt und bilden die Grundlage für die Entwicklung der Lebensstrategie (Geisen 2016).

bereich Erwerbsarbeit. Dabei geht es vor allem darum, mit der Erwerbsarbeit das benötigte Haushaltseinkommen zu erzielen, um die finanzielle Unabhängigkeit der Familie, auch von Transferzahlungen, zu gewährleisten. Die Handlungsstrategie beim Wohnen, „begrenzen“, fügt sich hier ebenso ein, denn beim Wohnen kommt es nicht darauf an, dass die Familie sich etwa dauerhaft am neuen Ort „einrichtet“. Vielmehr geht es darum, sich zu „begrenzen“, das heißt vor allem finanziell soll mit den gegebenen Ressourcen gehaushaltet werden und eine ausreichend große Wohnung für die Familie gefunden werden. In dieser Beziehung unterscheidet sich die Lebensstrategie „Unabhängig Werden“ von der Lebensstrategie „Gestalten“. Das Wohnen ist hier nicht darauf ausgerichtet, das Notwendige in finanziell begrenztem Umfang bereitzustellen, sondern es geht darum, sich im Wohnen als Familie zu „entfalten“ und die gegebenen Möglichkeiten zu nutzen. Dies gilt auch für die Erwerbsarbeit, bei der es darauf ankommt, die verschiedenen Interessen und Bedürfnisse innerhalb und außerhalb der Erwerbsarbeit „auszubalancieren“. Erwerbsarbeit stellt dabei keine Notwendigkeit dar, sondern sie ist vielmehr mit Sinnerfüllung und Selbstentfaltung verbunden. Daher geht es bei der Bildung auch nicht darum, den Bildungsprozess zu „kontrollieren“, um den Erfolg sicherzustellen, vielmehr sollen die in der Familie vorhandenen Potenziale, insbesondere auch diejenigen der nachwachsenden Generation „gefördert“ werden, damit sie sich gut entwickeln und frei entfalten können (Geisen 2015; Geisen 2016).

Vor dem Hintergrund der verschiedenen Lebensstrategien ergeben sich unterschiedliche Bedarfe für die verschiedenen Familien im Kontext von Migration. Dabei wird deutlich, dass für ein an den subjektiven Bedürfnissen von Familien mit Migrationserfahrungen orientiertes Bildungsangebot ganz unterschiedliche Zugänge und Settings gefragt sind. Bestehende Familienbildungsangebote können mit Hilfe dieses subjektorientierten Zugangs einerseits daraufhin befragt werden, inwieweit sie zu den familialen Lebensstrategien passen und in der Lage sind, für Familien adäquate Angebote bereit zu stellen, die sie in ihrem Alltag unterstützen. Andererseits können ausgehend von den jeweiligen Lebensstrategien bestehende familiale Bedürfnisse aufgegriffen und neue Angebote entwickelt werden. Beispielsweise fragen Familien, die die Lebensstrategie „unabhängig werden“ verfolgen, vor allem nach außerschulischen Bildungsangeboten, die sportliche, musikalische oder religiöse Fähigkeiten der Kinder entwickeln und damit einen Beitrag zur Handlungsfähigkeit von Kindern und Eltern leisten. Demgegenüber wäre bei Familien, die die Lebensstrategie „gestalten" verfolgen, zu überlegen, inwieweit Fragen des partnerschaftlichen Zusammenseins oder der Erziehung in interkulturellen Kontexten, die Handlungsfähigkeit von Familien unterstützen und erweitern können. Für Familien, die die Lebensstrategie „zusammenhalten" verfolgen, könnten vor allem inter- und intragenerationale Bildungsthemen von Bedeutung sein und dazu beitragen, dass sie neue Handlungsmöglichkeiten in den Blick nehmen können. Insgesamt können die Bildungsanbietenden durch das Anknüpfen an die Lebensstrategien von Migrationsfamilien auch bestehende Formen von Marginalisierung und Stigmatisierung aufgreifen und bearbeiten.

Fazit

Familien mit Migrationserfahrungen sind auf vielfältige Weise von Marginalisierungsprozessen betroffen und auf Grund ihrer Lebenssituation oft auf Unterstützung angewiesen. Im vorliegenden Beitrag wurde aufgezeigt, dass diese Familien keinem bestimmten Familientypus zuzuordnen sind, sondern die Vielfalt von Familienverhältnissen abbilden, die in modernen Gesellschaften gegeben ist. Ausgangspunkt dieser These ist, dass Familie selbst als das Resultat einer Herstellungsleistung anzusehen ist und dass sie auf ein konkretes Ziel hin entworfen wird. Die Gerichtetheit des familialen Handelns kann analytisch über das Analysekonzept „Lebensstrategien" erfasst werden. Es trägt dazu bei, familiales Handeln besser zu verstehen und aus dieser subjektiven Familienperspektive heraus Unterstützungsbedarfe identifizieren und initiieren zu können. Allerdings sind Familien im Kontext von Migration vielfach von Marginalisierung und Stigmatisierung betroffen. Dadurch werden ihre Handlungsmöglichkeiten eingeschränkt und limitiert, so dass sie vielfach dazu gezwungen sind, ihre Lebensstrategien anzupassen oder auch neue zu entwickeln. Die Angebote von modernen Bildungseinrichtungen sollten an diesem Punkt ansetzen. Dabei sollte es zunächst einmal darum gehen, bestehende Angebote daraufhin zu überprüfen, ob sie zur Marginalisierung und Stigmatisierung von Familien mit Migrationserfahrung beitragen, etwa indem Zugänge zu diesen Angeboten implizit oder explizit erschwert oder begrenzt sind. Darüber hinaus sollte im Rahmen der Angebotsentwicklung darauf geachtet werden, dass neu konzipierte Angebote für Familien im Kontext von Migration an den subjektiven Bedürfnissen von Familienmitgliedern und an den Lebensstrategien von Familien anknüpfen. Denn nur mit Hilfe einer solchen, familienorientierten Angebotsentwicklung kann es den Einrichtungen gelingen, attraktive Bildungs- und Unterstützungsangebote für Familien mit Migrationserfahrung bereitzustellen. Eine solche Neuausrichtung und Neuorientierung könnte dabei an bewährte Traditionen der Einrichtungen anknüpfen, die sich auch in der Vergangenheit immer wieder neu ausrichten und an veränderte gesellschaftliche und familiale Bedingungen anpassen mussten. Unterstützung könnten die Einrichtungen dabei von einer anwendungsorientierten Forschung und Entwicklung erhalten, die sowohl auf die Bedürfnisse der Familien fokussiert als auch auf Fragen der Umsetzung dieser Bedürfnisse in den Einrichtungen.

Literatur

Allenbach, Brigit/Goel, Urmila/Hummrich, Merle/Weissköppel, Cordula (Hrsg.) (2011). Jugend, Migration und Religion. Interdisziplinäre Perspektiven. Zürich/Baden-Baden: Pano/Nomos.

Anderson, Bridget (2006). Doing the Dirty Work? Migrantinnen in der bezahlten Hausarbeit in Europa. Berlin: Assoziation A.

Apitzsch, Ursula (1999). Traditionsbildung im Zusammenhang gesellschaftlicher Migrations- und Umbruchprozesse. In: Apitzsch, Ursula (Hrsg.). Migration und Traditionsbildung. Wiesbaden: Westdeutscher Verlag. S. 7–20.

Apitzsch, Ursula (2014). Transnationale Familienkooperation. In: Geisen, Thomas/Studer, Tobias/Yildiz, Erol (Hrsg.). Migration, Familie und Gesellschaft. Beiträge zu Theorie, Kultur und Politik. Wiesbaden: Springer VS. S. 13–26.

Balibar, Etienne (1992). Der Rassismus: auch noch ein Universalismus. In: Bielefeld, Uli (Hrsg.). Das Eigene und das Fremde. Neuer Rassismus in der Alten Welt? Hamburg: Junius. S. 175–188.

Bauman, Zygmunt (2009). Gemeinschaften. Frankfurt am Main: Suhrkamp.

Bernfeld, Siegfried (1973). Sisyphos oder die Grenzen der Erziehung. Frankfurt am Main: Suhrkamp.

Bertram, Hans (2002). Die multilokale Mehrgenerationenfamilie – Von der neolokalen Gattenfamilie zur multilokalen Mehrgenerationenfamilie. In: Berlinder Journal für Soziologie, 12. S. 517–529.

Borde, Theda/David, Matthias (Hrsg.) (2007). Migration und psychische Gesundheit. Belastungen und Potentiale. Göttingen Mabuse Verlag.

Bryceson, Deborah Fahy/Vuorela, Ulla (2002). Transnational Families in the Twenty-first Century. In: Bryceson, Deobrah Fahy/Vuorela, Ulla (Hrsg.). The Transnational Family: New European Frontiers and Global Networks. Oxford: Berg. S. 3–30.

Budde, Wolfgang/Früchtel, Frank/Hinte, Wolfgang (Hrsg.) (2012). Sozialraumorientierung: Wege zu einer veränderten Praxis. Wiesbaden: Springer VS.

Bukow, Wolf-Dietrich/Nikodem, Claudia/Schulze, Erika/Yildiz, Erol (Hrsg.) (2007). Was heisst hier Parallelgesellschaft? Zum Umgang mit Differenzen. Wiesbaden: VS Verlag.

Diedrich, Klaus/Ludwig, Michael/Griesinger, Georg (Hrsg.) (2012). Reproduktionsmedizin. Wiesbaden: Springer VS.

Dunne, Robert J. (2005). Marginality: A Conceptual Extension. In: Dennis, Rutledge M. (Hrsg.). Marginality, Power, and Soical Structure: Issues in Race, Class, And Gender Analysis. Amsterdam: Elsevier. S. 11–28.

Elias, Norbert/Scotson, John L. (1993). Etablierte und Außenseiter. Frankfurt am Main: Suhrkamp.

Ellison, Ralph (1995). Invisible Man. New York: Random House.

Fawcett, J. T. (1989). Networks, Linkages, and Migration Systems. In: International Migration Review XXIII. S. 671–680.

Filsinger, Dieter (2011). Integration von Familien mit Migrationshintergrund. In: Fischer, Veronika/Springer, Monika (Hrsg.). Handbuch Migration und Familie. Schwalbach/Ts.: Wochenschau Verlag. S. 48–67.

Finch, Janet (2007). Displaying Families. In: Sociology, 41 (1). S. 65–81.

Finch, Janet/Mason, Jennifer (1993). Negotiating Family Responsibilities. London/New York: Routledge.

Fischer, Veronika/Springer, Monika (Hrsg.) (2011). Handbuch Migration und Familie. Schwalbach/Ts.: Wochenschau Verlag.

Geisen, Thomas (1996). Antirassistisches Geschichtsbuch. Quellen des Rassismus im kollektiven Gedächtnis der Deutschen. Frankfurt am Main: IKO-Verlag.

Geisen, Thomas (Hrsg.) (2002). Mobilität und Mentalitäten. Beiträge zu Migration, Identität und regionaler Entwicklung. Frankfurt am Main: IKO Verlag.

Geisen, Thomas (2003). Grenze und Ambivalenz. In: Geisen, Thomas (Hrsg.). Grenze: Sozial – Politisch – Kulturell. Frankfurt am Main: IKO Verlag. S. 99–126.

Geisen, Thomas (2004). Identitätspolitik. In: Haug, Wolfgang Fritz (Hrsg.). Historisch-Kritisches Wörterbuch des Marxismus. Bd. 6. Berlin: Argument. S. 672–680.

Geisen, Thomas (Hrsg.) (2005). Arbeitsmigration. WanderarbeiterInnen auf dem Weltmarkt für Arbeitskraft. Frankfurt am Main: IKO Verlag.

Geisen, Thomas (2007). Gesellschaft als unsicherer Ort. Jugendliche MigrantInnen und Adoleszenz. In: Geisen, Thomas/Riegel, Christine (Hrsg.). Jugend, Partizipation und Migration. Wiesbaden: VS Verlag. S. 29–50.

Geisen, Thomas (2008). The Notion of Ambivalence: Human Action and Social Change beyond Analytical Individualism. In: Cox, Pat/Geisen, Thomas/Green, Roger (Hrsg.). Qualitative Research and Social Change. European Contexts. Hampshire/New York: palgrave macmillan. S. 32–51.

Geisen, Thomas (2010a). New Perspectives on Youth and Migration. In: Cairns, David (Hrsg.). Youth on the Move. European Youth and Geographical Mobility. Wiesbaden: VS Verlag. S. 11–21.

Geisen, Thomas (2010b). Vergesellschaftung statt Integration. Zur Kritik des Integrations-Paradigmas. In: Mecheril, Paul/Dirim, Inci/Gomolla, Mechthild/Hornberg, Sabine/Stojanov, Krassimer (Hrsg.). Spannungsverhältnisse. Assimilationsdiskurse und interkulturell-pädagogische Forschung. Münster: Waxmann. S. 13–34.

Geisen, Thomas (2014a). „Sie wollten nur das Beste für uns!" Intergenerationale Transmissionsprozesse in Migrationsfamilien mit Trennungserfahrungen von Eltern und Kindern. In: Weiss, Hildegard/Ates, Gülay/Schnell, Philipp (Hrsg.). Zwischen den Generationen. Transmissionsprozesse in Familien mit Migrationshintergrund. Wiesbaden: Springer VS. S. 167–192.

Geisen, Thomas (2014b). Multilokale Existenzweisen von Familien im Kontext von Migration. Herausforderungen für Forschung und Theorieentwicklung. In: Geisen, Thomas/Studer, Tobias/Yildiz, Erol (Hrsg.). Migaration, Famile und Gesellschaft. Beiträge zu Theorie, Kultur und Politik. Wiesbaden: Springer VS. S. 27–58.

Geisen, Thomas (2015). Lebensstrategien im Kontext von Arbeit und Migration. In: Geisen, Thomas/Ottersbach, Markus (Hrsg.). Arbeit, Migration und Soziale Arbeit. Prozesse der Marginalisierung in modernen Arbeitsgesellschaften. Wiesbaden: Springer VS. S. 109–142.

Geisen, Thomas (2016). Lebensstrategien von Migrationsfamilien in der Schweiz. Über das Alltagshandeln in marginalisierten Stadtteilen. In: Das Argument (318). S. 548–558.

Geisen, Thomas/Gilliéron, Gwendolyn/Günes, Sevda (2015). Bildung und Lebensstrategien von Migrationsfamilien. In: Migration und Soziale Arbeit, 37 (2). S. 152–158.

Geisen, Thomas/Jurt, Luzia (2013). Wie Eltern sich entscheiden, auch ihre Kinder in die neue Heimat zu holen. Windisch: Fachhochschule Nordwestschweiz.

Geisen, Thomas/Ottersbach, Markus (2015a). Arbeit, Migration und Soziale Arbeit. Herausforderungen und Perspektiven. In: Geisen, Thomas/Ottersbach, Markus (Hrsg.). Arbeit, Migration und Soziale Arbeit. Prozesse der Marginalisierung in modernen Arbeitsgesellschaften. Wiesbaden: Springer VS. S. 1–22.

Geisen, Thomas/Ottersbach, Markus (Hrsg.) (2015b). Arbeit, Migration und Soziale Arbeit. Prozesse der Marginalisierung in modernen Arbeitsgesellschaften. Wiesbaden: Springer VS.

Geisen, Thomas/Riegel, Christine/Yildiz, Erol (Hrsg.) (2017). Migration, Stadt und Urbanität. Perspektiven auf die Heterogenität migrantischer Lebenswelten. Wiesbaden: Springer VS.

Geisen, Thomas/Studer, Tobias/Yildiz, Erol (2013a). Migration und Familie im Kontext von Bildung, Gender und Care. In: Geisen, Thomas/Studer, Tobias/Yildiz, Erol (Hrsg.). Migration, Familie und soziale Lage. Beiträge zu Bildung, Gender und Care. Wiesbaden: Springer VS. S. 1–13.

Geisen, Thomas/Studer, Tobias/Yildiz, Erol (Hrsg.) (2013b). Migration, Familie und soziale Lage. Beiträge zu Bildung, Gender und Care. Wiesbaden: Springer VS.

Geisen, Thomas/Studer, Tobias/Yildiz, Erol (Hrsg.) (2014). Migration, Familie und Gesellschaft. Beiträge zu Theorie, Kultur und Politik. Wiesbaden: Springer VS.

Goffman, Erving (1975). Stigma. Über Techniken der Bewältigung beschädigter Identität. Frankfurt am Main: Suhrkamp.

Hall, Stuart (2004). Ideologie, Identität, Repräsentation. Bd. 4, Ausgewählte Schriften. Hamburg: Argument.

Hamburger, Franz/Badawia, Tarek/Hummrich, Merle (Hrsg.) (2005). Migration und Bildung. Wiesbaden: VS Verlag.

Hartwig, Luise/Mennen, Gerald/Schrapper, Christian (Hrsg.) (2018). Handbuch Soziale Arbeit mit geflüchteten Kindern und Familien. Basel/Weinheim: Beltz/Juventa.

Häseler-Bestmann, Sarah (2015). Begegnung, Beratung und Bildung für Familien. Eine exemplarisch-empirische Untersuchung von Familienzentren im Stadtteil. Baden-Baden: Tectum.

Heller, Agnes (1978). Das Alltagsleben. Versuch einer Erklärung der individuellen Reproduktion. Frankfurt am Main: Suhrkamp.

Herwartz-Emden, Leonie (2000). Einwandererfamilien: Geschlechterverhältnisse, Erziehung und Akkulturation. Osnabrück.

Herwartz-Emden, Leonie (Hrsg.) (2003). Einwandererfamilien. Geschlechterverhältnisse, Erziehung und Akkulturation. Bd. 9. Göttingen: V&R unipress.

Hoerder, Dirk (2002). Migration als Ausgleichsprozess. Über die Zusammenhänge von Mobilität, Individuum und Gesellschaft. In: Geisen, Thomas (Hrsg.). Mobilität und Mentalitäten. Frankfurt am Main: IKO. S. 17–38.

Jares, Lisa (2019). Familie und Familienzentren. In: Kessl, Fabian/Reutlinger, Christian (Hrsg.). Handbuch Sozialraum: Grundlagen für den Bildungs- und Sozialbereich. Wiesbaden: Springer VS.

Jenkins, Thomas H. (2005). The marginal man: Evolution of a concept. In: rutledge, Dennis (Hrsg.). Marginality, power, and social structure: Issues in race, class, and gender analysis. Amsterdam: Elsevier. S. 49–69.

Jouhy, Ernest (1996). Bleiche Herrschaft – Dunkle Kulturen. Frankfurt a. M.: IKO-Verlag.

Junge, Matthias (2000). Ambivalente Gesellschaftlichkeit. Opladen: Leske+Budrich.

Jurcyk, Karin (2014). Familie als Herstellungsleistung. Hintergründe und Konturen einer neuen Perspektive auf Familie. In: Jurczyk, Karin/Lange, Andreas/Thiessen, Barbara (Hrsg.). Doing Family. Warum Familienleben heute nicht mehr selbstverständlich ist. Weinheim/Basel: Beltz/Juventa. S. 50–70.

Kadera, Stepanka/Minsel, Beate (2018). Elternbildung – Weiterbildung im familialen Kontext. In: Tippelt, Rudolf/Hippel, Aiga von (Hrsg.). Handbuch Erwachsenenbildung/Weiterbildung. Bd. 2. Wiesbaden: Springer VS. S. 1253–1267.

Kaya, Asiye (2009). Mutter-Tochter-Beziehungen in der Migration. Biographische Erfahrungen im alevitischen und sunnitischen Kontext. Wiesbaden: VS Verlag für Sozialwissenschaften.

Kessl, Fabian/Reutlinger, Christian (Hrsg.) (2019). Handbuch Sozialraum: Grundlagen für den Bildungs- und Sozialbereich. Wiesbaden: Springer VS.

Kofman, Eleonore/Raghuram, Parvati (2015). Gendered Migrations and Global Social Reproduktion. Houdmills/New York: Palgrave Macmillan.

König, René (2002). Familiensoziologie. Opladen: Leske+Budrich.

Krüger-Potratz, Marianne (2004a). Migrantenfamilien in Forschung und Politik – zur Einführung. In: Krüger-Potratz, Marianne (Hrsg.). Familien in der Einwanderungsgesellschaft. Göttingen: V&R unipress. S. 7–10.

Krüger-Potratz, Marianne (Hrsg.) (2004b). Familien in der Einwanderungsgesellschaft. Göttingen: V&R unipress.

Lefebvre, Henri (1975). Kritik des Alltagslebens. Reinbek bei Hamburg: Rohwohlt.

Leiprecht, Rudolf/Kerber, Anne (Hrsg.) (2009). Schule in der Einwanderungsgesellschaft. Schwalbach im Taunus: Wochenschau Verlag.

Mancini Billson, Janet (2005). No owner of soil: Redefining the concept of marginality. In: Rutledge, Dennis (Hrsg.). Marginality, Power and Social Structure: Issues in Race, Class, and Gender. Amsterdam: Elsevier. S. 29–48.

May, Michael/Alisch, Monika (2013). AMIQUS – Unter Freunden: Ältere Migrantinnen und Migranten in der Stadt. Opladen: Barbara Budrich.

Mayer, Hans (1981). Außenseiter. Frankfurt am Main: Suhrkamp.

Metz, Marina (2016). Migration – Ressourcen – Biographie. Eine Studie über Zugewanderte aus der ehemaligen Sowjetunion. Wiesbaden: Springer VS.

Moch, Leslie Page (1997). Dividing Time: An Analytical Framework for Migration. In: Lucassen, Jan/Lucassen, Leo (Hrsg.). Migration, Migration History, History. Bern: Peter Lang. S. 41–56.

Morgan, David H. J. (2011). Rethinking Family Practices. Houndmills/Basingstoke/Hampshire: Palgrave Macmillan.

Müller, Monika (2013). Migration und Religion. Junge hinduistische und muslimische Männer in der Schweiz. Wiesbaden: Springer VS.

Nave-Herz, Rosemarie (2004). Ehe- und Familiensoziologie. Eine Einführung in Geschichte, theoretische Ansätze und empirische Befunde. Weinheim/München: Juventa.

Nohl, Arnd-Michael (2009). Interview und dokumentarische Methode. Anleitungen für die Forschungspraxis. Wiesbaden: VS Verlag.

Olbrich, Josef (2001). Geschichte der Erwachsenenbildung in Deutschland. Opladen: Leske+Budrich.

Ottersbach, Markus/Kunz, Thomas (Hrsg.) (2017). Flucht und Asyl als Herausforderung und Chance der Sozialen Arbeit. Bd. 1. Basel/Weinheim: Beltz/Juventa.

Park, Robert E. (1928). Human migration and the marginal man. In: The American Journal of Sociology, 33. S. 881–893.

Parrenãs, Rhacel (2013). Transnational Mothering a Source of Gender Conflict in the Family. In: Geisen, Thomas/Studer, Tobias/Yildiz, Erol (Hrsg.). Migration, Familie und soziale Lage. Wiesbaden: Springer VS. S. 169–194.

Pries, Ludger (2008). Die Transnationalisierung der sozialen Welt. Frankfurt am Main: Suhrkamp.

Pries, Ludger (2011). Familiäre Migration in Zeiten der Globalisierung. In: Fischer, Veronika/Springer, Monika (Hrsg.). Handbuch Migration und Familie. Schwalbach/Ts.: Wochenschau Verlag. S. 23–35.

Rosenthal, Gabriele/Stephan, Viola/Radenbach, Niklas (2011). Brüchige Zugehörigkeiten: Wie sich Familien von „Russlanddeutschen" ihre Geschichte erzählen. Frankfurt am Main: Campus.

Ruhs, Martin/Anderson, Bridget (Hrsg.) (2010). Who needs Migrant Workers? Labour Shortages, Immigration, and Public Policy. Oxford: Oxford University Press.

Schymroch, Hildegard (1989). Von der Mütterschule zur Familienbildungsstätte. Entstehung und Entwicklung in Deutschland. Freiburg: Lambertus.

Textor, Martin R. (2007). Familienbildung. In: Ecarius, Jutta (Hrsg.). Handbuch Familie. Wiesbaden: VS Verlag. S. 366–386.

Vogelgesang, Waldemar (2008). Jugendliche Aussiedler. Zwischen Entwurzelung, Ausgrenzung und Integration. Weinheim/München: Juventa.

Wischmann, Tewes (2012). Einführung Reproduktionsmedizin. Medizinische Grundlagen – Psychosomatik – Psychosoziale Aspekte. München/Basel: Ernst Reinhardt Verlag.

Havva Engin

Zugewanderte Familien für eine Verantwortungspartnerschaft gewinnen

Abstract

Jeder fünfte Bürger in Deutschland hat aktuell eine Zuwanderungsbiografie, ein Drittel der Familien ist migrantisch geprägt. Ausgehend von diversen Studienergebnissen ist festzuhalten, dass familiäre Kontexte des Aufwachsens bei Migrationskindern ungleich schwieriger sind als bei einheimischen, insbesondere was die Ressourcenausstattung betrifft. Dementsprechend stehen Bildungsinstitutionen wie Kindergarten und Schule hinsichtlich der Bildungsintegration von Migrationskindern vor großen Aufgaben und Herausforderungen, auch weil familiäre Sozialisationserfahrungen bereits vor dem Eintritt ins Schulsystem den Grundstein für die Bildungsbiografie legten.

Der vorliegende Beitrag setzt sich zum Ziel, das Konzept der Bildungs- und Erziehungspartnerschaft auf eine Passung hinsichtlich Migrationsfamilien zu überprüfen und daran anknüpfend, Vorschläge für seine inhaltliche Modifizierung auszuformulieren. In diesem Zusammenhang werden Argumente vorgestellt, die dafür sprechen, den Erziehungspartnerschaftsansatz perspektivisch in Richtung einer Bildungs- und Verantwortungspartnerschaft weiterzuentwickeln, womit effektivere Kooperationsstrukturen und Nachhaltigkeit möglich werden.

In Deutschland hat gegenwärtig jeder fünfte Bürger (21,4%) einen Migrationshintergrund. Die Nachkommen der Gastarbeiter wachsen mittlerweile in vierter Generation auf und die meisten von ihnen besitzen die deutsche Staatsbürgerschaft. Ein ähnliches Bild zeigt sich auch bei den Familien; nach aktuellen Zahlen des Bundesfamilienministeriums besitzt ein Drittel von ihnen einen Zuwanderungshintergrund (vgl. BMFSFJ 2017). In Migrationsfamilien sind Mütter bei der Geburt des ersten Kindes 27 Jahre alt (Einheimische: 29 Jahre) und bekommen im durchschnittlich 1,9 Kinder (einheimische Familien: 1,7). In neun Prozent dieser Familien bleibt mindestens ein Elternteil ohne Schulabschluss (einheimische Familien: 1%) und in 26 Prozent hat mindestens ein Elternteil keinen Berufsschulabschluss (einheimische Familien: 6%). Aufgrund niedrigerer Schulbildung und Berufsqualifikation existieren zwischen beiden Gruppen signifikante Einkommensdisparitäten: Während das durchschnittliche Bruttoeinkommen einheimischer Familien 3.643€ beträgt, liegt er in Migrationsfamilien bei 2.981€, weshalb die Armutsquote bei Letzteren doppelt so hoch ist (29%) wie bei einheimischen Familien (13%) (vgl. BMFSFJ 2017, S. 27).

Ausgehend von diesen zentralen Zahlen ist festzuhalten, dass familiäre Kontexte des Aufwachsens bei Migrationskindern ungleich schwieriger sind als bei einheimischen, insbesondere was die Ressourcenausstattung betrifft. Dementsprechend stehen Bildungsinstitutionen wie Kindergarten und Schule hinsichtlich der Bildungsintegration von Migrationskindern vor großen Aufgaben und Herausforderungen, auch weil familiäre Sozialisationserfahrungen bereits vor dem Eintritt ins Schulsystem den Grundstein für die Bildungsbiografie legen.

Vor nicht allzu langer Zeit übte Betz massiv Kritik am Modell der Bildungs- und Erziehungspartnerschaft und warf den Befürwortern vor, dass weder gesetzte Ziele umgesetzt, noch zentrale Erwartungen sich realisieren ließen (Betz 2016, 5ff.). Dieser Beitrag sieht seine Aufgabe nicht darin, auf diese Kritik zu antworten (vgl. Sacher 2018), sondern er setzt sich zum Ziel, das Konzept der Bildungs- und Erziehungspartnerschaft auf eine Passung hinsichtlich Migrationsfamilien zu überprüfen und daran anknüpfend Vorschläge für die inhaltliche Modifizierung auszuformulieren.

1. Bildungs- und Erziehungspartnerschaft in Hinblick auf Familien mit Migrationshintergrund

Bereits seit den 1980er Jahren ist durch Untersuchungen des Headstart-Programms in den USA (vgl. Biedinger/Becker 2006, S. 11f.) bekannt, dass pädagogische Einrichtungen nicht den gleichen Einfluss auf die kindliche Entwicklung ausüben wie das soziale Milieu, sondern gute Förderung als ein ausgewogenes Zusammenspiel von Bildungsinstitution und Elternhaus zu verstehen ist. Für deutsche Kontexte wurde die familiäre Einflussnahme auf schulische Leistungen durch die PISA-Studie nachgewiesen, die aufzeigte, dass literarische, mathematische und naturwissenschaftliche Schülerkompetenzen doppelt so stark von der Familie abhängen als von Schule, Unterricht und Lehrkräften. (OECD 2001, S. 356f.) Auch schweizerische Studien belegten, dass Schülerleistungen lediglich zu zehn Prozent durch die Art des Unterrichts, aber zu 30 bis 50 Prozent durch Einstellungen und Erziehungsbemühungen der Eltern zu erklären sind (vgl. Neuenschwander 2010, S. 24).

Die genannten Studien bestätigen: Eine Kooperation zwischen Bildungsinstitutionen und Elternhaus ist unverzichtbar, wenn Schule optimale Fördereffekte bei Kindern erzielen soll, insbesondere mit Blick auf die Kompensation herkunftsbedingter Disparitäten, was in besonderem Maße auf Kinder aus Migrationsfamilien zutrifft, in denen sozioökonomische Armut und Bildungsarmut signifikant häufiger vorkommen (vgl.: Henkel u.a. 2016, S. 32). Für Migrationsfamilien bietet das Modell der Bildungs- und Erziehungspartnerschaft daher die Chance zum Aufbau von elterlicher Erziehungskompetenz und damit zur nachhaltigen Förderung. Das Modell ist ein pädagogischer Ansatz, der in Deutschland seit den 1990er Jahren bekannt ist und in die Bildungs-und Orientierungspläne elementarpädagogischer Institutionen Eingang fand. Im Kindergartenhandbuch (vgl. Textor 1997) wird er wie folgt beschrieben: „Erziehungspartnerschaft realisiert sich in einem dynamischen Kommunikationsprozess, in der wechselseitigen Öffnung von Familie und Kindertagesstätte. Dies setzt gegenseitiges Vertrauen und Respekt voraus – Haltungen, die sich auch auf das Kind positiv auswirken (…).“ In der Vergangenheit wurden für Deutschland mehrere Definitionen vorgelegt, ohne dass sich eine als verbindlich durchgesetzt hätte. Im Kern betonen sie jedoch gemeinsam:

- Sicherstellung der Zusammenarbeit zwischen (elementarpädagogischer) Bildungsinstitution und Familien/Eltern;
- Aufbau von Kommunikationswegen zwischen Bildungsinstitutionen und Familien;
- Austausch von Bildungsinstitutionen und Familien in pädagogisch-erzieherischen Fragen.

Bereits diese Aufzählung legt nahe, dass das Bildungs- und Erziehungspartnerschaftsmodell gute Anknüpfungspunkte für eine nachhaltige Kooperation mit Migrationsfamilien bietet und die Einrichtungen und entsprechenden Praxisforschungen daher ihren Fokus verstärkt auf diese Zielgruppe richten sollten. Bereits vorliegende Studien zeigen, dass Migrationsfamilien bis dato mit institutionell-pädagogischen Angeboten nicht zufriedenstellend erreicht werden konnten. Insbesondere Familien mit muslimischem Migrationshintergrund und innerhalb dieser Mütter mit Heiratsbiografie gelten immer noch als schwer erreichbare Eltern (vgl. Thiessen, 2009). Für deren ungenügende Aktivierung und Einbindung werden in der Forschung unterschiedliche Ursachen angeführt, die einer weitergehenden und vertiefenden Analyse bedürfen. Im Folgenden sollen einige Aspekte für das Fernbleiben angesprochen werden; es ist jedoch darauf hinzuweisen, dass diese nicht immer monokausal zu begründen sind, sondern häufig vielfältige Ursachen vorliegen.

An erster Stelle können migrationsbiografische Gründe genannt werden: Viele muslimische Eltern mit Zuwanderungshintergrund, insbesondere sogenannte Heiratsmigrantinnen, kennen aus ihrer eigenen Biografie den Kindergarten als Bildungsinstitution nicht; insofern ist ihnen häufig nicht bewusst, dass diese ihre Kinder nicht nur betreuen, sondern als Bildungsinstitutionen zentrale Fähigkeiten und Fertigkeiten vermitteln (vgl. Cöster 2015; 151ff.). Fakt ist auch, dass insbesondere bei Müttern mit Heiratsbiografie institutionell-strukturelle Gründe eine wichtige Rolle spielen. Die im Rahmen des Projekts „Elternakademie Heidelberg" durchgeführten qualitativen Mütter-Interviews offenbarten, dass diese häufig aus Unsicherheit zu Hause und damit (elementar-)pädagogischen Institutionen fernbleiben. Da der Kindergartenbesuch in der eigenen Bildungsbiografie eine „Leerstelle" bildet, benötigt diese Zielgruppe Ansprechpartner/innen mit ähnlich sprachlich-kulturellem und sozialem Hintergrund. Dass ihr Handeln nicht angemessen ist und sich negativ auf die Bildungsbiografie ihrer Kinder auswirkt, war vielen Müttern bewusst. Die wenigsten von ihnen waren mit der Situation zufrieden, jedoch fehlten „Brückenpersonen", mit denen sie sich „in einem geschützten Raum" austauschen konnten und die ihnen den Weg in die Institution ebneten (vgl. Engin 2014).

Ebenfalls eine Rolle für das elterliche Fernbleiben spielen kulturelle Gründe: Hinsichtlich Kindheit und Erziehungsstile haben Eltern mit Migrationshintergrund und elementarpädagogische Fachkräfte nicht selten unterschiedliche Ausgangsvorstellungen. Während einheimische Familien und hiesige Bildungseinrichtungen in der Förderung kindlicher Autonomie und Selbstbestimmtheit ein wichtiges Bildungs- und Erziehungsziel sehen, ist in südlichen und muslimischen Ländern mütterliche Fürsorglichkeit gegenüber dem Kind ein zentraler Erziehungswert. Als eine gute Mutter gilt diejenige, welche nur für die Familie da ist, die Kinder umsorgt und ihnen – wo immer möglich – Last und Mühe abnimmt. Diese Art der Erziehung wird nach hiesigem Bildungsverständnis häufig als Unselbständigkeit und „Verhätschelung" interpretiert, was weder der elterlichen Sichtweise noch Intention entspricht (vgl. Engin 2014).

Ein anderer Grund, warum muslimische Eltern einheimischen (elementarpädagogischen) Institutionen gegenüber reserviert auftreten, ist religiös begründbar: Eltern befürchten, dass institutionelle Bildungsinhalte und Erziehungsformen die Kinder von ihrem religiösen Kontext entfremden und versuchen, dagegen anzusteuern, indem sie an wertkonservativen Haltungen festhalten und diese entsprechend vorleben. Als ein Beispiel sind Geschlechterbilder zu nennen, die in vielen muslimischen Familien weiterhin Gültigkeit haben: Von Anbeginn wachsen männliche wie weibliche Kinder in klare Rollen hinein, die nicht zu hinterfragen sind (vgl. Heidari 2007; El-Mafaalani/Toprak 2011).

Die genannten Gründe für das institutionelle Fernbleiben finden im Bildungs- und Erziehungspartnerschaftsansatz bisher zu wenig Beachtung. Für eine stärkere bildungspraktische Aktivierung und Einbindung von Migrationseltern sollte in künftigen Studien und Einrichtungskonzepten stärker auf diese Aspekte Bezug genommen und entsprechende Angebote für diese Zielgruppe realisiert werden.

2. Gelingende Bildungs- und Erziehungspartnerschaft zwischen Bildungsinstitutionen und Migrationsfamilien

In Deutschland wurden in den vergangenen Jahren einige Projekte zur Gewinnung von Migrationseltern umgesetzt, die belegen, dass es mit einem passenden Zugang sehr wohl gelingen kann, auch diese Elterngruppe für Anliegen ihrer Kinder zu bewegen. Als ein „good practice"-Beispiel ist das „Roma-Mediatoren"-Projekt zu nennen, das eine gelungene Umsetzung des Ansatzes der Bildungs- und Erziehungspartnerschaft darstellt und dessen Wirkung durch eine Evaluation 2010 bestätigt ist (vgl. Kyuchukov 2010).

Das Elternbildungsprojekt „Roma-Mediation" wurde 2008 mit dem verstärkten Zuzug von Roma-Familien aus Rumänien und Bulgarien in bestimmte Stadtquartiere Berlins ins Leben gerufen und wird seitdem an ausgewählten Schulstandorten umgesetzt. Sein Ziel besteht in der Stärkung elterlicher Erziehungskompetenz sowie ihre Aktivierung für pädagogische Anliegen. Das Konzept, welches in der Zwischenzeit den Status eines durch den Berliner Senat finanziell abgesicherten Regelangebots erhielt, setzt pädagogisch qualifizierte Mediatorinnen ein, welche den gleichen sprachlichen wie kulturellen Hintergrund der Familien besitzen und so eine Brücke zwischen Bildungsinstitutionen und Elternhäusern schlagen. Einen Großteil des Engagements leisten die Mediatorinnen in den Familien, indem sie die Eltern in vielfältigen Bereichen begleiten und unterstützen, wie beispielsweise bei Schulanmeldungen, schulischen Hausaufgaben, Elternabenden, Lehrergesprächen, Ämterbesuchen und Kinderarztgängen, auch um ihnen Wege der Mitwirkung aufzeigen. Zwei Jahre nach dem Beginn wurde das Modell mittels einer Fragebogenerhebung, an der Eltern, Lehrkräfte und Schüler teilnahmen, evaluiert (vgl. Kyuchukov 2010). Die Auswertung der Elternfragebögen zeigte, dass durch das Mediatorenprojekt 50 Prozent der Roma-Eltern regelmäßig an schulischen Elternabenden beziehungsweise Elternveranstaltungen teilnahmen und weitere 30 Prozent angaben, dass sie in Begleitung der Mediatorin teilnehmen (vgl. Kyuchukov 2010, S. 12). Die Arbeit der Mediatorinnen bewerteten 80 Prozent der befragten Eltern als notwendig und sehr bedeutsam.

Die Lehrerbefragung verdeutlichte, dass diese die Projekteffektivität am regelmäßigen Schulbesuch der Schüler/innen und deren Unterrichtsmitarbeit ablesen. Sie unterstrichen ebenfalls die herausragende Rolle der Mediatorinnen als Schlüsselpersonen zu den Familien (vgl. Kyuchukov 2010, S. 19). Auch die Schülerauswertung belegte die hohe Wirksamkeit des Angebots: 80 Prozent der Kinder bewerteten den regelmäßigen Schulbesuch als wichtig; lediglich zehn Prozent teilten diese Meinung nicht (vgl. Kyuchukov 2010, S. 25). Zusammenfassend kommt der Evaluationsbericht zum Ergebnis, dass der nachhaltige Effekt des Mediatorenangebots durch die intensiv bleibende Kooperation zwischen Elternhaus und Bildungsinstitution sowie der elterlichen Mitwirkung in Erziehungsfragen zu erklären ist (vgl. Kyuchukov 2010, S. 28).

3. Von der Bildungs- und Erziehungs- zur Verantwortungspartnerschaft

Angesichts der – im Vergleich zu einheimischen Eltern – geringeren Präsenz von Migrationseltern in institutionellen Kontexten bleibt als vorrangiges Ziel deren Gewinnung für Bildungskooperationen bestehen. Insbesondere im Hinblick auf Eltern mit Zuwanderungsbiografie erhält der Bestandteil „Partnerschaft" eine besondere Bedeutung. Dieser impliziert nicht nur eine Zusammenarbeit hinsichtlich des Austausches an Informationen und Wissen, sondern beinhaltet weitergedacht auch den Aspekt „Verantwortung". Insofern kann und sollte der Bildungs- und Erziehungspartnerschaftsansatz perspektivisch in Richtung einer Bildungs- und Verantwortungspartnerschaft weitergedacht bzw. modifiziert werden. Die inhaltliche Erweiterung des Ansatzes in einer breiteren Perspektive ermöglicht Anschlussfähigkeit für weitere Aspekte in der Eltern-Institutionen-Beziehung und bestätigt die Kritik von Textor, der jüngst eine Neubestimmung bzw. Erweiterung des Ansatzes forderte (vgl. Textor 2017).

Die Erweiterung bisheriger Zielperspektiven bedeutet im Überblick die inhaltlich-thematische Neuverortung um folgende drei Aspekte:

a) *Pädagogische Ebene:*
- Achtsamer und respektvoller Umgang zwischen Bildungsinstitutionen/Fachkräften und (Migrations-)Familien;
- Hierarchiefreier Kommunikationsstil zwischen Bildungsinstitutionen/Fachkräften und (Migrations-)Familien;
- Aufbau einer Vertrauensbasis zwischen den Erziehungspartnern;

Ein zentrales Element der Bildungs- und Verantwortungspartnerschaft ist „Vertrauen“ und steht daher am Beginn der Zusammenarbeit. Dies ist gegeben, wenn beide Seiten dem Hierarchiedenken absagen; für die Institutionenperspektive bedeutet dies nicht weniger, als Eltern von Beginn an als Experten und Fürsprecher ihrer Kinder ernst zu nehmen und bei pädagogisch-institutionellen Entscheidungsfindungen einzubeziehen. Dafür müssen auf beiden Seiten gegenseitige Erwartungen, Fragen und Kritik bekannt sein. Dies bedeutet nicht, dass Eltern und Fachkräfte (immer) einer Meinung zu sein haben, sondern es ist die Bereitschaft, aktiv zuzuhören, um bestehende Vorbehalte, Fragen und Erwartungen kennenzulernen und zu thematisieren. Die Bildungs- und Verantwortungspartnerschaft legt den Fokus auf Eltern-Empowerment, mit dem Ziel, Eltern zu begleiten, starke Partner in der Bildung und Erziehung ihrer Kinder zu werden. Dafür bedarf es der gemeinsamen Erarbeitung von Unterstützungsmöglichkeiten.

b) *Transkulturelle Ebene:*
- Bewusstwerdung und Akzeptanz von Diversität in kultureller, religiöser und sprachlicher Dimension;
- Wissen um unterschiedliche Bildungs- und Erziehungsansätze zwischen Bildungsinstitutionen/Fachkräften und (Migrations-)Familien;
- Respektierung unterschiedlicher Verständnisse von Mutter-/Vater-/Elternschaft durch Bildungsinstitutionen/Fachkräfte und (Migrations-)Familien;

Die gesellschaftlich-kulturelle Vielfalt der Bevölkerung wird insbesondere auch in (elementarpädagogischen) Bildungsinstitutionen sichtbar. Für die Fachkräfte ist damit die Aufgabe verbunden, sich auf das Kennenlernen-/Aufnahmegespräch bestmöglich vorzubereiten, indem sie bereits im Vorfeld fundierte Informationen über die kulturelle, religiöse und sprachliche Biografie der Familie und des Kindes zusammentragen. Durch eine proaktive Haltung können elterliche Fragen und mögliche Ängste beziehungsweise Vorbehalte besser erkannt und im Gespräch zielführend geklärt werden. Pädagogische Professionalität in inter-/transkultureller Perspektive ermöglicht Fachkräften, die Besonderheiten der Einrichtung im allgemeinen und das pädagogische Konzept und dessen Grundideen und Ziele im Besonderen zu erklären, auch um Eltern von der Notwendigkeit einer Kooperation zu überzeugen.

Seit der Fluchtzuwanderung ab 2015, gewann der Aspekt der inter-/transkulturellen Beziehungsarbeit mit Familien nochmals an Bedeutung. Damit pädagogische Fachkräfte nachvollziehen, wie Familien und Kinder untergebracht sind beziehungsweise unter welchen Bedingungen sie leben, ist die aufsuchende Elternbildung in den Gemeinschaftsunterkünften ein geeigneter Zugang. In diesem Zusammenhang bieten viele Kommunen (kostenfreie) Unterstützung durch „Kulturdolmetscher“ an, die nicht nur übersetzen, sondern die Eltern auch in die Bildungsinstitutionen begleiten sowie über die kulturellen Gepflogenheiten des Gastlandes „aufklären“.

Zwischenzeitlich haben verschiedene Städte und Kommunen ein Institutionen- und Personennetzwerk mit Einrichtungen und Akteuren im Sozialraum (Migrationsberatungsstellen, Migrantenorganisationen und -vereine, Jugendmigrationsdienste, Willkommensbündnisse, lokale Initiativen, Sportvereine) zwecks besserer Erreichbarkeit von Migrationseltern aufgebaut. Diese Netzwerke ermöglichen die Verteilung von mehrsprachigen Informations- und Beratungsmaterialen an die Eltern und realisieren in den Einrichtungen – mit Unterstützung von Ehrenamtlichen – eine breite Palette an pädagogischen Angeboten.

c) *Institutionell-strukturelle Ebene:*
- Qualifizierung pädagogischer Fachkräfte bezüglich kultureller, religiöser und sprachlicher Vielfaltsdimensionen;
- Etablierung und Umsetzung hierarchiefreier Kommunikationsstrukturen;
- Umsetzung institutioneller Transparenz gegenüber (Migrations-)Eltern bezogen auf Ziele und Praktiken der pädagogischen Arbeit;
- Einführung von Instrumenten zur Dokumentation und Erfassung kindlicher Entwicklung;
- Selbstverpflichtung zur Realisierung eines kontinuierlichen Austausches zwischen Institution und (Migrations-)Familien.

In einer Erziehungs- und Verantwortungspartnerschaft erhalten beide Seiten den Auftrag, proaktiv und ko-konstruktiv zu handeln. Das bedeutet, dass keine Seite Erwartungshaltungen und Ziele alleine formuliert und vom Partner deren Einlösung einfordert. Vielmehr ist die Verantwortungspartnerschaft durch eine zielführende Prozessbegleitung gekennzeichnet; Themen werden gemeinsam diskutiert und deren Realisierung in Meilensteine überführt. Zu diesem Zweck werden Checklisten entwickelt, in denen die Aufgaben idealerweise mit Zeitplan fixiert sind. Die Überprüfung der Ziele erfolgt turnusmäßig auf der Grundlage von Lagegesprächen und deren Anpassung bei Nichterreichen.

Ein weiteres Ziel der Bildungs- und Verantwortungspartnerschaft ist die Etablierung von Selbstevaluationsinstrumenten für Fachkräfte und Eltern. Beide Seiten dokumentieren kontinuierlich – in der Einrichtung beziehungsweise zu Hause – die Entwicklung des Kindes. Das Monitoring eröffnet beiden Partnern die Chance, durch kontinuierlichen Austausch gemeinsames Handeln zu realisieren.

4. Zusammenfassende These und Ausblick

Es ist davon auszugehen, dass Zuwanderungsbewegungen nach Europa und hier insbesondere nach Deutschland weiter anhalten werden und die hiesige Politik, Gesellschaft sowie Bildungsinstitutionen gefordert sind, (Flucht-)Migration als künftige gesellschaftliche Konstante zu sehen. Erst wenn sich diese Haltung durchsetzt, wird es möglich sein, für die Integration von zuwandernden Menschen verlässliche und nachhaltige institutionelle Strukturen zu implementieren und (Bildungs-)Angebote nicht länger auf Projektebene zu belassen, mit allen Unsicherheiten, die damit verbunden sind.

Für die angesprochenen bildungspraktischen Herausforderungen bietet das skizzierte Konzept der Bildungs- und Verantwortungspartnerschaft – sowohl für Bildungsanbieter als auch Migrationseltern – einen geeigneten Rahmen, denn gerade für Kinder mit Zuwanderungshintergrund definiert sich gesellschaftliche Teilhabe über eine gelingende Bildungsintegration. In diesem Zusammenhang benötigen die Familien eine intensive und nachhaltige Begleitung und Unterstützung. Heiligensetzer bringt es auf den Punkt (vgl. Heiligensetzer 2017):

> „ (…) Dazu ist es essenziell, diese Familien zu beraten und sie von Beginn an in die Angebote der frühkindlichen und kindlichen Bildung so weit wie möglich einzubeziehen. Die Relevanz dieser Aufgabe ergibt sich neben dem Streben nach Chancengleichheit, aus dem gesellschaftlichen Auftrag, die Kompetenz aller Eltern zu fördern und zu stärken. Die Bildung der Kinder müssen wir außerhalb des Elternhauses – in Kindergärten und Schulen – gut gestalten, wie auch innerhalb der Familien sicherstellen, denn dort werden große Bildungsleistungen erbracht."

Hier steht in erster Linie Familienpolitik in der Verantwortung, den gesellschaftlichen Auftrag einzulösen, indem sie mit der Sicherstellung notwendiger finanzieller und personeller Rahmenbedingungen eine qualitativ hochwertige pädagogische Arbeit in Bildungsinstitutionen sicherstellt.

Literatur

Betz, Tanja (2016): Zwischen Wunsch und Wirklichkeit. Zusammenarbeit mit Eltern als Bildungs- und Erziehungspartnerschaft? In: Theorie und Praxis der Sozialpädagogik, H. 9, S. 5–9.

Biedinger, Nicole/Becker, Birgit (2006): Der Einfluss des Vorschulbesuchs auf die Entwicklung und den langfristigen Bildungserfolg von Kindern. Ein Überblick über internationale Studien im Vorschulbereich. Arbeitspapiere – Working Papers Nr. 97. URL: http://www.forschungsnetzwerk.at/downloadpub/mannheim_2006_wp_97.pdf [aufgerufen am 26.08.2018].

BMFSFJ (Bundesministerium für Familie, Senioren, Frauen und Jugend) (2017): Gelebte Vielfalt: Familien mit Migrationshintergrund in Deutschland. Berlin. URL: https://www.bmfsfj.de/blob/116880/83c02ec19dbea15014d7868048f697f2/gelebte-vielfalt--familien-mit-migrationshintergrund-in-deutschland-data.pdf [aufgerufen am 26.08.2018].

Cöster, Anna C. (2015): Frauen in Duisburg-Marxloh: Eine ethnographische Studie über die Bewohnerinnen eines deutschen „Problemviertels". Bielefeld: transcript.

El-Mafaalani, Aladin/Toprak, Ahmet (2011): Muslimische Kinder und Jugendliche in Deutschland. Lebenswelten, Denkmuster, Herausforderungen. Hrsg. v. Konrad-Adenauer-Stiftung. Sankt Augustin/Berlin. URL: http://www.kas.de/wf/doc/kas_28612-544-1-30.pdf?110928101139 [aufgerufen am 26.08.2018].

Engin, Havva (2014): Heidelberg Veli Akademisi – Veli El Kitabı [Elternakademie Heidelberg –Praxishandbuch für Eltern]. Heidelberger Zentrum für Migrationsforschung und Transkulturelle Pädagogik – Hei-MaT, Reihe Heidelberger Schriften zu Migrationsforschung und Transkulturalität, Bd. 1, Heidelberg.

Heidari, Mohammad (2007): Erziehungs- und Wertvorstellungen von Muslimen im interkulturellen Diskurs. Hintergrundinformationen zu kulturellen und erzieherischen Werten und Idealen von Migrantinnen und Migranten aus muslimischen Herkunftsländern. Hrsg. v. Referat für Multikulturelles der Bundesstadt Bonn.

Heiligensetzer, Claudia (2017): Kita Tip. Verständigungshilfe für das Elterngespräch. Stuttgart Setzer Verlag. URL: http://www.medi-bild.de/pdf/kinder-tip/kita/KitaTip_EinschulungZwo.pdf [aufgerufen am 26.08.2018].

Henkel, Melanie/Steidle, Hanna/Braukmann, Jan (2016): Familien mit Migrationshintergrund: Analysen zur Lebenssituation, Erwerbsbeteiligung und Vereinbarkeit von Familie und Beruf. URL: https://www.bmfsfj.de/RedaktionBMFSFJ/Broschuerenstelle/Pdf-Anlagen/Familien-mit-Migrationshintergrund,property=pdf,bereich=bmfsfj,sprache=de,rwb=true.pdf [aufgerufen am 26.08.2018].

Kyuchukov, Hristo (2010): Roma School Mediators in Berlin. Survey Report. Berlin.

Neuenschwander, Markus P. (2010): Selektionsprozesse beim Übergang von der Primarschule in die Berufsbildung. In: Neuenschwander, M. P./Grunder, H.-U. (Hrsg.): Schulübergang und Selektion. Chur: Rüegger, S. 15–34.OECD (Organisation for Economic Cooperation and Development) (2001): Lernen für das Leben. Erste Ergebnisse der internationalen Schulleistungsstudie PISA 2000. Paris: OECD.

Sacher, Werner/Bartscher, Matthias (2018): Bildungs- und Erziehungspartnerschaft zwischen Bildungsinstitutionen und Familien – eine vielversprechende Neuausrichtung der Elternarbeit oder doch nur eine Illusion? Eine Erwiderung auf die Kritik von Tanja Betz. URL: https://www.bartscher.info/bildungs-und-erziehungspartnerschaft/aktuelle-fachdebatte-bep/[aufgerufen am 26.08.2018].

Textor, Martin R. (1997): Erziehungspartnerschaft – eine neue Qualität in der Beziehung zwischen Kindertageseinrichtungen und Familien. In: Unsere Jugend, 49, S. 113–119. URL: http://www.kindergartenpaedagogik.de/370.html [aufgerufen am 26.08.2018].

Textor, Martin R. (2007): Sind Eltern Kunden, Erziehungspartner oder „unbekannte Wesen“? In: Kita-Management, Erziehungspartnerschaft, H. 2, S. 44–46.

Thiessen, Barbara (2009): Wie erreicht Familienbildung und -beratung muslimische Familien? Eine Handreichung. Hrsg. v. Bundesministerium für Familie, Senioren, Frauen und Jugend (BMFSFJ). Berlin. URL: https://www.bmfsfj.de/blob/95520/dc35e8e1a6a92f9ef4ee4f12335edaa8/wie-erreicht-familienbildung-und-beratung-muslimische-familien--data.pdf [aufgerufen am 26.08.2018].

Jörn Borke und Anja Schwentesius

Kultursensitive Frühpädagogik und Beratung von Familien mit Säuglingen und Kleinkindern

Abstract

In diesem Beitrag sollen zum einen wissenschaftliche Erkenntnisse der kulturvergleichenden Familienforschung dargestellt werden, die verdeutlichen, inwiefern sich je nach kulturellem Umfeld, in dem Familien leben bzw. groß geworden sind, unterschiedliche Formen, Strukturen und Dynamiken des familiären Zusammenlebens gestalten. Diese können als adaptiv für das jeweilige Umfeld verstanden und beschrieben werden. Zum anderen sollen daraus abgeleitete Möglichkeiten für einen praxisorientierten Umgang mit kultureller Vielfalt auf unterschiedlichen Ebenen der Arbeit mit Familien am Beispiel frühpädagogischer und beraterischer Tätigkeit dargestellt und diskutiert werden. Auf diese Weise kann zum Verständnis für unterschiedliche familiäre Dynamiken und ihre Bedeutung beigetragen werden, wie auch für mögliche kulturbedingte Missverständnisse. Weiterhin können auf dieser Grundlage konkrete Handlungsstrategien aufgezeigt werden, die dazu beitragen, Angebote der Familienbildung so zu gestalten, dass sie zunehmend anschlussfähig für unterschiedliche kulturelle Familienhintergründe sind, sowie zum Dialog zwischen unterschiedlichen kulturellen Modellen beitragen.

1 Einleitung

Es lassen sich (mindestens) drei Prozesse bzw. Gegebenheiten beschreiben, die dazu führen, dass die Begegnung mit kultureller Vielfalt immer vorhanden ist sowie stetig zunimmt. Zum einen durch Migrationsprozesse, in deren Rahmen Menschen aus den unterschiedlichsten Gründen ihre gewohnte Umgebung verlassen und sich in einem anderen Teil des Landes (Binnenmigration) oder über Ländergrenzen hinweg in einem anderen Land (Außenmigration) Schutz, Zuflucht oder bessere wirtschaftliche, berufliche Perspektive erhoffen. Aufgrund dieser Migrationsprozesse treffen folglich Menschen aufeinander, die in unterschiedlichen Kontexten aufgewachsen sind und daher auch (zumindest in Teilen) variierende kulturell bedingte Vorstellungen und Verhaltensweisen aufweisen. Zum anderen sind in den letzten Jahren aufgrund von Globalisierungsprozessen sowie durch die Weiterentwicklung von digitalen Informationstechnologien die Möglichkeiten, sich in kürzester Zeit weltweit zu vernetzen und Informationen zu erhalten, enorm gestiegen. So bedarf es z.B. nur wenig Aufwand, um mithilfe des Internets Videos über Techniken der traditionellen indischen Babymassage zu sehen und auf diese Weise einen Einblick in (und damit eine Teilhabe an) anderen Kulturtechniken bezogen auf den Umgang mit Kindern sowie die Gestaltung von familiären Prozessen zu erhalten. Als dritter Einflussfaktor, welcher zu einem Zuwachs an kultureller Vielfalt führt, können Prozesse einer zunehmenden Individualisierung betrachtet werden (z.B. Beck & Beck-Gernsheim, 1994), in deren

Folge Auswahlmöglichkeiten und die Individualität bei der Lebensgestaltung zu und klare Regeln oder Normen abnehmen (was sich z.B. in einer zunehmenden Vielfalt des Familienbegriffes, durch den eine Familie eben nicht mehr auf die Anwesenheit von Vater, Mutter und Kind[ern] reduziert werden kann, oder auch durch eine große Variabilität dahingehend, wie Familien ihren Alltag gestalten, zeigt). Auch dadurch erhöht sich kulturelle Vielfalt.

Entsprechend lässt sich festhalten, dass bei sämtlichen Angeboten der Familienbildung von dem Vorhandensein einer kulturellen Vielfalt ausgegangen werden kann. Folglich ist es für Personen, die in Kontexten der Familienbildung arbeiten, wichtig, Kompetenzen zum Umgang mit dieser Vielfalt zu erwerben bzw. auszuweiten. Hierzu wurde eine Vielzahl an Ansätzen entwickelt, die auf unterschiedlichen Ebenen Wissen und Handlungsstrategien zur Verfügung stellen (bezogen auf die Arbeit mit Familien in Kitas z.B. das Projekt *KINDERWELTEN* [Wagner, 2008], das Projekt *Chancen – gleich!* [Fischer & Fröhlich-Gildhoff, in Druck] und der Ansatz zur *Migrationspädagogik* [Mecheril, 2004]). In diesem Kapitel soll ein Ansatz dargestellt werden, der sich ergänzend zu den im Feld vorhandenen versteht. Er kann als eine kultursensitive Herangehensweise beschrieben werden, deren zentraler Hintergrund Erkenntnisse aus der kulturvergleichenden Familienforschung bilden (z.B. Keller, 2007). Aus der Erkenntnis, dass elterliche Verhaltens- und Sichtweisen mit den jeweiligen Umgebungsbedingungen zusammenhängen, in denen die Familien leben bzw. groß geworden sind, lassen sich empirisch unterschiedliche kulturelle Modelle ableiten, welche die Vielfalt von Sicht- und Verhaltensweisen bezüglich des familiären Umgangs dokumentieren und eine Einordnung ermöglichen. Rückgreifend darauf können konkrete Anregungen für eine kultursensitive Praxis in unterschiedlichen Arbeitsfeldern der Familienbildung abgeleitet werden (z.B. Borke, 2013; Borke & Keller, 2014; Borke, Schiller, Schöllhorn & Kärtner, 2015). Dies ist für die Familienbildung insofern wichtig, als dass sich ihre Angebote laut KJHG auf die Bedürfnisse und Interessen der Familien beziehen sowie an die Erfahrungen und unterschiedlichen Lebenslagen anknüpfen sollen.

Im Folgenden werden die theoretischen und empirischen Grundlagen einer kultursensitiven Herangehensweise dargestellt. Im Anschluss werden darauf aufbauend konkrete Handlungsanregungen für die Arbeit in Einrichtungen der frühen Bildung, Betreuung und Erziehung sowie für die Arbeit in Beratungseinrichtungen als Beispiele für Orte der Familienbildung beschrieben. Dabei sind Kitas als wichtige Orte der institutionellen Familienbildung (Papastefanou, 2013) anzusehen, verbunden mit dem Ziel, gemeinsam mit den Eltern Kindern bestmögliche Rahmenbedingungen für ihre Bildungs- und Entwicklungsprozesse zu schaffen und damit dem Teilziel der Familienbildung, der Unterstützung der Eltern bei der frühen Förderung ihrer Kinder, nachzukommen (Rupp, Mengel & Smolka, 2010). Hierbei kann ein großer Teil der Eltern erreicht werden, da der Besuch einer Kita mittlerweile fester Bestandteil der Biografie der meisten Kinder ist. Der Beitrag fokussiert dabei zum einen auf den Prozess der Eingewöhnung, bei dem es darum geht, die Gestaltung der Eingewöhnung an die Erfahrungen und Wünsche der Familien anzupassen, gleichzeitig den Eltern aber auch Wissen über die Einrichtung und die Kita zu vermitteln und ihnen Kompetenzen nahezubringen, mit denen sie ihre Kinder bestmöglich im Kita-Alltag unterstützen können. Zum anderen zielt der Beitrag auf die Gestaltung der Kommunikation und Kooperation, die ausschlaggebend ist für eine gute Zusammenarbeit vor dem Hintergrund der Förderung der Bildungs- und Entwicklungsprozesse sowie der Stärken und Kompetenzen der Kinder und die eine Voraussetzung für Partizipation von Familien in der Kita darstellt; eine Form der Elternbildung, die Langfeld (2016) als funktionale Familienbildung bezeichnet.

Als weitere Form der Familienbildung thematisiert der Beitrag die Beratung von Familien, durch welche anhand der Besprechung von familienrelevanten Themen die Entwicklung und Förderung von Elternkompetenzen unterstützt und damit ihre Aufgabe als Sozialisations- und Erziehungsinstanz gestärkt werden kann (Papastefanou, 2013). Insbesondere geht es dabei um eine Berücksichtigung des kulturellen Hintergrundes im Beratungsprozess.

2 Theoretischer Hintergrund

Ausgangspunkt der folgenden Darstellung ist die Annahme, dass es das kontinuierliche Anliegen von Eltern aus unterschiedlichen (kulturellen) Kontexten ist, das Beste für ihre Kinder sowie für die Entwicklung der Familie anzustreben. Die jeweiligen Umgebungsbedingungen, in denen Familien leben und ihre Kinder begleiten, können aber sehr unterschiedlich sein. Daraus ergeben sich je nach kulturellem Kontext recht differente Strategien, die jeweils eine optimale Vorbereitung der Kinder und Familien für das jeweilige Umfeld ermöglichen sollen. Folglich lässt sich in wissenschaftlichen Studien zeigen, dass Familien, die in sehr ähnlichen Umgebungen leben, bezüglich der familiären Prozesse auch ähnliche Überzeugungen haben und ähnliche Verhaltensweisen zeigen (z.B. Keller, Borke et al., 2009). Diese Betrachtungsweise hat ihre Wurzeln in der kulturanthropologisch-psychologischen Schule von John W. M. und Beatrice B. Whiting (1975) sowie auch in der *Life-history-Theorie*, bei der die Umwelt und die dort jeweils vorhandenen Ressourcen eine entscheidende Rolle bei der Gestaltung von Entwicklungsprozessen spielen (z.B. Belsky, Steinberg & Draper, 1991; Keller & Chasiotis, 2006). Auch können hier Parallelen zu Ansätzen gesehen werden, die Milieuunterschiede betrachten und modellhaft abbilden (z.B. Sinus Sociovision, o.J., 2017). Vor allem basieren die folgenden Ausführungen aber auf den theoretischen und empirischen Arbeiten von Heidi Keller und ihrem Team von der Universität Osnabrück (z.B. Keller, 2007).

Hintergrund dieser Arbeiten zur modellhaften und systematischen Einordnung von kulturellen Unterschieden sind die variierenden Ausprägungen der grundlegenden menschlichen Bedürfnisse bzw. psychischen (kognitiven, emotionalen, motivationalen und sozialen) Strukturierungssysteme Autonomie und Verbundenheit. Dabei werden unter Autonomie Prozesse der Selbstverwirklichung, Unabhängigkeit und Individualisierung verstanden. Verbundenheit hingegen bezieht sich in diesem Zusammenhang auf Aspekte der Zusammengehörigkeit und Gruppenbezogenheit sowie darauf, die eigenen Bedürfnisse und Wünsche hinter die der Bezugsgruppe zurückzustellen. Damit baut der Ansatz auf ältere Beschreibungsmodelle wie die Dimension

Individualismus-Kollektivismus von Hofstede (z.B. 1993) sowie die Unterscheidung zwischen independenten und interdependenten psychischen Konstellationen nach Markus und Kitayama (1991) auf und erweitert bzw. modifiziert diese Systematisierungen (Keller & Kärtner, 2013).

Im Folgenden werden die zwei prototypischen Ausprägungen bezogen auf unterschiedliche Konstellationen von Autonomie und Verbundenheit dargestellt. Dabei ist wichtig zu betonen, dass dies in keinem Fall so gemeint ist, dass die gesamte Vielfalt auf zwei Kategorien reduziert werden soll, was ihr natürlich nicht mal im Ansatz gerecht werden könnte. Vielmehr sollen die Prototypen dazu dienen, einen Raum der Möglichkeiten abzustecken, in dem zwischen und auch neben diesen Prototypen prinzipiell endlos viele hybride Modelle denkbar sind (Borke, 2013). Weiterhin soll durch die Kontrastierung der Prototypen die Variabilität und Nichtnormativität von Erziehungs- und Entwicklungsvorstellungen verdeutlicht werden.

2.1 Autonomieorientierung

Der Prototyp der Autonomieorientierung ist charakteristisch für Kontexte der industrialisierten sowie postindustriellen Mittel- und Oberschicht. Die Sozialstrukturen der Familien sind eher kleinfamiliär organisiert, d.h. meist in den kleinstmöglichen Einheiten (z.B. Mutter, Vater, Kind[er]). Die Eltern bekommen relativ spät die ersten und allgemein relativ wenig Kinder und die Überzeugungen und Umgangsweisen sind gekennzeichnet durch eine große Betonung der psychologischen Autonomie, also der inneren Unabhängigkeit und Selbstständigkeit (Keller, 2011). Kinder werden in diesen Kontexten z.B. früh nach ihrer Meinung („*Möchtest Du heute in den Zoo fahren?*") oder nach ihren Vorlieben („*Möchtest Du lieber die rote oder die blaue Hose anziehen?*") gefragt (Demuth, 2008). Dies geben Eltern aus diesen Kontexten auch an, wenn sie nach der Bedeutung von unterschiedlichen Entwicklungszielen gefragt werden. So bewerten sie in Befragungen vielfach Ziele wie „*Eigene Vorstellungen klar ausdrücken*" und „*Talente und Interessen entwickeln*" als besonders wichtig für Kinder in den ersten drei Lebensjahren (Keller, 2011). Bezogen auf die familiären Interaktionsstrategien mit Säuglingen finden sich vielfach Situationen, die durch viel Blickkontakt und vergleichsweise wenig Körperkontakt mit den Bezugspersonen gekennzeichnet sind (Keller, Borke et al., 2009). Vielmehr wird Zuneigung, Wärme und Liebe durch das Anschauen und Zeigen von freundlichen Gesichtern vermittelt. Weiterhin können Face-to-face-Situationen dem Erleben von Selbstwirksamkeit dienen (Kärtner, 2007). Keller, Yovsi und Kollegen (2004) konnten im Rahmen einer Längsschnittstudie zeigen, dass es einen regressionsanalytischen Zusammenhang zwischen der Häufigkeit an Face-to-face-Situationen, die Kinder im Alter von drei Monaten erlebten, und dem Zeitpunkt, wann sie sich selber im Spiegel erkennen konnten, gab. Dabei wird das Spiegelselbsterkennen als ein Anzeichen dafür gesehen, dass die Kinder sich als eine unabhängige Einheit erkennen und verstehen können (Bischof-Köhler, 1989). Kinder in eher autonomieorientierten Kontexten erleben sich folglich früher als von anderen getrennte autonome Einheit, was auch von den Bezugspersonen intuitiv unterstützt wird und besonders zentral in individualisierten Umgebungen ist, die durch ein hohes Ausmaß an Optionen und Auswahlmöglichkeiten gekennzeichnet sind. Jene autonomieorientierte Ausrichtung zeigt sich ebenfalls in pädagogischen Ansätzen sowie Familienratgebern, die in entsprechenden Kontexten verbreitet sind. Bei Elternratgebern weisen jene eine recht weite Verbreitung auf, die eine frühe Selbstregulation innerer Prozesse z.B. von kindlichen Fähigkeiten zum selbstregulierten autonomen Ein- und Durchschlafen unterstützen (z.B. Kast-Zahn & Morgenroth, 2007). Hinsichtlich der Angebote und der Kontaktgestaltung im Rahmen der Familienbildung sind Strukturen im Wesentlichen auf eine Kontaktgestaltung auf Augenhöhe angelegt, d.h. Themen, Abläufe und Gestaltungen werden zunehmend gleichberechtigt verhandelt und möglichst individuell angepasst. Entsprechend treten Mitarbeiter/innen von Familienbildungsangeboten weniger direktiv auf, vielmehr setzen sie auf den Dialog mit den Teilnehmer/innen, bei dem die jeweiligen Wünsche, Ziele und Ängste offen angesprochen und geklärt werden sollen.

Dieser Prototyp ist uns vermutlich vertraut und auch maßgeblich für weite Teile der (sozial)pädagogischen und psychologischen Angebotslandschaft. Dennoch lassen sich auch andere kulturelle Modelle beschreiben, weshalb es beim Aufeinandertreffen von Menschen mit unterschiedlichen Hintergründen zu Missverständnissen und Irritationen kommen kann und wodurch in der Folge möglicherweise Angebote zur Familienbildung nicht in dem Maße angenommen werden, wie dies gedacht wurde. Letztendlich bleibt nämlich festzuhalten, dass der überwältigend große Teil an Forschungsaktivitäten, die in der Psychologie und der Pädagogik durchgeführt werden, bzw. wurden, in Europa und Nordamerika mit entsprechenden Stichproben (zumeist in der formal hoch gebildeten städtischen Mittelschicht) stattfanden bzw. -finden und somit eher einem autonomieorientierten Kontext zugeordnet werden können. Diese repräsentieren mit ihrem kulturellen Modell aber lediglich etwa fünf Prozent der Weltbevölkerung, weshalb es problematisch ist, wenn daraus Theorien, Modelle und Anwendungskonzepte entwickelt werden, bei denen dann davon ausgegangen wird, dass sie eine Gültigkeit für sowie eine Anschlussfähigkeit an alle Menschen verkörpern (Henrich, Heine & Norenzayan, 2010; Nielsen, Haun, Kärtner & Legare, 2017). Folglich ist es wichtig, sich auch mit anderen kulturellen Kontexten auseinanderzusetzen und die dortigen psychischen und pädagogischen Prozesse zu verstehen sowie in den jeweiligen Angebotsstrukturen zur Familienbildung zu berücksichtigen.

2.2 Verbundenheitsorientierung

Der Prototyp der Verbundenheitsorientierung ist kennzeichnend für nicht industrialisierte traditionelle ländliche Regionen. Hier herrscht eine großfamiliäre Struktur vor. Die Mütter sind bei der Geburt der ersten Kinder vergleichsweise jung und bekommen im Laufe des Lebens mehrere Kinder. Die leitenden Konzepte sind geprägt von einer hohen Bedeutung der Gemeinschaft und gegenseitiger Verbundenheit. Gruppenbezogene Bedürfnisse und gemeinschaftliche Rituale werden dabei der individuellen Entfaltung übergeordnet. So erachten Eltern aus eher verbundenheitsorientierten

Kontexten, wenn sie beispielsweise nach der Bedeutung von unterschiedlichen Entwicklungszielen gefragt werden, Ziele wie *„Tun, was Eltern sagen“* und *„Ältere Menschen respektieren“* als besonders wichtig für Kinder in den ersten drei Lebensjahren (Keller, 2011). Hinsichtlich ihrer Interaktionsstrategien mit Säuglingen finden sich vermehrt Situationen, die durch viel Körperkontakt und eher wenig Blickkontakt zwischen Bezugsperson und Kind gekennzeichnet sind (Keller, Borke et al., 2009). Natürlich gibt es auch in eher autonomieorientierten Kontexten viele Situationen, bei denen Körperkontakt zum Kind besteht (Kuscheln, Tragen im Tragetuch etc.), aber es lässt sich zeigen, dass dieser in eher verbundenheitsorientierten Kontexten deutlich häufiger und ausgeprägter von den Bezugspersonen initiiert wird (Keller, Borke et al. 2009). In diesen Kontexten wird Nähe, Wärme und Liebe stark durch körperliche Nähe und weniger durch Blickkontakt ausgedrückt. Damit in Zusammenhang steht auch die Bedeutung von gemeinschaftsbezogenen Aufgaben. So zeigen Studien regressionsanalytische Zusammenhänge zwischen einer engen körperlichen Verbundenheit bei Bezugspersonen mit ihren drei Monate alten Säuglingen und dem Durchführen von kleinen Aufgaben, die von den Bezugspersonen gestellt wurden, als die Kinder 18 Monate alt waren. Je mehr Körperkontakt mit drei Monaten erlebt wurde, desto eher kamen die anderthalbjährigen Kinder den Aufforderungen der Bezugspersonen nach. Dies kann in Verbindung mit dem kulturellen Modell der Verbundenheitsorientierung gebracht werden (Keller, Yovsi et al, 2004), da sich dort das enge Gestalten von Gemeinschaften sowohl in körperlicher Nähe als auch in der Bedeutung von gemeinschaftsbezogenen Aufgaben und Pflichten zeigt. Verbundenheitsorientierte Kontexte sind entsprechend eher hierarchisch gegliedert und dies zeigt sich auch in der Gestaltung von Familienbildungsangeboten. So sind Hilfe- und Unterstützungssysteme hier ebenfalls stärker hierarchisch gegliedert und strukturiert als dies in autonomieorientierten Kontexten der Fall ist. Entsprechend besteht unter Umständen bei Familien, die in einem eher verbundenheitsorientierten Kontext aufgewachsen sind, eine gewisse Vertrautheit mit Angeboten, bei denen eher Vorgaben gemacht als individuelle Mitbestimmungsmöglichkeiten geboten werden (Tobin, Hsueh & Karasawa, 2009).

Letztendlich können an dieser Stelle die beiden Prototypen nur sehr kurz angerissen und dargestellt werden (zur Vertiefung siehe z.B. Keller, 2007, 2011; Keller & Kärtner, 2013). Auch stellen sie, wie oben bereits ausgeführt, lediglich zwei Konstellationen dar, die vor allem ein Gefühl für Unterschiedlichkeit und Nichtnormativität von familiären Prozessen darstellen sollen. Auf Mischformen und die damit verbundenen familiären Prozesse kann an dieser Stelle nicht näher eingegangen werden. Dieses Kapitel erhebt daher auf keinen Fall den (ohnehin unzulässigen) Anspruch, kulturelle Unterschiede umfassend und ausreichend zu beschreiben. Vielmehr soll es für Unterschiede sensibilisieren und dazu beitragen, die eigenen Sicht- und Herangehensweisen immer wieder bezüglich der Anschlussfähigkeit an Familien zu prüfen.

3 Die Bedeutung für Angebote zur Familienbildung

Aus den oben (vereinfacht) dargestellten unterschiedlichen Handlungs- und Denkweisen, die sich jeweils aus den Kontextbedingungen ableiten und die auch zu unterschiedlichen Zugangswegen und Erwartungen bezüglich Angeboten zur Familienbildung führen, können Missverständnisse entstehen sowie auch Ursachen dafür, warum Angebote nicht bei der gesamten intendierten Zielgruppe in dem Maße nachgefragt werden bzw. funktionieren, wie gedacht. Zum einen können die bereits angeführten Unterschiede bezüglich der Sozialisationsziele und die damit verbundenen unterschiedlichen Gestaltungen von Interaktionsprozessen mit Kindern in einem direkten Zusammengang gesehen werden mit elterlichen Erwartungen und kindlichen Vorerfahrungen. Beide sind entsprechend bei den Angeboten der Familienbildung zu berücksichtigen und zentral für die Arbeit mit Kindern. Zum anderen sind Aspekte zu nennen, welche die Kommunikation und Beziehungsgestaltung zwischen Erwachsenen im Rahmen von Familienbildungsangeboten betreffen. So können beispielsweise Unterschiede hinsichtlich des Umgangs mit Direktivität und Non-Direktivität beobachtet werden, die sich durch die jeweilige Ausprägung von sogenannter Machtdistanz in den entsprechenden kulturellen Kontexten erklären lassen (z.B. Hofstede, 1983; Triandis, 1995). In eher autonomieorientierten Kontexten ist die Machtdistanz eher gering und dadurch sind vor allem non-direktive Prozesse bestimmend, während in eher verbundenheitsorientierten Kontexten Unterstützung- und Heilersysteme verbreitet sind, die durch eine eher direktivere Vermittlung von Unterstützung und Hilfe gekennzeichnet sind. Folglich kann es sein, dass eine Familie, die in einem eher verbundenheitsorientierten Kontext aufgewachsen ist, ein non-direktives Unterstützungsangebot als ungewohnt und irritierend erlebt sowie (fälschlicherweise) als inkompetent wahrnimmt, da die unterstützenden Personen aufgrund der fehlenden konkreten Anweisungen anscheinend nicht wissen, was genau zu tun ist (Borke & Stommel, 2013; Stommel, 2013).

Auch bezüglich des Besprechens von Gefühlen und persönlichen Themen lassen sich Unterschiede beschreiben. In eher verbundenheitsorientierten Kontexten, in denen die Gemeinschaft eine hohe Bedeutung hat und andere Personen in der Selbstwahrnehmung immer auch eine zentrale Rolle spielen, liegt oft eine Art des Selbsterlebens vor, bei der es unüblich ist, introspektiv über sich selber nachzudenken. Vielmehr werden immer auch Wünsche und Bedürfnisse von zentralen Personen sowie Gruppennotwendigkeiten einbezogen (Markus & Kitayama, 1991). Folglich wird eine Frage wie „Was fühlen Sie gerade?" für jemanden aus einem eher autonomieorientierten Kontext vermutlich leicht zu beantworten sein, für jemanden aus einem eher verbundenheitsorientierten Kontext kann eine solche Art der Selbstaussage, die sich nur auf die eigene Person beziehen soll, ungewohnt und somit irritierend oder auch schwierig sein.

Des Weiteren lassen sich kulturelle Unterschiede hinsichtlich einer eher direkten oder eher indirekten Thematisierung von familienbezogenen Aspekten beobachten. In eher autonomieorientierten Kontexten wird oftmals direkt gesprochen, während in verbundenheitsorientierten Kontexten teilweise eine eher indirekte Ansprache von

Themen verbreitet ist (Mullen & Yi, 1995). Übertragen auf eine Arbeit mit Familien kann dies bedeuten, je nach Familie Themen direkt anzusprechen und manchmal eher indirekte Strategien zu wählen, wie z.B. durch das Verwenden von Geschichten, Beispielen oder Gleichnissen. Solche und ähnliche Unterschiede sollten bei der Gestaltung von Angeboten zur Familienbildung Berücksichtigung finden. Im Folgenden sollen nun zwei Anwendungskonzepte beschrieben werden.

3.1 Kultursensitive Frühpädagogik

Bei der Gestaltung des Alltags in Einrichtungen der frühen Bildung, Erziehung und Betreuung kann, rückgreifend auf die Grundgedanken der Bildungspläne und Konzepte der Selbstbildung bzw. Ko-Konstruktion (z.B. Fthenakis, 2014; Schäfer, 2016), von einer Orientierung an den individuellen Bedürfnissen, Interessen und Fragen sowie einer Förderung von Selbstbestimmung und Individualität der Kinder und einer auf einem partnerschaftlichen Gedanken beruhenden Zusammenarbeit mit Eltern ausgegangen werden. Wie in den bisherigen Ausführungen bereits deutlich wurde, dürften das Handlungspraxen sein, die zwar für Kinder und Familien aus eher autonomieorientieren Kontexten vertraut und damit anschlussfähig sind. Allerdings können sie Kinder und Familien aus eher verbundenheitsorientieren Kontexten vor Herausforderungen stellen, da sie von ihnen als befremdlich und irritierend wahrgenommen werden können. Dies soll an den in Kitas bzw. der Tagespflege zentralen Themen der *Eingewöhnung* und der *Zusammenarbeit mit Eltern* im Folgenden verdeutlicht werden.

Eingewöhnung

Beim Übergang der Kinder in eine Kita finden sich die an den individuellen Bedürfnissen der Kinder ausgerichteten Gedanken wieder, indem bei der Eingewöhnung zunehmend nach Modellen gearbeitet wird, bei denen sich das Kind in abgestuften Abläufen langsam und im eigenen Tempo an die neue Situation und die neue(n) Bezugsperson(en) gewöhnt (Laewen, Andres & Hédervári-Heller, 2011). Auch der Abschluss orientiert sich an den Bedürfnissen des einzelnen Kindes, indem die Eingewöhnung als abgeschlossen gilt, wenn sich die Kinder von den neuen Bezugspersonen trösten lassen und somit von einer tragfähigen Bindung ausgegangen wird (Dieken, 2016). Modelle, die einem solchen Ablauf folgen, beruhen auf einem Erziehungsideal einer exklusiven Bindung, wie es in autonomieorientierten Kontexten praktiziert wird. Dies führt dazu, dass Kinder bis zum Zeitpunkt des Übergangs in die Kita von eher wenigen Bezugspersonen betreut wurden und entsprechend wenig Trennungen erfahren haben (Borke, Döge & Kärtner, 2011). In verbundenheitsorientierten Kulturen ist es hingegen eher üblich, Säuglinge von Geburt an daran zu gewöhnen, sich von einer Vielzahl von Personen versorgen und begleiten zu lassen. Folglich zeigen Kinder auch kaum Stress, wenn sie von fremden Personen begrüßt oder auf den Arm genommen werden (Otto, 2009). Vor diesem Hintergrund ist ein abgestuft ablaufender Beziehungsaufbau mit der/m Bezugserzieher/in möglicherweise nicht in einer so ausgeprägten Intensität notwendig. Dennoch ist eine längere Zeit der Eingewöhnung auch hier wichtig und sinnvoll, um gerade Kinder und Familien aus anderen kulturellen Kontexten adäquat kennenlernen zu können und Vorstellungen sowie Erwartungen, beispielsweise zum Ablauf alltäglicher Routinen wie Essen, Schlafen oder Wickeln, in Erfahrung zu bringen. Auf der anderen Seite sollte es darum gehen, die Familien mit der Einrichtung und den pädagogischen Fachkräften vertraut zu machen (Schwentesius, 2016). Nicht selten liegen hier bei Eltern andere Vorstellungen über Kindertagesbetreuung sowie über alltägliche Routinen wie Essen, Spielen, Schlafen oder Wickeln vor (Borke, Döge & Kärtner, 2011).

Zusammenarbeit mit Eltern

Wie bereits aufgezeigt, können sich aus den unterschiedlichen kulturellen Modellen differente Vorstellungen hinsichtlich der Kommunikation zwischen Personen ergeben. Dies zeigt sich auch in der Kita. So sind Menschen aus autonomieorientierten Kontexten eher eine partnerschaftliche und direkte sowie zielorientierte Kommunikation auf Augenhöhe gewöhnt, wie sie auch von den Bildungsplänen für eine Erziehungspartnerschaft gefordert wird (Kalicki, 2010). Bei Familien aus eher verbundenheitsorientierten Kontexten kommen sozialen Hierarchien und Strukturen eine große Bedeutung zu, was dazu führen kann, dass sich Eltern bei der Zusammenarbeit eher zurückziehen und kein eigenes Interesse an einem Austausch für die pädagogischen Fachkräfte deutlich wird. Dies kann daran liegen, dass sie es möglicherweise nicht gewohnt sind, dass ihre Mitsprache gefragt ist. Auch ist die Wahrnehmung der Fachkräfte von einer Zurückhaltung oder einer kontinuierlichen Zustimmung bei allem durch die Eltern denkbar. Hintergrund hierfür kann ein kulturell geprägtes Verständnis der Institution Kita und deren Mitarbeiter/innen als Autorität sowie von einer klaren Trennung der Zuständigkeiten zwischen Familie und Institution sein, bei der es nicht üblich und gewünscht ist, dass Nachfragen oder Kritik offen geäußert werden (Borke, Döge & Kärtner, 2011). Wichtig ist es, diese Zurückhaltung nicht als Desinteresse oder fehlende Motivation zu deuten. Vielmehr können Familien aus eher verbundenheitsorientierten Kontexten partnerschaftliche Kommunikations- und Gesprächsstrukturen als ungewohnt und irritierend wahrnehmen, insbesondere, wenn Themen angesprochen werden, die möglicherweise als konflikthaft und unangenehm erlebt werden (Borke, Döge & Kärtner, 2011).

Neben diesen unterschiedlichen kulturell geprägten Gesprächs- und Kommunikationserfahrungen bzw. -erwartungen können verschiedene kulturelle Kontexte auch zu differenten Erwartungen an die Bildung und Entwicklung der Kinder bzw. zu unterschiedlichen Erziehungs- und Sozialisationszielen führen (z.B. Förderung der Unabhängigkeit vs. Verinnerlichung sozialer Konventionen/Eingliederung in die soziale Gemeinschaft) (Borke & Keller, 2014; Keller, 2007).

Mit den differenten Familienkulturen und Bildern vom Kind stehen auch unterschiedliche Umgangs- und Interaktionsformen mit dem Kind in der Familie und in der Einrichtung im Zusammenhang. Diese wiederum zeigen sich in unterschiedlichen

Erwartungen an das Verhalten der pädagogischen Fachkräfte und können zum Teil konträr zu den eigenen Vorstellungen einer angemessenen Handlungspraxis der Pädagog/innen stehen.

Für einen angemessenen Umgang mit diesen Herausforderungen liegt eine Vielzahl an Ansätzen vor, wie mit kultureller Vielfalt und Diversität in Institutionen der frühen Bildung, Betreuung und Erziehung umgegangen werden kann (z.B. Auernheimer, 2007; Böhm, Böhm & Deiss-Niethammer, 1999; Mecheril, 2004). Der Ansatz der kultursensitiven Frühpädagogik versteht sich hier als Ergänzung sowie als ein Ansatz, der große Komplexitätsreduktionen vermeidet (die z.B. durch Vergleiche von Ländern oder Religionen entstehen), und dennoch konkrete Beschreibungen und Handlungsoptionen für pädagogische Schlüsselsituationen anhand des kulturellen Hintergrundes von Familien ermöglichen soll. Entscheidend dabei sind die drei Dimensionen *Kenntnis*, *Haltung* und *Leben von Diversität* (Borke & Keller, 2014).

Kenntnis

Unter Kenntnis werden das Wissen über kulturelle Hintergründe, unterschiedliche kulturelle Entwicklungspfade, Erziehungs- und Sozialisationsziele, verschiedene Sprachen, Hintergründe von Religionen, bestimmte Werte, Normen und Gesten und Vieles mehr verstanden, was dazu beiträgt, Kinder und Familien sowie ihre Haltungen und Handlungspraxen besser verstehen zu können.

In Bezug auf die Eingewöhnung wäre dies beispielsweise Kenntnis über die Gestaltung des Bindungsaufbaus, das zu erwartende Verhalten bei Trennung und Formen des unterschiedlichen Umgangs der Eltern.

Für die Zusammenarbeit mit den Eltern wäre es z.B. Wissen über die kulturell geprägten Erwartungen bezogen auf die Gestaltung und den Umfang des Kontaktes, das Zeitverständnis sowie auf die Vorstellungen von Geschlechterrollen (Borke & Keller, 2014).

Auch wenn Wissen wichtig für kultursensitives Arbeiten ist, ist es nicht möglich und notwendig alles zu wissen. Zentral ist hier zusätzlich auch eine entsprechende Haltung.

Haltung

Eine kultursensitive Haltung umfasst die Bereitschaft, sich mit den unterschiedlichen Selbstverständnissen hinsichtlich der Erziehung und Entwicklung von Kindern auseinanderzusetzen sowie die Bereitwilligkeit, sich Wissen über kulturelle Unterschiede anzueignen. Im weitreichenden Sinne meint dies eine Haltung, die sich durch Neugier, Interesse und Offenheit gegenüber Familien und ihren Erziehungsvorstellungen und -praktiken auszeichnet, auch wenn diese nicht mit den eigenen übereinstimmen. In diesen Fällen zeichnet sich eine kultursensitive Haltung durch das Finden von Kompromissmöglichkeiten mit den Familien aus (Borke, Döge & Kärtner, 2011).

Bezogen auf den Bereich der Eingewöhnung charakterisiert sich eine kultursensitive Haltung durch Verständnis und Wertschätzung kulturell geprägter Formen des Bindungsaufbaus und den damit in Zusammenhang stehenden Vorstellungen von Eingewöhnung sowie durch eine Offenheit und Kompromissbereitschaft gegenüber Wünschen und Erwartungen von Familien (Borke & Keller, 2014).

Die Haltung den Eltern gegenüber zeichnet sich durch einen offenen, neugierigen und nicht wertenden Kontaktaufbau und die Bereitschaft aus, die elterlichen Wünsche und das elterliche Auftreten zu verstehen. Rückgreifend auf die Konzepte der Einrichtungen bedarf es hier zum Teil einer Klärung, bei der es neben einem interessierten Verstehen-Wollen der kulturellen Konzepte der Eltern auch um eine Positionierung und Erklärung der Vorgehensweise in der Einrichtung gehen sollte (Borke & Keller, 2014).

Leben von Diversität

Diese Dimension betrifft die konkrete Handlungspraxis und umfasst das Vorhandensein verschiedenster Handlungsoptionen, mit denen sensibel und situationsangemessen auf die unterschiedlichen kulturell geprägten Erwartungen, Erfahrungen und Wünsche der Kinder und Familien eingegangen werden kann. Leben von Diversität setzt demnach flexible Handlungsmöglichkeiten in pädagogischen Schlüsselsituationen je nach kulturellem Hintergrund der Familien voraus.

So sollte bei der Gestaltung der Eingewöhnung auf unterschiedliche Strategien zurückgegriffen werden können, die sowohl Eltern, denen stufenartige Eingewöhnungsmodelle vertraut sind, als auch Eltern, denen Institutionen der frühen Bildung, Erziehung und Betreuung eher fremd sind, das Eingewöhnungskonzept verständlich näherbringen. Entscheidend dabei sind eine sensible Wahrnehmung der Erfahrungen, Wünsche, Bedürfnisse und Erwartungen der Kinder und der Eltern und ein Aufgreifen dieser während des gesamten Prozesses der Eingewöhnung.

In Bezug auf die Zusammenarbeit mit Familien setzt ein Leben von Diversität einen variablen Einsatz von z.B. non-direktiven und direktiveren Gesprächs- und Kommunikationsstrukturen voraus, um so an unterschiedliche Erfahrungen, Konzepte und Erwartungen der Eltern anschließen zu können (Borke & Keller, 2014).

3.2 Kultursensitive Beratung von Familien mit Säuglingen und Kleinkindern

In Familien mit Säuglingen und Kleinkindern kommt es nicht selten zu erheblichen Belastungen, die auf Seiten des Kindes unter anderem mit exzessivem Säuglingsschreien, Problemen beim Schlaf- und Essverhalten sowie exzessivem Trotzverhalten in Verbindung gebracht werden können (z.B. Papoušek, Schieche & Wurmser, 2004). Die Ursachen für diese Belastungen können sehr unterschiedlich sein und auf verschiedenen Ebenen der Familie gesehen werden. Ebenso variantenreich sind die Ansätze zur Beratung und Unterstützung von Familien mit Säuglingen und Kleinkindern (z.B. Borke & Eickhorst, 2008; Cierpka, 2012; Ziegenhain, Fries, Bütow & Derksen, 2004). Der Ansatz zur kultursensitiven Beratung bezieht auf allen Ebenen des Beratungsprozesses systematisch die kulturelle Vielfalt sowie die daraus erwachsene Nichtnormativität von familiären Prozessen mit ein (Borke, Schiller, Schöllhorn & Kärtner, 2015; Schöllhorn, Borke, Schiller & Kärtner, 2016). Er soll im Folgenden beispielhaft etwas näher dargestellt werden, da hier auch Bezüge zu und Übertragungen auf andere Angebote der Familienbildung, mit unterschiedlichen Formen der familiären Unterstützung, denkbar sind.

Kern des Ansatzes ist der Ablauf eines Beratungsprozesses in vier Stufen. Bei der ersten steht die *Klärung des Anliegens* im Mittelpunkt. Dies ist natürlich immer ein zentraler Aspekt. Die Besonderheit liegt hier darin, dass bereits bei diesem Punkt die kulturspezifischen Vorstellungen sowie elterlichen Erwartungen (im Sinne von Sozialisationszielen) bezüglich des angestrebten kindlichen und elterlichen Verhaltens (z.B. ob es ein wichtiges Ziel ist, dass das Kind daran gewöhnt werden sollte, im eigenen Bett zu schlafen oder ob es gewünscht ist, dass das Kind gemeinsam in einem Familienbett schläft) sowie bezogen auf das beschriebene Problemverhalten und dessen Korrekturbedürftigkeit ebenso wie die Vorstellungen von sozialen Unterstützungsstrukturen, erfragt und berücksichtigt werden. Auf diese Weise wird es möglich, einen Einblick in das jeweilige kulturelle Modell der Familie zu bekommen. Dies ist nicht trivial, da die kulturellen Konzepte von Familien stark von denen der Berater/innen abweichen können und es hier folglich bei einem nicht ausreichenden Erkunden schnell zu Missverständnissen oder Irritationen kommen kann.

Im Zentrum der zweiten Stufe steht eine *Fit-Misfit-Analyse und Zieldefinition.* Sie sollte einen Abgleich des jeweils von der Familie vertretenen kulturspezifischen Ideals mit der aktuellen Lebenswelt beinhalten (inwiefern passen die elterlichen Herangehensweisen und Wünsche zum Umfeld, in dem die Familie aktuell lebt bzw. in dem das Kind aufwächst?). Wenn sich hierbei Nichtübereinstimmungen (Misfits) zeigen (z.B. wenn eine elterliche Strategie auf Geschlechterrollenvorstellungen basiert, die nicht mit dem Bild in dem Kontext übereinstimmen, in dem das Kind aufwächst), so bedarf es hier einer Klärung, wie dieses Misfit aufgelöst werden kann. Hierbei bewegen sich Familien und Berater/innen in einem Spannungsfeld zwischen Universalismus und Kulturrelativismus (was kann aus Sicht des Kindeswohls als andere kulturelle Sichtweise akzeptiert werden und was nicht [als ein Beispiel für letztes kann z.B. das Schlagen von Kindern betrachtet werden]). Die Berater/innen sollten sich dieses Spannungsfeldes bewusst werden und jeweils überlegen, wie damit situativ umzugehen ist und dies entsprechend mit den Eltern thematisieren.

Als dritte Stufe kann die *Beratungsgestaltung* angesehen werden. Dabei sind die Kontaktgestaltung und die Planung des Beratungsprozesses sowie die Gestaltung einer Anschlussfähigkeit an die kulturellen Hintergründe der Familie zentral. Wie bereits oben unter dem Punkt *Zusammenarbeit mit Eltern* erwähnt, können je nach kulturellem Hintergrund von Familien recht unterschiedliche Kommunikationsformen und -erwartungen gewohnt sein. So kann mal mehr eine non-direktive Prozessgestaltung, bei der sich die Berater/innen eher als Experten für die sichere Rahmung des Beratungsprozesses darstellen und mal eher eine stärker direktive Gestaltung, bei der sich die Berater/innen eher als Experten für mögliche Lösungen darstellen, hilfreicher sein, um einen guten Kontakt mit Familien herzustellen. Bei einer kultursensitiven Beratung ist es folglich sowohl wichtig, dass die kulturellen Hintergründe der Familien, bei Diagnostik und Intervention berücksichtigt werden als auch bei der Art der Kontaktgestaltung, damit auf allen Ebenen eine Anschlussfähigkeit an unterschiedliche Familien gelingen kann.

Die vierte Stufe bilden die *Interventionen*, also die konkreten Strategien, die zu Erleichterung in den Familien führen sollen. Auch sie sollten jeweils an die kulturellen Hintergründe der Eltern und der Kinder anschließen und entsprechend mit den Eltern geplant bzw. ihnen als solche nahegebracht und vermittelt werden. Hierbei ist es kontinuierlich wichtig, die Passung sowohl für die Familie mit ihren Hintergründen (z.B. bezogen auf gewohnte Schlafarrangements, kulturelle Vorstellungen bezüglich der Erziehung und Gestaltung von familiären Abläufen und Rollen; hier können eben, wie oben angedeutet, große kulturelle Unterschiede zwischen den Vorstellungen und Überzeugungen der Berater/innen und den Eltern bestehen), das Wohl des Kindes (im Sinne der Position eines Anwaltes für das Kind sollte bei Interventionen immer mitbedacht werden, ob diese aus Sicht des Kindeswohles vertretbar sind) aber auch für die zukünftige Entwicklung in dem Umfeld, in dem die Familie lebt (falls dies ein anderes sein sollte, als das, in welchem die Familie aufgewachsen ist), zu berücksichtigen. So kann es beispielsweise sein, dass eine Familie aus ihrem Heimatkontext Herangehensweisen gewohnt sind, die in dem aktuellen Aufenthaltskontext nicht im gleichen Maße adaptiv sind und möglicherweise sogar zu Schwierigkeiten führen oder diese Aufrechterhalten und verstärken können (z.B. wenn die Betreuung von Säuglingen und Kleinkindern traditionell als eine Aufgabe von Frauengruppen gesehen wird, während die Männer in dieser Phase andere Aufgaben zur Unterstützung der Familie übernehmen, kann dieses Modell gut funktionieren, solange die großfamiliären Strukturen bestehen, ändern sich diese aber, beispielsweise durch Migrationsprozesse und einer damit möglicherweise einhergehenden stärkeren Isolation der Kernfamilie, so werden andere Unterstützungskontexte und damit vermutlich auch egalitärere Aufgabenaufteilungen zwischen Männern und Frauen notwendig, um die gute Entwicklung des Kindes zu gewährleisten).[1]

4 Fazit

Der vorliegende Beitrag hat mit dem Ansatz der kultursensitiven Frühpädagogik und der kultursensitiven Beratungen Möglichkeiten aufgezeigt, wie in den dargestellten Bereichen der Familienbildung der wichtigen Querschnittsaufgabe einer Wahrnehmung und Berücksichtigung von kultureller Vielfalt begegnet werden kann. Dabei

1 Der Ansatz kann hier nur sehr grob dargestellt werden. Eine ausführliche Darstellung mit weiteren theoretischen und empirischen Hintergründen sowie zur Diagnostik und Intervention mit vielen praktischen Umsetzungsmöglichkeiten und Fallbeispielen findet sich bei Borke, Schiller, Schöllhorn und Kärtner (2015).

sind die Ansätze, die von unterschiedlichen kulturellen Entwicklungskontexten und -pfaden ausgehen, als eine Ergänzung der bisherigen Ansätze zu verstehen, die bei einer systematischen Berücksichtigung von kultureller Vielfalt unterstützen können, jedoch nicht zu einer (vorschnellen bzw. unangemessenen) Kategorisierung führen sollen. Sie sollen vielmehr für unterschiedliche Handlungs- und Kommunikationsstrukturen sensibilisieren sowie deren jeweilige Kontextgebundenheit verdeutlichen. So wird es letztendlich möglich, an die Erfahrungen und die damit einhergehenden Erwartungen von Familien und Kindern anzuschließen und ihnen so eine Beteiligung im Rahmen von Angeboten der Familienbildung zu ermöglichen. Dabei steht die Entwicklung eines gegenseitigen Verständnisses im Vordergrund, vor dessen Hintergrund dann gemeinsam Lösungs- und Kompromissmöglichkeiten erarbeitet werden können. Die Basis dafür bildet eine Gestaltung von Angeboten zur Familienbildung, die an die kulturell geprägten Erfahrungen der Familien anschließt und ihnen so die Möglichkeit bietet, sich im Rahmen ihrer Erwartungen und Bedürfnisse sowie ihrer kulturell geprägten Strukturen und Handlungspraxen zu beteiligen.

Der für diesen Ansatz gewählte Begriff der Kultursensitivität soll also ein auf mehreren Ebenen stattfindendes sensitives, einfühlsames und durch Wissen gestütztes Wahrnehmen von kulturellen Unterschieden sowie einen damit verbundenen praktischen Umgang mit kultureller Vielfalt verdeutlichen. Teilweise findet sich in der Literatur auch der Begriff der Kultursensibilität, unter dem ähnliches verwendet werden kann und der sich nicht ganz trennscharf vom Begriff der Kultursensitivität abgrenzen lässt.

Literatur

Auernheimer, Georg (2007). *Einführung in die Interkulturelle Pädagogik* (6. Aufl.). Darmstadt: Wissenschaftliche Buchgesellschaft.

Beck, Ulrich & Beck-Gernsheim, Elisabeth (Hrsg.) (1994). *Riskante Freiheiten: Individualisierung in modernen Gesellschaften*. Frankfurt/M.: edition suhrkamp

Belsky, Jay, Steinberg, Laurence & Draper, Patricia (1991). Childhood experience, interpersonal development, and reproductive strategy: An evolutionary theory of socialization. *Child Development, 62*(4), 647–670.

Bischof-Köhler, Doris (1989). *Spiegelbild und Empathie. Die Anfänge der sozialen Kognition*. Bern: Hans Huber.

Böhm, Dietmar, Böhm, Regine & Deiss-Niethammer, Birgit (1999). *Handbuch Interkulturelles Lernen. Theorie und Praxis für die Arbeit in Kindertageseinrichtungen* (3. Aufl.). Freiburg i.Br.: Herder.

Borke, Jörn (2013). Kultursensitive systemische Familientherapie. In Michael Grabbe, Jörn Borke & Cornelia Tsirigotis (Hrsg.), *Autorität, Autonomie und Bindung. Die Ankerfunktion bei elterlicher und professioneller Präsenz* (S. 134–149). Göttingen: Vandenhoeck & Ruprecht.

Borke, Jörn, Döge, Paula & Kärtner, Joscha (2011). *Kulturelle Vielfalt bei Kindern in den ersten Jahren. Anforderungen an frühpädagogische Fachkräfte.* WiFF Expertise, Band 16. München: Deutsches Jugendinstitut.

Borke, Jörn & Eickhorst, Andreas (Hrsg.) (2008). *Systemische Entwicklungsberatung in der frühen Kindheit.* Wien: Facultas/UTB.

Borke, Jörn & Keller, Heidi (2014). *Kultursensitive Frühpädagogik.* Stuttgart: Kohlhammer.

Borke, Jörn, Schiller, Eva-Maria, Schöllhorn, Angelika & Kärtner, Joscha (2015). *Kultur – Entwicklung – Beratung. Kultursensitive Therapie und Beratung für Familien mit Säuglingen und Kleinkindern.* Göttingen: Vandenhoeck & Ruprecht.

Borke, Jörn & Stommel, Anne-Franziska (2013). *Kultur und Beratung – Die Bedeutung des kulturellen Hintergrundes für Beratungsprozesse mit Eltern von Babys und Kleinkindern.* Poster, präsentiert auf der 18. Jahrestagung der Gesellschaft für seelische Gesundheit in der frühen Kindheit e. V. (GAIMH), Oberursel, 26.-28. September.

Cierpka, Manfred (Hrsg.) (2012). *Frühe Kindheit 0–3. Beratung und Psychotherapie für Eltern mit Säuglingen und Kleinkindern.* Heidelberg: Springer.

Demuth, Carolin (2008). *Talking to infants: How culture is instantiated in early mother-infant interactions. The case of Cameroonian farming Nso and North German middle-class families.* Dissertation: Universität Osnabrück. Zugriff am 12.08.2017 unter http://repositorium.uni-osnabrueck.de/bitstream/urn:nbn:de:gbv:700–2009030626/2/E-Diss865_thesis.pdf

Dieken, Christel van (2016). *Was Krippenkinder brauchen. Bildung, Erziehung und Betreuung von unter Dreijährigen* (2. Aufl.). Freiburg i.Br.: Herder.

Fischer, Sybille & Fröhlich-Gildhoff, Klaus (Hrsg.) (in Druck). *Chancen-gleich. Kulturelle Vielfalt als Ressource in frühkindlichen Bildungsprozessen: Manual zur Qualifizierung pädagogischer Fachkräfte.* Stuttgart: Kohlhammer.

Fthenakis, Wassilios E. (2014). Bildung am Kind orientiert von Anfang an – Ein Gespräch mit Wassillios E. Fthenakis. In Annette Schmitt, Günter Mey, Anja Schwentesius & Rubina Vock (Hrsg.), *Mathematik und Naturwissenschaften anschlussfähig gestalten. Konzepte, Erfahrungen und Herausforderungen der Kooperation von Kita und Schule* (S. 15–25). Kronach: Carl Link.

Henrich, Joseph, Heine, Steven J. & Norenzayan, Ara (2010). The weirdest people in the world. *Behavioral and Brain Sciences, 33*(2–3), 61–83.

Hofstede, Geert (1983). Dimensions of national cultures in fifty countries and three regions. In Jan B. Deregowski, Susanne Dziurawiec & Robert C. Annis (Hrsg.), *Expiscations in cross-cultural psychology* (S. 335–355). Lisse: Swets & Zeitlinger.

Hofstede, Geert (1993). *Interkulturelle Zusammenarbeit. Kulturen – Organisationen – Management.* Wiesbaden: Springer.

Kärtner, Joscha (2007). *Einflussgrößen auf die Entwicklung empathischen Erlebens und prosozialen Verhaltens: eine kulturvergleichende Untersuchung.* Dissertation: *Universität Osnabrück.* Zugriff am 12.08.2017 unter https://repositorium.uni-osnabrueck.de/bitstream/urn:nbn:de:gbv:700–2008051619/2/E-Diss789_thesis.pdf

Kalicki, Bernhard (2010). Spielräume einer Erziehungspartnerschaft von Kindertageseinrichtungen und Familie. *Zeitschrift für Pädagogik, 56*(2), 193–205.

Kast-Zahn, Annette & Morgenroth, Hartmut (2007). *Jedes Kind kann schlafen lernen* (9. Aufl.). München: Gräfe & Unzer.

Keller, Heidi (2007). *Cultures of infancy*. Mahwah, NJ: Erlbaum.

Keller, Heidi (2011). *Kinderalltag – Kulturen der Kindheit und ihre Bedeutung für Bindung, Bildung und Erziehung*. Heidelberg: Springer.

Keller, Heidi, Borke, Jörn, Staufenbiel, Thomas, Yovsi, Relindes D., Abels, Monika, Papaligoura, Zaira, Jensen, Henning, Lohaus, Arnold, Chaudhary, Nandita, Lo, Wingshan & Su, Yanjie (2009). Distal and Proximal Parenting as two Alternative Parenting Strategies during Infant's Early Months of Life. A Cross-Cultural Study. *International Journal of Behavioral Development, 33*(5), 412–420.

Keller, Heidi & Chasiotis, Athanasios (2006). Evolutionary perspectives on social engagement. In Peter J. Marshall & Nathan A. Fox (Hrsg.), *The development of social engagement: Neurobiological perspectives* (S. 275–303). Oxford: Oxford University Press.

Keller, Heidi & Kärtner, Joscha (2013). Development – The cultural solution of universal developmental tasks. In Michele Gelfand, Chi-Yue Chiu & Ying-Yi Hong (Hrsg.), *Advances in culture and psychology* (Bd. 3, S. 63–116). New York: Oxford University Press.

Keller, Heidi, Yovsi, Relindes D., Borke, Jörn, Kärtner, Joscha, Jensen, Henning & Papaligoura, Zaira (2004). Developmental Consequences of Early Parenting Experiences: Self Recognition and Self Regulation in Three Cultural Communities. *Child Development, 75*(6), 1745–1760.

Laewen, Hans-Joachim, Andres, Beate & Hédervári-Heller, Eva (2011). *Die ersten Tage – Ein Modell zur Eingewöhnung in Krippe und Tagespflege* (8. Aufl.). Berlin: Cornelsen.

Langfeld, Andreas (2016). Familienbildung. In Jutta Helm & Anja Schwertfeger (Hrsg.), *Arbeitsfelder der Kindheitspädagogik* (S. 36–46). Weinheim: Beltz Juventa.

Markus, Hazel R. & Kitayama, Shinobu (1991). Culture and the self: Implications for cognition, emotion, and motivation. *Psychological review, 98*(2), 224–253.

Mecheril, Paul (2004). *Einführung in die Migrationspädagogik*. Weinheim: Beltz.

Mullen, Mary K. & Yi, Soonhyung (1995). The cultural context of talk about the past: Implications for the development of autobiographical memory. *Cognitive Development, 10*(3), 407–419.

Nielsen, Mark, Haun, Daniel, Kärtner, Joscha & Legare, Cristine H. (2017). The persistent sampling bias in developmental psychology: A call to action. *Journal of Experimental Child Psychology, 162*, 31–38.

Otto, Hiltrud (2009). *Culture-specific attachment strategies in the Cameroonian Nso: Cultural solutions to a universal developmental task*. Dissertation, Universität Osnabrück. Zugriff am 11.10.2017 unter https://repositorium.uni-osnabrueck.de/bitstream/urn:nbn:de:gbv:700–2009050119/2/E-Diss881_thesis.pdf

Papastefanou, Christiane (2013). Familienbildung. In Lilian Fried & Susanna Roux (Hrsg.), *Handbuch Pädagogik der frühen Kindheit* (3., überarb. Aufl.) (S. 366–378). Berlin: Cornelsen.

Papoušek, Mechthild, Schieche, Michael & Wurmser, Harald (Hrsg.) (2004). *Regulationsstörungen der frühen Kindheit: Frühe Risiken und Hilfen im Entwicklungskontext der Eltern-Kind-Beziehungen*. Bern: Hans Huber.

Rupp, Marina, Mengel, Melanie & Smolka, Adelheid (2010). *Handbuch zur Familienbildung im Rahmen der Kinder- und Jugendhilfe in Bayern*. Bamberg: Staatsinstitut für Familienforschung (ifb-Materialien 7–2010).

Schäfer, Gerd E. (2016). *Bildungsprozesse im Kindesalter. Selbstbildung, Erfahrung und Lernen in der frühen Kindheit* (6. Aufl.). Weinheim: Beltz.

Schöllhorn, Angelika, Borke, Jörn, Schiller Eva-Maria & Kärtner, Joscha (2016). Beratung mit Familien aus unterschiedlichen kulturellen Kontexten – Ein Prozessmodell zur kultursensitiven Beratung für Familien mit Säuglingen und Kleinkindern. *Familiendynamik, 41*(4), 284–292.

Schwentesius, Anja (2016). Mit Eltern kulturelle Vielfalt (er)leben – Herausforderungen einer kultursensitiven Zusammenarbeit. Jörn Borke & Anja Schwentesius (Hrsg.), *Kulturelle Vielfalt in Kindertagesstätten. Erfahrungen und Projekte aus der Praxis für die Praxis* (S. 33–45). Kronach: Carl Link.

Sinus Sociovision (o.J.). *SINUS-Milieus Deutschland*. Zugriff am 12.08.2017 unter http://www.sinus-institut.de/sinus-loesungen/sinus-milieus-deutschland/Sinus Sociovision (2017). *SINUS-Studie zu den Migranten-Lebenswelten in Deutschland 2016*. Zugriff am 12.08.2017 unter http://www.sinus-institut.de/sinus-loesungen/sinus-migrantenmilieus/Stommel, Anne-Franziska (2013). *Beratung und Kultur. Die Bedeutung des kulturellen Hintergrundes für Beratungsprozesse mit Eltern von Babys und Kleinkindern*. Masterarbeit, Universität Osnabrück, Fachbereich Humanwissenschaften.

Tobin, Joseph, Hsueh, Yeh & Karasawa, Mayumi (2009). *Preschool in three cultures revisited*. Chicago: University of Chicago Press.

Triandis, Harry C. (1995). *Individualism and collectivism*. Boulder: Westview Press.

Wagner, Petra (Hrsg.) (2008). *Handbuch Kinderwelten. Vielfalt als Chance – Grundlagen einer vorurteilsbewussten Bildung und Erziehung*. Freiburg i.Br.: Herder.

Whiting, Beatrice B. & Whiting, John W. M. (1975). *Children of six cultures: a psycho-cultural analysis*. Cambridge, MA: Harvard University Press.

Ziegenhain, Ute, Fries, Mauri, Bütow, Barbara & Derksen, Bärbel (2004). *Entwicklungspsychologische Beratung für junge Eltern*. Weinheim: Juventa.

Halit Öztürk und Sara Reiter

Familienbildungseinrichtungen in Nordrhein-Westfalen – Potenziale und Herausforderungen für einen diversitätsbewussten Umgang mit Migration

Abstract

Einrichtungen der öffentlichen Weiterbildung, insbesondere Familienbildungseinrichtungen, sehen sich heute mehr denn je vor der Herausforderung, ihre Arbeit an den Bedarfslagen einer durch Diversität geprägten Gesellschaft auszurichten. Vor diesem Hintergrund beschäftigt sich der Beitrag datenbasiert mit der Frage, wie Familienbildungseinrichtungen in Nordrhein-Westfalen das Thema Migration bearbeiten und welche fachlichen und organisatorischen Strategien und Maßnahmen sie aktuell umsetzen. Es werden Ergebnisse aus dem jüngst veröffentlichten Forschungsprojekt „Migration und Diversität in Einrichtungen der Weiterbildung" vorgestellt, die das besondere Gestaltungspotenzial der Familienbildung bei der Bewältigung migrationsbedingter Herausforderungen aufzeigen. Es werden auch Handlungsbedarfe sichtbar, die in einem abschließenden Teil als Perspektiven einer diversitätsbewussten Familienbildungsarbeit diskutiert werden.

1 Zum Forschungsstand

Den Einrichtungen der Familienbildung kommt bei der erfolgreichen Gestaltung von Migration und den damit einhergehenden vielschichtigen Herausforderungen eine wichtige Rolle zu, denn immerhin weist rund ein Drittel der Familien in Deutschland einen Migrationshintergrund auf (Krack-Roberg et al., 2016, S. 51). Als ein ausgewiesener Teilbereich der Erwachsenenbildung/Weiterbildung richtet sich die Familienbildung in Deutschland mit einer Vielzahl von Familienbildungseinrichtungen in unterschiedlicher Trägerschaft, u.a. Kommunen, Kirchen, Wohlfahrtsverbände (Minsel, 2011, S. 869; Seiverth, 2010, S. 111), an *alle* „Eltern-Kind-Gemeinschaften" (Krack-Roberg et al., 2016, S. 51), um insbesondere die familiären Erziehungs- und Beziehungskompetenzen sowie die Handlungskompetenzen im Umgang mit komplexen (Familien-)Lebenslagen zu fördern und zu stärken (Bird/Hübner, 2013, S. 33; Minsel, 2011, S. 866; SGB VIII, § 16[1]).

Unter der Bezeichnung „Familien mit Migrationshintergrund" werden hier in Anlehnung an das Statistische Bundesamt „alle in einem Haushalt zusammenlebenden Eltern-Kind-Gemeinschaften" gefasst, „bei denen mindestens ein Eltern-

1 Sozialgesetzbuch (SGB VIII), Achtes Buch Kinder- und Jugendhilfe siehe unter http://www.sozialgesetzbuch-sgb.de/sgbviii/1.html

teil eine ausländische Staatsangehörigkeit besitzt oder die deutsche Staatsangehörigkeit durch Einbürgerung oder – wie im Fall der Spätaussiedler – durch einbürgerungsgleiche Maßnahmen erhalten hat" (Krack-Roberg et al., 2016, S. 51).

Dass sich Familienbildungseinrichtungen bemühen, gezielt Familien mit Migrationshintergrund zu erreichen, zeigt sich vor allem darin, dass sie spezifische Angebote für diese Adressatengruppe offerieren. Neben Angeboten zur Sprachförderung gibt es insbesondere Angebote zur Stärkung der elterlichen Erziehungskompetenzen von Familien mit Migrationshintergrund. Es handelt sich hier teilweise auch um Programme, die innovative Konzepte der Zielgruppenansprache entwickelt haben (Fischer et al., 2008, S. 63; Fischer, 2012, S. 355; Wilke et al., 2014). Die Evaluationsstudie zur Interkulturellen Öffnung von Einrichtungen der Familienbildung in NRW von Fischer et al. (2008) legt jedoch nahe, dass eine organisationsumfassende Öffnung in der familienbezogenen Erwachsenenbildung noch am Anfang steht. Auffälliges Ergebnis der Evaluation ist der geringe Anteil an Mitarbeitenden mit Migrationshintergrund in Einrichtungen der Familienbildung. Auch haben den Ergebnissen zufolge noch weniger als die Hälfte der befragten Familienbildungseinrichtungen Ziele zur Förderung migrationsbedingter Diversität im Leitbild verankert (ebd., S. 78).

Damit stehen Familienbildungseinrichtungen weiterhin vor der Herausforderung, vorhandene Zugangsbarrieren auf allen Ebenen der Organisation abzubauen, um sich dadurch gezielt für mehr Vielfalt in der Familienbildung einzusetzen.

Programmatisch werden in diesem Zusammenhang insbesondere zwei Konzepte diskutiert: „Diversity-Management" und „Interkulturelle Öffnung". Beide Konzepte zielen darauf, durch einen organisationalen Wandel gesellschaftliche Vielfalt auf allen Ebenen der Organisation zu fördern (Göhlich/Schröer, 2013; Öztürk/Reiter, 2017a, S. 28ff.). Während sich Diversity-Management stärker im privatwirtschaftlichen Sektor etabliert hat, findet das Konzept der Interkulturellen Öffnung vor allem in öffentlichen Einrichtungen Umsetzung. Dies überrascht wenig, da den Konzepten unterschiedliche Entstehungs- und Begründungszusammenhänge zugrunde liegen (Schröer, 2007, S. 30ff.). Zumindest originär stellt Diversity-Management darauf ab, Unternehmenserfolge zu optimieren, während sich das Konzept der Interkulturellen Öffnung insbesondere einer gleichberechtigten Teilhabe und der Herstellung von Chancengleichheit verpflichtet sieht (Handschuck/Schröer, 2012, S. 53ff.). Trotz dieser Unterschiede lassen sich, was die Umsetzung von Maßnahmen zur Förderung von Vielfalt in Organisationen betrifft, viele gemeinsame Implikationen benennen. In Zusammenhang mit Migration gehören dazu u.a. eine wertschätzende Haltung, die im Leitbild der Organisation verankert wird, die Fortbildung von Mitarbeitenden im Umgang mit migrationsbedingter Diversität sowie die Sicherstellung einer gleichberechtigten Einbeziehung und Teilhabe von Personen mit Migrationshintergrund auf allen Ebenen der Organisation (Öztürk/Reiter, 2017a, S. 40).

Vor diesem Hintergrund haben wir im Frühjahr 2016 eine empirische Bestandsaufnahme in Nordrhein-Westfalen durchgeführt, um ein organisationsumfassendes

Verständnis darüber zu gewinnen, auf welche Weise Weiterbildungseinrichtungen migrationsbedingte Diversität fördern und welche Herausforderungen sich daraus ergeben (Öztürk/Reiter, 2017a). Auf der Grundlage dieser Studie wird im Folgenden die Frage untersucht, wie Einrichtungen der Familienbildung das Thema Migration bearbeiten und welche Strategien und Maßnahmen sie dabei auf der Ebene der Organisation, des Personals und der Angebote umsetzen. Im Fokus dieses Beitrags stehen ausschließlich die Angaben von Familienbildungseinrichtungen. Nicht berücksichtigt bleiben alle anderen Weiterbildungseinrichtungen (wie z.B. Volkhochschulen, Erwachsenenbildungswerke), die sich zwar nicht explizit als eine Einrichtung der Familienbildung ausweisen, aber auch an Familien eine breite Palette an Bildungs- und Beratungsangeboten richten (Öztürk/Reiter, 2017b, S. 80ff.).[2]

Nach einem zusammenfassenden Überblick zum forschungsmethodischen Rahmen werden einige ausgewählte quantitative und qualitative Ergebnisse dargestellt. Abschließend werden Herausforderungen wie Potenziale für eine diversitätsbewusste Familienbildungsarbeit aufgezeigt und diskutiert.

2 Methodischer Rahmen der Bestandsaufnahme und Angaben zur Stichprobe

Im Rahmen der landesweiten Befragung haben wir zwischen März und Mai 2016 insgesamt 675 Weiterbildungseinrichtungen in NRW per E-Mail zur Teilnahme an einer Online-Befragung eingeladen. Insgesamt haben sich 260 Einrichtungen an der Befragung beteiligt. Die Rücklaufquote lag damit bei 38,5 Prozent (Öztürk/Reiter, 2017a, S. 57f.). Rekrutiert wurden dabei sowohl Einrichtungen, die öffentlichen und gemeinnützigen Interessen nachkommen und nach dem Weiterbildungsgesetz (WbG) des Landes NRW staatlich anerkannt sind, als auch Einrichtungen, die kommerziellen Interessen folgen und dabei vornehmlich gewinnorientiert arbeiten. Zu beachten ist, dass die Teilnahme an der Befragung freiwillig und die Stichprobe der Weiterbildungseinrichtungen nicht repräsentativ war (ebd., S. 56f.).

Der Anteil an Familienbildungseinrichtungen an allen befragten Einrichtungen beträgt knapp ein Viertel (24 %), was einer absoluten Häufigkeit von 63 Einrichtungen entspricht. Ein Großteil der Familienbildungseinrichtungen befindet sich mit 43 Prozent im städtischen Raum (Städten mit einer Einwohnerzahl von 20.0001 bis 100.000) und mit 56 Prozent im großstädtischen Raum (Städten mit einer Einwohnerzahl von größer als 100.000). Damit ist lediglich ein kleiner Teil der befragten Familienbildungseinrichtungen (2 %) in Städten und Gemeinden mit einer Einwohnerzahl unter 20.000 ansässig.[3] Insgesamt gaben über die Hälfte der Familienbildungseinrichtungen (60 %) an, einem konfessionellen Träger anzugehören. Weitere 25 Prozent gaben Wohlfahrtsverbände als Träger an. Die restlichen 15 Prozent der befragten Familien-

2 Für die Gesamtergebnisse der empirischen Bestandsaufnahme in nordrhein-westfälischen Weiterbildungseinrichtungen siehe Öztürk/Reiter, 2017a.

3 Abweichungen von 100 Prozent sind auf Rundungen zurückzuführen.

bildungseinrichtungen machten entweder keine Angabe oder nannten andere Träger wie die Kommune (Öztürk/Reiter, 2017a, S. 58f.).

3 Familienbildungseinrichtungen im Umgang mit migrationsbedingter Diversität

Im Folgenden werden empirische Befunde der Bestandsaufnahme zu Familienbildungseinrichtungen und ihrem Umgang mit migrationsbedingter Diversität vorgestellt. Beleuchtet werden dabei nacheinander die Analyseebenen der Organisation, des Personals und der Angebote.

3.1 Organisationsentwicklung

Auf der Ebene der Organisation befragten wir die Einrichtungen insbesondere zu Aspekten der Leitbild- und Organisationsentwicklung. Die Befunde machen deutlich, dass von allen Familienbildungseinrichtungen mehr als die Hälfte der Einrichtungen (55 %) angab, die Anerkennung von migrationsbedingter Diversität im Leitbild zum Ausdruck zu bringen. Nur vergleichsweise selten sind Familienbildungseinrichtungen Unterzeichner der „Charta der Vielfalt" (2 %).

> 2.700 Unternehmen und Institutionen deutschlandweit (Stand: November 2017) sind Unterzeichner der ‚Charta der Vielfalt' und proklamieren damit die grundlegende Haltung, dass Vielfalt nicht nur organisationsextern, sondern auch -intern prägend für (wirtschaftlichen) Erfolg ist und Einfluss auf gesamtgesellschaftlich gelebte Vielfalt übt. Neben einer grundsätzlichen Anerkennung und Wertschätzung von Diversity werden durch Sensibilisierung und Fortbildungen von Mitarbeitenden auf allen Personalebenen eine offene Organisationskultur sowie eine Überprüfung und transparente Diskussion der Ziele der ‚Charta der Vielfalt' angestrebt (https://www.charta-der-vielfalt.de).

Über die Hälfte der Familienbildungseinrichtungen kennen Konzepte zur Förderung migrationsbedingter Vielfalt. Immer noch 39 Prozent der befragten Einrichtungen geben an, weder das Konzept Diversity-Management noch das der Interkulturellen Öffnung zu kennen. Wenn unter den Einrichtungen mindestens eines der Konzepte bekannt ist, beziehen sich die Erwartungen, die mit der Umsetzung solcher Konzepte verbunden werden, vor allem darauf,

- eine Kultur der Wertschätzung zu etablieren,
- Chancengleichheit im Zugang zu Angeboten herzustellen sowie die
- Adressatenorientierung bedarfsgerechter auszurichten.

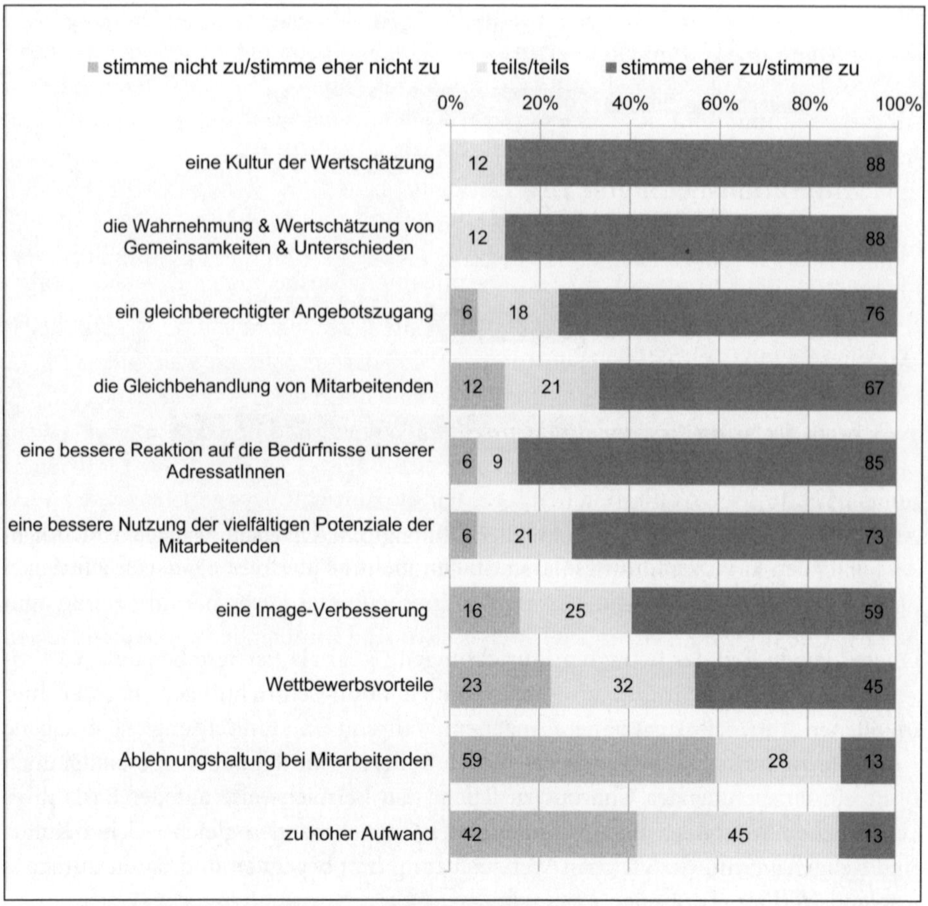

Abb. 1: Erwartungen, die mit der Einführung von Konzepten wie Interkulturelle Öffnung oder Diversity-Management verbunden werden. Angaben in Prozent; n=54 (Gesamtstichprobe der Filterfrage 63, davon 9 fehlende Angaben)

Dass mit der Implementierung solcher Konzepte ein Mehrwert für die Imagepflege oder Wettbewerbsvorteile verbunden sind, wird weit seltener von Einrichtungen wahrgenommen (Abb. 1).

Einrichtungen mit Kenntnissen von Konzepten wie Diversity-Management und Interkulturelle Öffnung wurden dazu befragt, ob sie Erfahrung mit der Umsetzung solcher Konzepte hätten. Mehr als die Hälfte dieser Einrichtungen konnte Erfahrungen vorweisen, wobei Erfahrungen mit der Umsetzung des Konzepts der Interkulturellen Öffnung häufiger vorliegen als mit dem Konzept Diversity-Management (Abb. 2).

Familienbildungseinrichtungen, die bisher keine Erfahrung mit der Implementierung der genannten Konzepte vorweisen können, nannten vergleichsweise häufig fehlende finanzielle und personelle Ressourcen (46 %) als Hinderungsgrund, wobei Mehrfachnennungen möglich waren. Dass für die Implementierung zunächst eine Sensibilisierung der Mitarbeitenden für das Thema notwendig wäre, stellt für 15 Prozent ein Hinderungsgrund dar. Geringe Nutzenerwartungen werden lediglich von

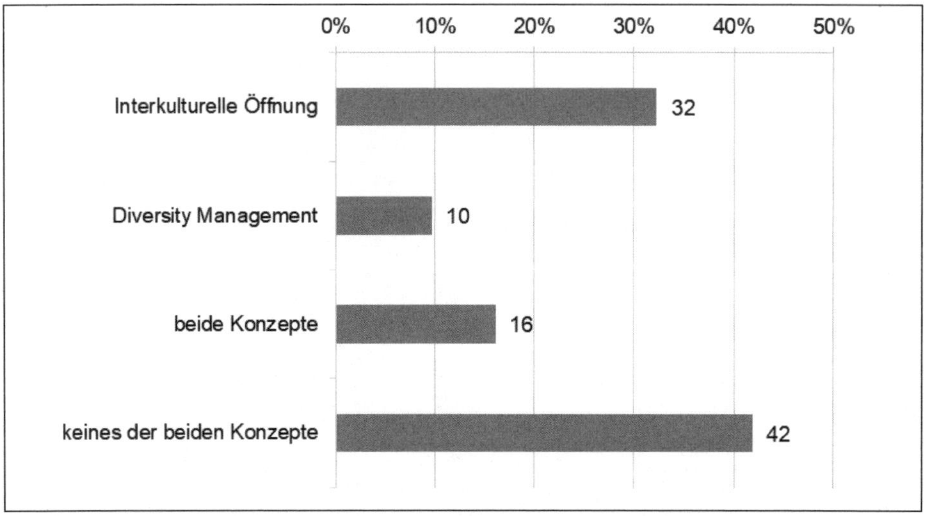

Abb. 2: Umsetzung von Interkultureller Öffnung bzw. Diversity-Management. Angaben in Prozent, n=54 (Gesamtstichprobe der Filterfrage 63, davon 9 fehlende Angaben)

einem kleinen Teil der befragten Einrichtungen (8 %) als Barriere benannt. 23 Prozent gaben sonstige Gründe an. Drei Familienbildungseinrichtungen machten hier im offenen Antwortformat nähere Angaben: Während eine Einrichtung angab, eigene Konzepte zu verfolgen, betonten die beiden anderen Einrichtungen, Diversität auch ohne ein entsprechendes Konzept zu leben – so beispielsweise auf der Basis ihres „christlichen Weltbildes allen Mitarbeitenden/Teilnehmenden gleich welcher Kultur und Religiosität mit der gleichen Wertschätzung (zu) begegnen und damit durchaus erfolgreich" (Org., I) zu sein.

3.2 Beschäftigung von Personen mit Migrationshintergrund

Im Blick auf Personal standen im Rahmen der Bestandsaufnahme vor allem Fragen zur Beschäftigungssituation von Personen mit Migrationshintergrund im Mittelpunkt des Interesses. Über die Hälfte der Familienbildungseinrichtungen (56 %) gab an, Personen mit Migrationshintergrund zu beschäftigen. Diese sind allerdings in den meisten Einrichtungen nur als Honorarkräfte beschäftigt (84 %), gefolgt von Positionen in der Verwaltung beziehungsweise im Sekretariat (42 %). Immerhin 26 Prozent der Einrichtungen geben an, pädagogische Mitarbeitende mit Migrationshintergrund zu beschäftigen und zehn Prozent können Mitarbeitende mit Migrationshintergrund in Leitungsfunktion vorweisen.

Dass Personen mit Migrationshintergrund weit häufiger als Honorarkräfte beschäftigt sind als auf anderen Stellen, hängt letztlich auch damit zusammen, dass sich die befragten Familienbildungseinrichtungen durch vergleichsweise hohe Anteile an neben- und freiberuflichen Beschäftigten ausweisen (Öztürk/Reiter, 2017a, S. 60). Mit einer solchen Beschäftigungssituation unterscheiden sich die Familienbildungsein-

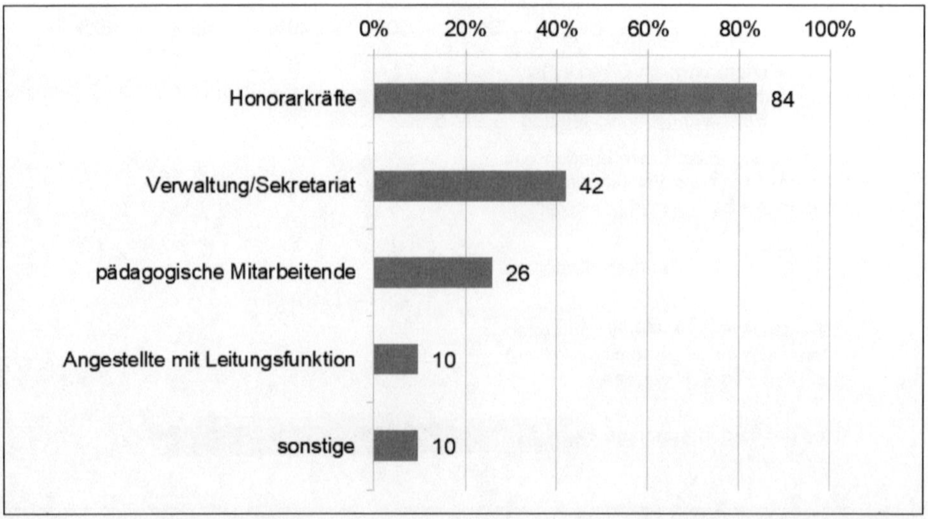

Abb. 3: Berufliche Positionen von Beschäftigten mit Migrationshintergrund. Angaben in Prozent, Mehrfachnennungen möglich; n=57 (Gesamtstichprobe der Filterfrage 63, davon 6 fehlende Angaben)

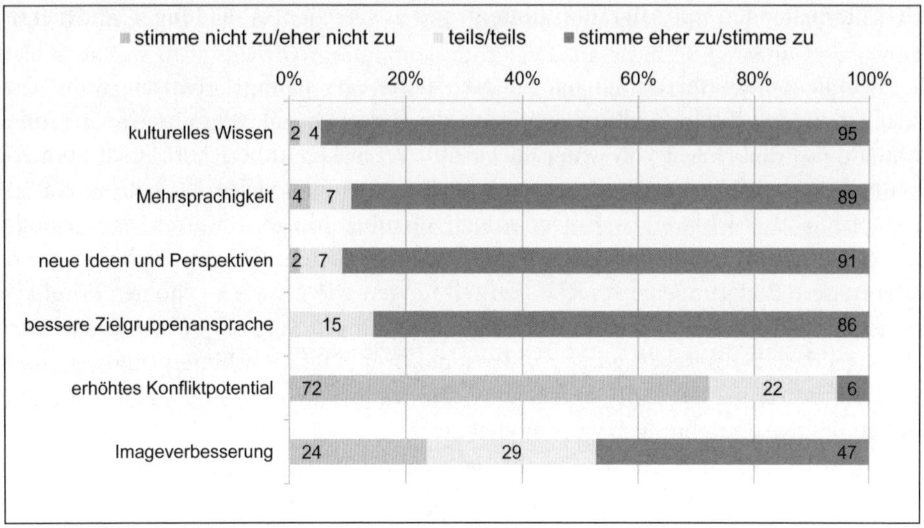

Abb. 4: Erwartungen, die mit der Beschäftigung von Menschen mit Migrationshintergrund verbunden werden. Angaben in Prozent; n=55 (Gesamtstichprobe 63, davon 8 fehlende Angaben)

richtungen allerdings nicht von anderen Einrichtungen in der Erwachsenenbildung/ Weiterbildung (Martin et al. 2016, S. 74ff.).

Unabhängig davon, ob Mitarbeitende mit Migrationshintergrund in der Einrichtung beschäftigt sind, fragten wir, welche Vorteile die Einrichtungen mit der Beschäftigung von Personen mit Migrationshintergrund verbinden und welche Potenziale

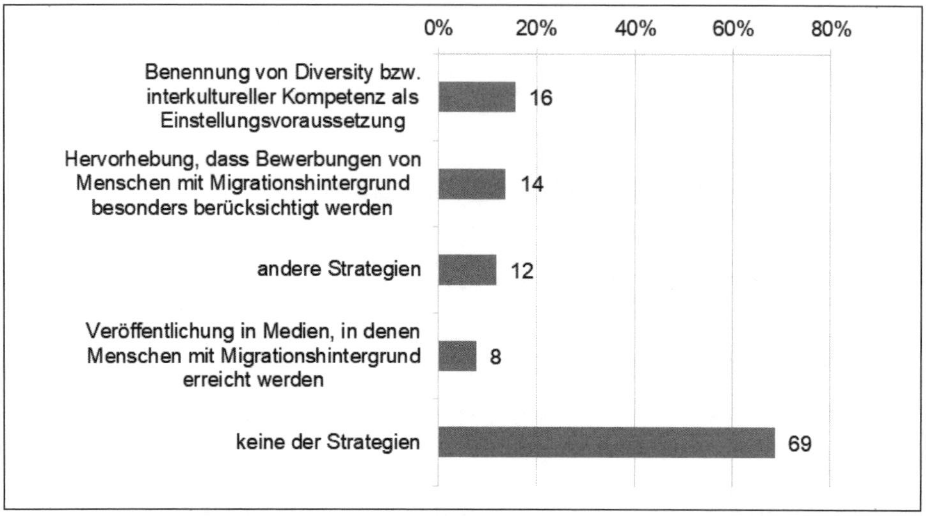

Abb. 5: Strategien der Gewinnung von Mitarbeitenden mit Migrationshintergrund; n=51, Mehrfachnennungen möglich (Gesamtstichprobe 63, davon 12 fehlende Angaben)

sie Mitarbeitenden mit Migrationshintergrund zusprechen. Abbildung 4 gibt hierzu einen Überblick.

Familienbildungseinrichtungen nehmen besonders häufig Potenziale wahr, die sich auf ein spezifisches kulturelles Wissen der Personen mit Migrationshintergrund und auf das Einbringen von neuen Ideen und Perspektiven beziehen. Auch Sprachkenntnisse beziehungsweise Mehrsprachigkeit werden von vielen der befragten Einrichtungen als Mehrwert wahrgenommen. Darüber hinaus erwarten Familienbildungseinrichtungen von der Beschäftigung von Personen mit Migrationshintergrund eine bessere Zielgruppenansprache. Befürchtungen wie etwa ein erhöhtes Konfliktpotenzial gibt es in den Familienbildungseinrichtungen vergleichsweise selten. Der Aussage, dass die Beschäftigung von Personen mit Migrationshintergrund zu einer Imageverbesserung der Einrichtung führt, stimmt lediglich knapp die Hälfte der Familienbildungseinrichtungen zu oder eher zu.

Potenziale, die sich mit der Beschäftigungseinstellung von Personen mit Migrationshintergrund verbinden, werden allerdings selten in spezifische Personalgewinnungsstrategien umgesetzt. Die überwiegende Mehrheit der befragten Familienbildungseinrichtungen (69 %) gibt an, dass man keine der aufgeführten Strategien zur Personalgewinnung nutzt (Abb. 5). Finden solche Strategien allerdings Anwendung, wird am häufigsten angegeben, dass in Stellenausschreibungen interkulturelle Kompetenz als Einstellungsvoraussetzung hervorgehoben wird (16 %). 14 Prozent der Familienbildungseinrichtungen geben in Ausschreibungen explizit an, dass Bewerbungen von Personen mit Migrationshintergrund besonders berücksichtigt werden. Vergleichsweise wenig werden Stellenausschreibung gezielt in Medien veröffentlicht, mit denen besonders Menschen mit Migrationshintergrund erreicht werden können. Zwölf Prozent der Einrichtungen verweisen auf andere Strategien. Hier werden im offenen Antwortformat u.a. Strategien wie der Rückgriff auf ehemalige Teilnehmende oder Praktikant/innen sowie vorhandene Netzwerke und Kooperationen geäußert. Bei der Personalrekrutierung spielen damit auch bestehende Kontakte und Netzwerke eine Rolle.

Zudem wurde deutlich, dass Familienbildungseinrichtungen einen besonderen Schwerpunkt auf die Fortbildungen legen. Die große Mehrheit (71 %) unterstützt das Personal bei Fortbildungen zu Themen wie Diversität, Interkulturalität und Migration.

3.3 Angebote für Familien mit Migrationshintergrund und Teilnahme am Regelangebot

Die Analyse der Familienbildungsangebote fand zunächst anhand der Frage statt, mit welchen Angeboten Erwachsene mit Migrationshintergrund von Familienbildungseinrichtungen angesprochen werden und welche Gruppen dabei als Adressaten besonders in den Blick geraten. Es zeigte sich, dass 83 Prozent der Familienbildungseinrichtungen spezifische Kurse für Personen mit Migrationshintergrund anbieten. Nur 17 Prozent der Einrichtungen offerieren keine entsprechenden Angebote.

Thematisch ist ein Großteil dieser Zielgruppenangebote auf das Themenfeld „Familien und Erziehung“ bezogen[4] oder es handelt sich um Deutschkurse und Integrationskurse (Abb. 6.). Neben diesen von Familienbildungseinrichtungen typischerweise besetzten Themenfeldern zeigen sich bei einigen Einrichtungen auch Erweiterungen. So bieten 24 Prozent der Familienbildungseinrichtungen Angebote zu Themen wie „Kunst, Kultur und Kreativität“ an, 18 Prozent der Einrichtungen offerieren Angebote zum Thema „Mensch, Gesellschaft und Politik“, weitere 18 Prozent zu Themen wie „Gesundheit und Sport“ und 16 Prozent der Familienbildungseinrichtungen gaben an, Zielgruppenangebote zum Thema „Religion, Philosophie und Spiritualität“ anzubieten.

Im offenen Antwortformat wurden zudem weitere Themen benannt. Darunter fanden sich Angebote für geflüchtete Eltern, Angebote für Kinder mit Migrationshintergrund im Übergang in die Kita oder Schule sowie Angebote für muslimische Frauen mit Kindern.

Wenn in Familienbildungseinrichtungen zielgruppenspezifische Angebote offeriert werden, dann werden am häufigsten „Asylberechtigte und anerkannte Flüchtlinge“ und „neu Zugewanderte“ angesprochen, dicht gefolgt von Personen mit „Migrationshintergrund allgemein“ und Personen, die „länger in Deutschland“ leben. Vergleichsweise selten werden Personen mit einer bestimmten Muttersprache oder aus einer bestimmten Herkunft angesprochen. Ist dies jedoch der Fall, dann gaben die Einrichtungen u.a. Türkei, Iran, Irak und Syrien als Herkunftsländer bzw. -sprachen wie z.B. türkisch, arabisch, russisch, spanisch oder niederländisch an (Abb. 7).

4 In diesem Zusammenhang ist zu beachten, dass die Frage im Rahmen der Bestandaufnahme für alle Einrichtungsformen konzipiert war und sich daher an den für die Erwachsenbildung typischen Themenfeldern (u.a. Seidel/Bilger/Gensicke, 2013, S. 126ff.) und nicht am spezifischen Weiterbildungsauftrag der Familienbildung orientierte.

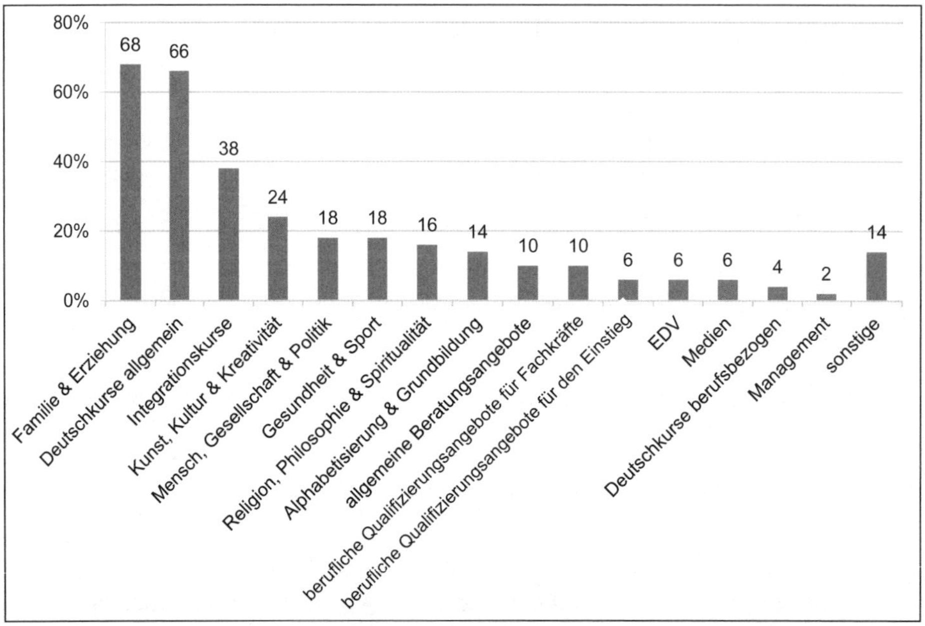

Abb. 6: Zielgruppenangebote für Erwachsene mit Migrationshintergrund nach Themenfeldern. Angaben in Prozent, Mehrfachnennungen möglich; n=60 (Gesamtstichprobe der Filterfrage 63, davon 3 fehlende Angaben)

Die 17 Prozent der Einrichtungen, die angaben, keine Zielgruppenangebote anzubieten, fragten wir nach den Gründen hierfür: Sie betonten einerseits, dass es aufgrund fehlender personeller Ressourcen nicht möglich sei, zielgruppenspezifische Angebote zu offerieren, sowie andererseits, dass bereits zahlreiche andere Anbieter entsprechende Themen bedienen. Weiterhin wurde angeführt, dass Familien mit Migrationshintergrund automatisch an den Veranstaltungen teilnehmen und daher keiner gezielten Ansprache bedürfen. Darüber hinaus gab es Verweise, dass eine integrativ und inklusiv ausgerichtete Arbeit einer Zielgruppenarbeit entgegenstehe. Insofern war bei einzelnen der befragten Familienbildungseinrichtungen eine kritische Haltung gegenüber Zielgruppenangeboten zu beobachten (siehe hierzu auch Öztürk/ Reiter, 2017b, S. 148f.).

Selbstredend sollten Erwachsene und Familien mit Migrationshintergrund nicht ausschließlich als Adressaten von Zielgruppenangeboten wahrgenommen werden. In diesem Zusammenhang hat uns vor allem interessiert, wie Familienbildungseinrichtungen die Teilnahme von Erwachsenen und Familien mit Migrationshintergrund am Regelangebot bewerten (Abb. 8).

53 Prozent der Familienbildungseinrichtungen schätzen den Anteil von Teilnehmenden mit Migrationshintergrund am Regelangebot geringer ein, als den Anteil der Bevölkerung mit Migrationshintergrund im jeweiligen Einzugsgebiet. 17 Prozent gaben an, dass der Anteil entsprechend dem des Bevölkerungsanteils mit Migrationshintergrund in der Umgebung ist und fünf Prozent schätzen den Anteil höher ein. 24 Prozent der Einrichtungen konnten die Anteile nicht einschätzen.

Zielgruppenansprache	in %
Asylberechtigte & anerkannte Flüchtlinge	78
neu eingewanderte Personen	71
mit Migrationshintergrund allgemein	67
die bereits länger in Deutschland leben	65
Spätaussiedler/innen	18
mit ausländischen Berufsabschlüssen	14
mit einer bestimmten Muttersprache	12
aus einer bestimmten Herkunftsregion	8
sonstige	2

Abb. 7: Zielgruppen spezifischer Angebote. Mehrfachnennungen möglich; n=60 (Gesamtstichprobe der Filterfrage 63, davon 3 fehlende Angaben)

Im offenen Antwortformat fragten wir zudem danach, welche Themenbereiche des Regelangebots von Erwachsenen oder Familien mit Migrationshintergrund besonders häufig besucht werden. Genannt wurden u.a. folgende Themen:

- Eltern-Kind-Angebote,
- Sportangebote,
- Nähkurse,
- Kochen und Ernährung und
- Elternbildungsangebote.

Grundsätzlich ist es den meisten Familienbildungseinrichtungen (90 %) ein Anliegen, mehr Teilnehmende mit Migrationshintergrund zu erreichen. Um dies umzusetzen, nutzen 76 Prozent der befragten Familienbildungseinrichtungen Kooperationen mit anderen Einrichtungen, 60 Prozent setzen mehrsprachige Trainer/innen und Dozent/innen ein und weitere 60 Prozent konzipieren niedrigschwellige Angebote (siehe ausführlich Öztürk/Reiter, 2017a, S. 91f.). Im offenen Antwortformat gaben Familienbildungseinrichtungen eine Vielzahl an Kooperationen an, die dazu beitragen, Erwachsene und Familien mit Migrationshintergrund als Teilnehmende der Einrichtung zu erreichen. Besonders häufig wurden hier Kooperationen mit Einrichtungen von Wohlfahrtsverbänden und Familienzentren genannt, gefolgt von Migrationsdiensten wie den Kommunalen Integrationszentren und Einrichtungen von Städten und Gemeinden. Auch Kooperationen mit Ehrenamtlichen sowie mit Kirchengemeinden wurden häufig genannt.

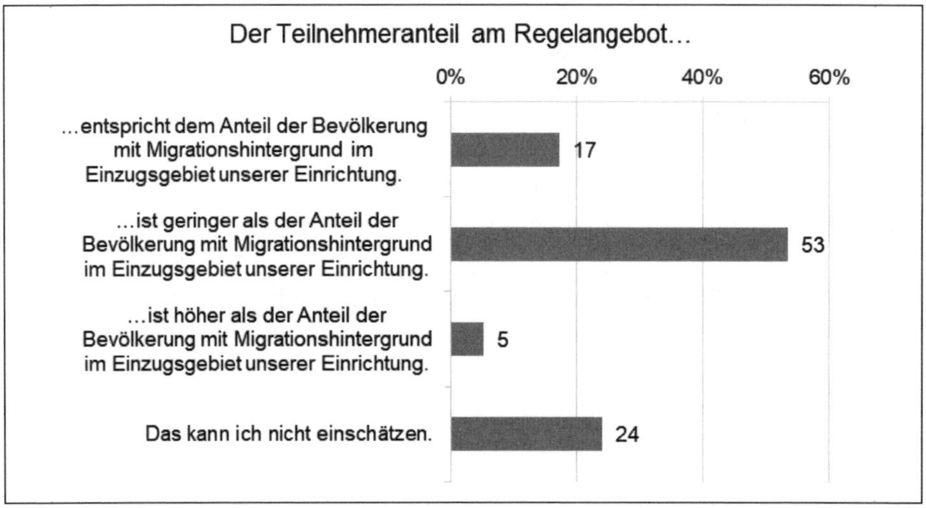

Abb. 8: Einschätzung der Teilnahme von Personen mit Migrationshintergrund am Regelangebot. Angaben in Prozent; n=58 (Gesamtstichprobe: 63, davon 5 fehlende Angaben)

4. Fazit und Ausblick

Die Ergebnisse der Bestandsaufnahme machen deutlich, dass das Thema migrationsbedingte Diversität mittlerweile die Mehrzahl der Familienbildungseinrichtungen auf verschiedensten Ebenen erreicht hat. Bestehende Befunde (wie die eingangs referierte Evaluationsstudie von Fischer et al., 2008) sind zu aktualisieren, denn die institutionelle Verankerung von Vielfalt ist in den letzten Jahren weiter fortgeschritten. Rund die Hälfte der befragten Familienbildungseinrichtungen bringt die Anerkennung migrationsbedingter Diversität in ihrem Leitbild zum Ausdruck und die Mehrheit unterstützt Weiterbildungen ihrer Mitarbeitenden auf diesem Gebiet. Darüber hinaus können bereits mehr als die Hälfte der befragten Einrichtungen, die mit organisationsumfassenden Konzepten betraut sind, auch Erfahrungen in der Umsetzung von Konzepten wie Diversity-Management und Interkultureller Öffnung vorweisen. Allerdings sind solche Entwicklungen noch nicht für alle Familienbildungseinrichtungen gleichermaßen zu konstatieren. Fehlende personelle und finanzielle Ressourcen sind für viele Einrichtungen ein Hindernis, organisationsumfassende Konzepte zu realisieren. Neben politischer Willensbekundung bedarf es hierzu vor allem einer verlässlichen finanziellen Unterstützung.

Personen mit Migrationshintergrund finden auch als Mitarbeitende bei über der Hälfte der befragten Einrichtungen Zugang. Dort aber sind sie sehr häufig als Honorarkräfte und freie Mitarbeitende und nur selten in Leitungspositionen anzutreffen. Die Gründe hierfür können vielfältig sein, zumal die öffentliche Weiterbildung insgesamt durch eine Beschäftigungsstruktur mit wenig hauptberuflichem Personal gekennzeichnet ist. Dennoch können bereichsspezifische Beschäftigungsanalysen dazu beitragen, Ungleichheiten im Zugang zu bestimmten Positionen aufzudecken. Die Mehrzahl der Einrichtungen verbindet mit der Beschäftigung von Personen mit Migrationshintergrund besondere Potenziale, nur konkrete Strategien der Personalgewinnung werden hier noch zu selten verfolgt. Allerdings können Familienbildungseinrichtungen bei der Rekrutierung von Personal mit Migrationshintergrund auf umfangreichen Netzwerkstrukturen zurückgreifen.

Die Konzeption von Angeboten für Erwachsene und Familien mit Migrationshintergrund gehört für viele der befragten Einrichtung zum Kerngeschäft ihrer Programm- und Angebotsplanung. Inhaltlich belegen solche Zielgruppenangebote erwartungsgemäß häufig das Thema Familie und Erziehung sowie Deutsch- und Integrationskurse. Allerdings werden in der Befragung auch kritische Haltungen von Familienbildungseinrichtungen gegenüber dem Zielgruppenansatz sichtbar. Sie sehen einen solchen Ansatz in einem grundsätzlichen Spannungsverhältnis zur integrativen bzw. inklusiven Arbeit. Familienbildungseinrichtungen sehen sich hier mit der für die gesamte Erwachsenenbildung wichtigen Frage konfrontiert, welche Bedarfs- und Lebenslagen Zielgruppenangebote überhaupt sinnvoll sind und wie sich diese mit einer diversitätsbewussten Weiterbildungsarbeit verknüpfen lassen, die Angebote so konzipiert, dass alle Bevölkerungsgruppen davon profitieren (Öztürk/Reiter, 2017b). Die große Mehrheit der Familienbildungseinrichtungen ist sich einig, dass künftig mehr Eltern und Familien mit Migrationshintergrund anzusprechen sind. Unsere Bestandsaufnahme zeigt insgesamt, dass einerseits in der Mehrzahl der Familienbildungseinrichtungen bereits vielfältige Ansätze vorhanden sind, um den Herausforderungen migrationsbedingter Vielfalt zu begegnen. Andererseits macht unsere Untersuchung deutlich, dass auch die offensichtlich intensivierten Anstrengungen noch nicht ausreichen und es weiterhin an Ressourcen und Strategien fehlt.

Dennoch kann der familienbezogenen Erwachsenenbildung bei der Begegnung migrationsbedingter Herausforderungen ein wichtiges Gestaltungspotenzial zugesprochen werden: Sie unterstützt durch eine Reihe an Bildungs- und Beratungsangeboten Eltern und Familien mit Migrationshintergrund und bietet Raum für Begegnung und Austausch. Durch ihre vielfältigen Kooperationen mit Wohlfahrtsverbänden, Integrationsdiensten und kommunalen Bildungsträgern trägt sie zur Vernetzung unterschiedlicher Bildungsorte und Akteure bei. Gesamtgesellschaftlich erfüllt sie damit eine entscheidende Funktion, sie hilft den (Weiter-)Bildungserfolg auch von zugewanderten Erwachsenen sowie ihren Nachkommen zu stärken beziehungsweise die Ursachen von Bildungsungleichheiten abzubauen. Dieses Gestaltungspotenzial der Familienbildungseinrichtungen ist auch deshalb kaum zu überschätzen, da der Anteil an Familien mit Migrationshintergrund durch Zuwanderung, Familienzusammenführung sowie Familiengründungen zukünftig weiter wachsen wird.

Um ihr Potenzial voll ausschöpfen zu können, lassen sich für Familienbildungseinrichtungen folgende Handlungsbedarfe erkennen: Eine organisationsumfassende

Förderung von migrationsbedingter Diversität in der familienbezogenen Erwachsenenbildung erfordert

- die strategische Verankerung von Zielen, was die Leitbildentwicklung ebenso einschließt wie die Analyse von Zugangsbarrieren seitens der Adressat/innen und der Mitarbeitenden mit Migrationshintergrund,
- die Kompetenzentwicklung aller Mitarbeitenden, die neben der Sensibilisierung für migrationsbedingte Diversität auch eine reflexive Auseinandersetzung mit den Strukturen und Mechanismen, die Ungleichheit erzeugen, beinhaltet,
- die Stärkung hauptberuflichen Personals mit Migrationshintergrund, was Strategien der gezielten Personalrekrutierung ebenso wie die Anerkennung von besonderen Ressourcen einschließt,
- Zielgruppenangebote, die sich an den unterschiedlichen Bedarfslagen von Eltern und Familien mit Migrationshintergrund orientieren, was eine differenzierte Zielgruppenansprache erfordert,
- die Öffnung des Regelangebotes, wobei der Berücksichtigung divergenter Lern- und Bildungserfahrungen auf konzeptionell-didaktischer Ebene einschließlich spezifischer Unterstützungsstrukturen (z.B. Sprachhilfen) ebenso Bedeutung beizumessen ist wie der Gestaltung von Übergängen zwischen Zielgruppenangeboten und dem Regelangebot sowie
- die Stärkung von Kooperationen, um einerseits neue Zugangswege zu Adressat/innen zu erschließen und andererseits Synergieeffekte aus dem Austausch von Erfahrungswissen unterschiedlicher Akteure zu gewinnen.

Für die konkrete Ausgestaltung der benannten Handlungsbereiche ist auch die Weiterbildungsforschung in besonderer Weise gefordert, Familienbildungseinrichtungen und die familienbezogene Erwachsenenbildung insgesamt im Rahmen anwendungsorientierter Forschung wissenschaftlich zu begleiten und sich gemeinsam mit anderen Akteuren für mehr Diversität in der Eltern- und Familienbildung einzusetzen. Gefragt sind Studien, die diesen ersten Überblick über Strategien und Maßnahmen der Familienbildungseinrichtungen im Umgang mit migrationsbedingter Diversität vertiefen und dabei das breite und vielseitige Aufgabenfeld der Familienbildungseinrichtungen in den Blick nehmen. Auf der Ebene der Organisationsentwicklung gehören hierzu beispielsweise Fragen zur Interpretation oder Anwendung von organisationsbezogenen Konzepten der Interkulturellen Öffnung bzw. Diversity-Management oder nach den hemmenden und fördernden Bedingungen für deren Implementierung. Auf der Ebene der Programm- und Angebotsentwicklung lassen überdies Fragen nach dem Gelingen eines stärkeren Einbezugs von Familien mit Migrationshintergrund in das Regelangebot der Familienbildung weiteren Forschungsbedarf erkennen.

Schließlich können damit nicht nur die Bemühungen der Familienbildungseinrichtungen um die Familie und deren (Weiter-)Bildungsteilhabe und gesellschaftliche

Integration sichtbar gemacht werden, sondern auch die Handlungsansätze und Beispiele bester Praxis, welche für eine diversitätsbewusste Familienbildungsarbeit notwendig sind.

Literatur

Bird, Katherine/Hübner, Wolfgang (2013): Handbuch der Eltern- und Familienbildung mit Familien in benachteiligten Lebenslagen. Opladen u.a.

Fischer, Veronika (2012): Eltern- und Familienbildung in der Migrationsgesellschaft. In: Michael Matzner (Hrsg.): Handbuch Migration und Bildung. Weinheim/Basel, S. 353–364.

Fischer, Veronika/Krumpholz, Doris/Schmitz, Adelheid (2008): Zuwanderung – Eine Chance für die Familienbildung. Bestandsaufnahme und Empfehlungen zur Eltern- und Familienbildung in Nordrhein-Westfalen. Düsseldorf. Abgerufen von http://www.familie-in-nrw.de/fileadmin/fileadmin-kommaff/pdf/Zuwanderung_Eine_Chance.pdf, Abrufdatum 24.08.2018.

Göhlich, Michael/Schröer, Wolfgang (2013): Diversity-Management und Organisationspädagogik. Zusammenhänge und Analogien angesichts der Entgrenzung des Pädagogischen. In: Katrin Hauenschild/Steffi Robak/Isabel Sievers (Hrsg.): Diversity Education. Zugänge – Perspektiven – Beispiele. Frankfurt a. M., S. 204–213.

Handschuck, Sabine/Schröer, Hubertus (2012): Interkulturelle Orientierung und Öffnung. Theoretische Grundlagen und 50 Aktivitäten zur Umsetzung. Augsburg.

Krack-Roberg, Elle/Rübenach, Stefan/Sommer, Bettina/Weinmann, Julia (2016): Lebensformen in der Bevölkerung, Kinder und Kindertagesbetreuung. In: Statistisches Bundesamt (Destatis)/Wissenschaftszentrum Berlin für Sozialforschung (WZB) (Hrsg.): Datenreport 2016. Ein Sozialbericht für die Bundesrepublik Deutschland. Bonn, S. 43–59. Abgerufen von: https://www.destatis.de/DE/Publikationen/Datenreport/Downloads/Datenreport2016.pdf?__blob=publicationFile, Abrufdatum: 24.08.2018.

Martin, Andreas/Lencer, Stefanie/Schrader, Josef/Koscheck, Stefan (u.a.) (2016): Das Personal in der Weiterbildung. Arbeits- und Beschäftigungsbedingungen, Qualifikationen, Einstellungen zu Arbeit und Beruf. Bielefeld.

Minsel, Beate (2011): Eltern- und Familienbildung. In: Rudolf Tippelt/Aiga von Hippel (Hrsg.): Handbuch Erwachsenenbildung/Weiterbildung. 5. Aufl. Wiesbaden, S. 865–872.

Öztürk, Halit/Reiter, Sara (2017a): Migration und Diversität in Einrichtungen der Weiterbildung. Eine empirische Bestandsaufnahme in NRW. Bielefeld.

Öztürk, Halit/Reiter, Sara (2017b): Weiterbildungseinrichtungen im Kontext von migrationsspezifischen Bedarfs- und Lebenslagen – Ergebnisse einer Organisationsbefragung in Nordrhein-Westfalen. In: Olaf Dörner/Carola Iller/Henning Pätzold/Julia Franz/Bernhard Schmidt-Hertha (Hrsg.): Biografie – Lebenslauf – Generation. Perspektiven der Erwachsenenbildung. Opladen u.a., S. 139 -150.

Schröer, Hubertus (2007): Interkulturelle Öffnung und Diversity-Management. Konzepte und Handlungsstrategien zur Arbeitsmarktintegration von Migrantinnen und Migranten. Eine Expertise im Auftrag von anakonde GbR. München. Abgerufen von http://www.i-iqm.de/dokus/IQSchriftenreihe_Band1.pdf, Abgerufen am 24.08.2018.

Seidel, Sabine/Bilger, Frauke/Gensicke, Thomas (2013): Themen der Weiterbildung. In: Frauke Bilger/Dieter Gnahs/Josef Hartmann/Harm Kuper (Hrsg.): Weiterbildungsverhalten in Deutschland. Resultate des Adult Education Survey 2012. Bielefeld, S. 125–138.

Seiverth, Andreas (2010): Familienbildung. In: Rolf Arnold/Sigrid Nolda/Ekkehard Nuissl (Hrsg.): Wörterbuch Erwachsenenbildung. 2. Aufl. Bad Heilbrunn, S. 111–112.

Wilke, Franziska/Hachfeld, Axinja/Höhl, Hans-Ulrich/Anders, Yvonne (2014): Welche Familien erreichen Angebote zur Familienbildung? Eine Analyse der Teilnehmerstruktur am Beispiel des modularen Projekts Chancenreich. Empirische Sonderpädagogik (3), S. 195–210.

Melanie Mengel

Unterstützung von Familien mit Migrationshintergrund durch Kooperation von familienbezogenen Bildungsanbietern und Gesundheitsförderung im Quartier

Abstract

Für die Kooperation von Familienbildung und kommunaler Gesundheitsförderung eröffnet das Präventionsgesetz neue Möglichkeiten, aufeinander abgestimmte Angebote für Familien mit Migrationshintergrund im direkten Lebensumfeld zu platzieren. Eine solche quartiersbezogene Vorgehensweise setzt sowohl an der individuellen Kompetenzentwicklung als auch den konkreten sozialräumlichen Strukturen – am Verhalten wie an den Verhältnissen – an. Der Beitrag beschreibt die Grundlagen für eine Zusammenarbeit, stellt die Vielfalt von Unterstützungsbedarfen zugewanderter Familien dar und illustriert den sozialräumlichen Zugang am Beispiel der kommunalen Gesundheitsförderung in Nürnberg. Abschließend werden gemeinsame Ansatzpunkte von Familienbildung und Gesundheitsförderung zur Weiterentwicklung von Angeboten für Familien mit Migrationshintergrund formuliert.

Mehr als jede fünfte in Deutschland lebende Person hat inzwischen einen Migrationshintergrund (22,5%).[1] In den alltäglichen Lebenswelten der Menschen – den Orten, an denen sie wohnen, spielen, lernen und lieben (vgl. WHO 1986) – zeigt sich diese Entwicklung oft besonders deutlich: So hat beispielsweise fast jede zweite Nürnbergerin bzw. jeder zweite Nürnberger (45%) eine familiale Zuwanderungsgeschichte, in mehreren Nürnberger Stadtteilen zählen zwischen 60 und 75 Prozent zu dieser Bewohnergruppe (Stadt Nürnberg 2016). Für Anbieter familien- und gesundheitsbezogener Bildung bedeutet diese wachsende Vielfalt von Adressaten: Will man dem Anspruch gerecht werden, ein selbstverständliches Regelangebot für *alle* Familien zu sein, muss vielerorts auch das migrations- und kultursensible Arbeiten zum Regelfall werden.

Familien mit Migrationshintergrund sind allerdings keine homogene Gruppe: Sie unterscheiden sich darin, woher und wie lange sie schon zugewandert sind, ob sie überhaupt noch eigene Erfahrungen mit Zuwanderung haben und welche rechtlichen Teilhabemöglichkeiten sowie Bleibeperspektiven damit verbunden sind. Sie unterscheiden sich in ihren Lebenslagen – in Bildungsstand, Einkommens- und Wohnverhältnissen, in Familienformen und Familiengrößen, in ihren kulturellen Lebensweisen

---

1 Die hier verwendete Definition bezieht sich auf Personen, die selbst oder bei denen mindestens ein Elternteil nicht mit der deutschen Staatsangehörigkeit geboren wurde. Im Einzelnen geht es dabei um zugewanderte und nicht zugewanderte Ausländerinnen und Ausländer, zugewanderte und nicht zugewanderte Eingebürgerte, (Spät-)Aussiedlerinnen und (Spät-)Aussiedler sowie die als Deutsche geborenen Kinder dieser Gruppen, s. URL: https://www.destatis.de/DE/Publikationen/Thematisch/Bevoelkerung/MigrationIntegration/Migrationshintergrund.html [28.12.2017].

und darin, wie zugehörig sie sich der Einwanderungsgesellschaft oder auch ihrer direkten Nachbarschaft fühlen. Die in der Erwachsenen- und Familienbildung gängige Angebotsplanung für „Zielgruppen" (Iller 2011) kann stereotypisierend wirken, wenn sie Menschen mit Migrationshintergrund eine Gemeinsamkeit im Anderssein unterstellt, zumal diese Gemeinsamkeiten meist nicht näher definiert sind. Gleichzeitig wäre es ignorant – so die Kehrseite des „Differenzdilemmas" (Kühner 2010) – bestehende Ungleichheiten auszublenden, etwa die Frage nach unterschiedlich hohen Zugangsschwellen zu Angeboten. Neben einem wertschätzenden Umgang mit Verschiedenheit kann eine sozialräumliche Arbeitsweise in der Zusammenarbeit von Familienbildung und kommunaler Gesundheitsförderung Möglichkeiten eröffnen, Angebote für Familien mit Migrationshintergrund auf Basis der spezifischen Besonderheiten im konkreten Lebensumfeld zu entwickeln, denn: Der Zugang zu bestehenden, nicht zu separaten Angeboten ist grundlegend für die Erfahrung, sich als Teil eines Gemeinwesens zu erleben (vgl. Syring 2016, 2).

In den folgenden Ausführungen wird zunächst die Ausgangssituation für die Kooperation von Familienbildung und Gesundheitsförderung beschrieben (1.). Daran anschließend werden Begründungen für die familien- und gesundheitsbezogene Unterstützung von zugewanderten Familien und das sozialräumliche Projekt „Gesundheit für alle im Stadtteil" in Nürnberg vorgestellt (2.). Schließlich werden anschlussfähige Perspektiven von Familienbildung und Gesundheitsförderung zur konzeptionellen Weiterentwicklung der Unterstützung von Familien mit Migrationshintergrund formuliert (3.).

1. Familienbildung, Gesundheit und Gesundheitsförderung

Die Entwicklungsgeschichte der Familienbildung ist untrennbar mit gesundheitsbezogenen Inhalten verbunden. Kenntnisse zur Pflege und Gesunderhaltung von Kindern zu vermitteln, war ein relevanter Aufgabenbereich der ersten Mütterschulen zu Beginn des 20. Jahrhunderts (Schymroch 1989). Nach wie vor haben die allermeisten Einrichtungen der Familienbildung Gesundheitsangebote im Programm (Schiersmann u.a. 1998, 52f.) und eine Vielzahl von Maßnahmen bezieht sich auf die Themen Ernährung, Bewegung und Entspannung, wobei insbesondere Eltern-Kind-Gruppen Gesundheitsförderung als Ziel angeben (Lösel 2006, 66ff.).[2]

Diese große inhaltliche Nähe ist insofern nicht verwunderlich, da gerade in der Schwangerschaft und den ersten Lebensjahren eines Kindes körperliche, psychische, kognitive und soziale Entwicklungsprozesse stark ineinandergreifen und auch eng

2 In der allgemeinen Erwachsenenbildung finden zum Themenbereich Gesundheit die meisten Veranstaltungen statt, und dieser ist auch am teilnahmestärksten (s. URL: https://www.die-bonn.de/doks/2017-weiterbildungsstatistik-01.pdf [21.05.2018]. In der evangelischen Erwachsenenbildung überwiegen die Veranstaltungen zum Thema Familie/Gender/Generationen, doch ist der Unterrichtsanteil im Bereich Gesundheit seit vielen Jahren stabil, s. URL: http://www.deae.de/Archiv/Statistik2015/DEAEPortrtBRDAlleEinrichtungstypen2015.pdf [21.05.2018].

mit den familialen (Bindungs-)Interaktionen und Handlungspraxen verbunden sind. So wirken ein gutes Familienklima und stabile Alltagsstrukturen positiv auf die Gesundheit der Familienmitglieder; umgekehrt können gesundheitliche Belastungen als Stressfaktoren im familialen Zusammenleben wirken. Auch in der weiteren Familienbiografie bleiben die verschiedenen Aufgaben der Versorgung, Erziehung, Bildung, Freizeitgestaltung oder Haushaltsführung zeitlich wie inhaltlich verschränkt, sind sie doch in einem gemeinsamen Familienalltag zu leisten. In der Zusammenarbeit von Familienbildung und Gesundheitsförderung lässt sich diese Verwobenheit konzeptionell aufgreifen, um eine integrierte Unterstützung aus Perspektive der Familie heraus zu leisten.

Gesundheitsförderung als gesellschaftliche Querschnittsaufgabe

Gesundheitsförderung wurde bereits vor dreißig Jahren mit Veröffentlichung der Ottawa-Charta durch die WHO als übergeordnetes Leitkonzept für eine modernde gesundheitliche und soziale Versorgung der Bevölkerung formuliert. Ihr Kerngedanke ist, Gesundheit nicht als Abwesenheit von Krankheit, sondern als wesentlichen Bestandteil des täglichen Lebens im Sinne von Wohlbefinden zu verstehen. Gesundheitsförderung wird damit zu einer gesellschaftlichen Querschnittsaufgabe und einem interdisziplinär anzulegenden „Prozess, allen Menschen ein höheres Maß an Selbstbestimmung über ihre Gesundheit zu ermöglichen und sie damit zur Stärkung ihrer Gesundheit zu befähigen" (WHO 1986). Das Ausmaß der individuellen Gesundheit wird von einer Vielzahl physischer, sozialer, wirtschaftlicher und kultureller Bedingungen beeinflusst (Dahlgren/Whitehead 1991): Neben Alter, Geschlecht und anderen körperlichen Dispositionen sind dies soziale und kommunale Netze, also inwieweit auf nachbarschaftliche, zivilgesellschaftliche oder institutionelle Unterstützung zurückgegriffen werden kann, sowie die konkreten Lebens- und Arbeitsverhältnisse und die Beschaffenheit der natürlichen und gebauten Umwelt, etwa in Form von Grünflächen. Da hier nicht allen Menschen gleiche Ressourcen zur Verfügung stehen, will *Gesundheitsförderung auf verschiedenen Ebenen* (WHO 1986) zu mehr gesundheitlicher Chancengleichheit beitragen:

- *Die Ebene der Gesamtpolitik:* Das sozial-ökologische Verständnis von Gesundheit und Krankheit verweist auf die politische Gestaltbarkeit gesundheitsrelevanter Faktoren. Hier geht es darum, „eine starke Allianz zur Förderung der öffentlichen Gesundheit […] zu bilden und sich hierzu lokal zu engagieren" (Trojan/Süß 2013, 15).
- *Die Ebene der Lebenswelten*: „Gesundheit wird im Alltag hergestellt und aufrechterhalten, Gesundheitsförderung muss folglich im Lebensalltag ansetzen und diesen gesundheitsförderlich gestalten" (WHO 1986). Es sind die Wohnquartiere, die Kindertageseinrichtungen, Schulen und Hochschulen sowie Arbeitsbetriebe, in denen Menschen einen großen Teil ihrer Lebenszeit verbringen und die mit ihrem sozialen Gefüge, ihrer Organisationsstruktur und ihren Kulturen als gesundheit-

liche Ressource oder auch als Belastung wirken. Dieser „Setting-Ansatz" setzt *immer* sowohl am Gesundheitsverhalten als auch an den Lebensverhältnissen von Menschen an, da eine reine Verhaltensorientierung unterschlägt, dass privilegierte Lebenssituationen auch objektiv und subjektiv größere Spielräume für das individuelle Handeln schaffen.

- *Die Ebene sozialer Gruppen:* Gesundheitsbezogene Gemeinschafts-, Nachbarschafts- und Selbsthilfeaktivitäten werden initiiert und begleitet.
- *Die Ebene der Individuen:* Gesundheitsbezogene Informations- und Bildungsangebote sollen die Entwicklung persönlicher Kompetenzen und lebenspraktischer Fertigkeiten unterstützen.

Gesundheitsförderung als Querschnittsaufgabe weist dabei auf allen Ebenen inhaltliche Schnittmengen zur Erwachsenen- und Familienbildung auf, jedoch finden Kooperationen mit diesen Anbietern eher punktuell und konzeptionell unverbunden statt – beispielsweise indem Familienbildungsstätten ihre Räume für individuelle verhaltenspräventive Kurse der Krankenkassen öffnen. Das neue Präventionsgesetz schafft hierfür nun erweiterte Ansatzpunkte.

Gesundheitsförderung im Rahmen des Präventionsgesetzes

Maßnahmen zur Gesundheitsförderung werden seit längerem im Rahmen des fünften Sozialgesetzbuches finanziert. Mit der Verabschiedung des „Gesetzes zur Stärkung der Gesundheitsförderung und der Prävention" im Juli 2015 wurden die Leistungen zur „primären Prävention", also zur Verhinderung von Krankheitsursachen anstelle der kurativen Behandlung von Erkrankungsfolgen, deutlich erhöht. Zudem wurde eine soziallagenorientierte Ausrichtung festgeschrieben: Maßnahmen der Gesundheitsförderung sollen „insbesondere zur Verminderung sozial bedingter sowie geschlechtsbezogener Ungleichheit von Gesundheitschancen beitragen" (SGB V §20).[3]

Darüber hinaus wurde die Kommune mit dem Handlungsfeld „Wohnen" in den Bereich der förderfähigen Settings gemäß § 20a SGB V aufgenommen. Auf dieser Grundlage können sozialräumliche Ansätze der kommunalen Gesundheitsförderung wie das Nürnberger Projekt „Gesundheit für alle im Stadtteil" (Kap. 2) durch die Krankenkassen gefördert werden. Einem solchen sozialräumlichen Vorgehen werden bestimmte Vorteile zugeschrieben, wie beispielsweise (vgl. Trojan/Süß 2013, 18), dass

- die Mehrzahl der Menschen in städtischen Quartieren lebt und sie dort in ihrem unmittelbaren Lebensumfeld erreicht werden können,
- Zugänge zu benachteiligten Bevölkerungsgruppen dort auf nichtstigmatisierende Weise gestaltet werden können,
- die Kommune die anderen Lebenswelten als „Dach-Setting" umgreift,

3 Zum Stand der betrieblichen Gesundheitsförderung innerhalb der evangelischen Erwachsenenbildung selbst s. Mayert 2017.

- konkrete belastende Lebens- und Wohnbedingungen vor Ort besonders gut angegangen werden können, zumal die Kommune politische Gestaltungskraft besitzt und
- Kooperation und Vernetzung sich auf der lokalen Ebene leichter realisieren lassen.

Quartiersbezogene Gesundheitsförderung im Setting Kommune ist zudem anschlussfähig an das Programm Soziale Stadt[4], was die Integration gesundheitsrelevanter räumlich-baulicher Maßnahmen erleichtert.

Gesundheitsförderung mit Familien

Mit der Neuformulierung des Präventionsgesetzes haben sich auch die Möglichkeiten der Gesundheitsförderung mit Familien verändert. Zwar wurde Familie (trotz vielfältiger Bemühungen) nicht als eigenes förderfähiges Setting anerkannt. Doch wurde in den Bundesrahmenempfehlungen der Nationalen Präventionskonferenz[5] im Jahr 2016 auch die Förderung von „gesundheitsbezogenen Elternkompetenzen" festgeschrieben, die in den Nationalen Gesundheitszielen „Gesundheit rund um die Geburt" und „Gesund aufwachsen"[6] weiter ausformuliert sind.

Gleichzeitig legte der Gesetzgeber erste strukturelle Verknüpfungen von Gesundheitsförderung und familienbildenden Angeboten an. So wurde §16 (2) SGB VIII zur allgemeinen *Förderung der Erziehung in der Familie* ergänzt: Angebote der Familienbildung sollen auf Bedürfnisse und Interessen sowie auf Erfahrungen von Familien in unterschiedlichen Lebenslagen und Erziehungssituationen eingehen und nun auch Familien in ihrer Gesundheitskompetenz stärken. Beim Setting Kommune/Stadtteil wird zudem explizit auf die Kooperation mit der Familienbildung verwiesen (SGB V, s. KKF 2015, 43ff.). Ebenfalls für die Familienbildung relevant ist, dass in § 24d SGB V, der die „Ärztliche Betreuung und Hebammenhilfe" regelt, der Hinweis aufgenommen wurde, bei der Beratung der Versicherten bei Bedarf auch auf *regionale Unterstützungsangebote für Eltern und Kind* hinzuweisen. Familienbildende Angebote können damit zwar nicht analog zu anderen ärztlichen Leistungen verordnet werden, doch ist hier ein Vermittlungsauftrag formuliert, der insbesondere für Eltern, die wenig Kenntnis über Unterstützungsmöglichkeiten haben, hilfreiche Zugänge schaffen kann. Die lokale Vernetzung von Gesundheitswesen und den familienunterstützenden Angeboten bildet die Voraussetzung dafür, dass diese Beratungsleistung auch kompetent umgesetzt werden kann.

Bezüge zwischen Familienbildung und den Vorgehensweisen der Gesundheitsförderung stellt auch der Beschluss der Jugend- und Familienministerkonferenz zur *Lebensbegleitenden Familienbildung im Sozialraum* (JMFK 2016) her und verweist auf die

---

4 URL: http://www.staedtebaufoerderung.info/StBauF/DE/Programm/SozialeStadt/soziale_stadt_node.html [28.12.2017].

5 URL: https://www.gkv-spitzenverband.de/media/dokumente/presse/pressemitteilungen/2016/Praevention_NPK_BRE_verabschiedet_am_19022016.pdf [28.12.2017].

6 URL: http://gesundheitsziele.de/[28.12.2017].

strategische Bedeutung der Kommune zur Entwicklung von Lebenswelten. Im Kern geht es um „auf den Sozialraum zugeschnittene Konzepte und Angebote zur Stärkung von Familien und zur Gestaltung einer bedarfsgerechten kinder- und familienfreundlichen Infrastruktur" (ebd., 9). Das Aufsuchen alltagsnaher Orte wird hervorgehoben, um Menschen dort anzusprechen, wo sie sich aufhalten. Auch sollen Familien an der Entwicklung und Ausgestaltung von Angeboten beteiligt werden, damit „alle Menschen den Sozialraum selbstbestimmt nutzen und mitgestalten können" (JMFK unter Verweis auf die Bund-Länder-AG Familienpolitik der AGJF 2015, 3).

Mit dem Präventionsgesetz wurde für die Kooperation von Erwachsenen- und Familienbildung mit der kommunalen Gesundheitsförderung eine nachhaltige Grundlage geschaffen, die es ermöglicht, auf der Ebene der konkreten Wohn- und Lebensräume von Familien aufeinander abgestimmte Maßnahmen zu entwickeln. Eine frühzeitige systematische Vernetzung scheint dabei angezeigt, um den Aufbau dysfunktionaler Parallelstrukturen zu vermeiden. Für Familien mit Migrationshintergrund können solche sozialräumlichen Förderstrategien mit dem Ziel der gesundheitlichen Chancengleichheit neue Zugangswege in passgenaue Angebote eröffnen.

2. Familienbildung und Gesundheitsförderung mit Familien mit Migrationshintergrund

Familien mit Migrationshintergrund werden zunehmend als Adressaten von familienbezogenen Angeboten wahrgenommen (Schiersmann u.a. 1998, 92; Lösel 2006, 90f.).[7] Dabei scheinen es vor allem offene Angebotsformen und Eltern-Kind-Gruppen zu sein, an denen zugewanderte Familien häufiger teilnehmen; auch wird ein bevorzugter Zugang über Kindertageseinrichtungen beschrieben (ebd., 89; Treptow u.a. 2012, 26f.). Das konkrete Format und die institutionelle Anbindung beeinflussen demnach, in welchem Maße Familien mit Migrationshintergrund an Angeboten partizipieren, was es erforderlich macht, sich stärker an ihren Präferenzen zu orientieren (ebd., 33). Zum tatsächlichen Nutzungsverhalten können keine gesicherten Angaben gemacht werden, da ein umfassender Überblick zur Inanspruchnahme von Angeboten bislang fehlt (Integrationsbeauftragte 2016, 123; Iller 2017, 24). Auch ist kaum systematisch erforscht, welche Unterstützungsbedarfe zugewanderte Familien selbst formulieren. Die bestehenden Wissenslücken verstärken die allgemein beschriebene „Gefahr", durch einen verstärkten Fokus auf die Förderung von Elternkompetenzen und das „Funktionieren der Familie" (ebd.) einzelnen Gruppen besondere Bedarfe zuschreiben, die sich nicht zwangsläufig mit der Selbstwahrnehmung der Adressaten decken

7 Im Rahmen der evangelischen Erwachsenenbildung werden Familien mit Zuwanderungsgeschichte selten als eigene Zielgruppe angesprochen; insgesamt überwiegen hier Veranstaltungen, die sich unspezifisch an Adressaten richten, deutlich (s. URL: http://www.deae.de/Archiv/Statistik2015/DEAEPortrtBRDAlleEinrichtungstypen2015.pdf, 19 [21.05.2018]).

oder Distanz erzeugen, weil damit eine Entwertung eigener lebensweltlicher Handlungspraxen verbunden wird (Mengel 2007).

Begründungen für Unterstützungsbedarfe von zugewanderten Familien

Untersuchungen zu Elternkompetenzen in zugewanderten Familien beschreiben die familiären Strukturen und Lebensbedingungen sowohl zwischen als auch innerhalb der einzelnen Zuwanderungsgruppen als heterogen (BZgA 2011, 51f.). Auch unterscheidet sich die Häufigkeit, mit der Familien mit Migrationshintergrund gemeinsam mit ihren Vorschulkindern bildungsrelevante Aktivitäten unternehmen, nicht nennenswert von Familien ohne Zuwanderungsgeschichte (Gerleigner/Prein 2015, 39f.). Beim tatsächlichen Bildungserfolg der Kinder zeigen sich jedoch größere Abweichungen, auch zwischen den verschiedenen Zuwanderungsgruppen und -generationen, was eine differenzierte Betrachtung erfordert. Gleichzeitig machen die Befunde deutlich, dass Unterschiede im Bildungserfolg nicht alleine mit dem aktiven Bemühen der Eltern erklärt werden können, sondern weitere Einflussgrößen wirksam sind (ebd.). In eine ähnliche Richtung weisen Untersuchungen, die Eltern mit Migrationshintergrund eine grundsätzlich hohe Bildungsaspiration und Offenheit für Familienbildungsangebote bescheinigen, diese je nach soziokulturellem Milieu aber unterschiedliche Strategien bei der Unterstützung der Kinder verfolgen (Barz u.a. 2015, 78f.).

Als Begründung für besondere Unterstützungsbedarfe von Familien mit Migrationshintergrund werden insbesondere gesundheitsbezogene Unterschiede im Vergleich mit Kindern ohne familiale Zuwanderungsgeschichte herangezogen, beispielweise geringere Inanspruchnahmen von Früherkennungsmaßnahmen und von Impfungen oder häufigere psychische Auffälligkeiten (z.B. ADHS), Übergewicht sowie Probleme bei der Mundgesundheit. Doch variieren diese Befunde je nach einseitigem oder zweiseitigem elterlichem Migrationsstatus, nach Herkunftsländern oder dem Zeitpunkt der Zuwanderung, (RKI 2008, 120ff.). Untersuchungen zum Still- und Ernährungsverhalten stellten dabei nicht nur kulturelle Unterschiede zwischen verschiedenen Einwanderungsgruppen fest, sondern auch, dass ein längerer Aufenthalt in Deutschland und die Zugehörigkeit zur nachfolgenden Einwanderergeneration die Ernährungsweise sowohl verbessern als auch verschlechtern kann (RKI 2007, 52). Diese Beispiele verdeutlichen, dass von pauschalen Rückschlüssen auf Unterstützungsbedarfe dieser Familien abzusehen ist.

Einig ist die Forschungslage hingegen darin, dass das Merkmal Migrationshintergrund nicht unabhängig von der sozialen Lage betrachtet werden kann, da der sozioökonomische Status einer Familie starken Einfluss auf den Gesundheitszustand von Kindern und Eltern besitzt. So gehen allgemein niedrige Schul- und Berufsabschlüsse, verbunden mit einer niedrigen beruflichen Stellung und einem geringen Haushaltseinkommen deutlich häufiger mit einer geringeren gesundheitsbezogenen Lebensqualität (einschließlich langfristiger Folgen) einher (Lampert/Kroll 2010). Menschen mit Migrationshintergrund haben in Deutschland nach wie vor ein deutlich größeres Armutsrisiko (26%) als Menschen ohne Zuwanderungsgeschichte (12%), auch wenn sich dies auf bestimmte Gruppen konzentriert[8] und es bei Personen aus der zweiten Zuwanderungsgeneration mit Berufs- oder Hochschulabschluss zu Angleichungen kommt (Giesecke u.a. 2017, 13ff.). Alles in allem erweist sich ein Migrationshintergrund als eigenständige Einflussgröße auf die Gesundheit, wobei eine enge Korrelation mit dem Sozialstatus und auch der Aufenthaltsdauer besteht (RKI 2008, 124; Integrationsbeauftragte 2016, 342).

Trotz dem beschriebenen Gebot zur Differenzierung hält sich das Bild der besonders risikobehafteten Familien mit Migrationshintergrund hartnäckig, wird eine „besondere Beobachtung" dieser Eltern konstatiert, die sich in einem „besonderen Optimierungsdruck" äußert (Westphal u.a. 2017, 2). Erwartungsgemäß reagieren Eltern darauf unterschiedlich, beispielsweise mit verstärkten Anpassungsaktivtäten oder aber mit Rückzug. Entsprechende Verhaltensvarianzen sind ganz allgemein aus milieutheoretischen Studien bekannt (zum Beispiel Merkle/Wippermann 2008). Für Familien mit Zuwanderungsgeschichte kommt oft als weitere Anforderung noch hinzu, widersprüchliche Erwartungen aus der Einwanderungsgesellschaft und dem Herkunftsland an ihre Rolle als Mutter oder Vater auszubalancieren – was die Wahrscheinlichkeit erhöht, es mindestens einer Seite nicht ganz recht zu machen. Für gesundheitsbezogene Angebote bedeutet dies, sich mit Teilnehmenden zu den „Normalitätskonstruktionen von Familie und Elternschaft" in einer Einwanderungsgesellschaft auszutauschen (Westphal u.a. 2017, 156) – also Vorstellungen von Erziehung und Gesundheit in den unterschiedlichen Kulturen zu erfragen, zu verstehen, miteinander abzuwägen sowie Hindernisse und Lösungen bei der Umsetzung eigener Wege zu reflektieren (Abdallah-Steinkopff 2015). Sprachkenntnisse und ein eigener Zugang, sich mit kulturellen Vorstellungen auseinanderzusetzen, haben sich als Schlüsselfaktoren erwiesen, mögliche Stressbelastungen bei der Orientierung zwischen verschiedenen Welten abfedern zu können (BZgA 2011, 52). Familienbildung und Gesundheitsförderung können dafür reflexive, nichtstigmatisierende Räume eröffnen, denn auch vermeintlich „nichtoptimale" oder „ungesunde" Verhaltensweisen können eine sozial integrierende Funktion haben und in einem rationalen Vermeidungsverhalten gegenüber entsprechenden Angeboten münden, um nicht „immer wieder aufs Neue für ihre Unzulänglichkeit kritisiert zu werden" (Geene 2012, 166).

Sozialräumliche Zugangsweisen bieten eine Möglichkeit, die Unterschiedlichkeit von Familien aufzugreifen und gleichzeitig an gemeinsamen Strukturbedingungen anzusetzen. In städtischen Quartieren, die von einer erhöhten Armutsquote geprägt sind, leben meist überdurchschnittlich viele Menschen mit Zuwanderungsgeschichte und gerade bei Familien verfestigt sich die soziale Segregation (Integrationsbeauftragte 2016, 263). Das unmittelbare Wohn- und Lebensumfeld wirkt hier als Verstärker – im Negativen wie im Positiven: Eine schlechtere Wohnsubstanz, die geringere Ausstattung mit Grün- und Freiflächen sowie erhöhte Lärm- und Schadstoffbelastungen

8 So haben Personen mit eigener Migrationserfahrung, fehlenden Bildungsabschlüssen, kürzerer Aufenthaltsdauer, geringen deutschen Sprachkenntnisse und aus bestimmten Herkunftsregionen ein höheres Armutsrisiko als andere Gruppen mit familialer Zuwanderungsgeschichte (Giesecke u.a. 2017, S. 13ff.).

wirken als Stressfaktoren, die die Gesundheit beeinträchtigen können. Zudem beschränken sich die Alltagskontakte der Bewohnerinnen und Bewohner von benachteiligten Quartieren häufig auf Menschen in ähnlich schwierigen Lebenslagen, was soziale Konflikte sowie zusätzliche Stigmatisierungseffekte als ‚Problemviertel' nach sich ziehen kann (Kronauer/Seibel 2015). Gleichzeitig eröffnet die räumliche Nähe Möglichkeiten für soziale Begegnung und gegenseitige Hilfe wie auch Erfahrungen von Vertrautheit und Verbundenheit (BBSR 2017, 10f.). Familienbezogene Bildungsanbieter und kommunale Gesundheitsförderung können hier mit gemeinsamen Aktivitäten ansetzen, um bedarfsgerechte Unterstützungsangebote zu etablieren und auch partizipativ Verbesserungen im räumlichen Wohnumfeld anzugehen – beispielsweise, indem Spielflächen als Lern-, Bewegungs- und Sozialorte zugleich entwickelt werden.

„Gesundheit für alle im Stadtteil" – ein Beispiel mit sozialräumlichem Zugang

Im Jahr 2017 startete das Nürnberger Projekt zur kommunalen Gesundheitsförderung mit Förderung der AOK Bayern mit dem Ziel, in vier ausgewählten Stadtteilen gesundheitsbezogene Maßnahmen zu etablieren und zur nachhaltigen sozialräumlichen Strukturentwicklung beizutragen. Angepasst an die konkreten Bedarfe der Bewohnerschaft sollen verhaltensbezogene Angebote für ausgewählte Gruppen mit verhältnisbezogenen Aktivitäten im Quartier verbunden werden. Verortet ist das auf zunächst vier Jahre angelegte Modell am Gesundheitsamt der Stadt Nürnberg und wird in einem multiprofessionellen Team aus „Gesundheitskoordinatorinnen" umgesetzt.[9]

Alle Quartiere sind von einem erhöhten Anteil von Menschen mit Migrationshintergrund geprägt, in ihrer Zusammensetzung nach Alters- oder Herkunftsgruppen, sozialer Lage, Wohndauer sowie den räumlichen Lebensbedingungen jedoch unterschiedlich. Der Fokus liegt dem Präventionsgesetz entsprechend überwiegend auf Stadtteilen, die von sozialer Ungleichheit betroffen sind: In drei Quartieren leben die Bewohnerinnen und Bewohner im Stadtvergleich überproportional häufig in Armutslagen, ein weiteres ist in seiner Zusammensetzung uneinheitlich und dient als Vergleichshorizont.

Als Grundlage für die geplanten Aktivitäten im Stadtteil werden zum einen kleinräumige Daten aus der städtischen Sozialstatistik und Gesundheitsberichterstattung, wie beispielsweise der Schuleingangsuntersuchung, mit weiteren Erhebungen zusammengeführt und zur ersten Analyse der Ausgangssituation genutzt. Zum anderen werden im Rahmen von qualitativen leitfadengestützten Experteninterviews gesundheitsbezogene Bedarfe in den einzelnen Stadtteilen erhoben. Diese Ergebnisse werden strukturiert aufbereitet und in verschiedenen Formaten mit den lokalen Akteuren und Netzwerken diskutiert. In einem nächsten Schritt werden die Quartiersbewohner partizipativ in die Bedarfserhebung einbezogen und die Ergebnisse mithilfe von Fokusgruppen oder Stadtteilbegehungen vertieft. Auch diese Befunde werden in Workshops rückgekoppelt und für die gemeinsame Planung von konkreten Maßnahmen im

9 URL: https://www.gesundheitimstadtteil.nuernberg.de [29.12.2017].

Stadtteil genutzt. Alle Schritte erfolgen in enger Kooperation mit den bereits bestehenden Strukturen vor Ort, um das Vorgehen und die jeweiligen Arbeitsschwerpunkte in einem integrierten Handlungskonzept aufeinander abzustimmen. Beispielsweise werden aktuell in einem Stadtteil in Zusammenarbeit mit Kindertagesstätten, Erziehungsberatung, Elternbildungsprogrammen, Stadtteilkoordination, Gesundheitsamt und weiteren Akteuren verschiedene aufsuchende gesundheitsfördernde Angebote für Eltern entwickelt und erprobt. Auch geht es darum, die Bewohnerschaft an der Umsetzung von Maßnahmen zu beteiligen – an neuen Nutzungskonzepten für Grün- und Freiflächen im Stadtteil oder indem Eltern in Angeboten wie Koch- oder Tauschaktionen selbst aktiv werden. Damit will das Projekt direkt am Lebensalltag der Stadtteilbewohner ansetzen und durch die gemeinsame Bearbeitung der konkreten Bedingungen die Selbstwirksamkeit und die Identifikation mit dem Quartier als Ressource stärken.

Die begleitende Auswertung der durchgeführten Maßnahmen dient dazu, die Passung des Arbeitsansatzes zu evaluieren und seine Übertragbarkeit auf andere Quartiere zu prüfen. Ein Maßstab dafür ist, inwieweit es gelingt, nicht *für*, sondern *mit* den Bewohnern und Akteuren im Stadtteil die einzelnen Maßnahmen zu einem integrierten Konzept zu bündeln und nachhaltig zu verankern.

3. Konzeptionelle Anschlussstellen zur Weiterentwicklung der Kooperation von familienbezogenen Bildungsanbietern und kommunaler Gesundheitsförderung – um der Vielfalt von Familien gerecht zu werden

Die Landschaft der familienbezogene Bildungsanbieter gleicht einem „Flickenteppich" (Iller 2017, 24), wo Leitbilder, Konzepte, Inhalte und Methoden variieren. Grundsätzlich sollen Familien in unterschiedlichen Lebenslagen und Erziehungssituationen angesprochen und in ihrem alltäglichen Zusammenleben unterstützt werden. Die konkrete Angebotsplanung orientiert sich meist an bestimmten Familienphasen, -formen, familialen Lebenslagen oder Belastungssituationen (Rupp u.a. 2010, 61). In Zusammenarbeit mit der kommunalen Gesundheitsförderung kann Familienbildung ihren grundsätzlichen Anspruch, alle Familien im Blick zu haben, durch sozialräumliche Angebote erweitern, diesen quasi im direkten Lebensumfeld konkretisieren. Die breite Themenpalette von Familienbildung wird durch den besonderen Fokus auf Gesundheit ergänzt und beinhaltet Angebote zur persönlichen Kompetenzentwicklung, Gemeinschaftsaktivitäten und auch Maßnahmen, die die Verhältnisse, in denen Familien leben, mitgestalten wollen.

Insbesondere für die Arbeit mit zugewanderten Familien erscheint die sozialräumliche Zugangsweise hilfreich, da diese in sich divers sind und in der Unterschiedlichkeit ihrer Bedarfe betrachtet werden müssen, gleichzeitig jedoch allgemeine Strukturbedingungen wirksam sind, die den Zugang in unspezifische Angebote erschweren können. Die abgestimmte Konzeptentwicklung für Wohngebiete mit erhöhten Anteilen von Familien mit Migrationshintergrund kann ein Weg zu passgenauen Angeboten zu sein und dabei auf pauschale Zuschreibungen zu verzichten. Wenn solche Quartiere häufiger auch von erhöhter Armut und Benachteiligung betroffen sind, ist dies eine soziale Realität, die bearbeitbar wird, ohne etikettieren zu müssen – dem Gedanken folgend, Integration durch konkrete Integrationsaktivitäten im Quartier zu leisten.

Bei der sozialräumlichen Kooperation von familienbezogenen Bildungsanbietern und kommunaler Gesundheitsförderung können sich gemeinsame Perspektiven an den im Folgenden benannten Anschlussstellen entwickeln.

Die Perspektive der familienbiografischen Entwicklung von Alltagskompetenzen

Familie ist Bildungsort und Entwicklungsfeld für die Gesundheit ihrer Mitglieder zugleich. In den ersten Lebensjahren sind der Aufbau einer liebevollen und verlässlichen Eltern-Kind-Beziehung und die Versorgung der kindlichen Grundbedürfnisse wesentlich für ein gedeihliches Aufwachsen (BZgA 2011, 6). In der Familienbildung und der Gesundheitsförderung gilt daher der Grundsatz, Eltern entsprechende Unterstützung so früh wie möglich im Lebenslauf zur Verfügung zu stellen, damit Beziehung, Erziehung und gesunder Alltag gelingen: Welche Essgewohnheiten, Schlaf- und Tagesstrukturen entwickeln Familien? Wie schaffen sie Stabilität durch Regeln und Rituale? Wie schenken Mütter und Väter den kindlichen und eigenen Bedürfnissen nach Bewegung und Entspannung Aufmerksamkeit? Wie wird mit Stress und Konflikten umgegangen und werden Grenzen gesetzt? Welches Wissen gibt es zu kindlichen Entwicklungsschritten, wie entwickeln Mütter und Väter begleitend ihre Identität als Eltern? Wie werden Raum und Zeit für emotionale Zuwendung gefunden und wie wird Anerkennung ausgedrückt? Wie finden Eltern heraus, was ihnen beim Zusammenleben als Familie wichtig ist und wie sie dies in konkretes Handeln übersetzen können? Wie können die Familienmitglieder sich darüber konstruktiv verständigen? Und nicht zuletzt: Wie können Mütter und Väter Vertrauen in die eigenen Fähigkeiten schöpfen?

Familienbildung und Gesundheitsförderung können an die lebensweltlichen Erfahrungen und Handlungen von Familien anknüpfen, um mit ihren Angeboten als anschlussfähig für den Familienalltag identifiziert zu werden.

Die Perspektive der Subjektorientierung und Befähigung

Familienbildung ist Bildungsarbeit mit Erwachsenen, also mit sich selbst steuernden Subjekten, die zur Eigenverantwortung fähig und auch herausgefordert sind (Brödel/Yendell 2008, 9). Ein solches Verständnis geht von einem kooperativen Lernbegriff aus, der Eigenwilligkeit anerkennt und Menschen zutraut, den eigenen Weg als Familie zu finden, denn: „Selbstverantwortung und ‚Erwachsensein' können nur auf dem Weg gewonnen werden, der genau diese Erfahrung zulässt" (Reischmann 1988, 22). Eine erwachsenengerechte Didaktik setzt an den Erfahrungen und Interessen der Teilnehmenden an mit Lernformen, die keine Handlungsanweisungen vermitteln, sondern Reflexion und Selbsttätigkeit fördern: indem das gemeinsame Erzählen und Beschreiben im Vordergrund steht, indem Räume zur wechselseitigen Interpretation und zur Selbstvergewisserung eröffnet und durch Gegenhorizonte angeregt werden (Mengel 2007). Eine solche Perspektive verhindert zudem, den Fokus auf die gesundheitlichen, erzieherischen oder bildungsbezogenen ‚Leistungen' von Eltern für ihre Kinder zu verengen.

Gesundheitsförderung knüpft an ein solches Verständnis an und will Menschen „Selbstbestimmung über ihre Gesundheit zu ermöglichen" (WHO 1986). Als Experten für ihre eigene Gesundheit werden sie an der Begründung, Planung und Umsetzung von Maßnahmen beteiligt. Partizipation soll dazu beitragen, die eigenen Lebensbedingungen zu reflektieren, Veränderungsoptionen zu entwickeln und anzugehen. Eine solche Strategie der Ermöglichung („enable") wird ergänzt durch die Vermittlung und Koordination von Unterstützung („mediate") sowie die aktive Interessensvertretung für Menschen („advocate"), um auf gesundheitliche Ungleichheit und Stigmatisierungseffekte einzuwirken (ebd.). Neben der konkreten Gestaltung von Lebensräumen kann ein Beitrag zu mehr Chancengerechtigkeit sein, sich in Angeboten an der Förderung von Kohärenzgefühl und Resilienz zu orientieren, indem danach gefragt wird, wie Eltern und Kinder auch unter stressreichen Bedingungen gesund bleiben können. Im Zusammenleben von Familien können Belastungsfaktoren sich sowohl gegenseitig ausgleichen als auch kumulieren. Regelmäßige gemeinsame Aktivitäten als bewusst miteinander gestaltete Familienzeit können – zumindest über einen begrenzten Zeitraum hinweg – belastende Lebenslagen abmildern (Holz u.a. 2006). Gesundheitsförderung und Familienbildung können sich in Angeboten gezielt an der Entwicklung des Kohärenzgefühls orientieren – einer vertrauensvollen Grundhaltung dem eigenen Leben gegenüber, dass die Umwelt verstehbar ist, mit ihr umgegangen und ein Sinn in ihr entdeckt werden kann (Antonovsky 1997). In der Zusammenarbeit mit Migrantenfamilien könnte zudem reflektiert werden, wie die Erfahrung der eigenen Zuwanderungsgeschichte hier eingeordnet wird.

Die Perspektive der interkulturellen Öffnung von Einrichtungen im Quartier

Ein wertschätzender Umgang mit Unterschieden ist die Grundlage für eine migrationssensible Arbeit in Familienbildung und Gesundheitsförderung. Denn Kultur ist *eine* Dimension, die das Verhalten von Menschen prägt, neben anderen; zudem können sich kulturelle Vorstellungen auch verändern (NZFH i.E.). Weitere Strategien zur interkulturellen Öffnung von Einrichtungen in den Lebenswelten der Adressaten sind:

- die Gesundheits- und Familienbildungsbedürfnisse von Eltern mit Migrationshintergrund tatsächlich zu erfragen,
- Zugänge über bestehende ethnische Netzwerke und Migrantenorganisationen zu vermitteln[10] und mit den kommunalen Integrationsstellen (-beauftragten oder -beiräten) zusammenzuarbeiten,

10 S. z.B. Bundeselternnetzwerk der Migrantenorganisationen, URL: https://www.bundeselternnetzwerk.de/[28.12.2017].

- Angebote mehrsprachig, d.h. auch in der Familiensprache, vorzuhalten oder Sprachmittler einzusetzen,
- Mitarbeiterinnen und Mitarbeiter und/oder Multiplikatorinnen und Multiplikatoren mit eigenem Migrationshintergrund einzusetzen sowie multi-ethnische Stadtteil-Teams zu bilden,
- interkulturelle Kompetenzen systematisch zu vermitteln, auch an lebensweltliche Multiplikatoren und an Sprachmittler,
- zu erfragen und anzuerkennen, was die verschiedenen Gruppen an kulturellen (Gesundheits-)ressourcen mitbringen,
- Elemente der alltäglichen kulturellen Lebensweisen wie miteinander Kochen und Essen zum festen Bestandteil von Angeboten zu machen und in ihrer sozialen Bedeutung wertzuschätzen – dies klingt banal, wird aber immer wieder in Modellprojekten bestätigt (Erler/Jaeckel, 2003, 6),
- Fragestellungen einer kulturellen Identität aufzugreifen, die verschiedene Identitäten ineinander vereint (Mecheril 2004),
- diese Fragen mit interkulturellen Methoden aufzugreifen (wie z.B. das Interkulturelle Pendel, s. Abdallah-Steinkopff 2015),
- Angebote speziell zur Förderung sozialer Netzwerke und Gruppen zu entwickeln und dabei offen für unterschiedliche Lebensvorstellungen zu sein,
- einen zentralen Ort einzurichten, an dem viele Angebote verschiedener Einrichtungen und Träger unter einem Dach gebündelt werden können (BBSR 2017 21) und
- gleichzeitig auf Menschen aktiv zuzugehen und persönlich anzusprechen – auf Plätzen, beim Einkaufen, auf der Straße.

Die Perspektive einer integrierten kommunalen Gesamtstrategie

Eine Beobachtung (auch) aus Quartieren mit besonderem Entwicklungsbedarf ist, dass nicht selten eine Vielzahl von Einzelprojekten unterschiedlicher Leistungsbereiche unverbunden nebeneinander steht und diese kaum systematisch in den Strukturen des Stadtteils oder den Konzepten der Einrichtungen verankert sind. Mit Begriffen wie „Lernende Regionen", „Bildungslandschaften" oder „Präventionsketten" (ausführlich s. Mengel u.a. 2015) werden Konzepte des integrierten kommunalen Handelns beschrieben, um „das vielfältige Unterstützungsangebot öffentlicher und privater Träger und Akteure besser zu verbinden. Sie tragen dazu bei, dass dieses Angebot über Altersgruppen und Lebensphasen hinweg aufeinander abgestimmt ist und ineinander greift" (Richter-Kornweitz/Utermark 2013, 14). Durch den Aufbau multiprofessioneller Netzwerkstrukturen sowie bereichsübergreifender Planung und Steuerung sollen bedarfsgerechte Maßnahmen für mehr Chancengleichheit entwickelt werden.

Die Idee wird auch kritisch diskutiert, sofern sie eher der Einsparung von öffentlichen Ressourcen oder der „Detektierung" (BMFSFJ 2013, 413) von vermeintlichen elterlichen Defiziten dienen soll. Familienbezogene Anbieter und kommunale Gesundheitsförderung können durch die beschriebenen Grundhaltungen von Subjektorientierung, Befähigung und Beteiligung einen ‚gesunden' Widerstand gegen derartige Einvernahmen in den fachlichen Diskurs einbringen. Integrierte Finanzierungskonzepte können zudem dazu beitragen, Fördermittel unterschiedlicher Ressorts gezielter und nachhaltiger einzusetzen als mit den bisherigen Formen der Projektfinanzierung, die meist *entweder* zielgruppen- *oder* quartiersbezogen erfolgen (Integrationsbeauftragte 2016, 267). Ein solcher Fördermix bedarf jedoch aufeinander abgestimmter Strukturen im Verwaltungshandeln von öffentlichen und freien Trägern sowie den privatwirtschaftlich organisierten Leistungserbringern (vgl. BBSR 2017, 33).

Literatur

Abdallah-Steinkopff, B. (2015): Kultursensible Elternberatung bei Flüchtlingsfamilien. In: ZSTB [Zeitschrift für systemische Therapie und Beratung] 33(3), 109–117.

Antonovsky, A. (1997): Salutogenese. Zur Entmystifizierung der Gesundheit. Tübingen.

Barz, H./Barth, K./Cerci-Thoms, M. u.a. (2015): Große Vielfalt, weniger Chancen. Eine Studie über die Bildungserfahrungen und Bildungsziele von Menschen mit Migrationshintergrund in Deutschland. Essen/Düsseldorf.

BBSR [Bundesinstitut für Bau-, Stadt- und Raumforschung] im Bundesamt für Bauwesen und Raumordnung (Hrsg.) (2017): Zukunft im Quartier gestalten. Beteiligung für Zuwanderer verbessern. Bonn.

BMFSFJ [Bundesministerium für Familie, Senioren, Frauen und Jugend] (Hrsg.) (2013): 14. Kinder- und Jugendbericht. Berlin.

Brödel, R./Yendell, A. (2008): Weiterbildungsverhalten und Eigenressourcen. Bielefeld.

BZgA [Bundeszentrale für gesundheitliche Aufklärung] (Hrsg.) (2011): Expertise gesundheitsfördernden Elternkompetenzen für das frühe Kindesalter. Köln.

Dahlgren, G./Whitehead, M. (1991): Policies and strategies to promote social equality in health. Stockholm.

Erler, W./Jaeckel, M. (2003): „Eigentlich sind wir hier schon das Vereinte Europa". Integration vor Ort gestalten. München.

Geene, R. (2012): Communityorientierung und Diversityansatz – Zum inneren Verständnis sozialer Ungleichheiten. In: Gold, C./Lehmann, F. (Hrsg.): Gesundes Aufwachsen für alle! Bd. 17. Köln, 164–170.

Gerleigner, S./Prein, G. (2015): Bildung bei Kindern und Jugendlichen mit Migrationshintergrund. In: Walper, S./Bien, W./Rauschenbach, T. (Hrsg.): Aufwachsen in Deutschland heute. Erste Befunde aus dem DJI-Survey AID:A 2015. München, 37–40.

Giesecke, J./Kroh, M./Tucci, I./Baumann, A./El-Kayed, N. (2017): Armutsgefährdung bei Personen mit Migrationshintergrund – Vertiefende Analysen auf Basis von SOEP und Mikrozensus. Berlin.

Holz, G./Richter-Kornweitz, A./Wüstendörfer, W./Giering, D. (2006): Zukunftschancen für Kinder!? – Wirkung von Armut bis zum Ende der Grundschulzeit. Frankfurt a.M./Berlin.

Iller, C. (2011): Zielgruppen. In: Fuhr, T./Gonon, P./Hof, C. (Hrsg.) Erwachsenenbildung – Weiterbildung. Handbuch Erziehungswissenschaft, Bd. 4. Paderborn, 247–258.

Iller, C. (2017): Prävention oder emanzipatorische Bildung? Familienbildung zwischen Erwachsenenbildung und Sozialer Arbeit. In: DIE-Zeitschrift, H. 1, 24–27.

Integrationsbeauftragte [Die Beauftragte der Bundesregierung für Migration, Flüchtlinge und Integration] (2016): 11. Bericht der Beauftragten der Bundesregierung für Migration, Flüchtlinge und Integration – Teilhabe, Chancengleichheit und Rechtsentwicklung in der Einwanderungsgesellschaft Deutschland. Berlin.

JMFK [Jugend- und Familienministerkonferenz vom 2./3. Juni 2016 in Dresden] (2016): Lebensbegleitende Familienbildung im Sozialraum. Öffentliches Beschlussprotokoll. URL: https://www.jfmk.de/pub2016/JFMK_2016_Protokoll.pdf [28.12.2017].

JMFK unter Verweis auf die Bund-Länder-AG Familienpolitik der AGJF (2015): Strategiepapier zu einer lebensbegleitenden Familienbildung im Sozialraum. URL: https://www.jfmk.de/pub2016/JFMK_2016_Protokoll.pdf [28.12.2017].

KKF Fachverlag für Sozialversicherung (2015): SGB V Handbuch mit Begründungen durch Präventionsgesetz (PrävG) u.a. Altötting.

Kronauer, M./Seibel, W. (2013): Polarisierte Städte. Soziale Ungleichheit als Herausforderung für die Stadtpolitik. Frankfurt am Main/New York.

Kühner, A. (2010): Beratung in der Migrationsgesellschaft. In: Positionen. Beiträge zur Beratung in der Arbeitswelt, H. 2, 2–8.

Lampert, T./Kroll, L.E. (2010): Armut und Gesundheit. In: Robert Koch-Institut Berlin (Hrsg.): GBE kompakt 5/2010. URL: www.rki.de/gbe-kompakt [28.12.2017].

Lösel, F. (2006): Bestandsaufnahme und Evaluation von Angeboten im Elternbildungsbereich. Erlangen.

Mayert, A. (2017): Wie steht es um Arbeitsbedingungen in Einrichtungen der Evangelischen Erwachsenenbildung? In: forum erwachsenenbildung 50(1), 32–36.

Mecheril, P. (2004): Einführung in die Migrationspädagogik. Weinheim/Basel.

Mengel, M. (2007): Familienbildung mit benachteiligten Adressaten. Wiesbaden.

Mengel, M./Sann, A./Küster, E.-U. (2015): Frühe Hilfen als integrierter kommunaler Handlungsansatz. In: Melzer, W./Hermann, D. u.a. (Hrsg.): Handbuch Aggression, Gewalt und Kriminalität bei Kindern und Jugendlichen. Bad Heilbrunn, 369–372.

Merkle, T./Wippermann, C. (2008): Eltern unter Druck: Selbstverständnisse, Befindlichkeiten und Bedürfnisse von Eltern in verschiedenen Lebenswelten. Stuttgart.

NZFH [Nationales Zentrum Frühe Hilfen] (i.E.): Frühe Hilfen für geflüchtete Familien. Ein Impulspapier für die professionelle Arbeit von Fachkräften. Köln.

Reischmann, J. (1988): Offenes Lernen von Erwachsenen. Bad Heilbrunn.

Richter-Kornweitz, A./Utermark, K. (2013): Werkbuch Präventionskette. Hannover.

RKI [Robert-Koch-Institut] (2007): Ernährungsverhalten von Kindern und Jugendlichen mit Migrationshintergrund – KiGGS-Migrantenauswertung. Berlin.

RKI [Robert-Koch-Institut] (2008): Kinder- und Jugendgesundheitssurvey (KiGGS) 2003–2006: Kinder und Jugendliche mit Migrationshintergrund in Deutschland. Berlin.

Rupp, M./Mengel, M./Smolka, A. (2010): Handbuch zur Familienbildung im Rahmen der Kinder- und Jugendhilfe in Bayern. Bamberg.

Schiersmann, C./Thiel, H.-U./Fuchs, K./Pfizenmaier E. (1998): Innovationen in Einrichtungen der Familienbildung. Opladen.

Schymroch, H. (1989): Von der Mütterschule zur Familienbildungsstätte. Freiburg i. Br.

Stadt Nürnberg [Amt für Stadtforschung und Statistik] (2016): Innergebietliche Strukturdaten Nürnberg 2016. Nürnberg.

Syring, V. (2016): Schutzengel Flensburg. Eine Chance für Geflüchtete. In: Themenblatt 2-2016. Gesundheitsförderung bei Geflüchteten. URL: https://www.gesundheitliche-chancengleichheit.de/service/meldungen/themenblatt-gefluechtete/[26.08.2018].

Treptow, R./Landhäußer, S./Faas, S. (2012): Offene Bildungsangebote für Familien und Erreichbarkeit der Adressaten. Eine empirische Untersuchung zur Gestaltung offener Treffs in der Familien- und Elternbildung. Tübingen.

Trojan, A./Süß, W. (2013): Gesundheit fördern, wo die Menschen leben. Das Setting Gemeinwesen. In: Trojan, A./Süß, W./Lorentz, W./Wolf, K./Nickel, S. (Hrsg.): Quartiersbezogene Gesundheitsförderung. Weinheim/Basel, 14–25.

Westphal, M./Motzek-Öz, S./Otyakmaz, B. (2017): Elternschaft unter Beobachtung. Herausforderungen für Mütter und Väter mit Migrationshintergrund. In: ZSE [Zeitschrift für Soziologie der Erziehung und Sozialisation] 37(2), 142–157.

WHO Weltgesundheitsorganisation (1986): Ottawa-Charta zur Gesundheitsförderung. URL: http://www.euro.who.int/__data/assets/pdf_file/0006/129534/Ottawa_Charter_G.pdf [28.12.2017].

Kenan Engin

Die Unterstützung von Menschen mit Migrationshintergrund und mit Beeinträchtigungen und Behinderungen: Eine sozialarbeiterische Herausforderung?

Abstract

Migration verändert die Gesellschaft in den Arbeits- und Lebenswelten auf vielfältige Weise. Davon betroffen ist auch das Handlungsfeld Menschen mit Migrationshintergrund im Kontext von Beeinträchtigungen und Behinderungen. Für die Soziale Arbeit ergeben sich durch diese Veränderung neue Aufgaben, Herausforderungen und Chancen wie z.B. Impulse für eine neue vielfaltorientierte Gesellschaft. Im vorliegenden Beitrag werden Problemlagen für die Soziale Arbeit im Kontext Migration und Behinderung in ihrer Multidimensionalität und ihrer intersektionalen Verschränkung aufgezeigt.

1. Einleitung

Durch die Zuwanderung in den letzten Jahren erreichte der prozentuale Anteil an Menschen mit Migrationshintergrund in Deutschland 22,5 Prozent (vgl. Statistisches Bundesamt 2016).[1] Es gibt jedoch keine zuverlässigen Daten darüber, wie viele Menschen, die nach Deutschland einwandern, eine Behinderung oder Beeinträchtigung haben. Beispielsweise gibt es aufgrund der Nichtregistrierung der Behinderung bei der Einreise von Geflüchteten in Deutschland lediglich Schätzungen, die zwischen zehn und 40 Prozent variieren (vgl. Aktion Mensch 2016; Chladek 2015; Szardning 2014). Diese sind allerdings derzeit nicht verifizierbar. Die Studie „Erkennung psychischer Störungen bei Asylbewerbern" gibt an, dass die Traumatisierungsrate unter den erwachsenen Geflüchteten bei über 30 Prozent liegt (vgl. Butollo/Maragkos 2012). Insgesamt gehen Berichte und Studien davon aus, dass ein großer Teil von Geflüchteten eine Behinderung hat. Durch die starke Fluchtmigration in den vergangenen Jahren hat daher auch insgesamt die Zahl von Menschen mit Migrationshintergrund, die eine körperliche oder seelische Behinderung aufweisen oder von chronischer Krankheit, sowie Traumata betroffen sind, zugenommen. Die fehlenden Daten sowie der Forschungs- und Handlungsbedarf in Bezug auf Menschen mit Migrationshintergrund und Behinderung, etwa im Hinblick auf ihre Lebenssituation, wurde auch im Teilhabebericht der Bundesregierung über die Lebenslagen von Menschen mit Behinderung bereits 2013 konstatiert. Dementsprechend fordert der Teilhabebericht für die

1 Im Jahr 2017 beantragten über 200.000 Menschen einen Asylantrag in Deutschland. Aufgrund dessen ist davon auszugehen, dass der prozentuale Anteil der Menschen mit Migrationshintergrund bei mehr als 22,5% liegt. Siehe Bundesamt für Migration und Flüchtlinge (BAMF) 2018.

Zukunft, dass der Migrationshintergrund Bestandteil aller Datenerhebungen sein sollte, die sich u.a. auch mit Personen mit Behinderung befassen (BMAS 2011). Denn viele Untersuchungen belegen, dass Menschen mit Migrationshintergrund und Behinderung weniger die ihnen zustehenden Leistungen in Anspruch nehmen als Einheimische (Engin 2018; Seifert 2014; Wansing/Westphal 2014; Kaiser-Kauczor 2011; Merz-Atalik 2007). Deshalb sieht es der Teilhabebericht für erforderlich an, „den Anteil von Menschen mit Behinderungen und Beeinträchtigungen mit Migrationshintergrund in den Leistungs- und Maßnahmenbereichen zu erfassen, die die Leistungen und Maßnahmen in Anspruch nehmen" (BMAS 2011, S. 404). Die Zunahme von Vielfalt in der Gesellschaft durch Migration und daraus resultierende Herausforderungen, wie z.B. in Bezug auf eine vielfaltorientierte Behindertenhilfe, hat auch Folgen für die Soziale Arbeit. Denn hier entstehen für Profession und Disziplin der Sozialen Arbeit neue Aufgaben, Herausforderungen und Chancen. Die globalen Entwicklungen, wie fortschreitende Mobilität, Flucht und die Zunahme der Konflikte, deuten auch darauf hin, dass die Rolle der Sozialen Arbeit in diesem Kontext sogar weiter an Bedeutung gewinnen wird.

Vor diesem Hintergrund diskutiert der vorliegende Artikel, was Behinderung und Beeinträchtigung in verschiedenen Migrantenmilieus bedeutet und wie damit umgegangen wird. Dabei geht es vor allem darum, zu differenzieren und pauschale Zuschreibungen, wie sie in Forschung und Praxis immer noch an der Tagesordnung sind, aufzuzeigen und kritisch zu diskutieren. Darüber hinaus werden mögliche Positionierungen der Sozialen Arbeit im Kontext einer vielfaltorientierten Behindertenhilfe vorgestellt und es wird diskutiert, wie Angebote der Familienbildung im Kontext Migration und Behinderung ausgestaltet werden können. Damit wird der Frage nachgegangen, wie die Migrantenfamilien von Angeboten von Familienbildungsstätten besser profitieren können und wie die Kompetenzen von Migrantenfamilien mit einem oder mehreren Familienmitgliedern mit Behinderungen und Beeinträchtigungen gestärkt werden können.

2. Soziale Arbeit in der Behindertenhilfe im Kontext der Migration und Flucht

Auf Grund der neuen gesellschaftlichen Entwicklungen sind die Träger der Sozialen Arbeit in der Behindertenhilfe stärker als bisher gefordert, in der Gestaltung ihrer Angebote die kulturelle und soziale Vielfalt ihrer Klientinnen und Klienten zu berücksichtigen und Zugangsbarrieren zu beseitigen, die auf kulturellen oder ethnischen Unterschieden beruhen (Westphal/Wansing 2018; Wansing/Westphal 2014; Karacayli/Kutluer 2011). Dies bedeutet, dass keine Sondereinrichtungen geschaffen werden sollen, sondern dass die Nutzung sozialer Regeldienste für Menschen mit Migrationshintergrund und Behinderung ebenso selbstverständlich werden soll wie für andere Menschen. Damit dies gelingt, müssen interkulturelle Kompetenzen in den Organisationen verstärkt, die Konzepte der Behindertenhilfe angepasst und weiterentwickelt sowie Arbeitsstrukturen flexibilisiert werden, damit diese den Bedürfnissen der Menschen mit Migrationshintergrund und Behinderung besser entsprechen. Eine vielfaltorientierte Behindertenhilfe soll zudem auf die Anerkennung und Stärkung individueller Fähigkeiten und auf die Mobilisierung der Ressourcen der jeweiligen Adressaten setzen, worauf nach Artikel 26 der Behindertenrechtskonvention Menschen mit Behinderungen und Beeinträchtigung einen Anspruch haben. Jedoch wurde dieser Ansatz sowohl in Projekten, die einen Bezug zum Thema Migration und Behinderung haben, als auch in Regeldiensten lange Zeit nicht berücksichtigt, vielmehr wurde die Praxis vor allem von einem defizitorientierten Ansatz bestimmt. Dadurch wurden differenzsetzende Konstruktionen nach ethnischen und/oder religiösen sowie anderen Differenzmerkmalen geschaffen, während der Abbau von struktureller Diskriminierung bzw. von strukturellen Barrieren ins Stocken geriet (Wansing 2012). Dies führte dazu, dass Angebote in unterschiedlichen Bereichen der Behindertenhilfe von Menschen mit Migrationshintergrund und mit Behinderungen und Beeinträchtigungen nur in geringem Maß in Anspruch genommen werden konnten (Wansing/Westphal 2014; Westphal/Wansing 2018; Seifert 2010a; Kaiser-Kauczor 2011). Zum Beispiel lag der Anteil von Erwachsenen mit geistiger Behinderung mit einem Migrationshintergrund im stationären Bereich in Berlin im Jahr 2010 lediglich bei sechs Prozent (Seifert/Harms 2012). Insgesamt liegt der Anteil an Menschen mit Migrationshintergrund in Berlin bei 31.8 Prozent (Statistisches Landesamt Berlin 2017). Seifert führt in ihrer empirischen „Kundenstudie" aus, dass die Barrieren wie negatives Image der Inanspruchnahme von Wohnangeboten der Behindertenhilfe, kulturelle Unterschiede zwischen Professionellen und Familien mit Migrationshintergrund, Informationsdefizite, Sprachbarrieren sowie Diskriminierungserfahrungen dabei eine Rolle spielen, sodass die Menschen mit Migrationshintergrund solche Angebote nicht in Anspruch nehmen (wollen/können). Daran ist es zu erkennen, dass die Strukturen der Sozialen Arbeit in der Behindertenhilfe noch nicht ausreichend interkulturell ausgerichtet und geöffnet sind (Seifert 2010a, S. 286). Erstens konnten die Einrichtungen ihre Mitarbeiterschaft nicht diversifizieren, indem sie aktiv Menschen mit Migrationshintergrund einstellten und diesen Aufstiegschancen gaben (Engin 2015). Dies ist auch in anderen Bereichen zu beobachten, so haben beispielsweise nur zehn Prozent der im öffentlichen Dienst Beschäftigten einen Migrationshintergrund, obwohl über 22.5 Prozent der Bevölkerung einen Migrationshintergrund aufweist (OECD 2012), und bei einem Anteil von etwa 30 Prozent der Kinder mit Migrationshintergrund zwischen fünf und 15 Jahren gibt es nur sechs Prozent der Lehrerinnen und Lehrer mit einem Migrationshintergrund (Georgi/Ackermann/Karakas 2011). Ferner wird im politischen und wissenschaftlichen Diskurs schon seit langem eingefordert, verstärkt seit den 2000er Jahren, dass Einrichtungen und Organisationen sich interkulturell öffnen und ihre Arbeit migrationssensibel gestalten sollen. Das Verständnis von interkultureller Öffnung wird von der Bundesarbeitsgemeinschaft der Freien Wohlfahrtspflege (BAGFW) wie folgt präzisiert:

> „Interkulturelle Öffnung meint die konzeptionelle Berücksichtigung der kulturellen Vielfalt in unserer Gesellschaft. Sie zielt auf die Beseitigung von Zugangshindernissen

> zu Einrichtungen, Diensten und Hilfeleistungen, die auf kulturellen oder ethnischen Unterschieden beruhen." (BAGFW 2000, S. 7).

Nach knapp 20 Jahren dominiert das Thema allerdings immer noch die politische und wissenschaftliche Agenda von Politik, Einrichtungen und Organisationen. Daran ist zu erkennen, dass bis dato wenig geschehen ist (Reichwein/Rashid 2012, S. 24ff.). Es existieren zwar im politischen und im wissenschaftlichen Diskurs bereits fundierte wissenschaftliche Ansätze und viele plädieren für weitere strukturelle Anpassungen und Veränderungen, aber dies ist bisher lediglich eine Floskel geblieben und die Praxis scheint davon noch weitgehend unberührt geblieben zu sein. Dies hat mehrere Gründe. Vor allem hat man die Auswirkungen der gesellschaftlichen Entwicklungen wie Pluralisierung und Enttraditionalisierung der Lebenswelten auf die Regeldienste lange entweder nicht ernst genommen oder nur unzureichend erkennen können. Daraus resultierend wurden die gesellschaftlichen Konsequenzen von Migration und damit verbundene Herausforderung nicht wahrgenommen (Dannenbeck 2016, S. 484; Denninger/Grüber 2017, S. 11ff.). Dazu beigetragen hat auch die Vorstellung, dass Migration ein vorübergehendes „Phänomen" wäre, sodass Migrantinnen und Migranten vielfach vor allem als ein Integrations- und Sicherheitsproblem betrachtet wurden. Folglich wurden bei der Entwicklung der Konzepte die Interessen der Menschen mit Migrationshintergrund und Behinderung und die Verbesserung ihrer Lebenssituation wenig berücksichtigt. Vielmehr wurde von ihnen erwartet, dass sie sich selbst an die Regeldienste, die hauptsächlich an den Bedürfnissen der Einheimischen ausgerichtet und monokulturell orientiert sind, anpassen werden (Curvello/Stamm 2003). In diesem gesellschaftlichen und professionell-disziplinären Kontext rückten eher Defizite von Migrantinnen und Migranten in den Vordergrund und Herausforderungen wurden lediglich als Problem von Migrantinnen und Migranten angesehen, sodass die Auseinandersetzung mit dem Thema lediglich als „ihre" Aufgabe angesehen wurde und als eine Sache, die die „Einheimischen" lediglich verstehen sollten (Straßburger 2009; Yildiz 2009).

3. Migrantinnen und Migranten sind keine „Migranten"

In den öffentlichen Integrationsdebatten werden „Migranten" oft als homogene Gruppe wahrgenommen und dargestellt (Uslucan 2005). Es wird also so getan, als ob alle Menschen mit Migrationshintergrund gleiche Biografien, Bedürfnisse, Lebenswelten sowie Einstellungen hätten (Spetsmann-Kunke 2013, S. 7f.; Windisch 2014, S. 129). Folglich werden sie eindeutig und dauerhaft jeweils einem spezifischen nationalstaatlichen „Container" zugeordnet. Dadurch wird der Weg zu Pauschalisierungen und Stigmatisierungen wie „Kurden sind so" und „Russen sind so" gebahnt, wodurch machtvolle „Wahrheiten" produziert und die Wahrnehmung und Interpretation der Wirklichkeit beeinflusst werden. Es wurde z.B. sehr viel über türkeistämmige Familien publiziert, wodurch versucht wurde, den Einfluss von kulturell bzw. religiös und/oder geprägten Behinderungskonzepten auf den Umgang mit Behinderung in der Familie herauszuarbeiten (Yildirim-Fahlbusch 2003). Durch solche Zuschreibungen wird die Vorherrschaft des methodologischen Nationalismus zementiert. Dabei zeigen jedoch mehrere Studien, etwa die Sinus-Migranten-Milieu-Studien von 2007/08 und 2017/18, dass ethnische Zugehörigkeiten für die Unterscheidung von Migrantinnen und Migranten als soziale Gruppe oft eine geringere Bedeutung haben, als eine Unterscheidung nach Lebensstilen, Wertvorstellungen, sozialer Lage sowie ästhetischen Vorlieben. Insgesamt gilt daher, dass weder von der Herkunftskultur auf das Milieu noch vom Milieu auf die Herkunftskultur geschlossen werden darf (Hallenberg 2017/18).

Dies hat Konsequenzen für die Bearbeitung von Thematiken der Behinderung und Beeinträchtigung. Denn unterschiedliche Migrantenmilieus und ihre unterschiedlichen Lebenskonzepte spiegeln sich ebenfalls im Umgang mit Thematiken der Behinderung wider. Sie haben unterschiedliche Deutungsmuster sowie Orientierungen, was die Ursachen der Behinderung und Bewältigungsstrategien anbelangt. Insbesondere in der Praxis der Sozialen Arbeit anzutreffende Simplifizierungen und Reduktionismen, wie beispielsweise „Migranten gehen mit Behinderung so um…“, führen daher in der Praxis kaum zu guten Lösungen bei aktuellen Problemen und dadurch bleiben den Professionellen in der Sozialen Arbeit viele Hintergründe, die die Teilhabe erschweren, verborgen. Damit wird *de facto* die Verwobenheit von herkunftsbezogenen Identitätsmerkmalen von Menschen mit Migrationshintergrund mit Merkmalen von Religion, Kultur, Ethnizität, Nation, Klassenverhältnissen etc., und zwar sowohl in der Herkunftsgesellschaft als auch in der Aufnahmegesellschaft, ignoriert bzw. negiert. Denn Migrantinnen und Migranten zeigen nicht nur in Abhängigkeit von Erfahrungen mit Behinderungen in ihren Herkunftsländern einen unterschiedlichen Umgang mit Behinderungen und Beeinträchtigungen und damit verbundenen Hilfeformen, sondern Unterscheide bestehen hier auch je nach Milieuzugehörigkeit. Jedoch sprechen bisherige Untersuchungen und Studien entweder von einer homogenen Gruppe „Migranten“ (z.B. Seifert 2010a; Tsirigotis 2018) oder sie machen eine bestimmte ethnische bzw. nationalstaatliche Gruppe zum Gegenstand ihrer Untersuchungen, meist wird hier pauschal z.B. von Türken, Russen (Kutluer 2018; Karacayli/Kutluer 2011) oder Juden (Kohan 2012) gesprochen, ohne differenziert darauf zu schauen, wie beispielsweise die soziale Lage, das Bildungsniveau, die Lebenswünsche und -ziele dieser Menschen ihren Umgang mit Behinderung beeinflussen.

Vor diesem Hintergrund wird im Folgenden in Anlehnung an die Sinus-Studie zu den Migranten-Lebenswelten[2] differenziert auf die verschiedenen Milieus eingegangen. Dadurch soll aufgezeigt werden, dass der Umgang von Menschen mit Behinderung nicht nur durch herkunftsbedingten Faktoren geprägt ist und daher nicht mit Hilfe des Ansatzes eines methodologischen Nationalismus, also mit einem *Container*-Ansatz, erklärt werden kann, sondern dass eine mehrdimensionale Betrachtung erforderlich ist. Im Milieu-Studien-Ansatz wird dabei davon ausgegangen, dass Menschen mit

2 Die Sinus-Milieu-Studien befassen sich mit der soziokulturellen Vielfalt in Gesellschaften, in dem sie die Befindlichkeiten und Orientierungen der Menschen, ihre Werte, Lebensziele, Lebensstile und Einstellungen sowie ihren sozialen Hintergrund beschreiben (siehe www.sinus-institut.de).

unterschiedlichem Migrationshintergrund, aber aus dem gleichen sozio-kulturellen Milieu, mehr Gemeinsamkeiten untereinander aufweisen, als Migrantinnen und Migranten der gleichen Herkunft, die jedoch anderen Milieus zugeordnet werden können (Wippermann/Flaig 2009). Mit Hilfe dieses Untersuchungsansatzes sollen Ethnisierung bzw. Kulturalisierung und ähnliche Vereinfachungen der Probleme wie sie z.B. in Aussagen wie: „Für die Kurden ist die Behinderung ein Tabu“ oder „Muslime sehen die Behinderung als Gottesstrafe“ in Praxis und Theorie der Sozialen Arbeit zum Ausdruck gebracht werden, entgegengetreten werden. Zugleich sollen demgegenüber die Bedeutung von Einflussfaktoren wie Bildungsniveau, Religion, soziale Lage, sowie Lebensentwürfe und -ziele aufgezeigt werden.

Sinus-Migranten-Milieu-Studie

Zum ersten Mal wurden 2007/2008 die Lebenswelten und -orientierung von Menschen mit Migrationshintergrund im Rahmen einer Sinus-Milieu-Studie untersucht, um die subjektive Perspektive von den in Deutschland lebenden Menschen mit Migrationshintergrund in Bezug auf die Gesellschaft (Deutschland, Herkunftsland) und in Bezug auf sich selbst (Wertorientierungen, Lebensziele, Wünsche und Zukunftserwartungen) zu explorieren. Darauf aufbauend wurden acht Milieutypen nach ihren unterschiedlichen Lebensauffassungen und Lebensweisen gebildet. Ein wichtiger Ansatz der Studie war es, diese Menschen nicht aufgrund ihrer Ethnie, Religion oder Nationalität vorab einem Segment zuzuordnen und diese als Vorfilter zu sehen. Die Studie konnte mit zwei aufeinanderfolgenden Untersuchungen (Sinus Sociovision 2007/08; Sinus Markt- und Sozialforschung 2017/18) belegen, dass Menschen mit Migrationshintergrund ebenso wie die autochthone einheimische Bevölkerung keinesfalls eine Homogenität aufweisen, sondern sie sind von einer großen Diversität geprägt und verteilen sich auf die verschiedenen Gruppen: Religiös-verwurzeltes Milieu, Traditionelles Gastarbeitermilieu, Statusorientiertes Milieu, Entwurzeltes Milieu, Intellektuell-kosmopolitisches Milieu, Multikulturelles Performermilieu, Adaptives Integrationsmilieu, Hedonistisch-subkulturelles Milieu. Es ist hier anzumerken, dass die Grenzen zwischen den Milieus fließend sind und dass es große Überschneidungen zwischen den einzelnen Gruppen gibt. Nachfolgend werden exemplarisch vier Milieus kurz vorgestellt, um die Differenzen, was den Umgang mit Behinderung in den unterschiedlichen Migrantenmilieus anbelangt, aufzuzeigen.

Das traditionelle Milieu

Die Sinus-Studie von 2017/18 stellt fest, dass die Angehörigen dieses Segments hauptsächlich Migrantenfamilien der ersten Generation sind. Es herrschen bei ihnen noch traditionell geprägte Wertvorstellungen. Zu den Werten des Milieus zählen beispielsweise die Bewahrung der kulturellen und religiösen Identität und Traditionen, wie z.B. die Ehre, der Respekt vor autoritären sowie moralischen Werten und Normen mit klaren Geboten und Verboten. Sie fühlen sich stärker der Kultur des Herkunftslandes verbunden und möchten sich an den kulturellen und sozialen Wurzeln und Traditionen festhalten und die Verbindung aufrechterhalten. Dementsprechend nutzen sie hauptsächlich die Medien aus dem Herkunftsland und ihr soziales Leben findet in der eigenen ethnischen und/oder religiösen Gemeinschaft statt (Hallenberg 2017/18). Diese haben im Vergleich zu den anderen Segmenten der Migrantinnen und Migranten ein anderes Deutungsmuster, was die Betrachtung und Ursachen der Behinderung anbelangt. Meist wird die Entstehung von Behinderung religiös begründet und zwar als *Schicksal* bzw. *Gotteswille* (Halfmann 2012). Die Erscheinungen von Behinderungen werden zunächst schwer oder gar nicht in Kenntnis genommen. Dementsprechend vermeiden sie, Behindertenorganisationen oder Beratungszentren zu kontaktieren, bis aufkommende Probleme unüberwindbar erscheinen. Erst dann informiert man sich innerhalb von Verwandtschaft, Nachbarschaft oder des Freundeskreises, wie man damit umgehen soll. Anfänglich wird die medizinische Feststellung „Behinderung" schwer akzeptiert und als eine vorübergehende „Krankheit" oder „Störung" gesehen, sodass man sich intensiv für die Heilung der „Krankheit" einsetzt (Kutluer 2018; Merz-Atalik 2007; Kauczor 2002, S. 62f.). Erst später wird die Behinderung akzeptiert. Jedoch unterliegt die Behinderung öfter einer Tabuisierung inner- und außerhalb der Familie, worüber man in der Öffentlichkeit zu sprechen vermeidet. Dies führt dazu, dass Betroffene unzureichend informiert sind und Hilfeleistungen eher nicht oder nur teilweise in Anspruch genommen werden. Die Option, den Betroffenen in einem Heim vorübergehend oder für immer unterzubringen, wird meist abgelehnt. So berichtet eine Mutter eines behinderten Kindes mit der türkischen Abstammung:

> „Ich kann es mir nicht vorstellen, meinen Sohn (16 Jahre) an eine Einrichtung abzugeben. Er ist mein Baby, ich liebe ihn wie ein Baby. Eine Einrichtung kann meinen Sohn nicht so versorgen, wie ich es mache" (Zitat aus Kutluer 2018, S. 197).

Die Nichtinanspruchnahme von Hilfen und Leistungen bedeutet u.a. für die Angehörigen und Betroffenen zusätzlichen Stress, aber auch Folgeerkrankungen durch Belastungen (Spallek/Razum 2008), unter anderem psychische und physische Belastungen für die Angehörigen:

- Trauer um die Unheilbarkeit der Krankheit, worunter alle Familienmitglieder leiden,
- Angst, Scham, Wut und depressive Stimmungen (aufgrund von Nichtwissen, Überforderung, Informationsdefizit, Mangel an Sprachkenntnisse, andere Deutungsmuster etc.),
- Überforderung, Selbstzweifel und Schuldgefühl gegenüber der Gesellschaft und der eigenen Community,
- Verlust der eigenen autonomen Lebensführung,
- gesellschaftliche Exklusion/Isolation,
- Reduktion beruflicher Pflichten,

- negative Auswirkungen auf Partnerschaft und Familienleben oder
- Verschlechterung der Wohnsituation (Seifert 2011).

Das aufstiegs- und statusorientierte Milieu

Der Sinus-Studie von 2017/18 zufolge haben die Angehörigen dieses Migrantenmilieus einen starken Wunsch nach finanzieller Unabhängigkeit, gesellschaftlichem Ansehen sowie geordnetem Leben mit klaren Regeln. Dies unterscheidet sich kaum vom aufstiegs- und statusorientierten einheimischen Milieu, was Lebensentwürfe, Ziele und Wünsche anbelangt (siehe Sinus-Markt- und Sozialforschung 2017). Da diese Gruppe von Migrantinnen und Migranten einen sozialen Aufstieg anstreben und sich gleichzeitig um eine sichere, komfortable Lebenssituation sowie eine ausgewogene Work-Life-Balance bemühen, bringen sie eine entsprechend hohe Leistungs- und Einsatzbereitschaft mit. Die Familie steht bei ihnen im Zentrum des Lebens und wird als Rückzugsort und Schutzraum vor der von Konkurrenz geprägten Arbeitswelt gesehen. Sie schätzen Werte und Tugenden der Aufnahmegesellschaft, mit denen sie sich zum größten Teil identifizieren. Dabei pflegen sie jedoch ebenfalls gewisse kulturelle Distinktionen mit Blick auf Lebensweise, Zusammenhalt der Familie sowie Erleben von Traditionen. Sie sind gut informiert über gesellschaftspolitische Geschehnisse und verfolgen hauptsächlich deutsche Medien (Hallenberg 2017/18). Wenn es um Behinderung geht, sind sie im Vergleich zum traditionellen Milieu offener und selbstbewusster. Bei Betrachtung der Ursachen der Behinderung spielen die Religion oder traditionelle Deutungsmuster kaum eine Rolle (Kauczor 2002). Sie suchen selbst beratende Einrichtungen auf und informieren sich über mögliche staatliche und nicht staatliche (Hilfe-)Leistungen. Sie sind meist sowohl in der eigenen als auch in der deutschen Community gut vernetzt und verfügen über gewisse Ressourcen und Handlungskompetenzen, die sie z.B. in Kindergärten, Schulen, Behindertenwerkstätten gut einsetzen (können). Sie gehören hauptsächlich zur zweiten bzw. dritten Generation, die über gute bis sehr gute Deutschkenntnisse und soziale Netzwerke verfügen. Einige Betroffene nehmen keine weitergehende Unterstützung wahr bzw. wollen und können aufgrund der negativen Erfahrungen mit den Behörden eine solche nicht wahrnehmen (Schirilla 2014).

Bürgerliche Mitte und der moderne Mainstream

Die Untersuchung der Sinus-Studie ergibt, dass die Angehörigen dieses Segmentes ein bikulturelles Selbstverständnis haben und sie im Vergleich zu den o.g. Gruppen die Unterschiede zwischen beiden Kulturen weniger betonen, sondern Gemeinsamkeiten hervorheben. Man fühlt sich nicht hin- und hergerissen zwischen den Kulturen und die nationale Identität spielt dabei eine untergeordnete Rolle. Man sieht sich eher als Teil der modernen Mitte der Gesamtgesellschaft, ohne die eigene nationale und kulturelle Identität zu leugnen. Einen Migrationshintergrund zu haben spielt in ihrem Leben eine untergeordnete Rolle und sie befassen sich daher wenig mit dem Thema

Migration. Zwar haben auch sie Diskriminierungserfahrungen, jedoch im Vergleich zu anderen Gruppen mit einem genügenden Selbstbewusstsein gegenüber Alltagsrassismus; manche fühlen sich Diskriminierungen gegenüber gewachsen (Hallenberg 2017/18).

Sie akzeptieren die Behinderung ihrer Kinder und Angehörigen von Anfang an und suchen möglichst schnell nach möglichen Lösungen und Fördermöglichkeiten. Sie scheuen sich nicht, die Angebote von Beratungszentren und Behörden in Anspruch zu nehmen und informieren sich über mögliche staatliche und nicht staatliche Leistungen. Einerseits streben sie damit an, behinderungsbedingte finanzielle Belastungen zu bewältigen, andererseits wollen sie durch mögliche präventive Maßnahmen die gesundheitliche Situation der Betroffenen verbessern (Halfmann 2012, S. 200f.; Kauczor 2002). Sie schildern bei Behörden und Beratungszentren sehr differenziert ihre Problembereiche hinsichtlich der Behinderung und erhoffen dadurch, dass der Betroffene mit seiner Behinderung ein möglichst weitgehend selbstständiges und selbstbestimmtes Leben führen kann (Kauczor 2002).

Das prekäre Milieu

Laut Sinus-Studie sehen sehr viele Migrantinnen und Migranten das Leben als einen harten Kampf an, in dem sie nach Halt, Orientierung, Stabilität und Anerkennung suchen. Sie betrachten sich selbst meist als gesellschaftliche Verlierer und haben eine pessimistische Grundhaltung sowie ein sehr geringes Selbstbewusstsein aufgrund der vielen persönlichen Misserfolge, die sie erleben mussten. Bei Ihnen herrschen große Zukunftsängste wegen mangelnder Ausbildung bzw. Arbeitserfahrung und ihnen fehlen meist positive Zukunftsvisionen. Diese führen dazu, dass sie eine fragmentierte Identifikation mit der Aufnahmegesellschaft haben und bringen nur eine geringe Bereitschaft zur Auseinandersetzung mit der Lebensweise der Mehrheitsgesellschaft mit. Die Mehrheit dieser Gruppe fühlt sich zwischen den zwei Welten zerrissen und weiß nicht wohin sie gehört (Hallenberg 2017/18). Wenn es um die Behinderung geht, fühlen sie sich wegen spezifischer Anforderungen, die die Behinderung an sie stellt, überfordert. Sie kommen oft über Freunde, Bekannte oder Institutionen, die den Kontakt vermitteln, in Behörden oder beratenden Organisationen (Kaiser-Kauczor 2012). Diejenigen, die über gute Deutschkenntnisse verfügen, können ihre Probleme bezüglich der Behinderung ausführlich schildern. Jedoch erhoffen sie sich dabei, eine/n Ansprechpartner/in in der betreuenden Institution zu finden, der/die ihnen ihre Probleme abnimmt und sich für eine Lösung einsetzt. Der Kontakt kommt nicht auf Bestreben der Familie zustande, sondern ist auf eine Vermittlung durch Dritte angewiesen. Die Familien sind oft psychisch stark belastet und öfter gegenüber den Hilfeleistungen, die sie bekommen, nicht kritisch. Denn sie haben Angst davor, dass sie dadurch den Anspruch darauf verlieren könnten (Kohan 2012; Halfmann 2012, S. 200f.).

Zur Bedeutung der Sinus-Milieus für Familien im Kontext von Migration und Behinderung

Anhand der ausgewählten Sinus-Milieus hat sich gezeigt, dass Familie und familiäres Umfeld im Umgang mit Behinderung, insbesondere auch im Hinblick auf die Reduzierung von behinderungsbedingten Faktoren eine entscheidende Rolle spielen. Insbesondere sind Familien, die im traditionellen, prekären oder religiösen Milieu verortet sind, aufgrund einer Reihe von strukturellen migrationsspezifischen sowie persönlichen Hürden wie z.B. dem Zugang zu Bildung, dem Verlust von Vertrauen in das System, der sozialen Lage, dem Mangel an Informationen sowie Ausgrenzungserfahrungen mit großen Schwierigkeiten konfrontiert (Amirpur 2016, S. 277ff.). Diese führen dazu, dass sie von Unterstützungsangeboten entweder wenig erfahren oder nicht wissen, wie sie diese in Anspruch nehmen können. Dazu kommen noch Herausforderungen wie z.B. bürokratische Hürden, lange Bearbeitungsprozesse von Anträgen sowie die Angst, abgelehnt zu werden, die diese Menschen davon abschrecken, die Unterstützungsangebote zu beantragen (Landeshauptstadt München Sozialreferat 2011). Diese Herausforderungen zeigen, dass intensivierte, kundenorientierte Beratungsangebote im Kontext von Migration und Behinderung dringend benötigt werden, um Migrationsfamilien mit behinderten oder beeinträchtigen Angehörigen adäquat unterstützen und beraten zu können. Somit kommt hier der Familienbildung eine wichtige Rolle zu. Denn durch die Familienbildungsangebote kann behinderungsbedingte Benachteiligung reduziert und insbesondere Kompetenzen der Familien mit Migrationshintergrund, die zu niedrigen sozialen Schichten zugehören und über geringe Ressourcenausstattung verfügen, gefördert werden.

Jedoch zeigen bisherige Erfahrungen, dass die Bildungsangebote der Sozialen Dienste, die nach dem Grundsatz „Ein Angebot für alle" gestaltet sind, Familien mit Migrationshintergrund kaum erreichen und diese die Angebote deutlich weniger in Anspruch nehmen (Kohan 2012, S. 21). Hier spielen neben den aufgezeigten milieuspezifischen Gründen auch weitere Aspekte eine Rolle, wie etwa eine mittelschichtorientierte Ausrichtung der Angebote mit hohen Teilnahmegebühren und eine nicht vielfaltorientierte, monokulturelle Ausrichtung der Angebote. Daher sollten die Bildungsangebote der Sozialen Dienste für Familien im Kontext von Migration und Behinderung verstärkt auf die konkreten Bedarfe von Familien mit Migrationshintergrund ausgerichtet werden. Auch sollte wo immer möglich auf „Spezialangebote" und „Spezialeinrichtungen" für Migrantinnen und Migranten verzichtet werden. Vielmehr sollten dafür die Regeldienste gestärkt und befähigt werden, besser mit migrations- und behindertenbedingter Heterogenität umgehen zu können. Eine immer wieder postulierte interkulturelle Öffnung der Regeldienste kann allerdings erst dann gelingen, wenn diese in die Lage versetzt werden, qualitativ hochwertige maßgeschneiderte Unterstützungsangebote für Familien anzubieten, die den Interessen, Bedürfnissen und Ressourcen von Migrantenfamilien entsprechen und die unterschiedliche Sprachen und Kommunikationsformen, Familienkulturen, Geschlechterrollen und Erziehungsstile der Familien wertschätzen. Beispielsweise sind diejenigen Projekte erfolgreicher, die sich an unkonventionellen Formen der Familienbildung wie persönlicher

Einladung oder Hausbesuchen orientieren. Sie erreichen Familien mit Migrationshintergrund (Landesstiftung Baden-Württemberg 2006).

Fazit und Handlungsempfehlungen

Es konnte aufgezeigt werden, dass der unterschiedliche Umgang mit Migrantinnen und Migranten mit Behinderung nicht nur kulturell-ethnischer Natur ist, sondern dass es vielmehr ein milieubedingtes Phänomen und eine Frage der sozialen Lage ist. Die Praxis Sozialer Arbeit sollte deshalb bei der Entwicklung neuer Konzepte und ihrer Implementierung darauf achten, dass die Migrantinnen und Migranten nicht homogenisiert und ihre spezifischen Problemlagen nicht monokausal begründet werden. Ferner sollte eine vielfaltorientierte Soziale Arbeit in der Praxis individuellen Perspektiven der Menschen den Vorzug vor kulturellen und religiösen Erklärungsmodellen geben. Sie soll zwar Stereotypisierungen und kulturelle Prägungen kennen, aber vermeiden, diese als Verhaltenserklärungen anzuwenden. Denn die Wechselwirkung ungleichheitsgenerierender Aspekte, wie soziale Lage, Alter, Bildung, Gesundheit, Aufenthaltsstatus, Religion, Lebensentwürfe- und -ziele sowie ethnische Zugehörigkeit, spielen beim Umgang mit Behinderung eine entscheidende Rolle. Damit kann die Soziale Arbeit sich gegen die gegenwärtige Kulturalisierung bzw. Ethnisierung der Problemlagen kritisch positionieren.

Darüber hinaus konnte aufgezeigt werden, dass die Themenauswahl, Gestaltungsform, Bedingungen, sowie Sprache von Familienbildungsangeboten tendenziell mittelschichtorientiert sind. Hier werden Lebenskompetenzen und -welten von Familien mit Migrationshintergrund öfter nicht berücksichtigt, sodass die Teilnahme dieser Familien an den Angeboten geringer fällt. Aufgrund dessen sollen zukünftige Angebote in solchen Formaten gestaltet werden, die die diversen Lebenslagen dieser Familien ansprechen. Damit kann ihre Teilnahme ermöglicht und ihre Kompetenzen und ihr Selbstbewusstsein gefördert werden.

Ein erfolgversprechender Beratungs- und Begleitungsprozess für Menschen mit Migrationshintergrund und Behinderung kann gelingen, wenn folgende Vorgehensweisen von der Sozialen Arbeit in der Forschung und Praxis bedacht werden:

- Die Datenlage zum Personenkreis der Menschen mit Migrationshintergrund und Behinderung soll ein Bestandteil von regelmäßigen Datenerhebungen wie dem Mikrozensus sein, wie es der Teilhabebericht des BMAS vom Jahr 2011 fordert (BMAS 2011, S. 404).
- Die Beratungs- und Begleitungsprozesse, die für die Menschen mit Migrationshintergrund und Behinderung angeboten werden, sollen regelmäßig evaluiert und auf ihre Zielerreichung sowie ihre Prozessqualität hin überprüft werden. Anhand der Ergebnisse sollten die Maßnahmenbereiche kontinuierlich optimiert und an gegenwärtige Herausforderungen und Bedürfnisse angepasst werden (Wansing/Westphal 2014).

- Es geht um den Abbau von Zugangshindernissen zur interkulturellen Ausrichtung und Arbeitsweise von Einrichtungen der Sozialen Arbeit in der Behindertenhilfe, wie beispielsweise Sprachbarrieren, fehlende Informationen über die Angebote, kulturell geprägte Interpretationsmuster der Klientel – Stolz, Zurückhaltung, Skepsis, Leidensbereitschaft –, Ängste vor aufenthaltsrechtlichen Problemen (Seifert 2010b; Kutluer 2018).
- Ein Abbau von Barrieren, die durch Fachkräfte entstehen, sollte erfolgen, wie z.B. ethnozentrische Missverständnisse und Vorurteile, Stereotypisierungen und Kulturalisierungen, fehlende interkulturelle Kommunikationskompetenz sowie Gleichbehandlung von Ungleichem (Straßburger 2009)
- Empowerment von Familien fördern durch Informationen (ggf. in ihrer Muttersprache) und Beratung zu Angeboten der Behindertenhilfe, unter Einbeziehung des persönlichen Budgets, als flexible Leistungsform für die Familien (Kutluer 2018; Straßburger 2009)
- Vernetzung und Kooperationen mit Migrantenselbstorganisationen und Akteuren der Sozialen Arbeit in der Behindertenhilfe und Stärkung von stadtteilbezogenen Angeboten (Seifert 2010b; Straßburger 2009).
- Erschließen der Ressourcen der Menschen mit Migrationshintergrund und Stärkung der Selbstvertretung in den Entscheidungsprozessen (Straßburger 2009).
- Verankerung der Interkulturellen Kompetenz in der sozialarbeiterischen Ausbildung und Fortbildung zur interkulturellen Sensibilisierung von Mitarbeitenden der Sozialen Arbeit in der Behindertenhilfe (Kutluer 2018).
- Breite Öffentlichkeitsarbeit zum Sichtbarmachen der Bedürfnisse und Ausgrenzungserfahrungen von Menschen mit Behinderung und Migrationshintergrund (Schröer 2007; BAMF 2013).
- Akzeptanz der Migrantenfamilien als Zielgruppe, denn eine entsprechende Angebotsentwicklung setzt die Akzeptanz der Kompetenzen von Migrantenfamilien voraus. So können die erwünschten Kompetenzerweiterungen erreicht werden (Landesstiftung Baden-Württemberg 2006).
- Orientierung der Angebote für Familien mit Migrationshintergrund an ihrer Lebenswirklichkeit. Hier soll ebenfalls darauf geachtet werden, dass der Ort der Durchführung, thematische Schwerpunkte sowie Sprachniveau Familien mit Migrationshintergrund ansprechen (Landesstiftung Baden-Württemberg 2006).

Literatur

Aktion Mensch (2016): Flüchtlinge und Behinderung. https://www.familienratgeber.de/selbstbestimmt_leben/fluechtlinge_behinderung.php, Zugriff: 21.03 2018.

Amirpur, Donja (2016): Migrationsbedingt behindert? Familien im Hilfesystem. Eine intersektionale Perspektive, Bielefeld.

BAGFW (Bundesarbeitsgemeinschaft der Freien Wohlfahrtspflege) (2000): Partizipation und Chancengleichheit. Integrationspolitisches Memorandum der Bundesarbeitsgemeinschaft der Freien Wohlfahrtspflege (BAGFW), Bonn.

BAMF (Bundesamt für Migration und Flüchtlinge) (2018): Schlüsselzahlen Asyl 2017, Nürnberg.

BAMF (Bundesamt für Migration und Flüchtlinge) (2013): Handlungsempfehlungen der Migrationsberatung für erwachsene Zuwanderer (MBE) und der Jugendmigrationsdienste (JMD) für die gemeinsame Arbeit mit Familien, Nürnberg.

BMAS (Bundesministerium für Arbeit und Soziales) (2011): Unser Weg in eine inklusive Gesellschaft. Der Nationale Aktionsplan der Bundesregierung zur Umsetzung der UN-Behindertenrechtskonvention, Berlin.

Butollo, Willi/Maragkos, Markos (2012): Gutachterstelle zur Erkennung psychischer Störungen bei Asylbewerbern. Abschlussbericht. http://www.pgasyl.de/cms/images/stories/PGAsyl/abschlussbericht%20lmu%20endfassung%2017.12.2012.pdf, Zugriff: 25.03.2018.

Chladek, Karin (2015): Behindert auf der Flucht. http://leidmedien.de/aktuelles/behindert-auf-der-flucht/, Zugriff: 21.02.2018.

Curvello, Tatiana Lima/Stamm, Margret Pelkhofer (2003): Interkulturelles Wissen und Handeln. Neue Ansätze zur Öffnung sozialer Dienste, Dokumentation des Modellprojektes „Transfer interkultureller Kompetenz", Berlin.

Dannenbeck, Clemens (2016): Inklusion, in: Mecheril, Paul (Hrsg.): Handbuch: Migrationspädagogik, Weinheim, S. 480–492.

Denninger, Tina/Grüber, Katrin (2017): Berücksichtigung von Menschen mit Behinderung und Migrationshintergrund in politischen Prozessen auf der Bundesebene, Berlin.

Engin, Kenan (2018): Aus der internationalen Perspektive: Deutsche Versorgungsstrukturen im Umgang mit geflüchteten Kindern mit Behinderung. In: Westphal, Manuela/Wansing, Gudrun (Hrsg.): Schnittmengen von Behinderung und Migration: Herausforderungen für Politik, Bildung und psychosoziale Dienste, Wiesbaden, S. 103–120.

Engin, Kenan (2015): Die Entwicklung der Interkulturellen Öffnung aus (inter-)nationaler Perspektive. In: Migration und Soziale Arbeit, 2, S. 89–94.

Georgi, Viola B./Ackermann, Lisanne/Karakaş, Nurten (2011): Vielfalt im Lehrerzimmer. Selbstverständnis und schulische Integration von Lehrenden mit Migrationshintergrund in Deutschland, Münster.

Halfmann, Julia (2012): Migration und Behinderung. Eine qualitative Studie zu Lebenswelten von Familien mit einem Kind mit komplexer Behinderung und Migrationshintergrund in Deutschland. Diss., Universität zu Köln.

Hallenberg, Bernd (2017/18): Leben in Deutschland. Die neuen Migrantenmilieus. Erkenntnisse aus dem qualitativen Teil der vhw-Migrantenmilieustudie 2017/2018, https://www.vhw.de/fileadmin/user_upload/08_publikationen/werkSTADT/PDF/vhw_werkSTADT_Migrantenmilieustudie_Nr_14_2017.pdf, Zugriff: 25.08.2018.

Kaiser-Kauczor, Cornelia (2012): Stiefkinder der Inklusionsdebatte: Migranten mit Behinderung. In: Neue Caritas, 7, https://www.caritas.de/neue-caritas/heftarchiv/jahrgang2012/artikel/stiefkinder-der-inklusionsdebatte-migran, Zugriff: 25.08.2018.

Kaiser-Kauczor, Cornelia (2011): Diversity Kompetenz im Umgang mit Menschen mit Behinderung aus kultursensibler Sicht. In: van Keuk, Eva/Ghaderi, Cinur/Joksimovic, Ljiljana/David, Dagmar M. (Hrsg.): Diversity – Transkulturelle Kompetenz in klinischen und sozialen Arbeitsfeldern, Stuttgart, S. 270–280.

Karacayli, Elena/Kutluer, Filiz (2011): Projektabschlussbericht. Projekt „Behinderung und Migration" Bethel.regional, Bielefeld.

Kauczor, Cornelia (2002): Zur transkulturellen Öffnung der deutschen Behindertenhilfe – Warum ist sie so wichtig und worin liegt das Handicap? In: Zeitschrift Behinderung und Dritte Welt, 2, S. 58–65.

Kohan, Dina (2012): Migration und Behinderung: eine doppelte Belastung? Eine empirische Studie zu jüdischen Kontingentflüchtlingen mit einem geistig behinderten Familienmitglied, Herbolzheim.

Kutluer, Filiz (2018): Das Verständnis von Behinderung in anderen Ländern und seine Auswirkung auf die Inanspruchnahme des Hilfesystems in Deutschland am Beispiel Russland und Türkei. In: Westphal, Manuela/Wansing, Gudrun (Hrsg.): Migration, Flucht und Behinderung, Wiesbaden, S. 187–205.

Landeshauptstadt München Sozialreferat (2011): Vernetzung der Behinderten- und Migrationsarbeit in München. http://www.muenchen.info/soz/pub/pdf/430_vernetzung_behinderten_und_migrationsarbeit.pdf, Zugriff: 19.05.2018.

Landesstiftung Baden-Württemberg (2006): Innovative Familienbildung
Modellprojekte in Baden-Württemberg, Stuttgart.

Merz-Atalik, Kerstin (2007): Migranten und Behinderung. In: Bundschuch, Konrad/Heimlich, Ulrich/Krawitz, Rudi (2007): Wörterbuch Heilpädagogik. Ein Nachschlagewerk für Studium und pädagogische Praxis, Bad Heilbrunn, S. 197–198.

OECD (Organisation for Economic Co-operation and Development) (2012): Integration von Zuwanderern. OECD-Indikatoren 2012, Paris.

Reichwein, Alfred/Rashid, Hadidja (2012): Interkulturelle Öffnung in Kommunen und Verbänden, Expertisen und Dokumentationen Diskurs zur Wirtschafts- und Sozialpolitik der Friedrich-Ebert Stiftung (FES). http://library.fes.de/pdf-files/wiso/09498.pdf, Zugriff: 25.08.2018.

Schirilla, Nausikaa (2014): Doppelt diskriminiert. Bei Migration und Behinderung überschneiden sich Benachteiligungen. http://www.migazin.de/2014/12/03/bei-migration-und-behinderung-ueberschneiden-sich-benachteiligungen/, Zugriff: 11.02.2018.

Schröer, Hubertus (2007): Interkulturelle Öffnung und Diversity-Management. Eine Expertise im Auftrag von anakonde GbR, München.

Seifert, Monika (2014): Sozialraumorientierte Arbeit im Schnittfeld von Behinderung und Migration. In: Wansing, Gudrun/Westphal, Manuela (2014): Behinderung und Migration. Inklusion, Diversität, Intersektionalität, Wiesbaden, S. 139–156.

Seifert, Monika (2011): Eltern-sein „als Profession". In: Fröhlich, Andreas/Heinen, Norbert/Klauß, Theo/Lamers, Wolfgang (Hrsg.): Schwere und mehrfache Behinderung – interdisziplinär, Oberhausen, S. 201–218.

Seifert, Monika (2010a): Kundenstudie. Bedarf an Dienstleistungen zur Unterstützung des Wohnens von Menschen mit Behinderung, Berlin.

Seifert, Monika (2010b): Wohnen und Leben unter inklusiven Bedingungen. Standortbestimmung und Strategievorschlag der Berliner „Kundenstudie". In: Teilhabe, Die Fachzeitschrift der Lebenshilfe, 49(4), S. 171–178.

Seifert Monika/Harms, Janna (2012): Migration und Behinderung. Teilhabebarrieren und Teilhabechancen aus Sicht der türkischen Community in Berlin. In: Teilhabe Die Fachzeitschrift der Lebenshilfe, 50(2), S. 71–78.

Sinus Markt- und Sozialforschung (2017/18): Sinus-Milieus®. https://www.sinus-institut.de/fileadmin/user_data/sinus-institut/Dokumente/downloadcenter/Sinus_Milieus/2017-01-01_Informationen_zu_den_Sinus-Milieus.pdf, Zugriff: 28.03.2018.

Sinus Sociovision (2007/08): Die Milieus der Menschen mit Migrationshintergrund in Deutschland, Heidelberg.

Spallek, Jacob/Razum, Oliver (2008): Erklärungsmodelle für die gesundheitliche Situation von Migrantinnen und Migranten. In: Bauer, Ullrich/Bittlingmayer Uwe H./Richter Matthias (Hrsg): Health Inequalities. Determinanten und Mechanismen gesundheitlicher Ungleichheit, Wiesbaden, S. 271–288.

Spetsmann-Kunkel, Martin (2013): Soziale Arbeit in der Migrationsgesellschaft – einleitende Gedanken. In: Spetsmann-Kunkel, Martin/Frieters-Reermann, Norbert (Hrsg): Soziale Arbeit in der Migrationsgesellschaft, Opladen/Berlin/Toronto, S. 1–7.

Statistisches Bundesamt (2016): Bevölkerung und Erwerbstätigkeit. Bevölkerung mit Migrationshintergrund. https://www.destatis.de/DE/Publikationen/Thematisch/Bevoelkerung/MigrationIntegration/Migrationshintergrund2010220167004.pdf?__blob=publicationFile, Zugriff: 25.08.2018.

Statististisches Landesamt Berlin (2017): Einwohnerinnen und Einwohner im Land Berlin am 30. Juni 2017. Statistischer Bericht A I 5 – hj 1/17, Berlin.

Straßburger, Gaby (2009): Sozialraumorientierte interkulturelle Arbeit. In: sozialraum.de, 1. http://www.sozialraum.de/sozialraumorientierte-interkulturelle-arbeit.php, Zugriff: 11.04.2018.

Szardning, Antje (2014): Flüchtlinge mit Behinderung „Medizinische Versorgung" in Berlin! http://www.berliner-behindertenzeitung.de/fluechtlinge-mit-behinderung/, Zugriff: 22.05.2018.

Tsirigotis, Cornelia (2018): Ressourcen und Kompetenzen erkennen. In: Westphal, Manuela/Wansing, Gudrun (2018): Migration, Flucht und Behinderung, Wiesbaden, S. 232–267.

Uslucan, Halil (2005): Lebensweltliche Verunsicherung türkischer Migranten. In: Psychosozial, 28, S. 111–122.

Yildirim-Fahlbusch, Yavuz (2003): Türkische Migranten. Kulturelle Missverständnisse. https://www.aerzteblatt.de/archiv/36687/Tuerkische-Migranten-Kulturelle-Missverstaendnisse, Zugriff: 15.02.2018.

Yildiz, Erol (2009): Vom hegemonialen zu einem diversitätsbewussten Blick auf die Einwanderungsgesellschaft. https://heimatkunde.boell.de/2009/07/18/vom-hegemonialen-zu-einem-diversitaetsbewussten-blick-auf-die-einwanderungsgesellschaft, Zugriff: 24.03.2018.

Wansing, Gudrun (2012): Inklusion in einer exklusiven Gesellschaft. Oder: Wie der Arbeitsmarkt Teilhabe behindert. In: Behindertenpädagogik, 51(4), S. 381–396.

Wansing, Gudrun/Westphal, Manuela (2014): Behinderung und Migration. Inklusion, Diversität, Intersektionalität, Wiesbaden.

Westphal, Manuela/Wansing, Gudrun (2018) Migration, Flucht und Behinderung: Herausforderungen für Politik, Bildung und psychosoziale Dienste, Wiesbaden.

Windisch, Matthias (2014): Lebenslagenforschung im Schnittfeld zwischen Behinderung und Migration. In: Wansing, Gudrun/Westphal, Manuela (2014): Behinderung und Migration. Inklusion, Diversität, Intersektionalität, Wiesbaden, S. 119–138.

Wippermann, Carsten/Flaig, Berthold Bodo (2009): Lebenswelt von Migrantinnen und Migranten, in: APuZ, H. 5, S. 3–11.

Michael Tunç

Fürsorgliche migrantische Väter. Ein Gewinn für kindliche Entwicklung und Familienbildung[1]

Abstract

Der Beitrag thematisiert die Beteiligung von Vätern mit Migrationshintergrund und of Color in der Familienbildung und greift dabei auf Erkenntnisse der Väterlichkeitsforschung zurück. Der Rekurs auf Väter mit Migrationshintergrund und of Color fehlt vielfach in deutschen Diskursen oder es werden ethnisierende Positionen geäußert, die diesen Vätergruppen kaum engagierte Väterlichkeit zutraut. Demgegenüber zeigen empirische Forschungsergebnisse eine große Heterogenität von Vätern mit Migrationshintergrund bzw. of Color und deuten auf Engagement für eine gute Entwicklung ihrer Kinder hin.

Der Beitrag nimmt dabei Bezug auf Erfahrungen des Facharbeitskreises für interkulturelle Väterarbeit in NRW (vgl. Tunç 2015), skizziert auf Basis der Evaluationsergebnisse Gelingensfaktoren guter Praxis und reflektiert Herausforderungen einer migrationssensiblen Väterarbeit (vgl. Tunç 2018a).

Einleitung

Im folgenden Beitrag wird diskutiert, welche Bedeutung dem Vatersein bzw. der Väterlichkeit im Kontext migrationsgesellschaftlicher Veränderungen zukommt. Hierzu werden zunächst öffentliche und mediale Diskurse exemplarisch betrachtet, in denen z.T. negative Stereotype über migrantische Väter (re)produziert werden. Vorgestellt werden dann empirische Erkenntnisse sozialwissenschaftlicher und entwicklungspsychologischer Forschungen, um so die Väterlichkeit von Männern mit Migrationshintergrund und die Vielfalt an Leitbildern und Verhaltensweisen zu ermitteln. Es folgen zuletzt Perspektiven zur Praxis einer Väterarbeit im Kontext migrationssensibler Familienbildung. Der Beitrag versucht so, exemplarische Grundlagen und Ansatzpunkte für eine väterkompetente Familienbildung in der Migrationsgesellschaft zu legen.

Engagierte Väter im Fokus

Väterlichkeit und Väterpolitik erfahren seit der Einführung der neuen Elterngeldregelung 2007 und deren Nutzung durch Väter im Zuge der „Partner/innen-Monate" verstärkte Aufmerksamkeit. Väter gehören inzwischen zwar zur Zielgruppe moderner, gleichstellungsorientierter Familienpolitik, aber die deutschsprachige Väterlichkeitsforschung hat noch keine lange Tradition und befindet sich hinsichtlich migrationsgesellschaftlicher Diversität von Väterlichkeit bisher noch in einem Pionierstadium.

1 Teile des Artikels wurden bereits veröffentlicht in Tunç (2017b und 2018b).

Einerseits entspricht es den Bedürfnissen einer größer werdenden Anzahl von Vätern mit Migrationshintergrund[2] und of Color, ihre Väterlichkeit aktiv zu leben. Andererseits sind Lösungen für männliche Vereinbarkeitsprobleme zwischen Beruf und Familie unerlässlicher Beitrag dafür, eine echte Gleichstellung der Geschlechter zu verwirklichen (vgl. Werneck/Beham/Palz 2006).

Die Reflexion dessen, was Vatersein ausmacht und kennzeichnet, stellt ein Thema von großer Relevanz für Forschung und Praxis dar: Gudrun Cyprian kritisiert die geringe Trennschärfe und wenig präzise Bestimmung der zentralen Begriffe wie Vaterschaft, Vaterrolle, Vaterbild, Väterlichkeit, Vatersein oder Vateridentität (vgl. Cyprian 2007, S. 34). Analog zum Paradigmenwechsel, den der Begriffswechsel von Männerforschung zur Männlichkeitsforschung als wichtigen Entwicklungsschritt des Forschungsfeldes signalisiert, bevorzuge ich im Folgenden den Begriff der ‚Väterlichkeit' und verwende ihn auch, um das darauf bezogene Forschungsfeld als ‚Väterlichkeitsforschung' zu bezeichnen: Väterlichkeit verstehe ich als vergeschlechtlichte Position von Männern in Familien-, Geschlechter- und Generationenbeziehungen bzw. -verhältnissen, die aus der Fürsorgeverantwortung für Kinder entsteht und von leiblichen wie sozialen Vätern praktiziert wird (vgl. Tunç 2018a, S. 41–52). Mit Michael Matzner (2004) und seinem sozialisationstheoretischen Modell lassen sich Entwicklungen subjektiver Konzepte von Väterlichkeit als Zusammenwirken folgender Einflussfaktoren beschreiben: Persönlichkeit des Mannes und Sozialisation zum Vater, soziale Lage und soziales Milieu, Partnerin und Mutter der Kinder, Kinder, Berufstätigkeit, soziale Ressourcen sowie soziokulturelle Einflüsse (vgl. Matzner 2004, S. 11).

Die Väterlichkeitsforschung steht aus meiner Sicht vor verschiedenen Herausforderungen: Einerseits sind die Aktivitäten in den Feldern zu Väterlichkeit und Männlichkeit aktuell noch stark voneinander getrennt. Zur Kritik der starken männlichen Orientierung an Erwerbsarbeit als ein Hindernis, gewünschte fürsorgende Väterlichkeit intensiver zu praktizieren, sollte man beispielsweise Erkenntnisse der Väterlichkeits- und Männlichkeitsforschung stärker zusammenführen. Andererseits sind auch Forschungen zu Väterlichkeiten und Männlichkeiten weitgehend eher lose verbunden mit emanzipatorischer Männer-/Väterpolitik und praktischer Männer-/Väterarbeit. So fehlt m.E. beispielsweise dem 2010 gegründeten „Bundesforum Männer. Interessenverband für Jungen, Männer und Väter" (https://bundesforum-maenner.de), das

2 Der Begriff „mit Migrationshintergrund" wird hier im Sinne des Mikrozensus 2005 benutzt. Ich sehe ihn aber grundsätzlich auch kritisch, weil er immer auch Engführungen und problematische Zuschreibungen beinhalten kann. In der amtlichen Statistik umfasst der Begriff „mit Migrationshintergrund" Menschen, die 1. nicht auf dem Gebiet der heutigen Bundesrepublik geboren wurden und 1950 oder später zugewandert sind und/oder 2. keine deutsche Staatsangehörigkeit besitzen oder eingebürgert wurden oder 3. ein Elternteil mindestens eine der in den ersten beiden Punkten genannten Bedingungen erfüllt. Die Gruppe der Menschen mit Migrationshintergrund ist also in sich sehr heterogen, weil zu ihr Menschen mit deutscher Staatsangehörigkeit, Nichtdeutsche, eingebürgerte Ausländer und Kinder von Zugewanderten d.h. Migrationsfolgegenerationen, Afrodeutsche bzw. People of Color und Menschen interethnischer bzw. binationaler Familien zu zählen sind.

insbesondere in den Bereichen Praxis und Politik tätig ist, als Gegenüber ein starkes Netzwerk der Väterlichkeits- und Männlichkeitsforschung, mit dem sich der aus meiner Sicht erforderliche Austausch zwischen den Feldern Forschung, Praxis und Politik besser als bisher vernetzen ließe. Wichtig ist daher, diese Aktivitäten und Handlungsfelder in Zukunft stärker zusammenzuführen. Für eine Weiterentwicklung in diese Richtung könnten sich Anregungen aus dem Thema Caring Masculinities, d.h. fürsorgenden Formen von Männlichkeit, ergeben, und zwar auch für migrationssensible Familienbildung und Soziale Arbeit mit Familien: „Eine caring masculinity kann dabei als Alternative zur hegemonialen Männlichkeit gestärkt und gefördert werden." (Bergmann et al. 2014, S. 137) Und auch Michael Meuser betont: „Unter den Bedingungen involvierter Vaterschaft kann Kompetenz in Kinderbetreuung zum Ausweis von Männlichkeit werden." (Meuser 2014, S. 169)

In jedem Fall lässt sich aus Erkenntnissen der Väterlichkeitsforschung (vgl. v.a. Walter 2002 und Walter/Eickhorst 2012) der Schluss ziehen, dass auch in der Familienbildung vielfältige Chancen bestehen, die Entwicklungen fürsorglicher Väterlichkeit mittels gezielter Angebote zu unterstützen.

Die Angebotsstrukturen der Familienbildung befinden sich auch im Wandel, so dass ca. seit den 1990er Jahren nicht mehr nur die Mütter, sondern auch die Väter vermehrt angesprochen und auch erreicht werden. Die Familienbildung wird dadurch den Bedarfen von Vätern zwar inzwischen zunehmend besser gerecht (vgl. LAG Familienbildung NRW 2011, 38ff.). Trotz einiger Erfolge in der Konzeptentwicklung und im Angebotsaufbau bestehen jedoch noch besondere Herausforderungen darin, die noch mangelhaften flächendeckenden Strukturen weiterzuentwickeln, insbesondere für Väter mit Migrationshintergrund. Die Wiederholung der ersten Bestandsaufnahme der Väterarbeit in NRW (Verlinden 2004) dokumentiert, dass sich die Breite fachlicher Ansätze und die Versorgung mit Angeboten für Väter weiter verbessert haben, jedoch: Zwei Drittel der Befragten bewerten die vorhandenen Angebote immer noch als nicht ausreichend (vgl. Fachstelle Väterarbeit in NRW 2018).

Ausgangspunkt des noch jungen Feldes der Väterarbeit[3] ist, dass engagierte Väter eine zentrale Ressource für ein gutes Aufwachsen und eine erfolgreiche Bildung/Zukunft ihrer Kinder sind. Im Folgenden werden daher in der Forschung erkennbare Transformationen von Väterlichkeit im Migrationskontext beleuchtet, bevor dann die Praxis migrationssensibler Väterarbeit diskutiert wird.

3 Ich verwende die Bezeichnung der Väterarbeit im Rahmen des Oberbegriffs Soziale Arbeit, der im Sinne des Konvergenz- und Subsumptionstheorems (vgl. Schilling 1997) die begriffliche Trennung zwischen Sozialarbeit und Sozialpädagogik überwindet und beide Handlungsfelder umfasst. Der Begriff der Väterarbeit schließt Väterbildung und -beratung ein, auch wenn es im Handlungsfeld unterschiedliche Schwerpunkte in den Bereichen der Familienbildung sowie der Sozialen Arbeit mit Familien gibt (vgl. Euteneuer/Sabla/Uhlendorff 2011).

Migrantische Väter und kindliche Entwicklung

Bevor auf die Situation von Vätern mit Migrationshintergrund eingegangen wird, sollen zunächst Erkenntnisse der Väterlichkeitsforschung skizziert werden: Der UN-Bericht „State of the World's Fathers“ aus dem Jahr 2015 (Levtov et al. 2015) hat hierzu Forschungsergebnisse zusammengestellt und dabei Studien weltweit berücksichtigt. Diese Ergebnisse zeigen den Trend gesellschaftlicher Transformationen hin zu mehr fürsorglicher Väterlichkeit. Auf Basis internationaler Daten zur Zeitverwendung von Männern/Vätern, Regelungen der Kinder-Auszeiten für Väter (Paternal Leave), zur Kindergesundheit und der Gewalt von Vätern zeigt sich, dass aktive Väterlichkeit sich auf folgende Bereiche förderlich auswirkt:

- Gleichstellung und Geschlechtergerechtigkeit, weil sie geschlechterstereotype familiäre Arbeitsteilungen verringern hilft bzw. ausbalanciertere Arrangements zwischen Müttern und Vätern in unbezahlten häuslichen Fürsorge- und Erziehungstätigkeiten vorantreibt, was die Einbindung der Mütter in den Arbeitsmarkt verbessern kann;
- Kindeswohl, gute und gewaltfreie kindliche Entwicklung und eine kindgerechte Welt;
- Wohlbefinden der Väter. Sie verleiht ihnen ein Gefühl von Sinn und Erfüllung, auch weil sie Männlichkeitsentwürfe jenseits stereotyper Geschlechterleitbilder ermöglicht (vgl. Levtov et al. 2015).

Damit sind drei zentrale Ebenen benannt, anhand derer sich Entwicklungen aktiver Väterlichkeit und ihr gesellschaftlicher Nutzen diskutieren lassen. Der UN-Bericht zeigt allerdings auch, dass Väterlichkeit in diesen drei Ebenen de facto auch noch mit Gewalt gegen Kinder und Frauen, wenig förderlichen bzw. negativen Einflüssen auf kindliche Entwicklung und dem Festhalten an traditionellen, nicht geschlechtergerechten bzw. gleichstellungsorientierten Vorstellungen von Männlichkeit verbunden sein kann. So ergibt sich nicht nur für die Väterlichkeitsforschung, sondern auch für Ansätze der Männer- und Väterarbeit ein Spannungsfeld: Hegemoniale und progressive Männlichkeit sowie Väterlichkeit (vgl. Tunç 2018a) stehen nebeneinander und übergreifen dabei ethnisch-kulturelle Zugehörigkeiten, einschließlich weißer Mehrheitsdeutscher.

Debatten, inwiefern Männer mit Migrationshintergrund engagierte Väter sind, fokussieren immer noch stark auf Defizite statt Ressourcen von Familien mit Migrationshintergrund. Stefanie Bischoff und Kolleg/innen kritisieren anhand einer Analyse politischer Diskurse von Kindheit, dass Migrantenfamilien kaum Potenziale entwicklungsfördernder Erziehung zugetraut werden (vgl. Bischoff et al. 2013, S. 28).

Solche negativ stereotypisierenden Diskurse sind kritisch zu sehen, schon weil migrantische Väter darin vielfach zu einer homogenen Gruppe stilisiert werden, die als schwierig oder problematisch wahrgenommen wird. Solche Diskurse sind zudem als ethnisiert zu bezeichnen, weil sich das Deutungsmuster ethnisch-kultureller Differenz als dominantes Deutungsmuster der angenommenen oder zugeschriebenen Probleme durchgesetzt hat. Die Konzepte migrantischer Männlichkeit werden in solchen ethnisierten Diskursen meist einheitlich als machohaft, traditionell und sehr konservativ wahrgenommen (vgl. Tunç 2017a) sowie deren Art, Väterlichkeit zu leben, als wenig förderlich für kindliche Entwicklung.

Anhand neuer Forschungen lässt sich grundsätzlich belegen, dass Väter eine zentrale und eigenständige Bedeutung für die soziale, kognitive und emotionale Entwicklung in allen Lebensphasen ihrer Kinder haben (vgl. Seiffge-Krenke 2016). Wie stellt sich auf dieser Grundlage der Forschungsstand hinsichtlich migrationsgesellschaftlicher Differenzen zur Väterlichkeit dar?

Internationale Vergleiche zeigen hierzu zunächst einmal, dass Modelle von Väterlichkeit und Vorstellungen von gutem Vatersein auch kulturell geprägt sind (vgl. Lamm/Keller 2012). Die Studie von Margret Spohn (2002) zu türkischen Migranten der ersten Generation in Deutschland offenbart etwa, dass sich bereits bei den Männern der ersten Migrantengeneration ein Wandel subjektiver Konzepte von Väterlichkeit vollzogen hat: Die befragten Väter berichteten von Familienmodellen, die sowohl durch Orientierung an Individualität als auch durch die Pflege familiärer emotionaler Beziehungen gekennzeichnet sind.

Manuela Westphal (2000) verglich in ihrer Studie Väter miteinander, die mehrheitlich der ersten Generation angehören, aus Familien türkischer Arbeitsmigrant/innen, Väter aus Spätaussiedler/innenfamilien und Väter westdeutscher Familien ohne Migrationshintergrund. Westphals Ergebnisse dokumentieren als Selbstverständnis der befragten Männer mit Migrationshintergrund, dass sie ihre Verantwortung nicht nur als Ernährer und Versorger sehen. Migrantische Väter haben vielmehr an sich den Anspruch, Zeit mit ihren Kindern zu verbringen – auch wenn sie dieses Ziel oft nicht wie gewünscht realisieren können. Jedoch: Ihre knappe Zeit investieren diese Männer in ihre Familie bzw. die Zukunft ihrer Söhne wie Töchter gleichermaßen – auch motiviert durch eine hohe Bildungsaspiration. Hervorzuheben ist auch Westphals zusammenfassende Deutung, dass die verstärkten Aktivitäten der Väter mit Migrationshintergrund im Erziehungsbereich weniger als Folge veränderter Überzeugungen in Bezug auf Zielbilder egalitärer geschlechtlicher Arbeitsteilung zu verstehen sind. Westphal bewertet die Wandlungsprozesse hin zu tendenziell moderneren Geschlechterarrangements vielmehr als Ergebnis pragmatischer Alltagslösungen (vgl. Westphal 2000, S. 203).

Erkenntnisse über Väter mit Migrationshintergrund ergeben sich auch aus der Studie von Cornelia Helfferich und Kolleg/innen (vgl. Niermann et al. 2000), die die Zusammenhänge von Familie und Migration im Lebenslauf von Männern mit osteuropäischem und türkischem Migrationshintergrund untersucht hat. Die befragten Väter präsentierten in ihren Konzepten von Väterlichkeit eine Verbindung von Orientierungsmustern als Ernährer und Erzieher. Sie stellten sich außerdem als sehr bildungsorientiert dar, was die Autor/innen im Sinne einer väterlichen Verantwortung als Bildungsermöglicher deuten. Mit Väterlichkeit verbinden die befragten türkischstämmigen Väter Aufgaben als Bedürfniserfüller, Kulturvermittler, Bildungsermöglicher und verantwortlicher Aufpasser in Bezug auf ihre Kinder (vgl. Niermann et al. 2010, S. 111). Eine weitere Erkenntnis, die ähnlich schon von Westphal (2000) beschrieben wurde, zeigte sich bezüglich der Position des Vaters in der Familie: In bzw. nach der Migration erfährt der Status des Vaters oft eine Minderung, was zur Folge hat, dass die Männer ihre Ernährerrolle mitunter zur Sicherung einer als gefährdet empfundenen väterlichen Position in der Familie nutzen, teils auch unabhängig vom Bildungsgrad. Verläuft das familiäre Migrationsprojekt erfolgreich, kommt es zu einer „Öffnung" der Konzepte von Väterlichkeit, so dass die Leitbilder Ernährer und Erzieher eine gleiche Gewichtung erfahren.

Nach Westphal bringen Migranten im Zuge der Einwanderung oft Selbstverständnisse von Väterlichkeit „(…) mit, die sie im Alltag in Deutschland vor neue und ihren Erwartungen konträre Anforderungen stellen und von ihnen in unterschiedlicher Weise bearbeitet werden. Hierbei spielen gesellschaftliche, ethnisch-nationale und soziale Herkunftserfahrungen sowie rechtliche und politische Strukturen von Migration, Aufenthalt und Integration eine Rolle" (Westphal 2014, S. 192).

Birgit Leyendecker (2010) verglich 100 deutsche und 100 türkeistämmige Familien miteinander und fand positive Effekte väterlicher Erziehung für die kindliche Entwicklung: Hinsichtlich der Zusammenhänge zwischen Vorlesen und kognitiver Entwicklung der Kinder hatte nach Leyendecker bei türkischstämmigen Vätern die väterliche Bildung größeren Einfluss auf die (deutschen) Sprachkenntnisse ihrer Kinder als bei deutschen Vätern (vgl. Leyendecker 2010, S. 247).

Inge Seiffge-Krenke (2016) weist mit Bezug auf die Studie von Tabea Schädel (2013) über russische, türkische und deutsche Väter 4-jähriger Kinder darauf hin, dass bei Einflüssen des väterlichen Verhaltens auf kindliche Entwicklungsprobleme eher der Faktor der sozialen Schicht als der der Herkunftskultur ausschlaggebend ist (vgl. Seiffge-Krenke 2016, 181). Eine Studie von Birgit Leyendecker und Alexandru Agache ermittelte, dass beispielsweise auch türkeistämmige Väter die Entwicklung ihrer Kinder im Vergleich zu Mehrheitsdeutschen ohne Migrationshintergrund ebenso mehrheitlich positiv beeinflussen (vgl. Leyendecker/Agache 2016).

Zusammenfassend lässt sich mit Birgit Leyendecker festhalten, dass „zugewanderte Väter eine weitgehend ungenutzte Ressource" (Leyendecker 2011, S. 36) für ein gutes Aufwachsen von Kindern mit Migrationshintergrund sind. Daher erscheint es als besondere Herausforderung, Angebote (weiter) zu entwickeln, die an den Potenzialen migrantischer Väter ansetzen und solche Angebote zum festen Bestandteil einer vätergerechten Familienbildung und Sozialen Arbeit mit Familien zu machen.

Migrationsgesellschaftliche Professionalisierung der Väterarbeit

Die Ziele der Väterarbeit in der Familienbildung lassen sich gemäß des genannten UN-Berichts in Hinsicht auf drei Ebenen bestimmen: als kindbezogene, familien-/paarbezogene sowie mann-/vaterbezogene Ziele (vgl. Tunç 2018a, S. 236ff.). Dies gilt gleichermaßen in der migrationssensiblen Arbeit. Diesen Ansätzen geht es dann darum, Väter in ihren Bewältigungs- und Handlungsmöglichkeiten zu unterstützen, damit sie in die Lage versetzt werden, Erziehungsaufgaben wahrzunehmen und ihre

Kinder von Geburt an, in Kindertagesstätte, Schule bis zum Übergang in den Beruf fürsorgend zu begleiten (vgl. auch LAG Familienbildung NRW 2011).

Die Praxis von Organisationen der Familienbildung, die bisher keine Väterarbeit im engen Sinn machen, lässt sich vielfach als „Arbeit mit Vätern" bezeichnen. Der Begriff der ‚Väterarbeit' umfasst demgegenüber geschlechterreflektierte Ansätze, die Väter gezielt als eigenständige Zielgruppe ansprechen und mit spezifisch zugeschnittenen Konzepten, Arbeitsweisen und Methoden arbeiten (vgl. Verlinden 2004, LAG Familienbildung NRW 2011). Auch wenn sich Familienbildung diesem Ausbau von Väterarbeit verschrieben und bereits Erfolge erzielt hat, kommt es darauf an, dass sie ihre Arbeit gemäß dem Motto „von der Arbeit mit Vätern zur Väterarbeit" weiter reflektieren und professionalisieren: Im Sinne eines Väter-Mainstreamings erscheint es wichtig, dass Organisationen der Familienbildung väterkompetent(er) werden und dabei Väterbeteiligung als Querschnittsaufgabe im Blick haben (vgl. Schäfer et al. 2009, S. 343). In der konkreten Familienbildungseinrichtung sind dann Entwicklungsschritte zu gehen, die an die Bedarfe der Väter vor Ort angepasst sind und als solche im Zuge einer Selbstprüfung des Stands der Organisations-, Personal- und Konzeptentwicklung auch jeweils immer neu zu bestimmen sind. Familienbildung braucht für eine gelingende Arbeit mit Vätern ausreichende Ressourcen, um solche Strategien der Öffnung für Väter bzw. eine konsequente Väterbeteiligung erfolgreich weiter zu verwirklichen.

Solche Prozesse des Väter-Mainstreaming sind dabei verflochten mit migrationsgesellschaftlichen (meist sogenannten interkulturellen) Öffnungs- und Professionalisierungsprozessen, wozu auch die Verschränkung der Querschnittsthemen Väter und Migration/Rassismuskritik gehört.

Als ein zentrales Ziel migrationsgesellschaftlicher Öffnung gilt im Fachdiskurs der Anspruch der Versorgungsgerechtigkeit, die mittels verschiedener Maßnahmen der Personal- und Organisationsentwicklung erreicht werden kann. Diese folgen einem gleichbehandlungsrechtlichen Referenzrahmen (vgl. Griese/Marburger 2012, S. 17) im Sinne des Allgemeinen Gleichbehandlungsgesetzes (AGG, seit 2006): „Menschen mit Migrationshintergrund haben als Bürger den gleichen Anspruch, die Hilfeangebote des Sozialsystems und die Errungenschaften der Sozialen Arbeit zu nutzen." (Schirilla 2016, S. 170) Kritisch sollte m.E. jedoch diskutiert werden, dass entsprechende Maßnahmen zur ‚Klientelisierung' von Migrant/innen beitragen können. Dies gilt schon deshalb, weil die kategoriale Zuschreibung „Migrationshintergrund" Segregation und Exklusion verfestigen kann (vgl. Eppenstein/Kiesel 2008, S. 59). Mit Hilfe des Ethnic Monitoring, das zur Herstellung von Chancengleichheit und zur Nichtdiskriminierung erst noch entwickelt und gesetzlich legitimiert werden müsste (vgl. Heinrich-Böll-Stiftung 2009), könnte auch die migrationsgesellschaftliche Versorgungsgerechtigkeit in Familienbildung und Sozialer Arbeit regelmäßig empirisch geprüft und (rassismuskritisch) weiterentwickelt werden.

Während väterspezifische Angebote in der Eltern- und Familienbildung insgesamt verstärkt nachgefragt werden, nehmen Väter mit Migrationshintergrund an solchen Veranstaltungen (noch) nicht in dem Umfang teil, wie es ihrem Anteil an der Gesamtbevölkerung entsprechen würde (vgl. Tunç 2018a, S. 256–266). Zumeist sind hierfür

Zugangsbarrieren auf Trägerseite verantwortlich. Entsprechend erscheint es sinnvoll, dass sich migrationssensible und diversitätsbewusste Ansätze der Väterarbeit mit nötigen Veränderungen gewachsener Versorgungsstrukturen befassen und dabei auch die Kritik an gesellschaftlichen Macht- und Ungleichheitsverhältnissen einschließen (vgl. Tunç 2017b).

Andererseits entwickeln sich seit einiger Zeit ressourcenorientierte Bildungsangebote für Väter mit Migrationshintergrund, wie insbesondere die Arbeit des 2008 gegründeten Facharbeitskreises Interkulturelle Väterarbeit in NRW dokumentiert (vgl. MAIS NRW 2011). Diese Erfahrungen können hilfreich sein für die Weiterentwicklung der Familienbildung. Eine Evaluation der Projekte dieses Facharbeitskreises ergab nämlich, dass Väter mit Migrationshintergrund engagiert und mit Erfolg an Angeboten dieses Projektes teilnehmen, die auf ihre Bedarfe zugeschnitten sind (vgl. Tunç 2015 und 2018a). Auch wenn sich die umfangreichen empirischen Ergebnisse der Evaluation hier nicht detailliert darstellen lassen, sollen folgende Aspekte und Lernerfolge doch kurz genannt werden:

- Es gelingt vielen Vätern besser, sich im Alltag allgemein oder in Auseinandersetzungen den Kindern gegenüber ruhiger und gelassener zu verhalten.
- Einige Väter berichten, dass sie sich mehr Zeit für ihre Kinder nehmen, d.h. für Spiel und Freizeit sowie für die Förderung der schulischen und/oder beruflichen Entwicklung.
- Väter berichten öfter davon, dass sie aufmerksamer zuhören, wenn die Kinder ihre Bedürfnisse, Gefühle und Sichtweisen kommunizieren.
- Einigen Vätern gelingt es in der Erziehung besser, den Kindern Grenzen zu setzen sowie mit (Konflikten um) Absprachen bzw. Regeln besser umzugehen (vgl. Tunç 2018a, S. 375–385).

Hinweise zur Entwicklung migrationssensibler Väterarbeit

Folgende Erfahrungen der Evaluation können dazu beitragen, (migrationssensible) Väterarbeit in Einrichtungen der Familienbildung durchzuführen oder weiterzuentwickeln:

Der Praxisleitfaden „Väter der Familienbildung“ (LAG Familienbildung NRW 2011) und die Broschüre „Väterarbeit in NRW“ (Verlinden 2004) bündeln viele Ansatzpunkte, Praxis- und Methodenbeispiele sowie Empfehlungen für eine erfolgreiche Arbeit mit Vätern. Einerseits gehört die Grundhaltung der Ressourcenorientierung selbstverständlich zum Anspruch und Repertoire der Arbeit mit Vätern in der Familienbildung (vgl. LAG Familienbildung NRW 2011). Andererseits schildern Fachkräfte des Facharbeitskreises Interkulturelle Väterarbeit in NRW im Rahmen der Evaluation ihrer Väterangebote, dass einzelne Teilnehmer mit Migrationshintergrund sich gelegentlich bei Trägern der Regelversorung nicht wertschätzend und mit negativen Vorurteilen behandelt fühlen (vgl. Tunç 2015). Insofern sind (Weiter-)Entwicklungen einer (rassismuskritischen) Haltung gegenüber den Vätern (mit Migrationshintergrund) wichtig und nötig, die an deren Potenzialen ansetzt: Trotz mitunter vorhandener Grenzen und Konflikte streben zunehmend mehr (Mütter und) Väter mit Migrationshintergrund (auch muslimischen Glaubens) Veränderungen an, um gemeinsam traditionelle Erziehungskonzepte und Geschlechterverhältnisse zu überwinden, insbesondere zum Wohl ihrer Kinder.

Abschließend möchte ich einige zentrale Qualitätsmerkmale und Entwicklungsbedarfe von Väterarbeit in der Migrationsgesellschaft skizzieren, die sich aus meiner Erfahrung bzw. als Ergebnis der Evaluation als erfolgreich bewährt haben.

- Eine Werbung über Mütter, die von Einrichtungen bereits als Zielgruppe gewonnen werden konnten, erreicht Väter oft gut. Aktionsbetonte Angebote wie Spiel-, Sport- und Freizeitpädagogik wie z.B. Vater-Kind-Spieltreff, Vater-Kind-Aktion oder -Wochenende usw. werden von Vätern gerne besucht und können Türöffner sein für weiterführende, stärker auf inhaltliche Aspekte der Erziehungsverantwortung zielende Angebote.
- Hilfreich ist die Balance der ambivalenten Haltungen zwischen Männlichkeitskritik und Emanzipation bzw. Förderung. Dabei kann das Motto für eine solche Haltung, wie sie Olaf Jantz von Professionellen in der Jungenarbeit fordert, auch für die migrationssensible Väterarbeit gelten. Jantz hat als Praxis-Postulat festgehalten: „Es existiert eine produktive Spannung eines ‚Sowohl als auch' von so viel Parteilichkeit wie möglich und so viel Antisexismus wie nötig" (Jantz 2003, S. 63). Diese Spannung aus nötiger Kritik an (traditionellen) Männlichkeiten bzw. Väterlichkeiten und einer parteilichen Haltung kann zwar die Praxis der Väterarbeit und die Haltungen der Fachkräfte in diesem Feld allgemein charakterisieren. Im migrationsgesellschaftlichen Kontext erscheint es mir oft eine besondere Herausforderung, diese balancierende Haltung umzusetzen. Für die Verwirklichung dieses Anspruchs kann m.E. die eingangs erwähnte kritische Reflexion ethnisierter Männlichkeitsdiskurse eine wichtige Voraussetzung sein.
- Im Sinne eines partizipationsorientierten und ressourcenaktivierenden Ansatzes erscheint es sinnvoll, Migrantenorganisationen (MO) und Elternvereine der Menschen mit Migrationshintergrund am Prozess der Weiterentwicklung migrationssensibler Väterarbeit zu beteiligen (vgl. Fischer 2009). Bei der Kooperation zwischen MO und etablierten Trägern der Sozialen Arbeit sehe ich die Herausforderung, die unterschiedlichen Ressourcen und strukturellen Rahmenbedingungen zu reflektieren, um den oft formulierten Anspruch einer Kooperation „auf Augenhöhe" zu verwirklichen (vgl. Goltz 2015).
- Notwendig erscheint mir die Erhöhung des Anteils von Fachkräften mit Migrationshintergrund zur Repräsentation ethnisch-kultureller Vielfalt migrationsgesellschaftlicher Familienbildung und Sozialer Arbeit, insbesondere durch Gleichstellungsmaßnahmen wie z.B. eine Quote für Fachkräfte mit Migrationshintergrund. Konkrete diesbezügliche Maßnahmen mögen in der Entwicklung und Steuerung (Beispiel: Einstellungsverfahren) schwierig zu realisieren sein. Sie sollten aber aus meiner Sicht geprüft und realisiert werden – verbunden mit migrationssensiblen

Diskussionen der Frage, wie man mehr Männer für die Soziale Arbeit gewinnen kann (vgl. Rose/May 2014).

- Die professionelle Handlungsfähigkeit von Fachkräften mit Migrationshintergrund und of Color sollte m.E. gesehen und anerkannt werden, sie stellt oft eine Leerstelle im Diskurs um migrationsgesellschaftliche Öffnung dar, die allzu oft an weiße Mehrheitsdeutsche adressiert ist. Migrantische Fachkräfte sind im Sinne einer „Verhinderung von Qualifizierung" noch zu selten Adressat/innen von Maßnahmen zur Förderung interkultureller Kompetenz (vgl. Kalpaka/Mecheril 2010, S. 80).
- Als wirksam und erfolgversprechend erwiesen hat sich der Weg, (interkulturelle) Väterarbeit innerhalb eines Stadtteil- oder Gemeinwesenansatzes zu verankern. Dieser Ansatz wurde in der Schweiz von Katharina Barandun entwickelt und durchgeführt (vgl. Barandun 2011) und er kombiniert verschiedene Arbeitsformen sozialraumorientierter Sozialer Arbeit mit dem geschlechts- bzw. väterspezifischen Ansatz.

Einen praxisnahen Ansatz diversitätsbewusster Sozialer Arbeit haben beispielsweise Melahat Altan, Andreas Foitzik und Jutta Goltz (2009) für das Feld der Elternarbeit ausgearbeitet, der meiner Erfahrung nach auch zentrale Bedeutung für die Väterarbeit hat. Er verbindet für mich produktiv die drei Perspektiven migrationsgesellschaftlich reflektierter Familienbildung und Sozialer Arbeit, also inter-/transkulturelle Aspekte, Migrationsbewältigung und Rassismus-/Diskriminierungskritik. Die Verschränkung dieser Perspektiven erscheint auch hilfreich, um die insbesondere in Deutschland heftig geführte Kontroverse zwischen inter-/transkulturellen und rassismuskritischen Bildungsansätzen zu überwinden.

Fazit

Die Ausführungen haben deutlich gemacht, dass migrationssensible Familienbildung vor der Herausforderung steht, die beiden Querschnittsaufgaben der Väterkompetenz und Migrationssensibilität als ineinander verflochtene Entwicklungsperspektiven anzusehen. Dies ist insbesondere Voraussetzung dafür, dass die Bedarfe von Vätern mit Migrationshintergrund besser als bisher aufgegriffen werden können. Dabei sollten alle Väter als Experten für die Erziehung ihrer Kinder wahrgenommen und auch tatsächlich so behandelt werden. Das gilt auch dann, wenn sich dabei Probleme einstellen. Die Orientierung am Kindeswohl im Sinne einer guten Entwicklung der Kinder ist dabei Fokus und Ansatzpunkt in dieser Perspektive der Arbeit mit Vätern. Auch bei vielen Vätern mit Migrationshintergrund und ‚of Color' zeigen sich positive Entwicklungen, die in der migrationssensiblen Familienbildung anzuerkennen und professionell aufzugreifen sind, um diese Zielgruppe mehr als bisher gezielt anzusprechen und ressourcenorientiert mit ihr zu arbeiten. Auszugehen ist dabei von dem Motto „Väter sind anders und gleich". Gemeinsamkeiten von Vätern und Ressourcen sind nämlich auch bei sehr unterschiedlichen Teilnehmergruppen zumeist groß, auch wenn gleichzeitig ethnisch-kulturelle bzw. religiöse oder Besonderheiten der sozialen Lage vorhanden sind und entsprechend anerkannt bzw. professionell einbezogen werden müssen (Intersektionalität). Grundsätzlich sollte die Arbeit mit Vätern einem diskriminierungs- und rassismuskritischen Ansatz folgen, der seitens der Fachkräfte migrationssensibler Familienbildung eine selbstreflexive Arbeitsweise und Haltung voraussetzt, z.B. durch kritische Auseinandersetzung mit der eigenen Biografie und Reflexionen der eigenen professionellen Haltung im geschlechterbezogenen wie inter-/transkulturellen Kontext.

Die skizzierten Schritte für weitere Entwicklungen von Angeboten für Väter in der migrationssensiblen Familienbildung sollten jedoch eingebettet sein in strukturelle Ansätze (u.a. Gender und Ethnicity Mainstreaming) und zudem im engen Theorie-Praxis-Transfer weiterentwickelt werden – vor allem durch Dokumentation und Erfolgskontrolle bzw. Qualitätsstandards. Dies alles kann nur erfolgreich sein, wenn die migrationsgesellschaftliche Öffnung aller Träger intensiv fortgesetzt wird.

Literatur

Altan, Melahat/Foitzik, Andreas/Goltz, Jutta (2009): Eine Frage der Haltung. Eltern(bildungs)arbeit in der Migrationsgesellschaft. Stuttgart: Ajs, Landesarbeitsstelle Baden-Württemberg.

Barandun, Katharina (Hrsg.) (2011): Partizipation in interkulturellen Siedlungen. Erfolg durch Väterbeteiligung. Zürich: Seismo.

Bergmann, Nadja/Scambor, Christian/Scambor, Elli (2014): Bewegung im Geschlechterverhältnis? Zur Rolle der Männer in Österreich im europäischen Vergleich. Münster: Lit.

Bischoff, Steffanie/Pardo-Puhlmann, Margaret/De Moll, Frederik/Betz, Tanja (2013): Frühe Kindheit als „Grundstein für eine erfolgreiche Bildungsbiografie". Deutungen ‚guter Kindheit' im politischen Diskurs. In: Grubenmann, Bettina/Schöne, Mandy (Hrsg.): Frühe Kindheit im Fokus. Entwicklungen und Herausforderungen (sozial-)pädagogischer Professionalisierung. Berlin: Frank & Timme. S. 15–34.

Cyprian, Gudrun (2007): Väterforschung im deutschsprachigen Raum. Ein Überblick über Methoden, Ergebnisse und offene Fragen. In: Mühling, Tanja/Rost, Harald (Hrsg.): Väter im Blickpunkt. Perspektiven der Familienforschung. Opladen, Farmington Hills: Barbara Budrich. S. 23–48.

Eppenstein, Thomas/Kiesel, Doron (2008): Soziale Arbeit interkulturell. Theorien – Spannungsfelder – reflexive Praxis. Stuttgart: Kohlhammer.

Euteneuer, Matthias/Sabla, Kim-Patrick/Uhlendorff, Uwe (2011): Familienpolitik, Soziale Arbeit mit Familien und Familienbildung. In: Otto, Hans-Uwe/Thiersch, Hans (Hrsg.): Handbuch Soziale Arbeit. Grundlagen der Sozialarbeit und Sozialpädagogik. 4. Aufl. München: Reinhardt. S. 394–406.

Fachstelle Väterarbeit in NRW (Hrsg.) (2018): Erhebung zur Väterarbeit in NRW. Basisauswertung: 2004–2015. Herausgegeben im Auftrag des Ministeriums für Kinder, Familie, Flüchtlinge und Integration des Landes NRW. (Im Erscheinen).

Fischer, Veronika (2009): Elternnetzwerk. In: Gomolla, Mechthild/Fürstenau, Sara (Hrsg.): Migration und schulischer Wandel. Elternbeteiligung. Wiesbaden: VS-Verlag. S. 137–148.

Griese, Christiane/Marburger, Helga (2012): Interkulturelle Öffnung – Genese, Konzepte, Diskurse. In: Griese, Christiane/Marburger, Helga (2012) (Hrsg.): Interkulturelle Öffnung. Ein Lehrbuch. München: Oldenbourg Verlag. S. 1–23.

Goltz, Jutta (2015): Die Frage der Augenhöhe. Eine Arbeitshilfe zur Kooperation mit Migrantenorganisationen und Schlüsselpersonen im Feld der Sozialen Arbeit. Stuttgart: Aktion Jugendschutz, Landesarbeitsstelle Baden-Württemberg.

Heinrich-Böll-Stiftung (Hrsg.) (2009): Ethnic Monitoring. Datenerhebung mit oder über Minderheiten? Dossier. Berlin. URL: https://heimatkunde.boell.de/sites/default/files/dossier_ethnic_monitoring_1.pdf (Stand: 07.09.2018).

Jantz, Olaf (2003): Männliche Suchbewegungen – Antisexistisch und parteilich? Jungenarbeit zwischen Begegnung und Veränderung. In: Jantz, Olaf/Grote, Christoph (Hrsg.): Jungenarbeit. Konzepte und Impulse aus der Praxis. Opladen: Leske + Budrich. S. 63–88.

Kalpaka, Annita/Mecheril, Paul (2010): „Interkulturell". Von spezifisch kulturalistischen Ansätzen zu allgemein reflexiven Perspektiven. In: Mecheril, Paul/Kalpaka, Annita/Castro Varela, Maria do Mar/Dirim, Inci/Melter, Claus (Hrsg.): Bachelor/Master: Migrationspädagogik. Weinheim, Basel: Beltz. S. 77–98.

Lamm, Bettina/Keller, Heidi (2012): Väter in verschiedenen Kulturen. In: Walter, Heinz/Eickhorst, Andreas (Hrsg.): Das Väter-Handbuch. Theorie, Forschung, Praxis. Gießen: Psychosozial. S. 77–88.

LAG (Landesarbeitsgemeinschaft) Familienbildung NRW (Hrsg.) (2011): Echt stark. Väter in der Familienbildung. Impulse und Ideen für die Praxis. Handbuch „Väter im Blickpunkt der Familienbildung". Wuppertal. URL: https://familienbildung-in-nrw.de/fileadmin/user_upload/Images/Content/fachkraefte/vaeter/Leitfaden_Vaeterbildung_WEB_fin.pdf (Stand: 15.04.17).

Levtov, Ruti/van der Gaag, Nikki/Greene, Margaret/Kaufman, Michael/Barker, Gary (2015): State of the World's Fathers. A MenCare Advocacy Publication. Washington, DC: Promundo, Rutgers, Save the Children, Sonke Gender Justice, and the MenEngage Alliance.

Leyendecker, Birgit (2010): Sozialisation und Erziehung. Der Stellenwert der Familie. In: Fischer, Veronika/Springer, Monika (Hrsg.): Handbuch Migration und Familie. Grundlagen für die Soziale Arbeit mit Familien. Schwalbach/Ts.: Wochenschau-Verlag. S. 240–249.

Leyendecker, Birgit (2011): Integration und Migration. In: BMFSFJ [Bundesministerium für Familie, Senioren, Frauen und Jugend] (Hrsg.): Vaterschaft und Elternzeit. Eine interdisziplinäre Literaturstudie zur Frage der Bedeutung der Vater-Kind-Beziehung für eine gedeihliche Entwicklung der Kinder sowie den Zusammenhalt in der Familie. Berlin. S. 36–37.

Leyendecker, Birgit/Agache, Alexandru (2016): Engagement türkischstämmiger Väter im Familien- und Erziehungsalltag fördert das subjektive Wohlbefinden von Kindern. In: Praxis der Kinderpsychologie und Kinderpsychiatrie, 65 (1), 57–74.

Matzner, Michael (2004): Vaterschaft aus der Sicht von Vätern. Wiesbaden: VS-Verlag.

Meuser, Michael (2014): Care und Männlichkeit in modernen Gesellschaften: Grundlegende Überlegungen illustriert am Beispiel involvierter Vaterschaft. In: Aulenbacher, Brigitte/Riegraf, Birgit/Theobald, Hildegard (Hrsg.): Sorge: Arbeit, Verhältnisse, Regime. Soziale Welt – Sonderband 20. Baden-Baden: Nomos. S. 159–174.

Niermann, Debora/Helfferich, Cornelia/Kruse, Jan (2010): „Familienplanung und Migration im Lebenslauf von Männern." Eine Machbarkeitsstudie. Abschlussbericht. Evangelische Hochschule Freiburg. http://www.soffi-f.de/files/u2/Abschlussbericht_ML2.pdf (Stand: 07.09.2018).

MAIS NRW (Ministerium für Arbeit, Integration und Soziales des Landes Nordrhein-Westfalen) (Hrsg.) (2011): Väter mit Migrationshintergrund. Düsseldorf.

Rose, Lotte/May, Michael (Hrsg.) (2014): Mehr Männer in die Soziale Arbeit? Kontroversen, Konflikte und Konkurrenzen. Opladen: Barbara Budrich.

Schädel, Tabea (2013): Väterliche Erziehung in deutschen, russischen und türkischen Familien: Gibt es einen Zusammenhang mit kindlichem Problemverhalten im Alter von 4 Jahren? Unveröff. Diplomarbeit, Psychologisches Institut der Universität Mainz.

Schäfer, Eberhard/Schulte, Marc/Nelles, Hans-Georg/Borter, Andreas (2009): Nicht Weicheier, sondern Trendsetter. Arbeit mit Vätern. Wege aus der Vereinzelung und wie sie beschritten werden könn(t)en. In: Jurczyk, Karin/Lange, Andreas (Hrsg.): Vaterwerden und Vatersein heute. Neue Wege – neue Chancen! Gütersloh: Bertelsmann-Verlag. S. 326–344.

Schilling, Johannes (1997): Soziale Arbeit. Entwicklungslinien der Sozialpädagogik/Sozialarbeit. Neuwied: Luchterhand.

Schirilla, Nausikaa (2016): Migration und Flucht. Orientierungswissen für die Soziale Arbeit. Stuttgart: Kohlhammer.

Seiffge-Krenke, Inge (2016): Väter, Männer und kindliche Entwicklung: Ein Lehrbuch für Psychotherapie und Beratung. Berlin/Heidelberg: Springer.

Spohn, Margret (2002): Türkische Männer in Deutschland. Familie und Identität. Migranten der ersten Generation erzählen ihre Geschichte. Bielefeld: transcript.

Tunç, Michael (2015): Endbericht des Projekts Praxisforschung für nachhaltige Entwicklung interkultureller Väterarbeit in NRW. Herausgegeben vom Zentrum für Türkeistudien und Integrationsforschung. Essen. URL: https://cdn.website-editor.net/09fe2713f5da44ff.99ead273b339f17d/files/uploaded/V%25C3%25A4terarbeit_Evaluation.pdf (Stand: 07.09.2018).

Tunç, Michael (2017a): Männlichkeitskonzepte im Migrationskontext. In: Sielert, Uwe/Marburger, Helga/Griese, Christiane (Hrsg.): Sexualität und Gender im Einwanderungsland. Öffentliche und zivilgesellschaftliche Aufgaben. Ein Lehr- und Praxishandbuch. München: Oldenbourg Verlag. S. 114–126.

Tunç, Michael (2017b): Diversitätsbewusste Männer- und Väterarbeit. Intersektionalität und rassismuskritisch-migrationsgesellschaftliche Entwicklungen. In: Journal für Psychologie, 25 (2), 121–151. URL: https://www.journal-fuer-psychologie.de/index.php/jfp/article/download/444/485 (Stand: 07.09.2018).

Tunç, Michael (2018a): Väterforschung und Väterarbeit in der Migrationsgesellschaft. Rassismuskritische und intersektionale Perspektiven. Wiesbaden: Springer VS.

Tunç, Michael (2018b): Von der Arbeit mit Vätern zur Väterarbeit. In: Fischer, Veronika (Hrsg.): Praxisleitfaden Interkulturelle Öffnung der Familienbildung. Herausgegeben vom Ministerium für Familie, Kinder, Jugend, Kultur und Sport des Landes Nordrhein-Westfalen und der Landesarbeitsgemeinschaften der Familienbildung in Nordrhein-Westfalen. Düsseldorf. (Im Erscheinen).

Verlinden, Martin (2004): Väterarbeit in NRW. Bestandsaufnahme und Perspektiven. Düsseldorf: Ministerium für Gesundheit, Soziales, Frauen und Familie des Landes Nordrhein-Westfalen.

Walter, Heinz (Hrsg.) (2002): Männer als Väter. Sozialwissenschaftliche Theorie und Empirie. Gießen: Psychosozial.

Walter, Heinz/Eickhorst, Andreas (Hrsg.) (2012): Das Väter-Handbuch. Theorie, Forschung, Praxis. Gießen: Psychosozial.

Werneck, Harald/Beham, Martina/Palz, Doris (Hrsg.) (2006): Aktive Vaterschaft. Männer zwischen Familie und Beruf. Gießen: Psychosozial.

Westphal, Manuela (2000): Vaterschaft und Erziehung. In: Herwartz-Emden, Leonie (Hrsg.): Einwandererfamilien. Geschlechterverhältnisse, Erziehung und Akkulturation. Osnabrück: Rasch-Verlag. S. 121–204.

Westphal, Manuela (2014): Elternschaft und Erziehung im interkulturellen Vergleich. Bildung und Erziehung, 67 (2), 187–201.

Film-Tipp:

Einen sehr guten Einblick in die Väterarbeit gibt der Film von Besime Atasever „Mein Papa ist cool!' Väter mit Migrationshintergrund in NRW" (2012). Der Film dauert 18 Minuten und stellt die sieben Väterprojekte des Facharbeitskreises Interkulturelle Väterarbeit in NRW vor. Die DVD ist leider vergriffen, aber der Film ist auf YouTube zu sehen: https://www.youtube.com/watch?v=qwcO-G7W7PE

Doris Lüken-Klaßen und Regina Neumann

Familienbildung mit Geflüchteten. Barrieren erkennen und überwinden

Abstract

Angesichts der gestiegenen Fluchtmigration nimmt die Eltern- und Familienbildung verstärkt Geflüchtete in den Blick. Vielfach gelingt dies vorbildhaft. Doch häufig erweist es sich auch als große Herausforderung, Zugänge zu eröffnen, geeignete Angebote durchzuführen und geflüchtete Familien damit bedarfsgerecht zu unterstützen. Nicht alle Angebote werden angenommen; Stolpersteine erschweren eine gewinnbringende, für beide Seiten positiv erlebte Zusammenarbeit. Der Beitrag identifiziert und diskutiert fünf typische Barrieren in der Familienbildung mit geflüchteten Familien, die teils offensichtlich, teils versteckt wirken: Sprache und Kommunikation, fluchtspezifische Stressoren, wenig Erfahrung mit sozialer Arbeit, unterschiedliche Wertesysteme sowie unpassende Angebotskonzeption. Aus diesem Verständnis heraus werden Implikationen für die praktische Familienbildung abgeleitet. Notwendig ist eine zielgruppenorientierte und zugleich diversitäts- und vorurteilsbewusste Familienbildung.

1 „Wir würden ja gern. Aber sie kommen nicht."

Die Familienbildung will Eltern bei der Erziehung unterstützen. Sie hat den gesetzlichen Auftrag, sich an alle Familien zu richten – auch an Familien, die als Flüchtlinge nach Deutschland gekommen sind. Das Thema ist nicht neu, denn Deutschland ist schon seit Jahrzehnten ein Zuwanderungsland, was sich in der Bevölkerungszusammensetzung widerspiegelt. In den letzten Jahren aber hat die Anzahl der in Deutschland Schutz Suchenden deutlich zugenommen, unter diesen sind auch zahlreiche Familien mit kleinen Kindern (BAMF, 2017; Destatis, 2016, 1). Einrichtungen der Familienbildung stehen nun vor der Aufgabe, geflüchtete Familien als Zielgruppe in den Blick zu nehmen und mit bedarfsgerechten Angeboten zu fördern.

Gelingt dies, kann Familienbildung die Familien nachhaltig unterstützen und einen Beitrag zur gesellschaftlichen Integration leisten. Schließlich zielen ihre vielfältigen Angebote darauf ab, familiale Ressourcen zu stärken, Alltagskompetenzen zu vermitteln und Gelegenheitsstrukturen für Austausch, Information und Vernetzung zu eröffnen. Darüber hinaus kann Familienbildung die Reflexion über unterschiedliche familienbezogene sowie erzieherische Werte anregen und Orientierung bieten. Für Mütter mit Fluchtgeschichte sind solche Austauschmöglichkeiten besonders bedeutsam, da Integrationskurse von ihnen seltener und später besucht werden als von Männern (Worbs/Baraulina, 2017). Somit kann Familienbildung mit ihren Angeboten einen alternativen Zugang bieten.

Dieses Potenzial wird vielfach genutzt. Doch so mancher erfolgversprechender Ansatz scheitert in der praktischen Umsetzung. Fachkräfte berichten, dass Angebote nicht angenommen werden; einige artikulieren Unsicherheit oder Frust. Geflüchtete wiederum geben an, entsprechende Anlaufstellen überhaupt nicht zu kennen, Eltern mit Fluchtgeschichte beanstanden, sich von Einrichtungen nicht ernst genommen zu fühlen oder deren Ansätze nicht nachvollziehen zu können.

Offenbar erschweren Barrieren die praktische Zusammenarbeit mit geflüchteten Eltern sowohl bei der Zielgruppengewinnung als auch bei der Durchführung der Angebote. Nachfolgend werden der Auftrag und die Zielsetzung der Familienbildung sowie die Zielgruppe geflüchtete Familien skizziert, sodann Barrieren mit ihren Wirkmechanismen erläutert und Ansätze zu ihrer Überwindung aufgezeigt.

2 Geflüchtete Familien als Zielgruppe der Familienbildung

In Deutschland können alle Familien von einem wohlfahrtsstaatlichen Angebot profitieren: von Familienbildung, also von Bildungsarbeit zu familienrelevanten Themen. Diese ist in zwei Bereichen verortet: Zum einen im Achten Sozialgesetzbuch als Leistung der Kinder- und Jugendhilfe, zum anderen als ein Teilbereich der Erwachsenenbildung. Die rechtlichen Grundlagen hierfür sind in den länderspezifischen Gesetzen zur Förderung der Erwachsenenbildung festgeschrieben.

Dieser Beitrag fokussiert die Familienbildung im Rahmen der Kinder- und Jugendhilfe. Diese folgt der Maßgabe, dass in Deutschland jeder junge Mensch das Recht hat, in seiner Entwicklung gefördert zu werden (§ 1 SGB VIII). Dafür Sorge zu tragen, ist Recht und Pflicht der Eltern; unterstützt wird die „Erziehung in der Familie“ durch Angebote der Familienbildung (§ 16 SGB VIII). Diese sollen Beziehungs-, Alltags- und Erziehungskompetenzen stärken, auf das Zusammenleben mit Kindern vorbereiten und dazu beitragen, dass Erziehungsberechtigte ihre Erziehungsverantwortung besser wahrnehmen und Konflikte gewaltfrei lösen können. Des Weiteren sollen Eltern zur Kooperation mit Erziehungseinrichtungen befähigt, ihr Selbsthilfepotenzial aktiviert und ihre Gesundheitskompetenz gefördert werden.

Anvisiert werden die Ziele durch Präventionsangebote zu familienrelevanten Themen. Diese können in Form von Vorträgen oder Kursen vermittelt werden, ebenso durch Austausch und Vernetzung. Daher inkludiert Familienbildung auch Formate wie offene Treffs, Eltern- und Eltern-Kind-Gruppen sowie andere Veranstaltungsformate. Als präventive Angebote sind sie abzugrenzen von reinen Freizeitangeboten auf der einen und von Interventionen auf der anderen Seite (Rupp et al., 2010, 62). Aber Angebote der Familienbildung, die Eltern als Freizeitangebote wahrnehmen, können als Türöffner fungieren und so Zugänge zu Einrichtungen schaffen. Die Familienbildung kann zudem als Lotsin fungieren und Eltern mit erhöhtem Hilfebedarf an weiterführende Unterstützungsangebote verweisen.

Angebote der Familienbildung stehen grundsätzlich allen Eltern offen. Je nach kindlicher Entwicklung und Familienphase, Familienform und familialen Übergängen, je nach Lebenslage und Belastungssituation ergeben sich unterschiedliche Fragen, Informations- und Unterstützungsbedürfnisse (Rupp et al., 2010, 239f.). Um alle Eltern zu erreichen, müssen die Angebote „auf Bedürfnisse und Interessen sowie auf

Erfahrungen von Familien in unterschiedlichen Lebenslagen und Erziehungssituationen eingehen" (§ 16 (2) SGB VIII). Dies gilt auch für geflüchtete Familien, denn alle Jugendhilfeleistungen des SGB VIII sind „unabhängig vom Aufenthaltsstatus des ausländischen Kindes zu erbringen" (Deutscher Bundestag, 2016, 30). Vor dem Hintergrund der aktuellen Fluchtmigration ist es somit Aufgabe der Familienbildung, für die Bedarfe der geflüchteten Familien ein passgenaues Angebot zu unterbreiten.

Diese geflüchteten Familien eint, dass sie in Deutschland eine neue, sichere Heimat suchen. Doch sie bilden eine extrem heterogene Gruppe (Brücker et al., 2016; Rich, 2016; Treibel, 2011): Es unterscheiden sich die spezifischen Fluchtursachen und -umstände, Migrationswege und Fluchterfahrungen; nach der Ankunft folgen dann Aufenthaltsstatus, Zugangsmöglichkeiten zu Hilfesystemen und nicht zuletzt auch die Zukunftsperspektiven. Neben solchen migrationsspezifischen Aspekten differieren die „kulturellen Rucksäcke" der Menschen: Sie gehören verschiedenen Nationalitäten und Ethnien an, bringen diverse Religionen, Traditionen, Werte und Familiensysteme mit, praktizieren vielfältige Bräuche und Riten, sprechen verschiedene Sprachen. Äußerst unterschiedlich ist auch der sozio-ökonomische Status, zu dem u.a. Bildung, Beruf, Einkommen und Vermögen zählen. Weiterhin divergieren Stärken und Kompetenzen, Bedürfnisse, Interessen und auch Ängste und Träume. Schließlich sind Geflüchtete sehr unterschiedliche Menschen, mit individueller Lebensbiografie und Persönlichkeit. „Die" Flüchtlingsfamilie gibt es nicht, genau so wenig wie es „die" deutsche Familie gibt.

3 Barrieren und ihre Implikationen für die Familienbildung

Familienbildung hat also die Aufgabe, auch neu zugewanderte Flüchtlingsfamilien im Hinblick auf ein gelingendes Familienleben zu unterstützen. Im Rahmen des Forschungsprojekts „Geflüchtete Familien in der Familienbildung – Chancen und Bedarfe", durchgeführt 2016 bis 2018 am Staatsinstitut für Familienforschung an der Universität Bamberg (ifb), wurden diesbezügliche Erfahrungen von rund 50 Fachkräften erhoben und analysiert; auf Fortbildungsveranstaltungen wurden Probleme und Fragen der Praxis diskutiert. Deutlich wurde: Fachkräfte erleben die Familienbildung mit Geflüchteten als gewinnbringend und schätzen sie als erfolgreich ein. Zugleich sind der Zugang zu geflüchteten Familien und die Durchführung der Angebote keine Selbstläufer; immer wieder stoßen Beteiligte auf Hindernisse und stolpern über Missverständnisse.

Es sind unterschiedliche Faktoren, die geflüchtete Eltern von einer Teilnahme an Familienbildungsangeboten abhalten können. Einige werden reflektiert, andere wirken im Verborgenen, ohne allen Fachkräften bewusst zu sein (Gaitanides, 2004, 35). Viele dieser Faktoren sind aus der Arbeit mit Migrantenfamilien bekannt (vgl. Deutscher Verein, 2010; Fischer, 2014, 249; Straßburger, 2009), aus der Arbeit mit Familien in belastenden oder benachteiligten Lebenslagen (vgl. Bird/Hübner, 2010; Mengel, 2007; Wittke, 2012) sowie aus der Erwachsenenbildung (Hippel/Tippelt, 2011, 807f.).

Darüber hinaus gibt es fluchtspezifische Faktoren. Diese lassen sich zu fünf typischen Barrieren zusammenfassen, die im Folgenden diskutiert werden.

3.1 Sprache und Kommunikation

Die Sprache ist die offenkundigste Herausforderung in der Zusammenarbeit. Nicht ohne Grund gilt sie als ein Schlüssel für Integration, erfüllt sie doch gleich mehrere Funktionen: Sprache dient als Kommunikationsmedium im alltäglichen Kontakt und ist eine wichtige Ressource mit Einfluss auf soziale Kontakte, Bildung und Arbeitsmarkt. „Zudem können Sprachen und Sprachakzente als Symbole von Zusammengehörigkeit oder auch Fremdheit wirken und zu Abgrenzungen oder Diskriminierungen führen" (Esser, 2006, i). Bei ihrer Ankunft in Deutschland sprechen die allermeisten Geflüchteten jedoch kein Deutsch und bis die Sprachkenntnisse auf einem Niveau sind, um sich in der Einrichtungslandschaft zurechtfinden, Anliegen äußern, Angebote verstehen und an ihnen teilnehmen zu können, braucht es Zeit (Rich, 2016, 8f.; Worbs et al., 2016, 2015ff.). Hingegen gibt es auf Seite der Familienbildungseinrichtungen auch nur wenig Kompetenz in den Sprachen der großen Zuwanderungsgruppen: Kenntnisse in bisher häufig gefragten Sprachen wie Russisch oder Türkisch sind rar, Arabischkenntnisse erst recht selten vertreten.

Neben der Sprache spielen kulturell bedingte Unterschiede im Kommunikationsstil eine große Rolle: Wer spricht wen zuerst an? Wie direkt kann und soll ich meine Wünsche und Ideen äußern? Wie deutlich darf ich eine Frage verneinen, ohne unhöflich zu wirken? Was drückt welche Geste aus? Kommunikationsregeln sind weltweit sehr unterschiedlich und verknüpft mit unterschiedlichen Erwartungen an Gesprächspartner. Da diese kaum explizit gemacht werden und uns obendrein unbewusst beeinflussen, sind interkulturelle Missverständnisse keine Seltenheit (Auernheimer, 2013, 45).

Will die Familienbildung geflüchtete Familien erreichen, muss sie diese Sprach- und Kommunikationsschwierigkeiten auch als eigene Verantwortung sehen und offensiv angehen. Die „eigene Verantwortung für das Gelingen der Kommunikation zu sehen, ist Zeichen pädagogischer Professionalität und besonders wichtig in interkulturellen Situationen" (Auernheimer, 2013, 66). Für die Praxis bedeutet dies, dass die Kommunikationskompetenz im Team gestärkt werden muss, indem langfristig auch Menschen mit hilfreicher Sprachkompetenz eingestellt, interkulturelle Teams gebildet und die Mitarbeiterschaft in interkultureller Kommunikation sowie in Einfacher Sprache geschult werden. Ferner ist die Zusammenarbeit mit Sprach- und Kulturmittlern wichtig. Je nach Kontext kann dies bedeuten, Kooperationen mit geschulten professionellen Dolmetscherinnen und Dolmetschern einzugehen oder ehrenamtliche Kräfte systematisch einzubinden. Dabei geht es nicht nur um die rein sprachliche Übersetzung, sondern auch um die Einordnung in den jeweiligen kulturellen Kontext. Entsprechend können hier auch Multiplikatoren-Projekte – wie das MiMi-Projekt, das gesundheitliche Themen in verschiedenen Sprachen vermittelt – als spezielles Angebot für Geflüchtete geplant werden. Überdies kann die Familienbildung selbst dazu beitragen, die Sprachkompetenzen der Geflüchteten zu erhöhen, indem sie über das

Bildungssystem und Sprachkurse informiert sowie eigene sprachfördernde Angebote (etwa Mütterkurse mit Kinderbetreuung) bereitstellt. Auch Mehrsprachigkeit kann genutzt und positiv besetzt werden, beispielsweise durch bilinguale Vorlesestunden.

3.2 Fluchtspezifische Stressoren

Geflüchtete sind keine homogene Gruppe, sondern im Gegenteil extrem heterogen. Gemein ist ihnen allerdings, dass sie vor, während und nach der Flucht spezifischen Herausforderungen und Stressoren ausgesetzt waren oder sind.

Die Gründe für Flucht sind mannigfaltig. Menschen fliehen vor Kriegen, religiöser, politischer oder rassistischer Verfolgung, weil sie diskriminiert, (genital) verstümmelt oder gefoltert werden, weil sie dem (Hunger-)Tod entgehen, ihr Leben retten wollen, oder weil sie versuchen, sich oder ihren Kindern ein lebenswerteres Leben zu ermöglichen. Auch Umwelt- und Klimakatastrophen können Fluchtursachen sein. Während auf manche Menschen ein direkter Zwang ausgeübt wird, verlassen andere ihre Heimat, weil sie sich zur Flucht gezwungen fühlen und keine Perspektive sehen. Die Grenze zwischen freiwilliger Migration und unfreiwilliger Migration verläuft dementsprechend fließend (Treibel, 2011, 21). Was auch immer individuelle Gründe und Auslöser für die Flucht waren: Bereits vor der Flucht gab es unterschiedliche Stressoren, die dazu führten, sich überhaupt für eine Flucht zu entscheiden.

Währenddessen erleiden Flüchtlinge in der Regel weitere Strapazen: ein oft gefährlicher, langer Weg über Land und Wasser mit vielen Zwischenstationen. Berichtet werden Übergriffe und Vergewaltigungen, drohende Lebensgefahr (beispielsweise durch Ertrinken oder Verdursten) sowie Zeugenschaft von Gewalt und Sterben. Zusätzlich wirken finanzielle Belastungen und Risiken, das (teilweise jahrelange) Leben in Flüchtlingscamps wie auch die Trennung und der Verlust von Angehörigen als Stressoren (Brücker et al., 2016, 29).

Nach der Ankunft wirken solche Erlebnisse weiter und können zu Traumafolgestörungen oder gar posttraumatischen Belastungsstörungen (PTBS) führen (Kaplan, 2009, 6–15). Zudem führt eine Flucht zu einem Biografie- und „Lebensknick" (Refugio München, o. J.), zu einem Verlust sozialer Netzwerke und häufig zu einer Reduktion des gesellschaftlichen Ansehens sowie des sozioökonomischen Status. Weitere Stressfaktoren sind der unsichere Aufenthaltsstatus, Sorgen um zurückgelassene und Trauer um verlorene Angehörige, Druck aus der Heimat oder Verpflichtungen gegenüber Schleppern. Schließlich erschweren erlebte Anfeindungen, Gewalt und Diskriminierung (durch Einheimische oder andere Zugewanderte) den Alltag (BMI, 2017, 78; Zick et al., 2016, 74). Hinzu kommen die „ganz normalen" Herausforderungen aller Migrantinnen und Migranten: Das Ankommen und sich Einfinden in eine neue Gesellschaft.

Auch wenn jede Familie unterschiedlich mit den prä-, peri- und postmigratorischen Stressoren umgeht: Sie beeinflussen das Selbstwertgefühl, das Zugehörigkeitsgefühl zu der ethnischen, nationalen, religiösen oder kulturellen Gruppe und auch interpersonelle Beziehungen innerhalb der Kern- und der erweiterten Familie. Zudem erschweren sie die Bewältigung des Alltags in der neuen Umgebung und können die wahrgenommene Selbstwirksamkeit wie auch die Erziehungsfähigkeit der Eltern beeinträchtigen (Baobaid/Ashbourne, 2016, 13f.). Die Stressoren machen die Familien, so ressourcenstark sie auch sind, vulnerabel und zu einer Zielgruppe der Familienbildung, die spezielle Aufmerksamkeit erfordert. Aber: Sind substanzielle Grundbedürfnisse nicht befriedigt, ist das Interesse an Familienbildung womöglich nicht besonders ausgeprägt (Wittke, 2012, 196). Wer keine Tür hat, die er hinter sich zusperren kann, wer seine Familie nicht in Sicherheit weiß, wen Albträume plagen, dem fehlt die Muße, sich über selbstbestimmte Beikost von Kleinkindern zu informieren. Auch wenn diese Darstellung überspitzt ist: Die Weiterbildung und Sensibilisierung der Fachkräfte hinsichtlich der vielfältigen fluchtspezifischen Stressoren ist unabdingbar, um Verhaltensweisen und Ängste der Familien besser einschätzen zu können. Von Bedeutung sind dabei Wissen zum Thema Trauma und zum Umgang mit Traumatisierten, Wissen hinsichtlich unterschiedlicher Biografien (inkl. Reflexion der eigenen) sowie hinsichtlich rechtlicher Aspekte. Psychohygiene und Supervision, aber auch das Bewusstmachen der fachlichen Zuständigkeiten sind in diesem Kontext besonders wichtig. Diese Weiterbildungen sollten sich in eine den Stressoren Rechnung tragende Angebotskonzeption und einen angemessen Umgang niederschlagen: Der Zugang sollte niedrigschwellig gestaltet werden; hinsichtlich der Inhalte sollten alltagspraktische Themen und Projekte ausgewählt werden, die Selbstwertgefühl und Selbstfürsorge stärken.

3.3 Wenig Erfahrung mit sozialer Arbeit – und geringes Vertrauen

Deutschland ist ein Sozialstaat mit einem umfassenden Angebot öffentlicher Infrastruktur; Eltern können auf eine breite Palette an Unterstützungsleistungen zurückgreifen. Im Gegensatz dazu weisen die Herkunftsländer der meisten Geflüchteten nur rudimentäre Strukturen von Wohlfahrtsstaaten im westlichen Sinne auf. In diesen residualen Wohlfahrtsstaaten liegt die Verantwortung für das Wohlergehen von Familien weniger beim Staat als vielmehr bei den Familien selbst. Entsprechend erfolgen Unterstützung und Austausch innerhalb des Familienverbundes und anderer sozialer Netzwerke wie Nachbarschaften. Soziale Arbeit hat eine weniger gewichtige und eine andere Funktion als in Deutschland: Sie wird eher helfend oder kontrollierend tätig, und zwar dort, wo gesellschaftliche Randgruppen staatliches Engagement benötigen. Angebote der präventiven sozialen Arbeit sind hingegen kaum verbreitet (Esping-Andersen, 1990; Gebel/Heyne, 2017, 30ff.; Straßburger, 2009). Die Erfahrungen und insbesondere die nicht gemachten Erfahrungen aus den Heimatländern führen somit dazu, dass hiesige Angebotsoptionen unbekannt sind (Brücker et al., 2016, 41) und dass viele Geflüchtete schlicht nicht auf die Idee kommen, sich bei Familien- und Erziehungsfragen an Professionelle zu wenden.

Ist diese Hürde überwunden, steht gleich die nächste im Weg: das fehlende Vertrauen in die Teams. Familienbildung wird überwiegend aus öffentlichen Geldern finanziert und scheint aus Sicht einiger Geflüchteter „vom Staat“ angeboten zu werden. In den Herkunftsländern erwiesen sich staatliche Behörden aber nicht unbedingt als unterstützende Einrichtungen. Und auch in Deutschland werden Behörden als diskriminierend erlebt. Hinzu kommt die Angst vor ausländerrechtlichen Konsequenzen bei Offenbarung von Problemen. Des Weiteren erwecken manche Einrichtungen den Eindruck, monokulturell auf die Bedürfnisse einheimischer Familien ausgerichtet zu sein, beispielsweise wenn nur Deutsche dort beschäftigt sind und primär einheimische Familien die Angebote nutzen. Werden sie von einem christlichen Träger durchgeführt, so kann sich dieser Eindruck verstärken (vgl. Beigang et al., 2017, 248ff.; Gebel/Heyne, 2017, 34ff.; Straßburger, 2009).

Einrichtungen müssen sich diese Barriere bewusst machen: Viele Geflüchtete kennen vorhandene Optionen nicht und müssen erst einmal positive Erfahrungen damit machen. Hierfür bedarf es zielgruppenadäquater Ansprache und den Mut, auch unkonventionelle Wege zu gehen. Warum nicht ein Angebot in der Gemeinschaftsunterkunft oder einer Moschee durchführen? Und während gedruckte Werbemittel gespart werden können, erweisen sich soziale Medien und Messenger-Gruppen teilweise als hilfreich. Unübertroffen aber ist der persönliche Kontakt. Zentral hierfür ist die Vernetzung im Sozialraum: mit kommunalen Akteuren im Asylsozialbereich und in der Jugendhilfe sowie mit Multiplikatoren wie Paten, Helferkreise, muslimische Gemeinden oder Migrantenselbstorganisationen. Und besonders essenziell: ein langer Atem.

3.4 Unterschiedliche Wertesysteme

Die deutsche Gesellschaft gilt als individualistisch geprägt; der Großteil der in Deutschland Schutz suchenden Familien stammt hingegen aus kollektivistisch geprägten Gesellschaftsformen. In solchen verstehen sich die einzelnen Individuen als Teil eines Kollektivs, also einer sozialen Gruppe; die Ziele dieses Kollektivs stehen über persönlichen Zielen und das eigene Wohlergehen ist abhängig vom Wohlergehen des Kollektivs: Geht es der Familie gut, geht es den Einzelnen gut. Dieses System ist auf tradierte Werte und Normen zurückzuführen, aber auch vor dem Hintergrund zu sehen, dass der Sozialstaat in kollektivistisch geprägten Ländern oft nur schwach ausgebaut ist. Der Familienverbund spielt somit eine herausragende, teils lebenswichtige Rolle. In individualistisch orientierten Gesellschaften hingegen steht der Einzelne stärker im Vordergrund: Während in der einen Gesellschaftsform das „Wir" groß geschrieben wird, ist es in der anderen das „Ich". Allen Unterschieden zum Trotz werden grundlegende Werte gesellschaftsübergreifend geteilt. So sind Gastfreundschaft, Familienbindung, Respekt, Loyalität und Verlässlichkeit überall positiv besetzt. Sie werden aber unterschiedlich priorisiert und sind in kollektivistischen Gesellschaften von größerer Bedeutung als in individualistischen. In diesen werden wiederum Werte wie Selbständigkeit, Eigenverantwortung und Unabhängigkeit stärker betont (vgl. Hofstede/Hofstede, 2011).

Die unterschiedlichen Wertesysteme beeinflussen Familienstrukturen, Erziehungsziele und -stile – und somit auch die Zusammenarbeit in der Familienbildung. Hinzu kommen weitere kulturell bedingte Unterschiede. So werden Machthierarchien verschieden gelebt, genau wie das Verhältnis und die Rollenaufteilung zwischen den

Geschlechtern (Hofstede/Hofstede, 2011; Gebel/Heyne, 2017; Uslucan, 2014). In der Praxis führt dies zu Unsicherheiten („Muss ich das annehmen?“), Irritationen („Nur der Mann redet mit mir.“), zu Missverständnissen („Das hat sie mir nicht gesagt!“), zu Enttäuschungen („Sie hat zugesagt, wenn auch nur zögerlich, ist dann aber nicht gekommen.“) oder auch Frust („Die Kinder räumen nicht auf.“). Machtasymmetrien und Erwartungsdivergenzen können die Kommunikation und Zusammenarbeit weiter erschweren (Auernheimer, 2013, 45).

Mittels Stärkung der interkulturellen Kompetenz durch Teamentwicklung, Neueinstellungen und Weiterbildungen können solche Stolpersteine leichter umgangen werden. Hierzu zählen mehrere Bausteine. Erstens hilft Wissen, unter anderem ein gutes Verständnis über Kulturdimensionen und kulturelle Hintergründe, über Migrations- und Integrationsprozesse, Sprachkenntnisse und auch regionspezifisches Wissen, um Verhaltensweisen und Wünsche besser verstehen und einordnen zu können. Zweitens helfen konkrete Fertigkeiten wie Stressmanagement und Kommunikationstechniken wie das „interkulturelle Pendeln“ (Abdallah-Steinkopff/Akhtar, 2015, 15ff.). Der dritte und zentrale Baustein betrifft die eigene Haltung: Unverzichtbar sind eine offene und wertschätzende Grundhaltung, eine gute Beobachtungsgabe und Empathiefähigkeit, ein gewisses Maß an Ambiguitätstoleranz sowie eine kritische Selbstreflexion mit einem Bewusstsein für die eigene (Macht-)Position, für eigene Werte, Grenzen und Vorurteile. Dies impliziert auch die „Auseinandersetzung mit den eigenen unhinterfragten Wahrnehmungs-, Deutungs- und Verhaltensmustern“ (Gaitanides, 2004, 1). Und da es weder möglich noch nötig ist, sich konkretes Wissen für alle möglichen Situationen anzueignen, braucht es „Kompetenzlosigkeitskompetenz“ (Mecheril, 2013, 15ff.): Man muss nicht alles wissen. Aber man muss reflektiert damit umgehen können.

3.5 Unpassende Angebotskonzeption

Damit Eltern Angebote der Familienbildung in Anspruch nehmen, müssen sie den Eindruck haben, von den Angeboten profitieren zu können. Für Eltern in benachteiligten Lebenslagen sind die „alltägliche Verwertbarkeit“ (Mengel, 2007, 91) und die lebenspraktische Unterstützung (Straßburger, 2009), also der direkte Nutzen eines Angebotes, besonders wichtig (Mengel, 2007, 81). Der erwartete Nutzen muss größer als der erwartete Aufwand sein. In anderen Worten: Angebote müssen niedrigschwellig konzipiert sein.

Niedrigschwelligkeit bedeutet aber je nach Lebenswelt der Adressaten etwas anderes (Redemeyer/Block, 2011). Und obwohl die Familienbildung Familien aller Lebenslagen im Blick haben sollte, konzentriert sich die Angebotspalette hinsichtlich Struktur und Inhalt auf die Bedürfnisse der Mittelschicht (Lösel, 2006). Diese stellt eine große Zielgruppe dar, die Angebote von sich aus nachfragt und vielfach nutzt (Neumann/Smolka, 2016, 46ff.). Das bestehende Angebotsspektrum hat daher durchaus seine Berechtigung.

Die Kehrseite dieser Mittelschichtorientierung ist, dass Familien in sozial benachteiligten Lebenslagen, zu denen auch Geflüchtete gehören, oft „durch das Raster“

fallen. Die Angebotskonzeption wirkt somit als zusätzliche Barriere und hält entsprechende Familien von Familienbildung fern, sodass sie einen unterdurchschnittlichen Anteil der Nutzerinnen und Nutzer ausmachen (Lösel, 2006, 81f.; Rupp et al., 2009, 14; Thiessen, 2009, 7). Sollen die Angebote auch für geflüchtete Familien niedrigschwellig sein, müssen sie sowohl strukturell als auch inhaltlich stärker an deren Bedürfnissen und deren Alltagsrealität angepasst sein, sich also an ihrer Lebenswelt orientieren.

Auf Ebene der Angebotsstruktur sind insbesondere vier Aspekte zu beachten, die nachfolgend ausgeführt werden: Ansprache, Veranstaltungsort und -format sowie Teilnahmevoraussetzungen (Deutscher Verein, 2005; Redemeyer/Block, 2011): Erstens kann nicht davon ausgegangen werden, dass Eltern familienbildende Einrichtungen und deren Unterstützungsangebot kennen oder sich aktiv über Angebote informieren und sich selbstständig anmelden (Straßburger, 2009). Eine persönliche, aktive und wiederholte Ansprache durch Fachkräfte der sozialen Arbeit oder Multiplikatoren wie Ehrenamtliche ist daher essenziell. Vorteilhaft wirkt sich hier eine gute Vernetzung der relevanten Akteure im Sozialraum und der Kommune aus. Zweitens stellen Komm-Strukturen eine Hürde dar, wenn Eltern weite Wege in Kauf nehmen müssen, um an einem Angebot teilzunehmen, insbesondere bei fehlender Ortskenntnis und Vertrautheit mit öffentlichen Verkehrsmitteln. Und selbst wenn das Angebot an einem alltagsnahen Ort im Sozialraum stattfindet, können Berührungsängste Eltern abhalten. Deshalb sind Geh-Strukturen, ein flexibler Übergang von Geh- zu Komm-Strukturen oder eine Kombination aus beiden geboten. Drittens sind stark strukturierte Veranstaltungen mit einem festen Ablaufplan, Kurs- oder Vortragscharakter wenig lebensweltorientiert. Offene Formate wie Café-, Frühstücks- und Essensangebote bieten Möglichkeit zum ungezwungenen Austausch. Kinder sollten hierbei stets mitgedacht werden, z.B. in Form von Kinderbetreuung. Viertens sollten Teilnahmevoraussetzungen gering sein. Hierzu gehören unter anderem Kursgebühren, bezüglich derer verschiedene Strategien erfolgreich sein können, z.B. keine oder minimale finanzielle Beiträge, eine Rückerstattung von Beiträgen nach regelmäßiger Teilnahme am Kurs oder ein Beitrag durch mitgebrachtes Essen. Letzteres kann auch die Selbstwirksamkeit der Eltern stärken, indem sie das Angebot mitgestalten.

Neben der Struktur müssen die Inhalte der Angebote angepasst werden. Bisher beziehen sich diese am häufigsten auf die Förderung der Erziehungskompetenz; selten zielen sie vorwiegend auf Entlastung im Alltag oder vermitteln Zugang zu Ressourcen wie materielle Hilfen oder Netzwerke (Rupp et al., 2009, 91). Dies aber wäre für viele Familien bedarfsorientierter. Gut anknüpfen ließe sich hierbei am Interesse an Themen entlang der kindlichen Entwicklung. Hier kann auf bereits bestehende Konzepte zur Förderung der kindlichen Entwicklung zurückgegriffen werden, die sich bei Eltern mit Migrationshintergrund etabliert haben (beispielsweise HIPPY, Opstapje oder das muttersprachliche Elterntraining von Refugio München). Auch alltagsrelevante Informationen zu Kindergarten und Schule werden gern angenommen. Dem Wunsch nach Austausch mit anderen Familien kann mit offenen Formaten wie internationalen Caféangeboten oder Festen begegnet werden. Ein spezieller Bedarf von geflüchteten Familien kann zudem eine Auszeit von der Gemeinschaftsunterkunft sein oder eine gute Zeit mit der Familie zu verbringen. Angebote, in denen ein „gemeinsames Tun“

(wie Kochen, Essen, Spiel, kreative Angebote oder Ausflüge) im Vordergrund steht, können diesen erfüllen und gleichzeitig die Teilhabe am Sozialleben fördern (Correll et al., 2016, 63). Des Weiteren kann die Familienbildung an der großen Motivation, Deutsch zu lernen (Bendel, 2016, 338f.), ansetzen: Das bisher unzureichend gestillte Bedürfnis an Sprachkursen kann den (ersten) Zugang zu familienbildenden Einrichtungen eröffnen, wenn beispielsweise Kurse für Mütter mit Kinderbetreuung angeboten werden (z.B. Mama lernt Deutsch). Durch die gemeinsame Nutzung der öffentlichen Verkehrsmittel oder das Erkunden des Sozialraumes werden dabei gleichzeitig Alltagskompetenzen und die Selbstwirksamkeit gefördert.

Auch im Hinblick auf die Zugänge, Angebotsstrukturen und -inhalte gilt: So heterogen geflüchtete Familien sind, so heterogen sind auch ihre Bedarfe.

4 Diversitäts- und vorurteilsbewusste Zielgruppenorientierung als Gestaltungsprinzip der Familienbildung

Die skizzierten Barrieren – Sprache und Kommunikation, fluchtspezifische Stressoren, wenig Erfahrung mit sozialer Arbeit und geringes Vertrauen in diese, unterschiedliche Wertesysteme sowie unpassende Angebotskonzeption – finden sich auf beiden Seiten: bei den Familien und der Familienbildung. Sollen auch Familien mit Fluchtgeschichte von Angeboten der Familienbildung profitieren können, muss die Familienbildung den Barrieren angemessen begegnen. Während einige Fachkräfte, insbesondere in ländlichen Regionen, hiermit Neuland betreten, können andere auf langjährige Erfahrung in der Zusammenarbeit mit Migrantenfamilien sowie gelingende Ansätze zurückgreifen.

In jedem Fall bedarf es einer bewusst gestalteten interkulturellen Öffnung der Einrichtung (Schröer, 2007, 83). Diese umfasst die Überprüfung des Leitbilds sowie die Definition klarer Ziele und Zielgruppen, sowohl hinsichtlich der Einrichtung als Ganzes als auch der Angebote im Einzelnen: Welche Elterngruppen wollen wir erreichen? Mit welchem Ziel? Gerade Geflüchtete müssen als spezifische Zielgruppe definiert werden, weil sie sonst aufgrund der genannten Barrieren leicht durch das Raster fallen können. Das Herzstück der Öffnung ist die Stärkung der interkulturellen Kompetenz im Team. Wie beschrieben umfasst diese Wissen, Fertigkeiten und insbesondere eine Haltung der Offenheit und ein Bewusstsein für die eigene (Macht-)Position, für eigene Werte und Vorurteile. Zudem ist eine Vernetzung mit relevanten Akteuren im Sozialraum essenziell, die wiederum durch eine adäquate Öffentlichkeitsarbeit gestützt wird. Die aufgeführten Aspekte tragen dazu bei, dass Angebote passgenau und bedarfsgerecht entwickelt werden. Angesichts der großen Heterogenität auch innerhalb der Gruppe der Geflüchteten können vielfältige Formate und Settings bereitgestellt werden. Dies inkludiert auch die Nutzung dreier unterschiedlich integrativer Formen (Fischer, 2014, 253): Angebote speziell für Geflüchtete, Angebote mit explizit interkultureller Ausrichtung sowie (diversitätsbewusste) Regelangebote, in die Geflüchtete integriert werden.

Für solche Personal-, Organisations- und Qualitätsentwicklungsprozesse sind personelle, finanzielle und zeitliche Ressourcen, ein langer Atem, und auch Macht nötig. Sie sind daher nur schwierig „bottom-up" durchsetzbar; besonders erfolgreich sind sie, wenn sich die Leitungsebene ihrer annimmt (Bertelsmann Stiftung/BMI, 2005, 11; Spencer 2008, 125).

Prozesse der interkulturellen Öffnung mit einer klaren Zielgruppenorientierung können zu einer nachhaltigen Stärkung geflüchteter Familien führen. Sie bergen aber auch Fallstricke: Flüchtlingsfamilien bilden – genau wie andere Zielgruppen – keine real existierende Gruppe mit stabilen Strukturen und Interaktionen. Stattdessen handelt es sich um eine abstrakte Kategorie, die gesellschaftlich konstruiert ist. Solchen „Gruppen" werden kollektive Identitäten, spezifische Eigenschaften und Verhaltensweisen zugeschrieben, die auf ihrer ethnisch-kulturellen Herkunft, Sprache, Religion, Zuwanderungsgeschichte oder auch auf Äußerlichkeiten basieren (Lüken-Klaßen/Heckmann, 2010, 7). Werden diese Aspekte aber überbewertet, und Faktoren wie Bildungsgrad, Geschlecht und persönliche Interessen vernachlässigt, wird man ihrer Vielschichtigkeit nicht gerecht: Menschen werden vorschnell und generalisierend in „Schubladen" eingeordnet und – bewusst oder unbewusst – als „fremd" und „anders" stigmatisiert („Othering"). Ein zielgruppenspezifischer Ansatz mit dem Vorhaben, eine bestimmte Gruppe zu stärken und ihre Teilhabe zu fördern, kann daher paradoxerweise genau das Gegenteil bewirken und ihre Ausgrenzung verstetigen (Mecheril 2013, 17). Die Familienbildung sollte sich dieses Fallstrickes bewusst sein.

Zusammenfassend kann festgehalten werden: Familienbildung soll Erziehungskompetenzen von Eltern fördern und das familiale Zusammenleben unterstützen. Sie hat den Auftrag, sich an alle Familien zu richten, die verschiedenen Bedürfnisse anzusprechen und unterschiedliche Lebenslagen zu berücksichtigen. Es ist daher ihre Aufgabe, Angebote derart zu gestalten, dass auch Familien mit Fluchtgeschichte von diesen profitieren können. Hierfür müssen Einrichtungen ein spezielles Augenmerk auf deren Lebenswelt, Interessen und Bedürfnisse richten und dabei potenzielle fluchtspezifische Barrieren berücksichtigen. Zugleich sind ein Bewusstsein für Vielschichtigkeit und Vielfalt innerhalb der Gruppe geflüchteter Familien vonnöten. Familienbildung muss also zugleich zielgruppenorientiert, interkulturell sensibel und diversitätsbewusst arbeiten, ohne dabei in die kulturalisierende „Vorurteilskiste" abzurutschen. Denn geflüchtete Eltern sind in erster Linie: Eltern. Geflüchtete Kinder sind in erster Linie: Kinder. Und Familienbildung mit geflüchteten Familien ist nichts anderes als: Familienbildung.

Literatur

Abdallah-Steinkopff, Barbara/Akhtar, Farida (2015): Kultursensible Elternberatung bei Flüchtlingsfamilien. In: Honal, Werner H./Graf, Doris/Knoll, Franz (Hrsg.): Handbuch der Schulberatung, 100. Ausgabe. München: OLZOG, S. 1–18.

Auernheimer, Georg (2013): Interkulturelle Kommunikation, mehrdimensional betrachtet, mit Konsequenzen für das Verständnis von interkultureller Kompetenz. In: Auernheimer, Georg (Hrsg.): Interkulturelle Kompetenz und pädagogische Professionalität. Wiesbaden: VS Verlag für Sozialwissenschaften, S. 35–65.

BAMF [Bundesamt für Migration und Flüchtlinge] (2017): Schlüsselzahlen Asyl 2016. Nürnberg: BAMF.

Baobaid, Mohammed/Ashbourne, Lynda M. (2016): Enhancing Culturally Integrative Family Safety Response in Muslim Communities. London: Routledge.

Beigang, Steffen/Fetz, Karolina/Kalkum, Dorina/Magdalena Otto (2017): Diskriminierungserfahrungen in Deutschland. Ergebnisse einer Repräsentativ- und einer Betroffenenbefragung. Hrsg. v. Antidiskriminierungsstelle des Bundes. Baden-Baden: Nomos.

Bendel, Petra (2016): Fazit und Forschungsausblicke. In: Bendel, Petra (Hrsg.): Was Flüchtlinge brauchen – ein Win-Win-Projekt. Ergebnisse aus einer Befragung in Erlangen. Erlangen: FAU University Press, S. 329–341.

Bertelsmann Stiftung/BMI [Bundesministerium des Inneren] (2005): Erfolgreiche Integration ist kein Zufall. Strategien kommunaler Integrationspolitik. Gütersloh: Verlag Bertelsmann Stiftung.

Bird, Kate/Hübner, Wolfgang (2010): Familien in benachteiligten und von Armut bedrohten oder betroffenen Lebenslagen als Adressaten von Elternbildung und Elternarbeit. Schriftenreihe Theorie und Praxis. Expertise im Auftrag des AWO Bundesverbandes e.V. Berlin: AWO Bundesverband e.V.

BMI [Bundesministerium des Inneren] (2017): Bericht zur Polizeilichen Kriminalstatistik 2016. Berlin: BMI.

Brücker, Herbert/Rother, Nina/Schupp, Jürgen (Hrsg.) (2016): IAB-BAMF-SOEP-Befragung von Geflüchteten: Überblick und erste Ergebnisse. IAB-Forschungsbericht Nr. 14, Nürnberg: IAB.

Correll, Lena/Kassner, Karsten/Lepperhoff, Julia (2016): Integration von geflüchteten Familien. Handlungsleitfaden für Elternbegleiterinnen und Elternbegleiter. Berlin: Kompetenzteam „Frühe Bildung in der Familie“ an der Evangelischen Hochschule Berlin.

Destatis [Statistisches Bundesamt] (2016): 2015: Höchststände bei Zuwanderung und Wanderungsüberschuss in Deutschland. Pressemitteilung Nr. 246 vom 14.07.2016. Wiesbaden: Destatis.

Deutscher Bundestag (2016): Leistungen und andere Aufgaben der Kinder- und Jugendhilfe. Zum Anspruch ausländischer Kinder nach inner-, über- und zwischenstaatlichem Recht. WD 9 – 3000 – 012/16. Berlin: Deutscher Bundestag.

Deutscher Verein für öffentliche und private Fürsorge e.V. (2005): Niedrigschwelliger Zugang zu familienunterstützenden Angeboten in Kommunen – Handlungsempfehlungen. Berlin: Deutscher Verein.

Deutscher Verein für öffentliche und private Fürsorge e.V. (2010): Empfehlungen des Deutschen Vereins zur erfolgreichen Integration von Menschen mit Migrationshintergrund durch die Kinder- und Jugendhilfe. Berlin: Deutscher Verein.

Esping-Anderson, Gøsta (1990): The Three Political Economies of the Welfare State. In: International Journal of Sociology, 20 (3), S. 92–123.

Esser, Hartmut (2006): Migration, Sprache und Integration. (AKI-Forschungsbilanz 4). Berlin: Wissenschaftszentrum Berlin für Sozialforschung gGmbH, FSP Zivilgesellschaft, Konflikte und Demokratie, Arbeitsstelle Interkulturelle Konflikte und gesellschaftliche Integration –AKI-, URN: http://nbn-resolving.de/urn:nbn:de:0168-ssoar-113493 [08.02.2018].

Fischer, Veronika (2014): Interkulturelle Öffnung in der Familienbildung. In: Vanderheiden, Elisabeth/Mayer, Claude-Hélène (Hrsg.): Handbuch Interkulturelle Öffnung. Grundlagen, Best Practice, Tools. Göttingen: Vandenhoeck & Ruprecht, S. 246–254.

Gaitanides, Stefan (2004): „Interkulturelle Öffnung der sozialen Dienste" – Visionen und Stolpersteine. In: Rommelspacher, Birgit (Hrsg.): Die offene Stadt. Interkulturalität und Pluralität in Verwaltungen und sozialen Diensten. Dokumentation der Fachtagung vom 23.09.2003, Alice-Salomon-Fachhochschule Berlin, S. 4–18.

Gebel, Micheal/Heyne, Stefanie (2017): Familienverständnis in Nordafrika und dem Nahen Osten. Analysen zu familiären Rollen und zur Abgrenzung vom Staat. Bamberg: University of Bamberg Press.

Hippel, Aiga von/Tippelt, Rudolf (2011): Adressaten-, Teilnehmer- und Zielgruppenforschung. In: Tippelt, Rudolf (Hrsg.): Handbuch Erwachsenenbildung/Weiterbildung. Wiesbaden: VS Verlag für Sozialwissenschaften, S. 801–812.

Hofstede, Geert/Hofstede, Gert Jan (2011): Lokales Denken, globales Handeln. Interkulturelle Zusammenarbeit und globales Management. 5. Auflage. Beck-Wirtschaftsberater im dtv. München: dtv.

Kaplan, Ida (2009): Effects of trauma and the refugee experience on psychological assessment processes and interpretation. In: Australian Psychologist, 44 (1), S. 6–15.

Lösel, Friedrich (2006): Bestandsaufnahme und Evaluation von Angeboten im Elternbildungsbereich. Abschlussbericht. Erlangen: Friedrich-Alexander-Universität Erlangen-Nürnberg.

Lüken-Klaßen, Doris/Heckmann, Friedrich (2010): Intercultural policies in European cities. Dublin: European Foundation for the Improvement of Living and Working Conditions.

Mecheril, Paul (2013): „Kompetenzlosigkeitskompetenz". Pädagogisches Handeln unter Einwanderungsbedingungen. In: Auernheimer, Georg (Hrsg.): Interkulturelle Kompetenz und pädagogische Professionalität. Wiesbaden: VS Verlag für Sozialwissenschaften, S. 15–35.

Mengel, Melanie (2007): Familienbildung mit benachteiligten Adressaten. Eine Betrachtung aus andragogischer Perspektive. Wiesbaden: VS Verlag.

Neumann, Regina/Smolka, Adelheid (2016): Eltern- und Familienbildung aus Sicht bayerischer Mütter und Väter. Ergebnisse der dritten ifb-Elternbefragung zur Familienbildung. ifb-Materialien 3–2016. Bamberg: Staatsinstitut für Familienforschung an der Universität Bamberg.

Redemeyer, Angela/Block, Barbara (2011): Niedrigschwelligkeit – Was bedeutet das wirklich? Eine begriffliche Auseinandersetzung für die Soziale Arbeit. In: Sozialmagazin, 36 (5), S. 22–30.

Refugio München (o. J.): Wegweiser für Ehrenamtliche in der Flüchtlingshilfe. Ein Ratgeber und Leitfaden für Ehrenamtliche. München: Refugio München, URL: http://www.refugio-muenchen.de/wp/wp-content/uploads/2016/11/Wegweiser-f%C3%BCr-Ehrenamtliche-in-der-Fl%C3%BCchtlingshilfe.pdf [19.01.2018].

Rich, Anna-Katharina (2016): Asylantragsteller in Deutschland im Jahr 2015. Sozialstruktur, Qualifikationsniveau und Berufstätigkeit, Ausgabe 3 der Kurzanalysen des Forschungszentrums Migration, Integration und Asyl des Bundesamtes für Migration und Flüchtlinge (BAMF). Nürnberg: BAMF.

Rupp, Marina/Mengel, Melanie/Smolka, Adelheid (2009): Leitfaden zur Familienbildung im Rahmen der Kinder- und Jugendhilfe. ifb-Materialien 9–2009. Bamberg: Staatsinstitut für Familienforschung an der Universität Bamberg.

Rupp, Marina/Mengel, Melanie/Smolka, Adelheid (2010): Handbuch zur Familienbildung im Rahmen der Kinder- und Jugendhilfe in Bayern. ifb-Materialien 7–2010. Bamberg: Staatsinstitut für Familienforschung an der Universität Bamberg.

Schröer, Hubertus (2007): Interkulturelle Orientierung und Öffnung: ein neues Paradigma für die soziale Arbeit. In: Archiv für Wissenschaft und Praxis der sozialen Arbeit, 3. S. 80–91.

Spencer, Sarah (2008): Equality and diversity in jobs and services: City policies for migrants in Europe. Dublin: European Foundation for the Improvement of Living and Working Conditions.

Straßburger, Gaby (2009): Sozialraumorientierte interkulturelle Arbeit. In: sozialraum.de 1. URL: http://www.sozialraum.de/sozialraumorientierte-interkulturelle-arbeit.php [19.01.2018].

Thiessen, Barbara (2009): Wie erreicht Familienbildung und -beratung muslimische Familien? Eine Handreichung. Berlin: Bundesministerium für Familie, Senioren, Frauen und Jugend.

Treibel, Annette (2011): Migration in modernen Gesellschaften. Soziale Folgen von Einwanderung, Gastarbeit und Flucht. 5. Auflage. Weinheim und München: Beltz Juventa.

Uslucan, Haci-Halil (2014): Ethische Erziehung in muslimischen Familien. In Marschke, Britta/Brinkmann, Heinz Ulrich (Hrsg.): Handbuch Migrationsarbeit. Wiesbaden: Springer Fachmedien, S. 259–269.

Wittke, Verena (2012): Familien in benachteiligten Lebenslagen als Adressaten der Familienbildung. In: Lutz, Ronald (Hrsg.): Erschöpfte Familien. Wiesbaden: VS Verlag, S. 191–207.

Worbs, Susanne/Baraulina, Tatjana (2017): Geflüchtete Frauen in Deutschland: Sprache, Bildung und Arbeitsmarkt. Ausgabe 1 der Kurzanalysen des Forschungszentrums Migration, Integration und Asyl des Bundesamtes für Migration und Flüchtlinge (BAMF). Nürnberg: BAMF.

Worbs, Susanne/Bund, Eva/Böhm, Axel (2016): Asyl – und dann? Die Lebenssituation von Asylberechtigten und anerkannten Flüchtlingen in Deutschland. BAMF-Flüchtlingsstudie 2014. Forschungsbericht 28. Nürnberg: BAMF.

Zick, Andreas/Krause, Daniel/Berghan, Wilhelm/Küpper, Beate (2016): Gruppenbezogene Menschenfeindlichkeit in Deutschland 2002–2016. In: Melzer, Ralf für die Friedrich-Ebert-Stiftung (Hrsg.): Gespaltene Mitte. Feindselige Zustände. Rechtsextreme Einstellungen in Deutschland 2016. Bonn: Dietz, S. 33–82.

Tabea Schlimbach

Berufswege verhandeln

Übergangsbezogene Austauschprozesse zwischen migrantischen Jugendlichen und ihren Eltern

Abstract

Übergänge von der Schule in Ausbildung und Arbeit sind biografische Schlüsselpassagen, die in ihrer integrierenden und statusdefinierenden Funktion für weitere Lebenswege richtungsweisend sind. Jugendliche aus Zuwandererfamilien haben dabei vergleichsweise schlechte Startchancen, auch in der zweiten und dritten Zuwanderergeneration. Vor diesem Hintergrund steht die Rolle der Eltern im Forschungsfokus. Allerdings gibt es bisher wenig Einblick in den konkreten Charakter von übergangsbezogenen Austauschprozessen, die zwischen den Jugendlichen und ihren Eltern stattfinden.

Die vorliegende Arbeit beschäftigt sich mit den unmittelbaren Praxen der Auseinandersetzung mit beruflichen Fragen und mit den Verschränkungen familialer Ressourcen mit jugendlicher Agency. Die empirische Datenbasis bildet eine qualitative Panelstudie mit migrantischen und nicht migrantischen Jugendlichen.

Ergebnisse verweisen darauf, dass übergangsbezogene Austauschprozesse in Migrantenfamilien Verhandlungscharakter haben und Jugendlichen die Verarbeitung und Harmonisierung ambivalenter und mehrdimensionaler Vorstellungen von Familie und Arbeit abverlangen.

Problemaufriss

Übergänge von der Schule in die berufliche Ausbildung und in Arbeit werden als biografische Schlüsselpassagen verstanden, die in ihrer integrierenden und statusdefinierenden Funktion für weitere Lebenswege richtungsweisend sind (Kutscha, 1991, S. 113). Angesichts dramatischer sozioökonomischer Wandlungsprozesse sehen sich junge Menschen beim Einstieg in das Berufsleben großen Herausforderungen gegenüber (Furlong & Cartmel, 1997). Heutige Übergänge stellen sich ihnen als individualisierte biografische Arrangements ohne ein klares Orientierungssystem dar (Walther & Stauber, 2013), sind zunehmend durch Umwege, Verzögerungen und Brüche gekennzeichnet und bergen Exklusionsrisiken (Heinz, 1991; Lex & Zimmermann, 2011; Stauber, 2010). Gleichzeitig bleiben „alte" Ungleichheitsfaktoren wie Klasse, Geschlecht und Ethnizität aktiv (Furlong & Cartmel, 1997). Statistiken zeigen seit Jahren, dass Jugendliche mit Migrationshintergrund größere Schwierigkeiten beim Übergang von der Schule in Ausbildung haben als ihre autochthonen Peers (Beicht et al., 2014; BMBF, 2017; Reißig et al., 2008).

Es werden verschiedene Erklärungsansätze für die schlechteren Startchancen von Jugendlichen aus Zuwandererfamilien diskutiert (einen Überblick liefert u.a. Skrobanek, 2015) und angesichts der Unzulänglichkeit ihrer isolierten Erklärungskraft zunehmend in ihrem Zusammenspiel betrachtet. Insbesondere im Zusammenhang mit kapital- und entscheidungstheoretischen Ansätzen, die auf herkunftsbedingte Unterschiede abzielen, gerät die migrantische Familie in den Fokus der Übergangsforschung. Einem institutionell defizitorientierten Blick steht zunehmend eine ressourcenorientierte Perspektive gegenüber, die unter anderem durch die wertschätzende Bewertung von Familie durch die Jugendlichen selbst gestärkt wird (Hamburger & Hummrich, 2007). Außerdem setzt sich die Erkenntnis durch, dass der Berufseinstieg kein isolierter Prozess für Jugendliche, sondern ein familiales Intergenerationenthema ist, zum einen über die ökonomischen Verflechtungen aus familialen Ressourcen und Übergangskosten, zum anderen als gemeinsame Gestaltungs- und Bewältigungsaufgabe (Stauber & Du Bois-Reymond, 2006, S. 217). Erkenntnisse zum Zusammenspiel von Familie, Migration und Übergängen geben bisher allerdings wenig Einblick in den konkreten Charakter von Austauschprozessen, die zwischen Jugendlichen im Übergang zu Ausbildung und Arbeit und ihren Eltern stattfinden. Will man die spezifische Situation migrantischer Jugendlicher beim Berufseinstieg verstehen, ist neben der Betrachtung der familialen Ressourcenausstattung zunächst ein tieferes Wissen über die gemeinsame Verarbeitung von Übergangsfragen mit Eltern nötig.

Mit dem vorliegenden Beitrag soll dieses ‚Innenleben' übergangsbezogener Kommunikation beleuchtet werden. In vergleichender Perspektive wird untersucht, inwiefern der Faktor Migration über innerfamiliale Austauschprozesse in jugendlichen Bildungs- und Berufsübergängen zum Tragen kommt. Dabei soll es nicht darum gehen, einen weiteren Erklärungsversuch für ungleiche Startchancen zu liefern oder normative Bewertungen des Elterneinflusses vorzunehmen, sondern einen vertieften Einblick in unmittelbare Praxen der Auseinandersetzung mit beruflichen Fragen zu erhalten und darüber mehr über die Verschränkungen familialer Ressourcen mit individuellen Orientierungen und Strategien zu erfahren.

Theoretische Rahmung und Fragestellung

Will man untersuchen, wie Übergangsaufgaben von Jugendlichen gemeinsam mit Eltern bearbeitet werden, bieten sich handlungstheoretische Ansätze an, die in der jüngeren, subjektorientierten Übergangsforschung zunehmend Aufmerksamkeit finden (Pohl et al., 2011; Schröer et al., 2013). Dabei wird häufig auf das Konzept der Agency verwiesen, das allerdings sowohl in seiner theoretischen Rahmung als auch in seiner forschungspraktischen Anwendung viele Unschärfen aufweist und unterschiedliche Handlungsdimensionen umfasst (Bethmann et al., 2012; Raithelhuber, 2008; Spencer & Doull, 2015). Im wissenschaftlichen Disput ist unter anderem seine Lokalisierung (als stabile individuelle Eigenschaft oder als interaktiv konstruiert und situativ) sowie die Beziehung zwischen Agency und Struktur strittig. Für den vorliegenden Artikel erscheinen Ansätze anschlussfähig, die Agency als aktive, zeitlich, situativ und sozial beeinflusste Auseinandersetzung mit rahmenden Strukturen definieren (Biesta & Tedder, 2006; Coffey & Farrugia, 2013, S. 472; Emirbayer & Mische, 1998) und die individuelles Handeln und Strukturen als sich gegenseitig konstituierende Elemente verstehen (Emirbayer & Mische, 1998, S. 1003). Diesem Akteursverständnis folgend sind Eltern – wie andere soziale Akteure auch – darauf angewiesen, dass Jugendliche „... sie als Koproduzentinnen und -produzenten für ihre subjektive Lebensbewältigung und Identitätsarbeit nutzen" (Walther, 2013, S. 21).

Einen weiteren theoretischen Bezugsrahmen bildet das Gatekeeper-Konzept. Verschiedene Arbeiten haben Türöffner- bzw. Türschließerfunktionen von familialen Akteuren beim Zugang zu Bildungs- und Berufswelten thematisiert (Barthelmes & Sander, 1997; Behrens & Rabe-Kleberg, 2000; Betz, 2006; Gaupp, 2013; Grunert, 2005). Bei der Betrachtung übergangsbezogener Austauschprozesse zwischen Eltern und Jugendlichen und entsprechender Wirkungsgeflechte muss dieser Aspekt Berücksichtigung finden.

Ausgehend von einem handlungstheoretischen Verständnis wird eine Binnenperspektive auf innerfamiliale Austauschprozesse zu Übergangsfragen eingenommen. Daraus resultieren zunächst folgende konkrete Fragestellungen:

- Was charakterisiert Austauschprozesse zwischen jungen Menschen im Übergang in das Erwerbsleben und ihren Eltern?
- Welche Themen werden in übergangsbezogenen Gesprächen bearbeitet?
- Welche Strategien wenden Jugendliche in der Verhandlung zu Berufswegen mit ihren Eltern an?

Über diese Fragen erfolgt eine Annäherung daran, wie elterliche Einflussnahme auf Übergangsprozesse durch jugendliches Handeln generiert und transformiert wird, wie beispielsweise das Unterstützungspotenzial familialer Akteure von Jugendlichen rezipiert und entsprechend in Übergangsprozesse eingebunden wird, oder in welcher Weise Jugendliche elterlichen Orientierungen und Grenzsetzungen folgen und ihnen darüber eine Gatekeeperfunktion einräumen. Dabei wird jeweils geprüft, inwiefern migrationsbedingte Aspekte zum Tragen kommen.

Forschungskontext und methodisches Vorgehen

Die Analyse findet auf der Datenbasis einer qualitativen Panelstudie mit Sekundarschulabsolventinnen und -absolventen mit und ohne Migrationshintergrund statt, die zwischen 2012–2014 in drei jährlichen Wellen mittels problemzentrierter Interviews (Witzel & Reiter, 2012) befragt wurden[1] (n1=92, n2=55, n3=33 mit ausgewogenem Geschlechterverhältnis). Gegenstand der Studie sind jugendliche Bewältigungsprozesse im Übergangskontext. Die vorliegenden Ergebnisse basieren hauptsächlich auf

---

1 Die Daten wurden im Rahmen des Forschungsprojekts „Die Bewältigung des Übergangs Schule-Berufsausbildung bei Migrantinnen und Migranten im Vergleich zu autochthonen Jugendlichen" erhoben, das vom Bundesministerium für Bildung und Forschung im Rahmen der Richtlinie „Chancengerechtigkeit und Teilnahme" vom 01.11.2011 bis zum 28.02.2015 gefördert wurde.

Interviews mit dem migrantischen Subsample (ca. 75% der befragten Jugendlichen; für die dritte Welle waren dies beispielsweise 17 Jugendliche der zweiten und acht Jugendliche der ersten Zuwanderergeneration), die Gruppe der Autochthonen dient als Referenzrahmen. Der Längsschnittcharakter ermöglicht es, Dynamiken der familialen Auseinandersetzung im Verlauf des Übergangs zu erfassen.

Die Analyse umfasste thematisches Coding mit Maxqda, die quer- und längsschnittliche Identifizierung von „Themen" (Bernard et al., 2017) sowie längsschnittliches Fall-Profiling (Henderson et al., 2012).

Eltern und Jugendliche in Übergängen

Die Beziehung zu Eltern unterliegt biografischen Dynamiken. Dies gilt auch für das frühe Erwachsenenalter, in der die Ablösung vom Elternhaus und die Berufsfindung als zentrale Entwicklungsaufgaben parallel anstehen (Buhl et al., 2003; Hurrelmann & Quenzel, 2016; Stuhlmann, 2009). Wenn Jugendliche sich mit Fragen des Berufseinstiegs auseinandersetzen, gehören Eltern zu den wichtigsten Ansprechpartnern (Beinke, 2002; Institut für Demoskopie Allensbach, 2015) und nehmen zentrale Funktionen in beruflichen Orientierungs- und Entscheidungsprozessen Jugendlicher ein (Gaupp, 2013, 77ff.; Kracke & Noack, 2005).

Um diese Präferenz elterlicher Beratung zu verstehen, ist ein Blick auf die Auswahlkriterien für begleitende Akteure hilfreich (Schlimbach, 2015, 22f.): Jugendliche wenden sich zuerst an Personen, zu denen eine enge, positive Beziehung besteht und denen sie eine wohlwollende Unterstützung zutrauen (Vertrauen). Sie präferieren Personen, die niedrigschwellig erreichbar sind (Verfügbarkeit). Sie wählen Personen aus, die auf Erfahrungen, Kenntnisse und Netzwerke zurückgreifen können, welche für die Übergänge der Jugendlichen verwertbar sind (Kompetenz). Auf Eltern sind diese Attribute in höchstem Maß anwendbar, wie auch die Interviewanalysen bestätigen. Entsprechend werden Eltern intensiv in Übergangsprozesse eingebunden. Dies gilt für einheimische Jugendliche ebenso wie für solche aus Migrantenfamilien. Das Besondere ist bei Letzteren, dass die Ausgestaltung der Beziehung zwischen Eltern und ihren Kindern sowie ihre Werte- und Normvermittlung – auch in Bezug auf berufliche Fragen – durch Migrationserfahrungen geprägt sind (Hamburger & Hummrich, 2007). So wird beispielsweise das vergleichsweise hohe Aspirationsniveau migrantischer Eltern hervorgehoben und in seiner Relevanz für Übergänge diskutiert (Granato, 2014; King et al., 2011; Wippermann & Flaig, 2009). Auf der Seite der Jugendlichen wurde eine höhere Verbindlichkeit von und Orientierung an elterlichen Wünschen nachgewiesen (Mahl, 2013). In der Übergangsforschung wird die Herkunft aus einer Familie mit Wanderungsgeschichte häufig auf der Basis unidirektionaler Wirkungszuschreibungen als Risikofaktor behandelt. Diesem einseitigen Blick entgegenzuwirken, ist eine wichtige Funktion der Einbindung der „Erlebensperspektive" Migrantenjugendlicher, die sich „mit ihrer Herkunftsfamilie, der mit ihr verbundenen Migrationserfahrung, den Zuschreibungen an ihre Familie und den gesellschaftlichen Ansprüchen an Integration und eigenständige Gestaltung auseinandersetzen müssen" (Hamburger & Hummrich, 2007, S. 114).

Diese Perspektive soll bei der Untersuchung von konkreten Austauschprozessen zwischen Jugendlichen und ihren Eltern Anwendung finden. Dem Thema nähert sich die vorliegende Arbeit über vier Schritte: Zunächst wird das Verhandeln als Kernelement der übergangsbezogenen Kommunikation herausgearbeitet. Anschließend wird untersucht, welche Inhalte konkret Gegenstand dieser Verhandlungen sind. In einem dritten Schritt werden Handlungsstrategien Jugendlicher in der übergangsbezogenen Interaktion mit ihren Eltern betrachtet. Entlang einer Fallstudie werden in einem vierten Schritt diese Erkenntnisse illustriert und gleichzeitig in ihrer individualbiografischen Verarbeitung gespiegelt.

Übergänge als Verhandlungsgegenstand

Um die Charakteristika übergangsbezogener Kommunikation zwischen Jugendlichen und ihren Eltern zu erfassen, wurden zunächst auf metaanalytischer Ebene entsprechende Narrationen darauf geprüft, was diesen Austausch charakterisiert.

Jugendliche haben, wenn sie mit beruflichen Fragen an Eltern herantreten, mehr oder weniger konkrete Ideen zu den eigenen beruflichen Wegen. Auch Eltern gehen mit bestimmten Erwartungen an die Werdegänge ihrer Kinder in das Gespräch. Wie sich diese Vorstellungen zueinander verhalten, bestimmt den Charakter der Gespräche entscheidend mit. Im eher seltenen Idealfall werden Vorstellungen als kongruent erlebt. Der überwiegende Teil der Gesprächspartner berichtet von aspirationsbezogenen Unterschieden, die einen Abgleich nötig machen.

Es existieren zahlreiche theoretische Konzepte zum Verständnis für die Verarbeitung gegensätzlicher Impulse in Eltern-Kind-Beziehungen in verschiedenen Lebensaltern, u.a. das der intergenerationellen Ambivalenz (Lüscher & Pillemer, 1996), das der Individuation (Buhl et al., 2003; Youniss & Smollar, 1987) oder das für den Übergangskontext von Stauber und DuBois-Reymond entwickelte Konfliktkonzept, das die Verhandlung schwieriger Themen im Spannungsfeld von Konflikt, Unterstützung und gemeinsamer Bewältigung beschreibt (Stauber & DuBois-Reymond, 2006). Die analytische Annäherung an übergangsbezogene Austauschprozesse bestätigt den Abgleich und die Verarbeitung verschiedener Positionen als zentrale Elemente und legt damit den Bezug auf das im Vergleich zum Konfliktkonzept normativ neutralere Konzept der „negotiation", der Verhandlung, nahe. Leon Kuczynski, der dieses Konzept vor allem im frühkindlichen Kontext diskutiert, berücksichtigt das Autonomiestreben und die Agency des Kindes, die Dynamiken und Ungleichheiten von Machtverhältnissen und nicht zuletzt die Beziehung als Kontext für Interaktionen (Kuczynski, 2003). Das Verhandeln konnte als Kerninstrument übergangsbezogener Kommunikation des migrantischen Subsamples herausgearbeitet werden. Angesichts der oben und im Folgenden skizzierten Besonderheiten migrantischer Familien erscheint dieser Abgleich als zentrale Bewältigungsaufgabe im Übergangskontext, die sich deutschstämmigen Jugendlichen in deutlich abgeschwächtem Maße stellt.

Was wird verhandelt?

Nimmt man die Verhandlungsprozesse zwischen Jugendlichen und Eltern als ‚analytische Brille', ist zunächst interessant, welche Themen Gegenstand dieser Verhandlungen sind. Anhand einer synoptischen Clusterung konnten drei inhaltliche Dimensionen identifiziert werden: *Berufswege*, *Geld* und *Lebenskonzepte*.

Berufswege: Überlegungen Jugendlicher zur weiterführenden Schule, zur Ausbildung und zu Berufsoptionen sowie darauf bezogenes elterliches Feedback sind zentraler Gegenstand der analysierten Übergangsgespräche. Eltern referieren dabei zunächst stark auf die eigene Erwerbsbiografie. Migrantische Jugendliche bringen den Werdegängen der Eltern, ähnlich wie ihre autochthonen Peers, viel Beachtung entgegen und nutzen sie als – positive oder negative – berufliche Referenzfiguren. Allerdings erleben sie sie angesichts der zuwanderungsbedingt ungünstigeren beruflichen Positionierungen als weniger anschlussfähig. Die Wahrnehmung elterlicher Aspirationen und Orientierungshilfen ist häufiger mit der Beobachtung von Wissensdefiziten bezüglich des deutschen (Aus-)bildungssystems verbunden. Analog dazu bleiben elterliche Vorstellungen oft abstrakt und referieren vorrangig auf statusbezogene berufliche Fernziele (gute Bezahlung, Bürojob). Dennoch werden ehrgeizige Vorstellungen der Eltern überwiegend positiv rezipiert, als Motivation für berufliches Vorankommen genutzt und in übergangsförderndes Handeln transformiert. Damit spiegeln die Ergebnisse beide Facetten der wissenschaftlichen Kontroverse um die Rolle hoher Bildungsaspirationen migrantischer Eltern wider: die mangelnde Anschlussfähigkeit an die Chancenrealität Jugendlicher (u.a. Relikowski, Yilmaz & Blossfeld, 2012) einerseits und die Ressourcen hoher elterlicher Aspirationen für Bildungserfolg andererseits (Tepecik, 2013).

Bei der Verhandlung um Berufswege findet gleichzeitig eine intergenerationelle Bearbeitung beruflicher Migrationseffekte statt. So delegieren Eltern eigene gescheiterte Berufsziele an die nächste Generation. Auch die Pläne Jugendlicher sind oft von dem Bestreben geprägt, familiale Wanderungsnachteile über die eigene Biografie auszugleichen. Die Paneldaten zeigen darüber hinaus, dass Berufsvorstellungen auf beiden Seiten nicht statisch sind. Im fortschreitenden Übergangsprozess ist häufig eine dynamische Entfernung und (Wieder-)Annäherung der jugendlichen und elterlichen Aspirationen zu beobachten.

Geld – ob in Form der aktuellen finanziellen Absicherung oder des prospektiven Einkommens – ist für die interviewten Jugendlichen und ihre Eltern ein zentrales Verhandlungsthema, zumal jugendliche Übergangsentscheidungen nicht nur über die eigene finanzielle Lage entscheiden, sondern meist unmittelbare ökonomische Relevanz für Eltern haben. Die empirischen Daten bestätigen, „dass das kaum kalkulierbare Arbeits- und Übergangsrisiko immer häufiger und umfassender den Familien der Betroffenen zugemutet wird" (Menz, 2009, S. 232). Eltern signalisieren eine hohe Investitionsbereitschaft, wenn es um die finanzielle Absicherung der oft einkommensarmen Übergangsphase geht. In migrantischen Familien hat das Thema vergleichsweise mehr Gewicht und wird facettenreicher diskutiert. Elterliche Unterstützung wird von migrantischen Jugendlichen einerseits ähnlich wie von einheimischen als selbstverständlicher Teil des natürlichen intergenerationellen Bündnisses verstanden. Gleichzeitig dokumentiert sich in ihren Interviews ein hohes Maß an Dankbarkeit und Wertschätzung für finanzielle Unterstützung und damit verbundene ausgeprägte Verpflichtungsgefühle. Darüber hinaus werden die Jugendlichen auf der Basis eines stärker reziproken Unterstützungsverständnisses im Familienhaushalt auch als Einkommensquelle eingeplant. Einige Jugendliche konstatieren, dass Eltern Unterstützungsleistungen an Bedingungen knüpfen und darüber Einfluss auf Übergangsentscheidungen nehmen. Im Hinblick auf eigene Autonomiebestrebungen werden finanzielle Abhängigkeiten von den Eltern teilweise kritisch beurteilt.

Die Jugendlichen teilen mit den Eltern die prioritäre Beachtung eines prospektiv hohen Einkommens und sprechen oft davon, die Eltern im Sinne einer späten Wiedergutmachung migrationsbedingter beruflicher Brüche und einer Investitionsentschädigung an ihrem späteren Wohlstand teilhaben zu lassen.

Lebenskonzepte: Bei der Verhandlung um die berufliche Zukunft der Jugendlichen schwingen immer auch Vorstellungen dazu mit, welche Lebensstile, Familienbilder und Geschlechterrollen gelebt werden sollen. Für migrantische Familien ist dies vor dem Hintergrund alter und neuer Kulturzugehörigkeiten eine doppelte Herausforderung. Während die genannten Aspekte in autochthonen Familien eher peripher diskutiert werden, sind sie für Jugendliche mit ausländischen Wurzeln und deren Eltern – je nach Herkunftsland – Schlüsselthemen. Die oft kontroversen Auseinandersetzungen umfassen auch Fragen der Partnerwahl, Religion und den Zeitpunkt der Selbständigkeit. Eltern rezipieren einerseits stark auf die in ihrer alten Heimat gelebten Traditionen. Gleichzeitig zeigen sie eine hohe Sensibilität und Adaptivitätsbereitschaft bezüglich in Deutschland vorherrschender Lebensweisen, wenn sie sie als vorteilhaft für die beruflichen Wege ihrer Kinder interpretieren. Auch die Vorstellungen der Jugendlichen bewegen sich häufig im Spannungsfeld zweier Kulturkreise, meist zeigt sich – insbesondere bei den jungen Frauen – eine Präferenz der mehr Freiheiten und berufliche Chancen bietenden Gegenwartskultur bei gleichzeitigem Bemühen, diese unter Berücksichtigung der Elternperspektive mit den tradierten Lebenskonzepten zu vereinbaren.

Herkunftsdifferenzierte Analysen identifizieren innerfamiliale Auseinandersetzungen um Lebenskonzepte vor allem als weibliches und muslimisches Thema. Junge muslimische Frauen des Samples begegnen deutlich stärker elterlichen Normsetzungen und Restriktionen. Sie zeigen unterschiedlich starke Emanzipationsbemühungen in Bezug auf weibliche Rollenzuschreibungen, die berufliche Integration erschweren oder verhindern, und werden dabei teilweise von den Eltern unterstützt.

Die drei skizzierten Dimensionen sind individualbiografisch eng verschränkt und von Jugendlichen und ihren Eltern nicht separat verhandelbar. Darüber hinaus sind die jeweiligen Haltungen beider Parteien nicht zwangsläufig konsistent, wenn zum Beispiel Eltern einen Hochschulabschluss im Sinne besserer Zukunftschancen prinzipiell befürworten, aber gleichzeitig auf schnelle finanzielle Unabhängigkeit abzielen.

(Ver-)Handlungsstrategien – Aspekte jugendlicher Agency

Ging es bisher darum, die Natur und den Gegenstand von Übergangsgesprächen zwischen Jugendlichen und Eltern zu umreißen, liegt an dieser Stelle der Fokus darauf, wie eigene und elterliche Vorstellungen von den Jugendlichen in übergangsbezogene Entscheidungen und Handlungen transformiert werden. Von besonderem Interesse ist dabei, wie erlebte Abweichungen und Inkongruenzen individuell rezipiert und verarbeitet werden.

Diesbezügliche Analysen zeigen, dass sich jugendliche Agency in Bezug auf den Elterneinfluss schwer auf statische Typologien reduzieren lässt. Vielmehr konnten drei Handlungsdimensionen identifiziert werden, zwischen deren Polen sich Jugendliche in Abhängigkeit von eigenen Präferenzen, der konkreten Situation, der Beziehungsdynamik und vom jeweiligen Zeitpunkt im Übergangsprozess in unterschiedlicher Weise bewegen.

Adaptivität vs. Abgrenzung

Die erste Dimension ist primär inhaltlicher Natur und betrifft die (Haltung zu) elterlichen Aspirationen. In Abhängigkeit zu eigenen Berufszielen sind jugendliche Strategien zwischen *Adaptivität vs. Abgrenzung* zu verorten. Schwache Eigenaspirationen und übereinstimmende Vorstellungen (die teilweise auch über retrospektive Umdeutungen abweichender Aspirationen hergestellt werden) gehen oft mit einer Übernahme elterlicher Vorstellungen einher. Die vergleichende Analyse bestätigt bestehende Befunde, dass migrantische Jugendliche stärker als ihre autochthonen Peers elterlichen Wünschen folgen. Die Orientierung an den Eltern kommt gleichzeitig dem jugendlichen Streben nach der Reduktion von Aufwand und Unsicherheit im Übergang entgegen (Reiter & Schlimbach, 2015). Dahingegen sind konträre Vorstellungen, wahrgenommene Inkonsistenzen und Kompetenzdefizite bei den Eltern sowie eigene Scheiternserfahrungen Faktoren, die dazu beitragen, dass Jugendliche sich abgrenzen und eigene Vorstellungen durchsetzen. Bei diffusen elterlichen Vorstellungen gibt es zwei Tendenzen bei Jugendlichen: Während einige die dadurch wahrgenommenen Freiräume wertschätzen, wird bei anderen der Wunsch nach einer stärkeren Lenkung laut.

Insgesamt lässt sich ein hohes Konsensstreben beobachten. Migrantische Jugendliche sind stark um die Harmonisierung von Aspirationen bemüht und beispielsweise bereit, eigene Pläne zunächst zurückzustellen oder nach einer für die Eltern akzeptablen Ausweichoption zu suchen.

Gegenwarts- vs. Zukunftsorientierung

Die zweite Dimension hat einen zeitlichen Bezug und lässt sich zwischen den Polen *Gegenwarts- vs. Zukunftsorientierung* verorten. Dabei werden die verschiedenen beruflichen Optionen einer Kosten-Nutzen-Rechnung unterzogen, wobei aktuelle zeitliche und monetäre Investitionen zu möglichen Erträgen in näherer und fernerer Zukunft in Beziehung gesetzt werden. Eine Gegenwartsorientierung ist gekennzeichnet durch das Streben nach schnellem, investitionsarmem Milieuaufstieg sowie nach raschem Wohlstand. Damit verbunden ist einerseits oft der Wunsch, vom Elternhaus unabhängig zu werden und das Familienbudget zu entlasten. Darüber hinaus zeigen die Erzählungen der Jugendlichen, dass diese Ziele oft eine Kompensation von Mangel- und Verzichtserfahrungen beim Aufwachsen in einem ressourcenarmen Elternhaus darstellen. Die Gegenwartsorientierung schlägt sich in einer Favorisierung von Ausbildung (gegenüber weiterführender Schule), ungelernter Arbeit und Selbständigkeit nieder.

Demgegenüber wird bei einer Zukunftsorientierung auf einen nachhaltigen und über Bildungserfolg abgesicherten Milieuaufstieg und ein prospektiv hohes Einkommen gesetzt. Die Jugendlichen sind bereit, für längere Bildungsphasen hohe zeitliche und finanzielle Ressourcen einzubringen und vertrauen auf langfristige Investitionserträge. Eltern wirken dabei oft als Stabilisatoren, indem sie bei Herausforderungen den zukunftsgerichteten Fokus bewahren und die Tür zur Schule offen halten. Insbesondere bei jungen Männern wirken sie teilweise als Regulatoren bei Delinquenz- und Abbruchsneigung. Analog zu den inhaltlichen Dimensionen finden sich teilweise Inkonsistenzen gegenwarts- und zukunftsbezogener Haltungen und Entscheidungen.

Elternorientierung vs. Autonomiestreben

Die dritte Bezugsdimension hat eine Macht- und eine Beziehungskomponente. Hier bewegen sich die Jugendlichen zwischen den Polen *Elternorientierung vs. Autonomiestreben* (analog zu den von Buhl et al. 2003 formulierten Facetten erwachsener Eltern-Kind-Beziehungen *Verbundenheit* und *Abgrenzung*). Beziehungen kontextualisieren Übergangsgespräche und offenbaren sich über wechselseitig bezogene Emotionen und Haltungen. Bezüglich der Machtkomponente weisen die befragten migrantischen Jugendlichen selbstbestimmtem Handeln einen hohen Stellenwert zu, dokumentieren aber auch eine im Vergleich zu den autochthonen Peers stärkere Bindekraft an die Eltern, die sich auf emotionaler Nähe, hoher empfundener Wirkungsmächtigkeit der Eltern und einem solidarischen Familienverständnis gründet. Dennoch ist ein ausgeprägtes und über die verschiedenen Befragungswellen bei den meisten Befragten wachsendes Autonomiestreben zu beobachten, mit Ausnahme einer kleinen Gruppe junger Menschen, bei denen im gesamten Befragungszeitraum kaum Abnabelungsprozesse stattgefunden haben.

Die meisten migrantischen Jugendlichen bewegen sich in dem von Biggart und Walther skizzierten Spannungsfeld einer die Übergangsphase in den Beruf prägenden *Semi-Abhängigkeit*, die durch parallele Autonomiebestrebungen und fortbestehende, verlängerte (u.a. ökonomische) Abhängigkeit gekennzeichnet ist (Biggart & Walther, 2006).

Die Bewältigung dieses Spannungsfeldes lässt sich am Beispiel der überregionalen Mobilität skizzieren: So werden attraktive Optionen in anderen Regionen zwar theoretisch erwogen, aber die tatsächliche Mobilitätsbereitschaft bleibt gering, weil Jugendliche sich nicht von der Familie trennen wollen oder weil sie auferlegte Beschränkungen (z.B. ein Verbot des Auszugs zu Studienzwecken) akzeptieren. Auch hier verleiht die jugendliche Bedeutungszuweisung Eltern konkrete Handlungsmacht und macht sie zu Gatekeepern.

Sita[2]: „Voll durcheinander alles“

Die skizzierten Strategien von Jugendlichen bei der Behandlung übergangsbezogener Fragen mit Eltern sollen am Beispiel von Sita veranschaulicht werden. Mit Sita wurde hinsichtlich der Elternrelevanz in Übergängen eher ein Extremfall gewählt. Dies geschah nicht im Sinne einer negativen Konnotation migrantischer Familienkontexte. Vielmehr ist ihr Fall geeignet, die Vielschichtigkeit und Dynamik von Verhandlungsprozessen und ihre voraussetzungsvolle Verarbeitung und Transformation in Übergangsentscheidungen zu illustrieren.

Sita ist Zuwanderin der ersten Generation aus Indien. Der Vater hat dort studiert und ist vor 20 Jahren nach Deutschland migriert, die Mutter hat die Schule nach der 9. Klasse mit der Familiengründung abgebrochen und ist ihrem Mann mit den Kindern vor sieben Jahren gefolgt. Jetzt arbeiten beide ungelernt im Dienstleistungsgewerbe. Sita und ihr älterer Bruder wohnen noch zu Hause. Im Übergangsprocedere sind die Eltern für Sita eine zuverlässige Unterstützungsressource, deren emotionale Bedeutung sie hervorhebt, die sie jedoch kaum konkret abruft. Sitas berufliche Träume sind eng an die der Eltern geknüpft:

> „Und meine Eltern wünschen mir das auch, die wollen, dass ich was erreiche! […] Das ist ihr Traum, und ich will das wahr machen! […] Ich will, dass ich am Ende was Gutes habe […] damit ich einmal in meinem Leben meinen Eltern richtig Freude machen kann!“ (2779_2_323).

Hier dokumentiert sich eine komplexe Motivationslage aus Dankbarkeit, dem Streben nach elterlicher Anerkennung, der Übernahme und intergenerationellen Realisierung (migrationsbedingt unerfüllter) Träume und nicht zuletzt dem Wunsch, die elterliche Investition in Form von Bildungserfolg zurückzugeben. Das Streben nach prospektivem Wohlstand hat nicht nur das eigene, sondern auch das elterliche Wohl zum Ziel:

> „Aber ich denk mal, dass ich […] in so einem Betrieb arbeite, der sehr gut ist, und hab dann richtig guten Job […] Und – ja, ich kann dann für meine Eltern ein Haus kaufen [lacht] und dann hab ich ein eigenes Auto“ (2779_2_495).

Die konkrete Wahl ihrer Bildungs- und Berufswege trifft Sita angesichts diffuser elterlicher Erwartungen zunächst eigenständig und setzt dabei auf schulische Weiterquali-

---

2 Zur Wahrung der Anonymität wird ein Pseudonym verwendet, nebensächliche biografische Details werden verfremdet.

fikation. Zum einen versteht sie diese als Schlüssel zu beruflichem Erfolg (definiert über hohes Einkommen), zum anderen nutzt sie sie als Aufschiebestrategie und als Ausweichoption nach dem Scheitern von Bewerbungsbemühungen um einen Ausbildungsplatz. Als – unter anderem aufgrund der Sprachdefizite – die Wiederholung eines Schuljahres zum Fachabitur ansteht, muss sie sich nicht nur institutionellen Cooling-Out-Prozessen widersetzen, sondern auch den elterlichen Widerstand überwinden:

> „Die waren richtig sauer gewesen. […] die haben gemeint: ‚Ja, du kannst gleich zu Hause bleiben, und such dir eine Arbeit' […] Aber dann hab ich gemeint, […] ich mach einfach weiter, was ich gerade denke, und ich mach dann sehr gut mit, damit ich am Ende zeigen kann, ja, ich hab jetzt hier mein Fach-Abi in der Tasche, und dann können die gar nichts sagen" (2779_2_313).

Sita äußert sich ambivalent zu Schule, die sie zwar einerseits als willkommenes Moratorium, andererseits aber als berufsbiografischen Zeitverlust interpretiert. Im längsschnittlichen Verlauf wird das Studium dennoch zum wahrscheinlichsten Szenarium, vor allem da das favorisierte Ziel der Berufsausbildung durch späte Bewerbungsaktivitäten und sprachliche Barrieren nicht erreicht wird. In diesem Stadium des Übergangsprozesses gilt es erneut, abweichende elterliche Positionen übergangskonstruktiv zu verarbeiten. Problematisch ist hierbei nicht die elterliche Haltung zum Studium, sondern die zeitliche Kollision dieses Weges mit dem für Sita vorgesehenen herkunftskulturell tradierten, familienzentrierten Lebenskonzept. Sita fühlt sich ihrer Herkunft stark verbunden, deren Traditionen sie in Deutschland aktiv weiterlebt und bewahren hilft. Die herkunftskulturell definierten Geschlechter- und Berufsrollen, die eine berufliche Tätigkeit für Mädchen als Privileg und Zugeständnis definieren, haben für Sita Gültigkeit. In ihren persönlichen Zukunftsplänen ist Berufstätigkeit allerdings fest verankert, nicht vorrangig aus ökonomischer Notwendigkeit, sondern in sinngebender Funktion.

Mit jedem Interview treten Sitas zunehmende Schwierigkeiten, sich mit familialen Plänen zu arrangieren, die ihre eigenen beruflichen Ziele konterkarieren, stärker zutage: Im ersten Gespräch spricht sie davon, zum Spracherwerb für eine befristete Zeit nach Nordamerika zu gehen und anschließend ihre berufliche Laufbahn in Deutschland fortzusetzen. „Da habe ich voll viele Verwandte, dort kann ich bei denen also bleiben" (2779_3_143). Im zweiten Interview gibt es zögerliche Erwägungen einer langfristigen Perspektive im Ausland, wobei der zunehmende Zwiespalt angesichts zweier Lebensentwürfe zutage tritt. Im dritten Gespräch wird deutlich, dass der Auslandsplan mit familial intendierten Verheiratungsplänen verbunden ist. Sita erklärt, dass eine frühe Heirat in ihrem Kulturkreis üblich ist und die Wahl des Ehemanns durch die Eltern erfolgt, betont aber gleichzeitig diesbezügliche moderne Aufweichungen dieser Normen in der eigenen Familie:

> „Sie werden mich nicht zwingen. Das gibt's schon in Indien, aber meine Eltern [...] die sind nicht so. Also die werden schon sagen: ‚Du kannst entscheiden, das ist dein Leben, nicht unseres.' [...] Ja, die haben gemeint, nächstes Jahr [lacht] Ich weiß nicht, wieso, die wollen alle, dass ich nächstes Jahr heirate" (2779_3_181).

Diese Pläne kollidieren mit den eigenen, berufszentrierten Zukunftsszenarien und dem Streben nach Unabhängigkeit:

> „Also ich wollte erst mal auf meinen Beinen stehen, und dann muss ich heiraten, aber die suchen ja jetzt schon [lacht]. Das ist zu früh für mich, find ich [...] Ich hab keine Eile. [...] Wenn man verheiratet ist, dann kann man sich nicht auf sein Studium konzentrieren" (2779_3_207).

Auch die unsichere Lokalisierung ihres späteren Lebensmittelpunktes, der durch den künftigen Mann determiniert wird, macht Sita zu schaffen, zumal sie den schützenden Raum ihrer Familie und des vertrauten Umfelds nicht (erneut) verlassen will. Die Unvereinbarkeit einer baldigen Heirat und eines Lebens auf einem anderen Kontinent mit der Aufnahme eines Studiums in Deutschland kulminiert in einem für sie unauflösbaren Planungsdilemma, das sich durch akuten Handlungsdruck noch verschärft:

> „Ich weiß noch gar nichts. Voll durcheinander alles. Ich hoffe, ich kann schnell mir was aussuchen, sonst ist es zu spät. Ich muss mich ja auch schon bewerben, was ich studieren will" (2779_3_243).

Hat Sita in den ersten zwei Interviews noch versucht, familienzentrierte und berufszentrierte Lebenskonzepte parallel zu inszenieren, gelingt es ihr nun nicht länger, diese räumlich und inhaltlich zu vereinbaren. Als Antwort darauf konzentriert sie sich nur auf die nahe Zukunft. Darüber hinaus flüchtet sie sich in abstrakte Szenarien, die das Dilemma auflösen und neue Handlungsspielräume schaffen (die mögliche Heirat mit einem in Deutschland lebenden Mann oder ein Austauschprogramm, das ihr die Beendigung des Studiums im Ausland ermöglicht). Im Falle eines Studiums in Deutschland sucht Sita nach einem Studienplatz in der Nähe, da ihre Eltern einem Wegzug nicht zustimmen würden.

Die Handlungs- und Entscheidungsautonomie bezüglich ihrer Berufswahl setzt sich in Hinblick auf Sitas konkrete Lebensplanung nicht fort. Dort akzeptiert sie die von den Eltern gesetzten Rahmungen, auch wenn sie mit eigenen beruflichen Vorstellungen nicht vereinbar sind, und weist ihnen damit eine hohe Wirkungsmächtigkeit für ihre Wege zu.

Resümee und Ausblick: Konsequenzen für die migrationssensible Familienbildung

Anliegen dieses Beitrags war es, den Charakter von übergangsbezogenen Austauschprozessen in der Familie und deren Inhalte zu bestimmen und den Strategien von Jugendlichen im Umgang mit elterlichen Haltungen zu Berufswegen auf den Grund zu gehen.

Die Ergebnisse verweisen darauf, dass übergangsbezogene Austauschprozesse in Migrantenfamilien Verhandlungscharakter haben und Jugendlichen die Verarbeitung und Harmonisierung ambivalenter und mehrdimensionaler Vorstellungen von Familie und Arbeit abverlangen. Darüber hinaus sind es die Beziehungen zwischen Jugendlichen und ihren Müttern und Vätern, die diese Gespräche prägen und auf die Aspirationen und Entscheidungen der Jugendlichen großen Einfluss haben. Aus der Erlebensperspektive Jugendlicher stellen sich Eltern nicht als statische Einflussvariable dar. Vielmehr verdeutlicht dieser Blickwinkel, dass Jugendliche an der Generierung elterlicher Handlungsmacht im Übergang entscheidend beteiligt sind, nicht nur über die Transformation der Kapitalienausstattung, sondern vor allem auch über die Auseinandersetzung mit elterlichen Bildungsaspirationen. Die Paneldaten zeigen, dass mit zunehmender Übergangserfahrung der Blick auf elterliche Vorstellungen kritischer wird, aber auch, dass es auf Beziehungsebene zu einer (Wieder-)Annäherung kommt.

Die dargestellten Ergebnisse machen den beruflichen Einstieg Jugendlicher zu einem Thema der Familienbildung. Im Sinne einer migrationssensiblen Übergangsbegleitung sind Eltern nicht nur als flankierende Personen mitzudenken. Vielmehr ist es wichtig, ihre – migrationsbedingt oft eingeschränkten – Kenntnisse zu Berufsbildungswegen und lokalen Arbeitsmärkten zu erweitern und so ihre diesbezüglichen Beratungskompetenzen zu stärken, um die ihnen zugewiesene Handlungsmacht im Sinne der Wege ihrer Kinder zu nutzen. Eine Herausforderung in der Familienbildung ist es außerdem, zu einem kritischen Verständnis für die eigene Rolle in der Verhandlung von Berufswegen anzuregen. Dazu gehört beispielsweise die Bestärkung von Eltern, ihr stabilisierendes Potenzial in herausfordernden Situationen zu nutzen. Weiterhin gilt es, für jugendliche Entscheidungsdilemmata bei inkongruenten Berufsvorstellungen und für die Bedeutung und Nachhaltigkeit jugendlicher Selbstbestimmung bei der Berufswahl – insbesondere bei jungen Frauen – zu sensibilisieren. Genauso wichtig ist es aber auch, bei Jugendlichen das Bewusstsein für die Eigenverantwortung bei der Berufsbiografie und für die eigene Transformationsmacht bezüglich elterlicher Aspirationen zu stärken.

Gerade vor dem Hintergrund der aktuellen Integrationsdebatten um geflüchtete Jugendliche steigt das Interesse an Übergangsforschung mit Migrationsfokus. Allerdings besteht für diese Gruppe eigenständiger Forschungsbedarf. Gleichzeitig darf dies nicht zu einer Überlagerung von Integrationsanliegen Jugendlicher der zweiten und dritten Migrantengeneration führen. Nicht zuletzt bestätigen die dargestellten Ergebnisse, dass die Forderung nach einer geschlechterdifferenzierenden Betrachtung der familialen Übergangsbearbeitung (u.a. von Stauber & Du Bois-Reymond, 2006, S. 218), der hier nur ansatzweise gefolgt werden konnte, weiter Bestand hat.

Literatur

Barthelmes, Jürgen & Sander, Ekkehard (1997). *Medien in Familie und Peer-group. Vom Nutzen der Medien für 13- und 14jährige* (Medienerfahrungen von Jugendlichen, Band 1). München: Verlag Deutsches Jugendinstitut.

Behrens, Johann & Rabe-Kleberg, Ursula (2000). Gatekeeping im Lebensverlauf. Wer wacht an Statuspassagen? In Erika M. Hoerning & Peter Alheit (Hrsg.), *Biographische Sozialisation* (Der Mensch als soziales und personales Wesen, Bd. 17, S. 101–135). Stuttgart: Lucius & Lucius.

Beicht, Ursula; Granato, Mona & Matthes, Stephanie (2014). Ausbildungschancen für Jugendliche mit Migrationshintergrund und die Entwicklung auf dem Ausbildungsmarkt. *WISO direkt* (September 2014). Zugriff am 05.02.2018. Verfügbar unter http://library.fes.de/pdf-files/wiso/10918.pdf

Beinke, Lothar (2002). *Familie und Berufswahl.* Bad Honnef: Verlag K.H. Bock.

Bernard, Harvey Russell; Wutich, Amber & Ryan, Gery Wayne (2017). *Analyzing qualitative data. Systematic approaches* (Second edition). Los Angeles: Sage.

Bethmann, Stephanie; Helfferich, Cornelia; Hoffmann, Heiko & Niermann, Debora (2012). *Agency. Die Analyse von Handlungsfähigkeit und Handlungsmacht in qualitativer Sozialforschung und Gesellschaftstheorie* (Edition Soziologie). Weinheim: Beltz Juventa.

Betz, Tanja (2006). ‚Gatekeeper'-Familie. Zu ihrer allgemeinen und differenziellen Bildungsbedeutsamkeit. *Diskurs Kindheits- und Jugendforschung, 1* (2), S. 181–195.

Biesta, Gert & Tedder, Michael (2006). *How is agency possible? Towards an ecological understanding of agency-as-achievement* (5. Aufl.) (Working Paper). Zugriff am 05.02.2018. Verfügbar unter https://www.researchgate.net/profile/Michael_Tedder/publication/228644383_How_is_agency_possible_Towards_an_ecological_understanding_of_agency-as-achievement/links/00b4952cadd9bd2b6a000000.pdf

Biggart, Andrew & Walther, Andreas (2006). Coping with Yo-Yo Transitions. Young Adults' Struggle for Support, between Family and State in Comparative Perspective. In Carmen Leccardi & Elisabetta Ruspini (Hrsg.), *A New Youth? Young People, Generations and Family Life* (S. 41–62). Aldershot: Ashgate.

BMBF (Bundesministerium für Bildung und Forschung) (Hrsg.) (2017). *Berufsbildungsbericht 2017.* Verfügbar unter https://www.bmbf.de/pub/Berufsbildungsbericht_2017.pdf

Buhl, Heike M.; Wittmann, Simone & Noack, Peter (2003). Eltern-Kind-Beziehungen studierender und berufstätiger junger Erwachsener. *Zeitschrift für Entwicklungspsychologie und Pädagogische Psychologie, 35* (3), S. 144–152. doi: 10.1026//0049-8637.35.3.144.

Coffey, Julia & Farrugia, David (2013). Unpacking the black box. The problem of agency in the sociology of youth. *Journal of Youth Studies, 17* (4), S. 461–474. doi: 10.1080/13676261.2013.830707.

Emirbayer, Mustafa & Mische, Ann (1998). What Is Agency? *American Journal of Sociology, 103* (4), S. 962–1023. doi: 10.1086/231294.

Furlong, Andy & Cartmel, Fred (1997). *Young People and Social Change. Individualization and Risk in Late Modernity* (Rethinking Ageing Series). Maidenhead: Open University Press.

Gaupp, Nora (2013). *Wege in Ausbildung und Ausbildungslosigkeit. Bedingungen gelingender und misslingender Übergänge in Ausbildung von Jugendlichen mit Hauptschulbildung* (Bildung und Qualifizierung Nr. 277). Düsseldorf: Hans-Böckler-Stiftung. Zugriff am 05.02.2018. Verfügbar unter https://www.boeckler.de/pdf/p_edition_hbs_277.pdf

Granato, Mona (2014). An der Bildungsmotivation liegt es nicht. Hohe Bildungsorientierung junger Frauen und Männer mit Migrationshintergrund auch am Übergang Schule – Ausbildung. In Jürgen van Capelle (Hrsg.), *Zukunftschancen. Ausbildungsbeteiligung und -förderung von Jugendlichen mit Migrationshintergrund* (S. 73–90). Wiesbaden: Springer VS.

Grunert, Cathleen (2005). Kompetenzerwerb von Kindern und Jugendlichen in außerunterrichtlichen Sozialisationsfeldern. In Sachverständigenkommission Zwölfter Kinder- und Jugendbericht (Hrsg.), *Kompetenzerwerb von Kindern und Jugendlichen im Schulalter* (S. 9–94). Band 3. München: Verlag Deutsches Jugendinstitut.

Hamburger, Franz & Hummrich, Merle (2007). Familie und Migration. In Jutta Ecarius (Hrsg.), *Handbuch Familie* (1. Aufl., S. 112–134). Wiesbaden: VS Verl. für Sozialwiss.

Heinz, Walter R. (Hrsg.) (1991). *The life course and social change: comparative perspectives.* Weinheim: Deutscher Studien Verlag.

Henderson, Sheila; Holland, Janet; McGrellis, Sheena; Sharpe, Sue & Thomson, Rachel (2012). Storying qualitative longitudinal research. Sequence, voice and motif. *Qualitative Research, 12* (1), S. 16–34. doi: 10.1177/1468794111426232.

Hurrelmann, Klaus & Quenzel, Gudrun (2016). *Lebensphase Jugend. Eine Einführung in die sozialwissenschaftliche Jugendforschung* (Grundlagentexte Soziologie, 13., überarbeitete Auflage). Weinheim: Beltz Juventa.

Institut für Demoskopie Allensbach (2015). *Was Eltern wollen. Informations- und Unterstützungswünsche zu Bildung und Erziehung. Eine Befragung des Instituts für Demoskopie Allensbach im Auftrag der Vodafone Stiftung Deutschland* (Vodafone Stiftung Deutschland, Hrsg.), Düsseldorf. Zugriff am 30.01.2018. Verfügbar unter https://www.vodafone-stiftung.de/uploads/tx_newsjson/Vodafone_Stiftung_Was_Eltern_wollen_2015_02.pdf

King, Vera; Koller, Hans-Christoph; Zölch, Janina & Carnicer, Javier (2011). Bildungserfolg und adoleszente Ablösung bei Söhnen aus türkischen Migrantenfamilien. Eine Untersuchung aus intergenerationaler Perspektive. *Zeitschrift für Erziehungswissenschaft, 14* (4), S. 581–601. doi: 10.1007/s11618-011-0242-z.

Kracke, Bärbel & Noack, Peter (2005). Die Rolle der Eltern für die Berufsorientierung von Jugendlichen. In Beate Schuster, Hans-Peter Kuhn & Harald Uhlendorff (Hrsg.), *Entwicklung in sozialen Beziehungen. Heranwachsende in ihrer Auseinandersetzung mit Familie, Freunden und Gesellschaft* (Der Mensch als soziales und personales Wesen, Bd. 21, S. 169–193). Stuttgart: Lucius & Lucius.

Kuczynski, Leon (2003). Beyond Bidirectionality: Bilateral Conceptual Frameworks for Understanding Dynamics in Parent-Child Relations. In Leon Kuczynski (Hrsg.),

Handbook of Dynamics in Parent-Child Relations (S. 3–24). Thousand Oaks: SAGE Publications, Inc.

Kutscha, Günter (1991). Übergangsforschung. Zu einem neuen Forschungsbereich. In Klaus Beck & Adolf Kell (Hrsg.), *Bilanz der Bildungsforschung. Stand und Zukunftsperspektiven* (Beiträge zur Theorie und Geschichte der Erziehungswissenschaft, Bd. 10, S. 113–155). Weinheim: Deutscher Studien Verlag.

Lex, Tilly & Zimmermann, Julia (2011). Wege in Ausbildung. Befunde aus einer schrittweisen Betrachtung des Übergangsprozesses. *Zeitschrift für Erziehungswissenschaft, 14* (4), S. 603–627. doi: 10.1007/s11618-011-0250-z.

Lüscher, Kurt & Pillemer, Karl (1996). *Die Ambivalenz familialer Generationenbeziehungen. Konzeptuelle Überlegungen zu einem aktuellen Thema der familienwissenschaftlichen Forschung* (Arbeitspapiere/Forschungsbereich Gesellschaft und Familie Nr. 22). Zugriff am 05.02.2018. Verfügbar unter https://d-nb.info/981157548/34

Mahl, Franciska (2013). *Abschlussbericht zur Offenbacher Schulabsolventenstudie. Ergebnisse einer quantitativen und qualitativen Längsschnittbefragung*, Halle.

Menz, Simone (2009). *Familie als Ressource. Individuelle und familiale Bewältigungspraktiken junger Erwachsener im Übergang in Arbeit*: Beltz Juventa.

Pohl, Axel; Stauber, Barbara & Walther, Andreas (Hrsg.) (2011). *Jugend als Akteurin sozialen Wandels. Veränderte Übergangsverläufe, strukturelle Barrieren und Bewältigungsstrategien* (Jugendforschung). Weinheim: Juventa-Verl.

Raithelhuber, Eberhard (2008). Von Akteuren und agency. Eine sozialtheoretische Einordnung der structure/agency-Debatte. In Hans Günther Homfeldt, Wolfgang Schröer & Cornelia Schweppe (Hrsg.), *Vom Adressaten zum Akteur. Soziale Arbeit und Agency* (S. 17–45). Opladen: Barbara Budrich.

Reißig, Birgit; Gaupp, Nora & Lex, Tilly (2008). *Hauptschüler auf dem Weg von der Schule in die Arbeitswelt* (Übergänge in Arbeit, Bd. 9). München: Verlag Dt. Jugendinst.

Reiter, Herwig & Schlimbach, Tabea (2015). NEET in disguise? Rival narratives in troubled youth transitions. *Educational Research, 57* (2), S. 133–150. doi: 10.1080/00131881.2015.1030851.

Relikowski, Ilona; Yilmaz, Erbil & Blossfeld, Hans-Peter (2012). Wie lassen sich die hohen Bildungsaspirationen von Migranten erklären? Eine Mixed-Methods-Studie zur Rolle von strukturellen Aufstiegschancen und individueller Bildungserfahrung. In Rolf Becker & Heike Solga (Hrsg.), *Soziologische Bildungsforschung* (Kölner Zeitschrift für Soziologie und Sozialpsychologie Sonderhefte, Bd. 52, S. 111–136). Wiesbaden: Springer Fachmedien Wiesbaden.

Schlimbach, Tabea (2015). Begleitende Akteure im Spiegel von Agency. In Tabea Schlimbach, Franciska Mahl & Birgit Reißig (Hrsg.), *Handlungsstrategien von Migrantinnen und Migranten auf dem Weg in die berufliche Ausbildung. Ein qualitativer Längsschnitt* (S. 21–48). München.

Schröer, Wolfgang; Stauber, Barbara; Walther, Andreas; Böhnisch, Lothar & Lenz, Karl (Hrsg.) (2013). *Handbuch Übergänge*. Weinheim: Beltz Juventa.

Skrobanek, Jan (2015). *Ethnisierung von Ungleichheit. Disparitäten, Benachteiligungswahrnehmung und Selbstethnisierungsprozesse im Übergang Schule-Ausbildung* (Jugendforschung). Weinheim: Beltz Juventa.

Spencer, Grace & Doull, Marion (2015). Examining concepts of power and agency in research with young people. *Journal of Youth Studies, 18* (7), S. 900–913. doi: 10.1080/13676261.2014.1001827.

Stauber, Barbara (2010). Youth cultures as a way to tackle insecure transitions into adulthood. In Jeremy Leaman & Martha Wörsching (Hrsg.), *Youth in Contemporary Europe* (S. 119–132). London and New York: Routledge.

Stauber, Barbara & Du Bois-Reymond, Manuela (2006). Familienbeziehungen im Kontext verlängerter Übergänge. Eine intergenerative Studie aus neun europäischen Ländern. *Zeitschrift für Soziologie der Erziehung und Sozialisation (ZSE), 26* (2), S. 206–221.

Stuhlmann, Karin (2009). Die Realisierung von Berufswünschen – Durch die Identitätsentwicklung im Jugendalter vorhersagbar? In Helmut Fend, Fred Berger & Urs Grob (Hrsg.), *Lebensverläufe, Lebensbewältigung, Lebensglück. Ergebnisse der LifE-Studie* (1. Aufl., S. 73–99). Wiesbaden: VS Verlag für Sozialwissenschaften/GWV Fachverlage GmbH Wiesbaden.

Tepecik, Ebru (2013). Bildungserfolg und migrantenspezifisches Bildungskapital. In Thomas Geisen, Tobias Studer & Erol Yildiz (Hrsg.), *Migration, Familie und soziale Lage. Beiträge zu Bildung, Gender und Care* (S. 61–79). Wiesbaden: VS Verlag für Sozialwissenschaften.

Walther, Andreas (2013). Beratung im Spiegel von subjektorientierter Übergangsforschung und Sozialpädagogik des Übergangs. In Andreas Walther & Marc Weinhardt (Hrsg.), *Beratung im Übergang. Zur sozialpädagogischen Herstellung von biographischer Reflexivität* (Übergangs- und Bewältigungsforschung, S. 16–34). Weinheim: Beltz Juventa.

Walther, Andreas & Stauber, Barbara (2013). Übergänge im Lebenslauf. In Wolfgang Schröer, Barbara Stauber, Andreas Walther, Lothar Böhnisch & Karl Lenz (Hrsg.), *Handbuch Übergänge* (S. 23–43). Weinheim: Beltz Juventa.

Wippermann, Carsten & Flaig, Berthold Bodo (2009). Lebenswelten von Migrantinnen und Migranten. *Aus Politik und Zeitgeschichte (APuZ)* (5), S. 3–11.

Witzel, Andreas & Reiter, Herwig (2012). *The Problem-Centred Interview. Principles and Practice.* London: Sage.

Youniss, James & Smollar, Jacqueline (1987). *Adolescent relations with mothers, fathers and friends.* Chicago: University of Chicago Press.

Ayşe Uygun-Altunbaş

Zur religiösen Sozialisation muslimischer Kinder in Familien: Neue (Forschungs-)Perspektiven für eine migrationssensible Familienbildung?

Abstract

In diesem Beitrag geht es darum, die religiöse Sozialisation in muslimischen Familien zu beleuchten und hieraus Konsequenzen für eine migrationssensible Familienbildung aufzuzeigen. Zunächst wird eine empirisch ermittelte Typologie religiöser Erziehungsvorstellungen vorgestellt und zentrale Elemente und Charakteristika der Religiosität in muslimischen Familien näher beschrieben. Stellt muslimische Religiosität eine Ressource dar und lassen sich hieraus Folgerungen für die Praxis mit muslimischen Familien herstellen? Wenn ja, wie müssten zukünftige Konzeptionen der Elternbildung ausgerichtet sein, um die Besonderheiten und die Bedürfnisse muslimischer Familien adäquat zu berücksichtigen?

1. Einleitung

Muslime und muslimische Familien gerieten durch die Aufnahme geflüchteter Menschen und bei vielen Überlegungen zur Integration muslimischer Kinder und Jugendlicher in den Blick von Wissenschaft und pädagogischer Praxis. Nicht selten wurde und wird der muslimischen Familie unreflektiert ein negativer Einfluss zugeschrieben, die der erfolgreichen Integration der Muslime im Wege stehe oder Anlässe für Konflikte biete. Gerade Meinungsbilder und Stereotype über muslimische Familien erschweren häufig die Interaktion zwischen pädagogischen Fachkräften und muslimischen Eltern. Eine dialogische Öffnung, die die Reflexionsfähigkeit bzw. die kritische Selbstreflexion der Pädagogen, Elternbildner, Berater etc. anregen erscheinen hier als Voraussetzung, um Zugangsbarrieren zu vermeiden.

Auch im Umgang mit der Vielfalt der religiösen Orientierungen, religiösen Einstellungen und religiösen Lebensweisen unter Muslimen werden Pädagog/innen vor vielerlei Herausforderungen gestellt, die die Notwendigkeit einer Zusammenarbeit von Bildungseinrichtungen und Familien mit Migrationshintergrund bzw. mit muslimischen Familien betonen. Informationen und Kenntnisse über sie, die auf wissenschaftlich-empirischer Datengrundlage ermittelt und der breiten Öffentlichkeit zugänglich gemacht wurden, fehlen bis dato. Stattdessen bietet der Kenntnisstand Ableitungen aus zahlreichen Studien, deren Aktualität häufig nicht mehr gegeben ist, und der pädagogischen Praxis, die nicht selten zu Verallgemeinerungen über muslimische Familien geneigt sind.

Wie kann eine erfolgreiche Familienbildungspraxis auf die zunehmend ausdifferenzierte Vielfalt reagieren? Welche Erkenntnisse existieren über muslimische Familien, ihre Religiosität bzw. ihre religiöse Erziehung in ihren Familien. Der folgende

Artikel widmet sich diesen Fragen und möchte einen Beitrag zu einer differenzierten Wahrnehmung von muslimischen Familien und ihrem religiösen Selbstverständnis leisten und Perspektiven aufzeigen, die für eine zukünftige migrationssensible Familienbildung relevant sind. Es werden Besonderheiten der religiösen Erziehung und der Religiosität in muslimischen Familien erläutert und hieraus Konsequenzen für die Praxis und die zukünftige Forschung gezogen.

Zunächst wird der Forschungsstand (Kap. 2) zur religiösen Sozialisation erläutert und diskutiert. Die vorgestellten Expertisen, Studien und Beiträge geben Aufschluss über Teilaspekte der religiösen Sozialisation in muslimischen Familien. Um die Erziehungswirklichkeit in muslimischen Familien zu rekonstruieren, werden zusammenfassend Ergebnisse über die Erfahrungen muslimischer Jugendlicher mit ihrer familiären Erziehung wiedergegeben. Auch werden die von ihnen perzipierten Erziehungsvorstellungen abgebildet. Es folgen Anmerkungen zur Methodik (Kap. 3), um insbesondere Merkmale der Untersuchungsgruppe, und damit der befragten muslimischen Eltern, zu beschreiben. Im Hauptteil (Kap. 4) werden die Ergebnisse der Studie „Religiöse Sozialisation in muslimischen Familien" vorgestellt. Der Fokus liegt hierbei insbesondere bei den religiösen Erziehungsvorstellungen und der Religiosität in den Familien, die sich insgesamt voneinander unterscheiden. Präsentiert werden vier religiöse Erziehungstypen, die jeweils gesondert anhand der Aussagen der Eltern analysiert und beschrieben werden. Im Anschluss wird ein kurzer Überblick über die Gemeinsamkeiten sowie Unterschiede der Typen unter Darstellung der kennzeichnenden Merkmale ihrer Familienreligiosität gegeben. Zum Schluss (Kap. 5) werden Konsequenzen für eine migrationssensible Familienbildung abgeleitet, und es folgt ein kurzer Ausblick über Forschungsperspektiven in diesem Bereich.

2. Religiöse Sozialisation in muslimischen Familien als Forschungsgegenstand

Die religiöse Erziehung in muslimischen Familien als wesentlicher Bestandteil der religiösen Sozialisation ist ein kaum erforschtes Feld, es handelt sich bei diesem Thema um ein Forschungsdesiderat. Allerdings werden Aspekte religiöser Sozialisation vielfach in Expertisen, Rezeptionsberichten und in Untersuchungen über Jugendliche thematisiert. Daher soll zunächst ein Überblick über die vorliegenden Erkenntnisse gegeben werden.

Empirische Untersuchungen belegen, dass die Religion für ältere wie auch jüngere Muslime in hohem Maße identitätsstiftend ist und der religiösen Erziehung generationsübergreifend ein besonderer Stellenwert beigemessen wird (vgl. in Stöbe, 1998; Karakaşoğlu/Öztürk, 2007; Bertelsmann Stiftung, 2008; Ceylan, 2014 u.a.).[1] Jedoch wird die Elternperspektive hinsichtlich religiöser Erziehungsvorstellungen mit ihren norm- und handlungsleitenden Prinzipien kaum berücksichtigt.

1 Vgl. auch Überblick zum Forschungsstand in Uygun-Altunbaş, 2017, S. 34–67.

Karakaşoğlu und Öztürk zeigen auf, welche Einflussfaktoren für die religiöse Sozialisation bestimmend sind:[2] Zunächst findet eine allgemeine religiöse Erziehung in der Familie statt. Die Kinder erlernen die religiöse Lebensweise der Eltern durch „Imitation" und „Nachahmung" sowie durch eine altersgemäße Vermittlung religiöser Inhalte. Die Qualität und die Intensität variiert unter den Familien und ihren Mitgliedern, je nachdem wie religiös versiert sie sind. Nur in seltenen Fällen wird ausdrücklich im familiären Rahmen unterrichtet, da viele Eltern ihr Wissen und ihre religiöse Praxis als nicht ausreichend betrachten (vgl. Karakaşoğlu/Öztürk, 2007).[3] Dabei wird auch der Stellenwert der Moscheegemeinden und Korankurse bei der Vermittlung von religiösen Grundfertigkeiten deutlich. Die religiöse Erziehung hat für Eltern eine mehrdimensionale Funktion: Sie soll religiöse Handlungskompetenz und soziale Fertigkeiten vermitteln, aber auch als moralische Richtschnur orientierungsweisend wirken. Zwang und Restriktionen werden innerhalb der religiösen Lebensführung hingegen abgelehnt (vgl. Yalçın-Heckmann, 1998; Karakaşoğlu/Öztürk, 2007).

Die Studie von Uslucan (2008) bietet auf der Grundlage verschiedener Quellen die Möglichkeit, Deutungspotenziale für die religiöse Sozialisation in muslimischen Familien zu erschließen. Aufgrund fehlender Forschung wurden für die Expertise unterschiedliche Quellen herangezogen. Einerseits werden „islamische Erziehungsmanuale" hierbei angeführt, die einerseits normative Ansprüche einer religiösen Erziehung aufzeigen, die „ideale" Erziehungsvorstellungen markieren und dabei sowohl auf den Koran wie auf Vorbilder islamischer Geschichte, beginnend mit dem Propheten, rekurrieren (vgl. Uslucan, 2008, S. 2). Uslucan bezieht sich andererseits sowohl auf allgemeine erziehungswissenschaftliche Erkenntnisse als auch auf Befunde aus der Migrationsforschung und der Religionspsychologie (vgl. ebd., S. 2–9). Auch psychologische und kulturvergleichende Forschungen zu Themen wie Akkulturationsbelastungen in Migrationsfamilien sowie Werteauffassungen im interkulturellen Vergleich werden als weitere Quellengrundlage integriert (vgl. ebd., S. 9–12). Gerade innerhalb dieser Quellen findet Religion oder Religiosität als Einflussfaktor auf das elterliche Erziehungsverhalten in muslimischen Familien in empirisch nachweisbarer Form kaum Berücksichtigung. Dessen ungeachtet, beinhalten die von ihm abgeleiteten Erkenntnisse mögliche Deutungspotenziale im Hinblick auf die Erklärung von religiöser Sozialisation in einer nichtmuslimischen Umwelt bzw. in der Diasporasituation. Diese

2 Dabei berücksichtigen sie sowohl das islamische Erziehungsideal, das sich primär auf die Quellen des Islams, des Korans und die Überlieferungen des Propheten stützt, als auch die empirische Erziehungswirklichkeit in der Migrationsgesellschaft. Karakaşoğlu/Öztürk (2007) kommen auf der Grundlage der empirischen Datenlage über muslimische Jugendlichen zu den Ergebnissen, dass muslimische Familien die Erziehung zum gläubigen, kenntnisreichen Menschen anstreben, der sowohl die rituelle Praxis (Koranlesen auf Arabisch, die Gebetspraxis, rituelle Waschungen) als auch auf ethisch-moralische Werte im Islam Rücksicht nimmt. Die Autoren verweisen nicht zuletzt auf das Auseinanderdriften bzgl. der islamischen Erziehungsidealen und der konkreten Erziehungswirklichkeit in den Familien.

3 Vgl. hierzu auch die Expertise Uslucan (2008) und die Studie von Ceylan (2014).

Aspekte greift Uslucan auch unter dem Blickwinkel der Integration muslimischer Kinder in die Gesellschaft wieder auf (vgl. Uslucan, 2015).

Auch Boos-Nünning weist auf Wertebereiche hin, die in Migrationsfamilien vorherrschend sind. Diese betreffen den Familialismus, hohe Bildungsaspirationen der Eltern für ihre Kinder (vgl. Boos-Nünning, 2013), Respekt und Achtung vor den Älteren (vgl. Stöbe, 1998; Blank, 2000; Hunner-Kreisel, 2010), Zwei-(/Mehr-)sprachigkeit, eine konventionelle Sexualmoral (vgl. Schiffauer, 1991; Stöbe, 1998; Blank, 2000) und die religiöse Erziehung bzw. die Religiosität (vgl. Boos-Nünning, 2011). Dabei ist von einer großen Variationsbreite der Erziehungsvorstellungen in Migrationsfamilien auszugehen, die durch zahlreiche Studien belegt wurde.

Was die religiösen Orientierungen und die religiöse Praxis oder die religiöse Erziehung angeht, weisen die Familien ebenfalls eine hohe Variabilität auf. Weder kann von einem einheitlichen kulturellen Hintergrund noch von religiösen Orientierungen innerhalb einer einzigen Familie (vgl. Yalçın-Heckmann, 1998), geschweige denn einer ethnischen Community ausgegangen werden (vgl. Stöbe, 1998).

Schließlich werden in der Studie von Ceylan (2014), Experten und Expertinnen[4] befragt, die Auskunft über Aspekte der religiösen Erziehung in den Familien geben. Die Erkenntnisse und Erfahrungen der Experten und Expertinnen basieren auf der Grundlage der von ihnen geleisteten Bildungsarbeit in den Moscheen. Sie gehen davon aus, dass der Großteil der befragten Eltern über ein niedriges religiöses Bildungsniveau verfügt und nur ein geringer Anteil von ihnen imstande ist, eine bewusst religiöse Erziehung an ihre Kinder weiterzuvermitteln. So wird schon im Anmeldeverfahren zum Moscheeunterricht, bzw. für die „Gemeindekatechese“ (vgl. Ceylan, 2014, S. 333), von Kindern und Jugendlichen ausgegangen, die in unterschiedlichem Maße religiös sozialisiert sind. Diese können in zwei Kategorien unterteilt werden: Die erste Gruppe von Eltern erzieht ihre Kinder auf der Basis von „idealen“ Erziehungsvorstellungen, denen normative Überzeugungen (Glaubenselemente und religiöse Praxis) zugrunde liegen (vgl. für die Beschreibung religiöser Erziehung in muslimischen Familien aus der Perspektive von Experten und Expertinnen Ceylan, 2014, S. 324–332). Die Kinder der Eltern, die der zweiten Kategorie zugeordnet werden, haben etwa bis zum sechsten Lebensjahr keinen Bezug zur Moschee. Jedoch werden in diesen Familien bestimmte religiöse Rituale oder zentrale Glaubenselemente vermittelt, um eine „muslimische Identität“ aufzubauen (vgl. ebd., S. 333). Hierbei sei ein Formalismus zu beobachten, bei dem in einer unreflektierten Art und Weise zentrale Glaubensinhalte, vermengt mit traditionellen Elementen an die Kinder weitergegeben würden. Im Gegensatz zu den Eltern, die ihre religiöse Erziehungsverantwortung bewusst und autonom angehen würden, sei das Verhalten dieser Eltern durch die Delegation ihrer Erziehungsaufgabe an Moscheegemeinden und an weitere Autoritäten im Bekanntennetzwerk und Verwandtschaftskreis bestimmt. Kritisiert wird an ihnen sowohl ihre fehlende Vorbildfunktion, der Einsatz einer Angstpädagogik oder die Vermittlung eines strafenden

4 Es wurden insgesamt 29 Experten und Expertinnen (Imame, Vorstand, Prediger/-innen, die der DITIB und der Schura Niedersachsen angehören, interviewt (vgl. Ceylan, 2014, S. 234f.).

Gottesbildes, was infolge von Überforderung geschehe (vgl. ebd., S. 334–338). Ceylan folgert insgesamt, dass religiös gebildete Familien mit Gemeindegebundenheit eine bessere religiöse Erziehung anbieten könnten (vgl. ebd., S. 338).

Ergebnisse über die Erfahrungen muslimischer Jugendlicher mit ihrer familiären Erziehung geben Hinweise darauf, wie das elterliche Erziehungsverhalten im Hinblick auf die religiöse Erziehung von Jugendlichen erlebt wurde und welche Vorstellungen sie selbst entwickelt haben.[5] Viele Untersuchungen über muslimische Jugendliche zeigen einen Zusammenhang auf zwischen religiöser Erziehung in der Familie als wichtige Bedingung einer späteren Religiosität (vgl. Boos-Nünning/Karakaşoğlu, 2006; Karakaşoğlu-Aydın, 2000; Klinkhammer, 2000; Frese, 2002; Aygün, 2010; Wensierski/Lübcke, 2012). Auch wenn hier Ausnahmen zu verzeichnen sind, so hängen die Stärke und die Intensität der religiösen Orientierung entscheidend von der Erziehung in der Familie ab. Somit stellt die Familie im religiösen Sozialisationsprozess einen bedeutenden Einflussfaktor dar und spielt eine zentrale Rolle bei der Vermittlung religiöser Inhalte.

Insgesamt zeigt sich, dass muslimische Jugendliche im Vergleich zur Elterngeneration eine bewusstere religiöse Lebensführung als auch höhere Ansprüche und Erwartungen hinsichtlich einer religiösen Erziehung anstreben, was an den eigenen perzipierten religiösen Erziehungsvorstellungen abzulesen ist. Hier scheint sich der Wunsch nach einer „Professionalisierung" der religiösen Erziehung innerhalb der Familie abzuzeichnen. Dies bezieht sich sowohl auf die Wissensaneignung als auch auf die religiöse Praxis, die reflektiert und im Vergleich zu den Eltern systematisch ausgeübt werden sollte. Sowohl die Ziel- als auch die Inhaltsdimension sollen unter Bezugnahme auf islamische Quellen für die Kinder reflexiv nachvollziehbar sein. Es zeigen sich, wenn auch nur sehr selten, Wünsche nach einer Verbesserung der didaktischen Möglichkeiten. Die gestiegenen Ansprüche finden auch in der religiösen Mündigkeit ihren Niederschlag. Nicht mehr das unreflektierte Nachahmen, sondern die bewusste Auseinandersetzung mit der eigenen Religion wird angestrebt, um den „wahren" universalistisch geprägten Islam auszuleben. Dies schließt auch eine Abwendung vom kulturell geprägten „traditionalistischen" Islam mit ein (vgl. Karakaşoğlu-Aydın, 2000; Klinkhammer, 2000; Nökel, 2002; Tietze, 2001; Frese, 2002; Öztürk, 2007). Den besonderen Stellenwert, den die religiöse Erziehung für die Jugendlichen, trotz der vielfach ausgedrückten Unzufriedenheit mit der religiösen Erziehung der Eltern, hat, veranschaulicht die Bedeutung und die identitätsstiftende Funktion der Religion.

Die Studien weisen ferner darauf hin, wie unterschiedlich Religiosität im familiären Rahmen erlebt wurde und welche Konsequenzen sowohl auf kognitiver als auch auf alltagspraktischer Ebene daraus gezogen wurden. Die unterschiedlichen Einflüsse, die im Zusammenhang der religiösen Sozialisation erlebt wurden, deuten auf differente Muster religiöser Sozialisationsprozesse. Auch hier spielt bei religiösen Jugendlichen, häufig angeregt durch die Eltern, der Bezug zu Moscheegemeinden eine große Rolle.

5 Vgl. für die detaillierte Betrachtung der Ergebnisse: Uygun-Altunbaş, 2017, Ausführungen zum Forschungsstand, S. 46–67.

Insgesamt wurden im Bereich der Familienforschung Beiträge zur Situationen von Familien mit Migrationshintergrund, insbesondere der türkischen, vorgelegt, wohingegen zur Thematik der religiösen Sozialisation von Kindern und Jugendlichen bis dato wenig erforscht wurde. Da die Elternperspektive hinsichtlich religiöser Erziehungsvorstellungen mit ihren norm- und handlungsleitenden Prinzipien in kaum einer Untersuchung Berücksichtigung findet, wurde mit der Studie „Religiöse Sozialisation in muslimischen Familien" (vgl. Uygun-Altunbaş, 2017) eine umfassende Darstellung unterschiedlicher sozialisationsrelevanter Einflüsse, die die Religiosität von muslimischen Kindern und Jugendlichen maßgeblich beeinflussen, beabsichtigt. Die Studie ermöglicht Einblicke in muslimische Lebenswelten und wurde anhand eines qualitativen Untersuchungsverfahrens ausgearbeitet.

Im Folgenden werden zunächst einige Anmerkungen zur methodischen Vorgehensweise gemacht und im Anschluss wird eine Typologie religiöser Erziehungsvorstellungen muslimischer Eltern vorgestellt. Hierbei handelt es sich um vier religiöse Erziehungstypen, die verschiedene Aspekte des Islam mit unterschiedlichen Prioritäten und subjektiven Deutungsmustern in ihrer religiösen Erziehung verfolgen.

3. Anmerkungen zur Methodik

In der qualitativ angelegten Untersuchung, in der mittels eines halbstandardisierten Erhebungsverfahrens 16 Eltern, davon elf Mütter und fünf Väter mit türkischem Migrationshintergrund, befragt wurden, ging es darum, die im Sozialisationsprozess vermittelten Einstellungen a) nach *Grundorientierungen und Einstellungen* und b) nach *Verhaltensmustern* zu erfassen. Dabei sollte herausgefunden werden, an welche normativen, orientierungs- und handlungsleitenden Prinzipien die religiöse Erziehung als wesentlicher Aspekt der religiösen Sozialisation gebunden ist und welche Religiosität in den Familien sichtbar wird. Insgesamt wurden neben dem Einfluss der Familie weitere sozialisationsrelevante Einflüsse von Moscheen, Kindertagesstätten und Schulen, aber auch von Peers, Medien und der Gesellschaft berücksichtigt.

Um ein möglichst breites Spektrum an religiösen Erziehungsvorstellungen und subjektiven Deutungsmustern zu erfassen, wurde darauf geachtet, religiöse Menschen zu befragen, bei denen die religiöse Erziehung ihrer Kinder von zentraler Bedeutung ist. Bei der ausgewählten Gruppe der befragten Eltern drückt sich ihre Religiosität in der Praxis aus. Folglich wird hier von einer spezifischen Gruppe von Muslimen ausgegangen, die versucht, besonders viele Aspekte des Islams in ihr Leben zu integrieren. Damit eine größtmögliche Vergleichbarkeit der Ergebnisse erreicht wird, war es wichtig, sich auf eine bestimmte ethnische Gruppe zu beschränken[6]. Es handelt sich

6 Die Eingrenzung auf die muslimisch-türkische Migrantengruppe mit islamisch sunnitischen Ausrichtung hatte ihre Ursache nicht darin, eine bestimmte ethnische Gruppe zu bevorzugen und wiederum andere muslimische Gruppierungen auszuschließen. Vielmehr waren hierfür die Zugangsmöglichkeiten der Forscherin (das Beherrschen der türkischen Sprache, das Aufwachsen in religiösen Gemeinden mit türkischer Prägung, Erfahrungen im Umgang mit religiösen Themen) ausschlaggebend.

bei der befragten Gruppe um tendenziell bildungserfolgreiche Eltern. Dies war kein beabsichtigter Effekt, sondern rührte daher, dass diese Eltern sich eher imstande sahen an einem Interview teilzunehmen. Die Auswertung der Interviews erfolgte nach den Kriterien der *strukturierenden* und *typisierenden* Inhaltsanalyse nach Mayring (vgl. Mayring, 2010).

4. Religiöse Erziehungsvorstellungen und die Religiosität in muslimischen Familien

Die religiösen Erziehungsvorstellungen[7] in muslimischen Familien unterscheiden sich nicht nur hinsichtlich ihrer Erziehung im familialen Kontext, sondern auch bezogen auf ihre gelebte Religiosität. Zunächst sollen die vier in der Studie identifizierten religiösen Erziehungstypen[8], jeweils gesondert vorgestellt und im Anschluss ein kurzer Überblick über Gemeinsamkeiten und Unterschiede unter Darstellung ihrer Familienreligiosität gegeben werden.

Religiöser Erziehungstyp, der nach Sinn und Orientierung strebt – „Idealisten“

Charakteristisch ist für diesen religiösen Erziehungstyp, dass alle Eltern dieses Typs nach übergeordneten Prinzipien bzw. einem Sinn streben, der ihnen eine Orientierung im diesseitigen Leben geben soll. Die Religion stellt für diese Gruppe den (Deutungs-)Rahmen für ihre erzieherischen Vorstellungen und Handlungen dar. Es fällt bei diesem Typus zudem auf, dass sich Begründungen auf religiös fundierte Begrifflichkeiten und etwas vorsichtig ausgedrückt auf „Erziehungskonzeptionen“ unter Bezugnahme auf islamische Quellen stützen. Alle Eltern haben sich intensiv mit der Religion auseinandergesetzt, sodass ihnen ihre Suche nach dem Sinn viele Vorteile in ihrem Leben bescherte. In diesem Zusammenhang werden gerne sinnhaft spirituelle Aspekte benannt. Diese Eltern wünschen sich für ihre Kinder ein hohes Maß an Selbstverantwortung, das sie dazu befähigen soll, ihre eigene Wahrheit zu finden, indem sie sich verantwortungs- und pflichtbewusst mit ihrer Religion auseinandersetzen, danach leben und handeln. Dies beinhaltet sowohl die Einhaltung von (rituellen) religiösen Vorschriften als auch die Befolgung von ethischen Grundsätzen und Tugenden, ob diese einen sozialen Charakter haben oder ob sie sich auf persönliche Lebenseinstellungen beziehen.

7 Es werden im Folgenden religiöse Erziehungsvorstellungen vorgestellt, die anhand subjektiver Deutungsmuster erarbeitet und analysiert wurden. Für die normativen Grundüberlegungen zur religiösen Erziehung im Islam vgl. Uygun-Altunbaş, 2017, S. 119–125.

8 Die Zitate, die ausgewählt wurden, sollen als Beispiele zur Verdeutlichung der religiösen Erziehungsvorstellungen des jeweiligen Typs dienen. Es ist darauf hinzuweisen, dass in der Studie zahlreiche weitere Beispiele zur Erklärung des jeweiligen Typs aufgeführt sind, die zur intensiveren Beschäftigung mit der Thematik anregen.

Der Sinnbezug veranlasst, die Eltern dem Prinzip der Rechtleitung durch Gott/Allah zu folgen. Dies veranschaulicht ein Vater, Ethem, folgendermaßen:

> [...] Für meine Kinder ist es natürlich ein sehr wichtiger Aspekt, dass sie eine religiöse Erziehung genießen. Ich habe Religion immer als etwas Positives erlebt auch etwas, was hinsichtlich der Sinnsetzung des Lebens, auch Antrieb im Leben … auch meine Einstellung, die ich oder auch überhaupt meine Weltanschauung ist sehr von meiner Religion geprägt. Da habe ich natürlich ... da lege ich natürlich sehr großen Wert darauf, dass auch meine Kinder Anteil daran haben und letztendlich ist das auch für mich eine Frage der *hidayet* [türk. für Rechtleitung, Anm. d. Verf.], also dass sie Anteil an dieser Rechtleitung bekommen und auch ein aufrichtiges gutes Leben führen können." (vgl. Ethem, Z.: 31f., in Uygun-Altunbaş, 2017, S. 157)

Der Sinn des Lebens soll sich sowohl für Nermin selbst, als auch für Nermins Kinder erschließen:

> „Ja. Wahrscheinlich, warum leben wir? Warum sind wir erschaffen? Ne, all diese Dinge und diese Sinnfragen wurden mir gegeben, dass *Allahu teala* [arab. für Allah der Erhabene, Anm. d. Verf.] uns erschaffen hat, damit wir ihm dienen, damit wir Gutes tun. Also ich war schon immer davon überzeugt, dass der Mensch gut ist und dass *Allahu teala* uns deshalb erschaffen hat, um auch Gutes zu tun. Dass wir schon einen positiven Sinn in diesem Leben haben und ja, ich war sehr interessiert." (vgl. Nermin, Z.: 41–45, in Uygun-Altunbaş, 2017, S. 159)

Den Sinn des Daseins wird durch eine andere Mutter, Lale, darin gesehen, sich in den Dienst der Menschen zu stellen, um Gutes zu bewirken. Dabei möchte sie die Menschen in ihrer Selbst- und Wahrheitsfindung unterstützen, der inneren Leere zu entgehen und „Glück" zu empfinden. Hier wird auch die stärkende Kraft der Religion unterstrichen, die dabei helfe, Selbstbewusstsein, Identität und Stärkung zu erlangen (vgl. ebd., S. 162–163).

Der orientierungsgebende Charakter der Religion wird durch die Eltern an einer Vielzahl von Beispielen erläutert. Gerade im Zusammenhang der Kontingenzbewältigung im Alltag spielt die Religion als eine Ressource eine sehr wichtige Rolle. Religion ermögliche den Eltern zufolge eine positive Lebenseinstellung und die Entwicklung einer Persönlichkeit, die ihre Pflichten, im Umgang mit sich selbst und ihrer Umwelt wahrnimmt. Auch Zukunftsängsten soll mit einer optimistischen Grundeinstellung begegnet werden. Dabei verhelfe die Religion, das Leben in allen Lebensphasen, angefangen von der Kindheit bis zum Alter, gerade auch im Zusammenleben mit anderen gut und ohne Schwierigkeiten bewältigen zu können (vgl. ebd., S. 160f.). Religion biete gerade im Zusammenhang krisenhafter Erfahrungen Orientierung und inneren Halt. Doch in positiven Situationen und „Glück" würden religiöse Gebote als Anker dienen, um bedacht zu sein und das Maß nicht zu verlieren (vgl. ebd., S. 163). Auch für die Familie wird ein hoher Nutzen in der religiösen Erziehung gesehen. Die Religion biete

Ressourcen, die für die Bewältigung des Familienalltags von besonderer Bedeutung seien. Als ordnungsbringende Kraft gäbe die Religion hierbei Orientierung und Sinn. Nisa verweist dabei zum Beispiel besonders stark auf die spirituellen Aspekte der von ihr erwünschten und ausgelebten Religiosität. So seien „innere Ruhe" bzw. „Frieden", „Segen", „Herzlichkeit/Aufrichtigkeit" als Folgen ihrer religiösen Lebensweise bzw. religiösen Erziehung zu bezeichnen. Gerade in der Pubertätsphase (sie hat zwei Söhne im Alter von 18 und 15 Jahren) und bei den damit verbundenen Problemen in der Schule helfe eine religiöse Erziehung bzw. eine „Glaubenserziehung" dabei, diesen Problemen standzuhalten und diese „viel schöner, viel leichter" zu bewältigen (vgl. ebd., S. 167).

Auch sinnhaft spirituelle Aspekte wie ein Gottesbewusstsein, die Liebe und Nähe zu Gott und dem Propheten Muhammad (s) werden als Ziele einer religiösen Erziehung benannt. Die Ziele, die sich Nisa durch eine religiöse Erziehung erhofft, deuten auf ein hohes Gottesbewusstsein, in der die Präsenz Gottes mit den ihm zugeschriebenen Eigenschaften des Allwissenden und Sehenden im Vordergrund steht. Aufgrund dieser Eigenschaften Gottes sei der Mensch aufgefordert bzw. dazu motiviert, sein Verhalten und sein Leben entsprechend zu gestalten. Dabei bringe gerade die religiöse Erziehung Menschen hervor, die sowohl im eigenen persönlichen Leben als auch im Leben in der Gesellschaft vielseitige positive Eigenschaften entwickeln und ihre Aufgaben entsprechend erfüllen würden. Die positiven Eigenschaften, die sich aus dem Gottesbewusstsein ergeben, beziehen sich hier auf der persönlichen Ebene auf das Selbstvertrauen, das in allen möglichen Lebenssituationen hilfreich sein soll. Mit einer „sinnhaft" ausgerichteten religiösen Erziehung betont Nisa zudem auf der gesellschaftlichen Ebene den sozial-ethischen Charakter einer religiösen Erziehung, womit ein Miteinander gestaltet werden solle, was einen „viel genauer" und regelgeleitet auf die Beziehungen zu anderen Menschen achten lasse, weil eben die Aufmerksamkeit auf die Präsenz Gottes ausgerichtet sei (vgl. ebd., S. 167).

Religiöser Erziehungstyp, bei dem die Einhaltung von religiösen Vorschriften von zentraler Bedeutung ist – „Ritualisten"

Eltern, die diesen Typus kennzeichnen, heben insbesondere die Einhaltung von religiösen Vorschriften hervor. Die Kernaspekte des Islams, wie beispielsweise das Kennen von Glaubensgrundlagen und die Einhaltung der fünf Säulen, stellen für diese Eltern eine wesentliche Voraussetzung ihrer Erziehung dar. Es wird darauf geachtet, das Gebotene (türk. *helal*, arab. *halal*) einzuhalten und das Verworfene (türk./arab. *haram*) zu umgehen. Charakteristisch für diese Gruppe ist zudem, dass besonders viel Wert auf eine religiöse Bildung gelegt wird, die das Wissen der islamischen Quellen, wie z.B. der Sunna des Propheten (s) oder des Korans, und die Beherrschung der wesentlichen Grundlagen des Islams voraussetzt. Dies ist umso mehr von Bedeutung, wenn handlungsleitende Prinzipien insbesondere in die Praxis umgesetzt werden sollen. Die Erziehungsvorstellungen dieser Eltern korrespondieren sehr stark mit einer klassisch-islamischen Vorstellung (die Glaubensgrundlagen und die fünf Säulen des Islams beherrschen) einer religiösen Erziehung.

Die religiöse Praxis spielt für alle Eltern dieser Gruppe eine wichtige Rolle. Mecelle, ein Vater, erwähnt Feierlichkeiten, das Gebet, das eindeutig die praktische Dimension der Religion berührt. Mit dem Kennen des Propheten und „alle[m], was mit dem Islam zu tun hat“ spielt er auf die religiöse Bildung und auf Grundlagen an, worauf sich die religiöse Praxis stützt. Für ihn steht die religiöse Bildung im Vordergrund. Gerade das Praktische, wie die Gebete, würden sich nur durch plausible Begründungen, d.h. nur durch Wissen erklären lassen. Für ihn ist das Ziel religiöser Erziehung, „Gott zu erkennen“, somit der ersten Glaubensgrundlage zu folgen und ein „guter Mensch“ zu werden (vgl. Uygun-Altunbaş, 2017, S. 169). Auf die Frage, was er unter einem „guten“ Menschen verstehe, geht Mecelle folgendermaßen ein:

> „Der tut Gutes, [...] islamische Vorschriften hält er ein: sein Gebet, sein Fasten, diese Sachen; hilft anderen Menschen und auch, natürlich ist [steht, Anm. d. Verf.] die Bildung im Vordergrund. Ohne Bildung kommt man nicht weit. Das gibt [bietet, Anm. d. Verf.] der Islam ja auch durch Koranlernen, Arabischlernen und die Islamwissenschaften, wenn man da rein kommt, wird viel Wissen angeeignet.“ (Mecelle, Z.: 48, in Uygun-Altunbaş, 2017, S. 170)

In dieser Interviewpassage sind alle Merkmale dieses Erziehungstyps benannt, wie die Einhaltung islamischer Vorschriften, die sich auf die fünf Säulen des Islams beziehen, das Aneignen von religiöser Bildung, die wiederum auf klassische Inhalte wie das Erlernen des Koranlesens, das Arabischlernen und die islamischen Grundlagen verweist sowie auf die ethische Komponente abzielt (vgl. ebd.).

Der hohe Stellenwert der religiösen Erziehung wird durch eine Mutter, Selma, mit dem Glauben an Gott und der Einhaltung religiös konnotierter Regeln und ein im Vergleich zur Elterngeneration deutlich hergestellter Sinnbezug mit nachvollziehbaren Begründungen erläutert:

> „Ich möchte eigentlich von Anfang an meinen Kindern also beibringen, was unsere Religion ist, warum wir an Gott glauben müssen, warum wir uns an bestimmte Regeln halten müssen. Das ist einfach wichtig, dass das Kind schon von klein auf das also lernt und nicht ... Und ich habe das nicht gehabt in meiner Kindheit und ich wusste nicht, warum, wieso, weshalb; und wenn meine Kinder mich fragen, dann erzähle ich das also, soweit ich das kann eigentlich, so gut wie ich das kann oder mein Mann.“ (Selma, Z.: 34, in ebd., S. 173)

Ziel ist es für die Eltern, dass ihre Kinder religiöse Gebote gewissenhaft erfüllen. Hierzu zählen die Einhaltung des Keuschheitsgebots bzw. die Berücksichtigung der Sexualmoral (vgl. Boos-Nünning, 2011) und das nicht Ausgehen am Abend, das Tragen des Kopftuches. Die religiöse Erziehung und das Festhalten am Glauben bieten hier Schutz vor „Fehlern“, die die Kinder vor einer Eheschließung machen könnten (vgl.

ebd., S. 171). Dabei biete die Religion auch Schutz vor Drogen oder anderen schlechten Wegen wie Kriminalität oder Gefahren, die beispielsweise von den Medien ausgehen. Auch der extremen Konsumorientierung soll Einhalt geboten werden, indem das „Schöne" im Islam hervorgehoben wird.

Schließlich wird an mehreren Stellen auf moralische und ethische Aspekte (= türk. *ahlak*) wie das gute Benehmen abgezielt: Respekt gegenüber Älteren, nicht Lügen, einen guten Umgang mit den Mitmenschen pflegen und sittliches Verhalten (= türk. *edeb*) sind Bestandteile ihrer religiösen Erziehung (vgl. ebd., S. 169–177).

Diese Gruppe Eltern weist im Vergleich zu allen anderen Typen die höchste Spiritualität auf. Sie verbinden mit ihrer Spiritualität, die sich in Form von Schutz, Sicherheit und Geborgenheit und letztendlich auch im Gottvertrauen äußern soll, einen schützenden Effekt. Im Vergleich zur Spiritualität der Eltern, die nach Sinn und Orientierung streben, sollen die religiösen Erfahrungsmomente für Eltern dieses Typs viel stärker einen schützenden Effekt hervorrufen und Halt bieten. Das heißt, der ordnungsstiftende Moment, der nicht nur aus der Regelbefolgung hervorgehen soll, äußert sich hier eindrücklich auch im religiösen Erfahrungsbereich.

Religiöser Erziehungstyp, der Identität und Persönlichkeit in den Vordergrund stellt – „Identitätssucher"

Eine geringere Anzahl von Eltern stellt die Entwicklung einer *Identität* und *Persönlichkeit* in der religiösen Erziehung in den Vordergrund. Lediglich zwei Mütter, namentlich Lema und Hülya, verfolgen dieses Ziel. Als Expertinnen verfügen beide über eine universitäre pädagogische Ausbildung und nehmen daher eine Sonderrolle ein. Dennoch kommen sie in dieser Untersuchung als Mütter zu Wort. Gemeinsam ist ihnen zum einen die Betonung des Aspekts der Identität und der Persönlichkeitsentwicklung in der religiösen Erziehung und zum anderen eine hohe Bereitschaft und Engagement, sich für *Dialog* und *Vielfalt* in allen in dieser Untersuchung angesprochenen Bereichen einzusetzen. Daneben stellen für beide Elternteile die Einhaltung von religiösen Vorschriften und die Befolgung von ethischen Grundsätzen einen nicht zu unterschätzenden Aspekt ihrer religiösen Erziehung dar. Bei diesem Typus äußert sich durch deren Befolgung der identitätsbildende Charakter der religiösen Erziehung, der wiederum dazu dienen soll, eine Persönlichkeit zu entwickeln, die verschiedene Anforderungen und Erwartungen erfüllt. In der Bildung einer Identität wird daher auch die Erfüllung eines Zugehörigkeitsbedürfnisses gesehen.

Die religiöse Erziehung nimmt für Lema, eine Mutter, einen wichtigen Stellenwert ein. Dabei ist es für sie wichtig, eine gut durchdachte zeitgemäße Vorgehensweise zu entwickeln, wie man mit Kindern und Jugendlichen „heutzutage" umgehen sollte (vgl. Uygun-Altunbaş, 2017, S. 178). Weil sie ja jetzt auch ein Kind hat, stellt sich für sie als Pädagogin die Frage, wie sie später das Kind den Institutionen anvertrauen soll (Lema hat ein Baby). Hier spielt insbesondere die Frage nach der *Identität* des Kindes eine besondere Rolle. In diesem Zusammenhang thematisiert sie auch den Umgang mit der Religion der „anderen":

> „[...] Man sieht ja, auch z.B. vorher, als ich kein Kind hatte, war es ja anders. Jetzt [sieht, Anm. d. Verf.] man ja die Welt mit anderen Augen. Seien es diese ganzen Institutionen, man muss denen ja später das Kind anvertrauen, ja dann denkt man sich ja auch selber, ich bin ja auch eine Pädagogin, ob und inwiefern ich es anvertrauen soll. Jetzt nicht im negativen Sinne, sondern auch für mich ist es ja auch wichtig, in erster Linie, dass mein Kind ja auch mit seiner Identität, auch aufwächst, dass es jetzt nicht irgendwie sich verstellt oder so, später in der Schule, im Kindergarten. Da fängt das ja auch an. Für mich ist es ja kein Problem, dass das Kind im Kindergarten auch mal Weihnachten mitfeiert, aber für mich ist es auch wichtig, dass das Kind seine eigenen religiösen Feste, z.B. sei es im Ramadan oder Opferfest, oder auch die anderen Feste mitfeiern kann, dass es auch die Gelegenheit dazu hat, dass es jetzt nicht nur mit Weihnachten und mit Ostern aufwächst, sondern auch, dass es ...". (Vgl. Lema, Z.: 26, in ebd., S. 178).

Mit der „eigenen Identität" aufzuwachsen verbindet Lema damit, diese nicht nur zu Hause zu wahren, sondern sie in staatlichen Schulen, in denen muslimische Kinder auf Kinder anderen Glaubens treffen, weiterzuentwickeln. Hier knüpft sie ihre Erwartung an, dass es möglichst vielfältig aufwächst und sich bei gleichzeitiger Wahrung der eigenen Identität mit anderen Religionen auseinandersetzen kann. Nicht zuletzt beinhalten diese ja nach ihrer Vorstellung ähnliche ethische Grundsätze (die Zehn Gebote im Christentum) wie im Islam (vgl. ebd., S. 179).

Auch bei der zweiten Mutter, Hülya, zeigt sich, wie sehr es bei der religiösen Erziehung um Fragen nach der eigenen Identität geht:

> „Also, Religion bedeutet für mich, dass ich dadurch mein Leben orientiere, also, dass sich dadurch mein Leben orientiert und dementsprechend formt, wie soll ich das sagen, ich thematisiere das mit meinen Kindern, ich lebe es ihnen auch vor. Und, aber allgemein von klein an habe ich damit angefangen, schon im Bauch, dass ich z.B. aus dem Koran vorgelesen habe oder auch gehört und das dann auch meine Kinder habe hören lassen. [...], also man beginnt immer darüber zu sprechen: ‚Was ist Gott, ne? Was heißt denn ‚wir' überhaupt? Wer bin ich?' Also diese Fragen; und das vermittelt man z.B. auch, ja, manchmal in kleineren Gesprächen mit dem Kind, ob das jetzt am Tisch ist [...]." (Vgl. Hülya, Z.: 24, in ebd., S. 181f.)

Religion und religiöse Erziehung sollen tugendhaftes Verhalten bewirken, die z.B. auch in den zehn Geboten zu finden seien oder einer Hilfsbereitschaft, die den sozialen Charakter hervorhebt, verpflichtet sind. Gerade darin sieht Lema ein Problem dieser Zeit, nämlich den Individualismus, der immer mehr zu Abkapselung und Egoismus führe. Hier sei es wichtig, sich auf die muslimischen und christlichen Werte zu besinnen, um eben „Gutes" bewirken zu können (vgl. ebd., S. 179). Es soll sich durch religiöse Erziehung ein „guter Mensch" entwickeln und damit eine Persönlichkeit, die verschiedenen Anforderungen, wie z.B. der Befolgung von bestimmten Werthaltungen, gerecht wird. Für die Identitätsentwicklung sei es erforderlich, religiöse Werte oder ethische Grundsätze, wie beispielsweise Respekt, Vertrauen oder Liebe, innerhalb der eigenen „kleinen Familie" weiterzugeben (vgl. ebd., S. 182).

Die Entwicklung einer Persönlichkeit, ein Bewusstsein für die eigene Religion zu entwickeln, fördere den Frieden in der Zukunft. Ein vertiefendes Verständnis der eigenen Religion sei wichtig, damit die Jugendlichen vor möglichen Identitätskonflikten bewahrt werden könnten. Das alleinige Kopftuchtragen und Koranlesen genüge beispielsweise nicht. Die Bewusstwerdung der eigenen Identität sorge zudem für ein Zugehörigkeitsgefühl. Zu wissen, wo man hingehört, verstärke den Respekt vor sich selbst und gegenüber den anderen. Als Ergebnis könne hieraus die Entwicklung einer „gesunden Identität" gesehen werden, womit die Erkenntnis darüber, „wer" man ist und „wo" man hingehört, d.h. die Zugehörigkeit zu einer Religion, verknüpft ist (vgl. ebd., S. 183).

Religiöser Erziehungstyp, der sich ethischen Grundsätzen verpflichtet – „Ethiker"

Eltern, die sich ethischen Grundsätzen verpflichten, stellen den ethisch-moralischen Aspekt der religiösen Erziehung in den Vordergrund. Allen Eltern dieses Typs ist es von besonderer Bedeutung, dass die Kinder sich zu „guten Menschen" entwickeln, die für ihre Umwelt und sich selbst Gutes und Nützliches tun. Die Entwicklung eines guten Charakters (türk. *ahlak*) soll dazu dienen, sich auf den Glauben zu beziehen, um die religiösen Pflichten und Gebote gewissenhaft zu erfüllen. Des Weiteren muss auch hervorgehoben werden, dass alle Eltern neben der ethischen Perspektive, als der primären Zugangsform zu ihrer religiösen Erziehung, auch unterschiedlichen Aspekten, wie beispielsweise dem Glauben, der Sinnorientierung oder der Spiritualität, eine zentrale Bedeutung beimessen. Diese Differenzen werden im Folgenden gleichermaßen thematisiert. Es wird darin auch ein individueller Zugang der befragten Eltern zur Religion deutlich, die ebenfalls typische Elemente und Merkmale von Ritualisten oder Idealisten aufgreifen (wie z.B. Sinnorientierung, Einhaltung von religiösen Geboten).

Werte, die „Ethiker" als Grundlage ihrer Erziehung benennen, können sowohl religiös begründet sein, als auch universell gelten. So werden z.B. Werte oder ethische Grundsätze wie Ehrlichkeit oder Fairness religiös oder universalethisch begründet. Diese Perspektive ist typisch für alle Eltern dieses Typs (vgl. Uygun-Altunbaş, 2017, S. 187). Gerade die Vereinbarkeit von modernen Erziehungszielen bzw. -werten mit religiösen Erziehungszielen ist für einige Eltern ein wesentliches Kriterium ihres Erziehungsverständnisses.

Als das zentrale Ziel ihrer religiösen Erziehung betrachtet z.B. Belkıs, dass sie ein Kind dahingehend beeinflussen möchte, dass es zum einen positiv auf seine Umwelt und auf die Gesellschaft einwirkt und daneben ein Mensch wird, der unter Bezugnahme auf sein Gewissen selbstständig denken und entscheiden kann. Dabei spielen die rituellen Aspekte für sie eine eher untergeordnete Rolle, obwohl diese gleichermaßen „auch total wichtig" für sie seien:

> „[…] Das ist eigentlich ... für mich ist mein Erziehungsziel, dass ich ein Kind beeinflusse, soweit es geht, zu einem Menschen, der erstens positiv auf die Gesellschaft einwirkt, positiv in seinem Umfeld wirkt, zweitens zu einem Menschen, der selbstständig denkt und entscheidet, aber das auch mit seinem Gewissen vereint, in Bezugnahme auf sein Gewissen quasi. Es kommt mir weniger darauf an, bestimmte rituelle Sachen ... das ist natürlich auch total wichtig für mich. Das fünfmalige Beten und so weiter und so weiter, aber in erster Linie wirklich, selbstständig denken und entscheiden zu können. Das ist für mich sehr wichtig! Für meine Kinder." (vgl. Belkıs, Z.: 33, in Uygun-Altunbaş, 2017, S. 187).

Der Glaube, der sich in der Seele des Kindes manifestieren soll, stellt für Belkıs den Sinn des Lebens dar. Er solle den Charakter und die Seelen der Kinder formen und bestimmte charakterliche Eigenschaften, die den Kindern nahegelegt werden, würden sich eben aus dem Glauben ableiten lassen:

> „Ja, das ist so ein Ganzes eben! Ja, heutzutage fragen sich ja viele Menschen, auch also erwachsene Menschen: ‚Was ist es für mich, was ist der Sinn?' Für die einen ist es die Familie, für die anderen ist es der Ehepartner. Die anderen sehen überhaupt keinen Sinn. Für mich ist es der Glaube an Gott. Das ist für mich der Sinn des Lebens und ich möchte das, diesen Sinn, auch an meine Kinder weitergeben!" (vgl. Belkıs, Z.: 39, in ebd.)

Um das Erziehungsverständnis dieser Eltern zu verdeutlichen, soll im Weiteren zusammenfassend wiedergegeben werden, auf welche ethisch-moralischen Grundauffassungen sich die Eltern jeweils beziehen.

Die Kinder sollen sich zu für die Gesellschaft „nützliche[n] Menschen" (vgl. ebd., S. 189), zu „guten Menschen" entwickeln, die ein gutes Verhalten, Herzensgüte, Ehrlichkeit, Wahrhaftigkeit und Empathiefähigkeit an den Tag legen. Religiöse Erziehung soll gute Menschen hervorbringen, die demokratisch, mitfühlend und helfend mit anderen Menschen umgehen. Hierbei seien auch Achtung und ein gewisser Respekt und Nächstenliebe von Bedeutung, um diese nicht nur im persönlichen Leben, sondern auch in den Schulen und der Gesellschaft umzusetzen (vgl. ebd., S. 194).

Im Vergleich zu den Müttern heben die Väter stärker die sozialen Eigenschaften und Tugenden hervor, die durch eine religiöse Erziehung gefördert werden sollen. Hierzu zählen sowohl ein aus humanitären Gründen gewähltes soziales Verhalten, dass der Besitz durch Spendenabgaben geteilt werden müsse, als auch Werthaltungen wie Gerechtigkeit, Respekt, sozial verantwortliches Verhalten, Hilfsbereitschaft und der Vollzug guter Taten, ohne eine Gegenleistung zu erwarten. Aber auch einen guten Umgang zur eigenen nichtmuslimischen Nachbarschaft zu pflegen, um miteinander auszukommen, wird als Folge des muslimischen Glaubens hervorgehoben. Schließlich werden noch der Aspekt des Dialogs oder die Wertschätzung von Vielfalt und Natur- und Tierschutz benannt (vgl. ebd., S. 198–202).

Die Pluralität der religiösen Sozialisation in muslimischen Familien

Die verschiedenen hier dargestellten religiösen Erziehungstypen verweisen auf die Vielschichtigkeit und Heterogenität von muslimisch geprägten Familien. Hierbei wird die Pluralität von muslimischen Lebensweisen in der christlich-säkularen Mehrheitsgesellschaft aufgezeigt und artikuliert. Dabei werden religiöse Erziehungsmuster und Familienreligiosität sichtbar gemacht, die bisher in dieser Form noch nicht untersucht wurden. Es wurden vier unterschiedliche religiöse Erziehungstypen identifiziert, die jeweils spezifische, religiöse Erziehungsvorstellungen muslimischer Eltern aufzeigen. Dabei hat sich gezeigt, dass (religiösen) Sozialisationsprozessen in Familien eine wichtige Rolle zukommt. Unabhängig davon, welchem Typ die befragten Eltern angehören, spielen für sie die Befolgung von religiösen Geboten bzw. handlungs- und orientierungsleitende Prinzipien, die Verinnerlichung eines religiös-ethischen Leitbildes und sinnhaft spirituelle Momente in der religiösen Erziehung eine wichtige Rolle. Neben den die jeweiligen religiösen Erziehungstypen kennzeichnenden Unterschieden weisen die Gemeinsamkeiten auf die drei wesentlichen Grundkomponenten, die Glaubensgrundlagen, die rituellen Handlungen bzw. die religiöse Praxis und die ethisch-moralischen Aspekte, einer religiösen Erziehung hin. Diese sind für alle Eltern verbindliche normative Grundlagen, die jedoch, wie oben aufgezeigt, mit einer unterschiedlichen Intensität und Prioritätensetzung und subjektiven Deutungsmustern verfolgt werden. Insgesamt äußern sich ihre Grundhaltungen demgemäß in der von ihnen gelebten Religiosität.

Die Religiosität von muslimischen Familien, als Ausdruck und Folge einer subjektiv vermittelten religiösen Erziehung, ist sehr unterschiedlich charakterisiert und weist verschiedene Ausprägungen und typspezifische Merkmale auf. Für viele der befragten Eltern spielt ihre Religion in der Migrationssituation aufgrund ihres Minderheitenstatus eine bedeutsamere Rolle als in ihrem Herkunftsland oder dem Herkunftsland der Eltern. Sie hat trotz des, im Vergleich zur Elterngeneration, eingetretenen Wandels unter Abwendung von traditionell-religiösen Auffassungen, ihre orientierungs- und handlungsleitende Funktion nicht eingebüßt, sondern verstärkt. Eine bewusst religiöse Lebensweise und eine bewusstere Auseinandersetzung mit ihrer Religion, auch unter Rückbezug auf die normativen Grundlagen des Islams, kennzeichnet für viele Eltern daher ihre Religiosität, die sie an ihre Kinder herantragen.

Die Religiosität ist für muslimische Eltern ferner identitätsbestimmend. Ein wesentliches Ergebnis ist, dass für eine Gruppe intellektuell-reflektierender Eltern, die ihre religiöse Erziehung stets unter dem Aspekt der Persönlichkeitsentwicklung betrachtet, die Anerkennung als Muslime in der Gesellschaft ein sehr wichtiges Anliegen darstellt und ein hohes Dialogbewusstsein ihr Verhalten prägt. Der Wunsch nach einer möglichen Selbstverortung und Selbstpositionierung in der Gesellschaft zeigt ihr Engagement, als Mitglieder dieser Gesellschaft wahrgenommen zu werden. Damit sollen nicht zuletzt Wege für die Integration von Muslimen und ihren Kindern geebnet werden.

Als letztes charakteristisches Merkmal der Religiosität konnte in der Untersuchung eine stärker individualisierte Zugangsform zur Religiosität deutlich gemacht werden.

Es handelt sich hierbei um eine Gruppe von Eltern, die ihren Kindern einen „reflektierten" Islam vermitteln möchte. Hierbei steht für diese Eltern die Hinterfragung des Gegebenen und daraus folgend die subjektive bzw. individuelle Wahrheitsfindung im Vordergrund. Dies deutet auf Individualisierungstendenzen hin, die sich in verschiedenen Lebensbereichen äußern.

5. (Forschungs-)Perspektiven für eine migrationssensible Familienbildung

Aus den oben aufgeführten Ergebnissen lassen sich Besonderheiten und Konsequenzen für eine migrationssensible Familienbildung ableiten, die im Folgenden unter verschiedenen Gesichtspunkten betrachtet werden. Wenn Initiatoren der Familienbildung gerade muslimische Eltern als Kooperationspartner gewinnen und Zugangsbarrieren minimieren möchten, stellt sich insbesondere die Frage, wie das Verhältnis zwischen Pädagogen, Elternbildnern, Beratern und muslimischen Eltern aussehen kann. Ziel ist es hierbei für einen erfolgreichen Umgang in der pädagogischen Praxis ein größtmögliches und besseres Verständnis für muslimische Eltern und ihre Kinder zu erreichen.

Muslimische Vielfalt und Heterogenität respektieren

Sowohl die Literatur zur Erziehungswirklichkeit in muslimischen Familien (vgl. Kap. 2) als auch die Ergebnisse der Studie (vgl. Kap. 4) verweisen auf eine Vielfalt und Heterogenität von Familienkulturen, die es für den Erfolg der angestrebten Elternbildung zu verstehen und respektieren gilt. Es sollte deutlich geworden sein, dass die Rolle und die Bedeutung der Religion insgesamt variiert und daher nicht von *dem* Islam ausgegangen werden kann. Diese Heterogenität, die aus unterschiedlichen religiösen Erziehungsvorstellungen, (religiösen) Deutungsmustern und Perspektiven muslimischer Eltern herrühren, sollte in der pädagogischen Praxis als Normalität wahrgenommen werden.[9] Hierbei ist es insbesondere von Bedeutung, das religiöse Selbstverständnis der Eltern wahrzunehmen und zu respektieren.

Auch konnte ein vielseitiges Bild muslimischen Familienlebens nachgezeichnet werden, das dazu anregen soll, diese Vielfalt jenseits klischeehafter Vorurteilsbildung und Stereotypisierungen über muslimische Familien und den Islam wahrzunehmen und zu respektieren. Gerade in der Medienlandschaft kursierende negative Meinungsbilder über muslimische Familien führen vielfach zur unreflektierten Übernahme dieser „Bilder" in die berufliche Praxis. Die Folge sind Zugangsbarrieren, die vermieden werden können, wenn eine professionell wertschätzende Haltung die pädagogische Praxis bestimmt. Eine kritisch-selbstreflexive Haltung des pädagogischen Personals stellt daher eine wichtige Voraussetzung für einen kultursensiblen bzw. migrationssensiblen Umgang mit muslimischen Familien dar. Darüber hinaus können die oben

9 Ausgenommen sind natürlich Radikalisierungstendenzen und gewaltbereite Auslegungen des Islam. Diese Thematik stellt einen eigenständigen (Untersuchungs-)Bereich dar.

beschriebenen Kenntnisse über religiöse Erziehungsvorstellungen, Religiosität und Werthaltungen dazu anregen, die eigene professionelle Haltung zu hinterfragen und zu überprüfen.

Die Sensibilität, die Bereitschaft zur Empathie und ein wertschätzender Umgang können nicht zuletzt unterstützend wirken, muslimischen Familien auch Werte der Mehrheitsgesellschaft nahe zu bringen (vgl. Thiessen, 2009). Insgesamt wird eine interkulturelle Öffnung und Sensibilität für muslimische Familien in Einrichtungen der Elternbildung Wege für eine erfolgreiche Integration in die Gesellschaft ebnen.

Ein weiterer wichtiger Aspekt könnte in diesem Zusammenhang auch der Einsatz von (praktizierenden) muslimischen und muttersprachlichen Fachkräften bzw. Mitarbeitern sein, denen es gelingt, das religiöse Selbstverständnis in der Alltagspraxis angemessener zu berücksichtigen. Dadurch wird zudem Authentizität vermittelt. Schließlich wird die Zusammenarbeit und Vernetzung mit Moscheegemeinden und religiösen Verbänden unterstrichen. Sie können als Anknüpfungspunkte dienen, um muslimische Eltern zu erreichen (vgl. Boos-Nünning et al., 2016; Schiffauer, 2015; Thiessen, 2009).

Ressourcen nutzen – Eltern stärken

Die Familienbildung hat insbesondere die Stärkung von Erziehungskompetenzen zum Ziel. Gemäß diesem Anliegen kann die Berücksichtigung der muslimischen Religiosität und ihrer verschiedenen Facetten und Merkmale einen Zugewinn für die Familienbildungspraxis darstellen. Eine sensible und wertschätzende Haltung des pädagogischen Personals zu religiösen Themen ist eine Kompetenz, die bisher nicht genügend beachtet wurde, jedoch Chancen für ein friedliches und konstruktives Zusammenleben eröffnen kann. Demgemäß kann die muslimische Religiosität in differenten Funktionen in Erscheinung treten: a) in ihrer identitätsstiftenden Funktion, b) Sinn- und Orientierungsfunktion (auch im Sinne einer Kontingenzbewältigung), c) sozial-ethischen Funktion und damit insgesamt in ihrer d) integrativen Funktion.

Die Religiosität ist gemäß muslimischer Eltern identitätsstiftend (vgl. Kap. 4, vgl. auch Kap. 2). Sie nimmt gerade in der Migrationssituation eine besondere Stellung ein. Ihre religiöse Erziehung soll ihre Kinder dazu befähigen, eine gesunde, ausgewogene Persönlichkeit zu entwickeln, die Selbstvertrauen und ein Selbstbewusstsein zufolge hat. Dieses Selbstbewusstsein erlaube es ihren Kindern, in allen möglichen Lebenssituationen inneren Halt und Sicherheit zu empfinden. All diese Aspekte dienen zur persönlichen Integration und Stärkung, um in einem guten Einklang zwischen ihrem Selbst und ihrer Umwelt zu stehen und sich in die Gesellschaft erfolgreich einzubringen.

Mit zahlreichen Beispielen konnte verdeutlicht werden, dass im Leben von muslimischen Familien Religion die Möglichkeit zu Sinn und Orientierung im Leben gibt und damit auch in ihrer Ordnungsfunktion (Regeln durch Einhaltung religiöser Gebote, Halt und Sicherheit im Alltag) eine weitere wichtige Ressource darstellt, sodass sie als solche wahrgenommen und behandelt werden sollte. Die Religion erfüllt eine wichtige Orientierungs- und Stützfunktion, die den muslimischen Familien in schwierigen Zeiten und Lebenskrisen einen wichtigen Halt, Sicherheit und Schutz bietet. Die Erfordernisse und Schwierigkeiten des Alltags sowie kritische Phasen, wie die Pubertät, schulische Probleme u.a., werden durch sie anhand religiöser Deutungs- und Handlungsmuster, wie z.B. Optimismus oder Geduld, bewältigt. So tragen ihre religiösen Grundeinstellungen zur Bewältigung ihrer Probleme bei und sollen letztendlich Stärke und Selbstvertrauen hervorbringen.

Muslimische Eltern betonen die sozial-ethische Dimension der Religion in ihrer religiösen Erziehung. Ein gutes Verhalten gegenüber der Umwelt, indem Verantwortung für die Gesellschaft (für Menschen, Tiere, Pflanzen, Gesundheit) übernommen wird und gegenseitiger Respekt, Empathie und Wertschätzung für andere aufgebracht werden, soll einen wichtigen Beitrag für ein möglichst reibungsfreies konstruktives Zusammenleben in dieser Gesellschaft leisten.

Eine ressourcenorientierte Familienbildung, die diese Erkenntnisse nutzen kann, könnte einen wichtigen Beitrag zur Integration muslimischer Familien und somit für ein friedliches Zusammenleben in dieser Gesellschaft leisten.

Religiöse Sozialisation in der Forschung

Die religiöse Sozialisation in muslimischen Familien in Deutschland wurde in der wissenschaftlichen Forschung bis dato vernachlässigt. In der vorgestellten Studie wurden muslimische Eltern mit türkischem Migrationshintergrund berücksichtigt. Gerade die Erforschung anderer ethnischen Gruppierungen, die innerhalb der muslimischen Minderheit in Deutschland vorzufinden sind, stellt eine wichtige Voraussetzung dar, um religiöse Sozialisationsprozesse in ihrer breiten Differenziertheit zu erfassen.

In dieser Studie wurden muslimische Eltern befragt, denen die Tradierung ihrer religiösen Erziehung von Bedeutung ist und reflektierte Angaben über ihre religiöse Erziehung gemacht haben. Inwieweit die Religiosität unter muslimischen Familien auch ohne intensiven, reflektierten Bezug zur eigenen Religion insgesamt variiert, darauf deuten Ergebnisse über Repräsentativbefragungen (vgl. z.B. Brettfeld/Wetzels, 2007 und Haug/Müssig/Stichs, 2009) hin. Hier besteht weiterhin Forschungsbedarf. Nicht zuletzt gilt es, diese Variabilität insbesondere in der Familienbildung(spraxis) zu berücksichtigen, um einen sensiblen Umgang mit muslimischen Familien und ihren Besonderheiten zu pflegen.

Untersuchungen über Erkenntnisse und Strukturen neu zugewanderter Familien mit Fluchterfahrungen fehlen weitestgehend. Gerade diese Gruppe hat häufig krisenhafte Erlebnisse und Erfahrungen zu verarbeiten. Religion kann hier als sinnstiftendes und identitätsstiftendes Moment auftreten, sowie im Sinne einer Kontingenzbewältigung eine wichtige Funktion erfüllen. Es fehlen jedoch auf sie abgestimmte Konzepte, die sie in ihren religiösen Bewältigungsstrategien unterstützen können.

Die Migrationssituation stellt viele (muslimische) Familien vor besondere Herausforderungen (vgl. Uygun-Altunbaş, 2017, S. 397ff.), denen sie sich häufig nicht gewachsen fühlen. Eine migrationssensible Familienbildung, die beispielsweise die

Stärkung der Erziehungskompetenzen (muslimischer) Migrationseltern und damit auch die Stärkung der Bildungschancen ihrer Kinder (vgl. Boos-Nünning et al., 2016) im Blick hat, sollte zudem auch die muslimische Religiosität als eine wichtige Ressource stärker in den Blick nehmen. Gerade die Berücksichtigung der muslimischen Religiosität und ihrer Besonderheiten stellt in der Familienbildung(spraxis) ein bisher vernachlässigtes Thema dar. Wichtig wäre für eine erfolgreiche Familienbildung, diese dementsprechend auch um die Komponente „religionssensibel" zu erweitern. Für die Ausgestaltung und Konzeptualisierung einer religionssensiblen Familienbildung bieten die oben aufgeführten Ergebnisse wichtige Anhaltspunkte, die jedoch die Planung konkreter Handlungsschritte für die pädagogische Praxis voraussetzen.

6. Fazit

Mit den oben aufgeführten Ergebnissen zur religiösen Sozialisation wurde ein Ausschnitt der Lebenswirklichkeit muslimischer Familien sichtbar gemacht. Die Heterogenität und Variabilität der Erziehungsvorstellungen in Migrationsfamilien wurde bis dato durch zahlreiche Studien unterstrichen (vgl. z.B. Boos-Nünning, 2011). Die Vielfalt an Erziehungsvorstellungen wird auch unter praktizierenden religiösen Familien deutlich. Für eine vertrauensvolle Zusammenarbeit mit (muslimischen) Migrationsfamilien gilt es vor allem, Sensibilität, Empathie und ein Gespür für die Besonderheiten der Familien zu entwickeln. Ein ressourcenorientierter Blickwinkel ermöglicht es, die Chancen, die sich durch eine religiöse Lebensweise bzw. durch Religiosität ergeben, stärker in den Fokus zu nehmen. Religiosität kann dabei eine integrative Funktion erfüllen, die die gesellschaftliche Teilhabe der in Deutschland lebenden Menschen mit Migrationshintergrund fördern kann. Auch können die aufgeführten Erkenntnisse unter Umständen dazu beitragen, potenzielle Konflikte im Vorfeld zu erkennen und präventiv gegenzusteuern. Eine Familienbildung, die die Religiosität muslimischer Familien als Chance wahrnimmt und anerkennt wird einen wichtigen Nerv treffen, der Vertrauen, Respekt und Solidarität mit der Aufnahmegesellschaft bewirken wird.

Literatur

Aygün, Adem (2010): Religiöse Sozialisation und Entwicklung bei muslimischen Jugendlichen in Deutschland und in der Türkei. Empirische Analysen und religionspädagogische Herausforderungen. Bielefeld. Abgerufen unter: http://www.bieson.ub.uni-bielefeld.de/volltexte/2010/1758/[Abrufdatum: 01.10.2010].

Bertelsmann Stiftung (Hrsg.) (2008): Religionsmonitor. Muslimische Religiosität in Deutschland. Überblick zu religiösen Einstellungen und Praktiken. Gütersloh. Abgerufen unter: http://www.bertelsmann-stiftung.de/bst/de/media/xcms_bst_dms_25864_25865_2.pdf [Abrufdatum: 14.11.2010].

Blank, Renate (2000): Qualitative Studie „Jugend 2000 – Fremde hier wie dort". In: Jugendwerk der deutschen Shell (Hrsg.): Jugend 2000 – 13. Shell Jugendstudie. Bd. 2. Opladen, S. 7–351.

Boos-Nünning, Ursula (2011): Migrationsfamilien als Partner von Erziehung und Bildung. Expertise im Auftrag der Abteilung Wirtschafts- und Sozialpolitik der Friedrich-Ebert-Stiftung. Bonn.

Boos-Nünning, Ursula (2013): Aufstieg durch Bildung? Bildungsansprüche und deren Realisierung. Migrationsfamilien und einheimische Familien im Vergleich. In: Boos-Nünning, Ursula/Stein Margit (Hrsg): Familie als Ort von Erziehung, Bildung und Sozialisation. Münster, S. 217–245.

Boos-Nünning, Ursula/Karakaşoğlu, Yasemin (2006): Viele Welten leben. Zur Lebenssituation von Mädchen und jungen Frauen mit Migrationshintergrund. Münster.

Boos-Nünning, Ursula et al. (2016): Bildungsbrücken bauen. Stärkung der Bildungschancen von Kindern mit Migrationshintergrund. Ein Handbuch für die Elternbildung. Münster.

Brettfeld, Katrin/Wetzels, Peter (2007): Muslime in Deutschland – Integration, Integrationsbarrieren, Religion sowie Einstellungen zu Demokratie, Rechtsstaat und politisch-religiös motivierter Gewalt – Ergebnisse von Befragungen im Rahmen einer multizentrischen Studie in städtischen Lebensräumen. Im Auftrag des Bundesministeriums des Innern. Hamburg.

Ceylan, Rauf (2014): Cultural Time Lag. Moscheekatechese und islamischer Religionsunterricht im Kontext von Säkularisierung. Wiesbaden.

Frese, Hans-Ludwig (2002): „Den Islam ausleben". Konzepte authentischer Lebensführungen junger türkischer Muslime in der Diaspora. Bielefeld.

Haug, Sonja/Müssig, Stephanie/Stichs, Anja (2009): Muslimisches Leben in Deutschland. Im Auftrag der deutschen Islam Konferenz (DIK) und des BAMF. Forschungsbericht 6. Nürnberg.

Hunner-Kreisel, Christine (2010): Respekt als generationales Muster? Aufwachsen im Kontext von Migration und familialen muslimischen Lebenswelten. In: Andresen, Sabine/Hunner-Kreisel, Christine (Hrsg.): Kindheit und Jugend in muslimischen Lebenswelten: Aufwachsen und Bildung in deutscher und internationaler Perspektive. Wiesbaden, S. 177–191.

Karakaşoğlu-Aydın, Yasemin (2000): Muslimische Religiosität und Erziehungsvorstellungen. Eine empirische Untersuchung zu Orientierungen bei türkischen Lehramts- und Pädagogik-Studentinnen in Deutschland. Frankfurt a. M.

Karakaşoğlu, Yasemin/Öztürk Halit (2007): Erziehung und Aufwachsen junger Muslime in Deutschland. Islamisches Erziehungsideal und empirische Wirklichkeit in der Migrationsgesellschaft. In: Wensierski, Hans-Jürgen von/Lübcke, Claudia (Hrsg.): Junge Muslime in Deutschland. Lebenslagen, Aufwachsprozesse und Jugendkulturen. Opladen/Farmington Hills, S. 157–172.

Klinkhammer, Gritt (2000): Moderne Formen islamischer Lebensführung. Eine qualitativ-empirische Untersuchung zur Religiosität sunnitisch geprägter Türkinnen der zweiten Generation in Deutschland. Marburg.

Mayring, Philipp (2010): Qualitative Inhaltsanalyse. Grundlagen und Techniken. Weinheim Basel.

Nökel, Sigrid (2002): Die Töchter der Gastarbeiter. Zur Soziologie alltagsweltlicher Anerkennungspolitiken. Eine Fallstudie. Bielefeld.

Öztürk, Halit (2007): Wege zur Integration. Lebenswelten muslimischer Jugendlicher in Deutschland. Bielefeld.

Schiffauer, Werner (1991): Die Migranten aus Subay. Türken in Deutschland. Eine Ethnographie. Stuttgart.

Schiffauer, Werner (2015): Schule, Moschee, Elternhaus. Eine ethnologische Intervention. Berlin.

Stöbe, Axel (1998): Islam – Sozialisation – Interkulturelle Erziehung: Die Bedeutung des Islam im Sozialisationsprozeß von Kindern türkischer Herkunft und für Konzepte interkultureller Erziehung. Hamburg.

Thiessen, Barbara (2009): Wie erreicht Familienbildung und -beratung muslimische Familien? Eine Handreichung im Auftrag des Bundesministeriums für Familie, Senioren, Frauen und Jugend (BFSMJ). Abgerufen unter: https://www.bmfsfj.de/blob/95520/dc35e8e1a6a92f9ef4ee4f12335edaa8/wie-erreicht-familienbildung-und-beratung-muslimische-familien--data.pdf [Abrufdatum: 25.04.2018].

Tietze, Nikola (2001): Islamische Identitäten. Formen muslimischer Religiosität bei jungen Männern in Deutschland und Frankreich. Hamburger Institut für Sozialforschung. Hamburg.

Uslucan, Hacı Halil (2008): Religiöse Werteerziehung in islamischen Familien. Expertise im Auftrag des Bundesministeriums für Familie, Senioren, Frauen und Jugend (BFSMJ). Abgerufen unter: http://www.bmfsfj.de/RedaktionBMFSFJ/Abteilung2/Pdf-Anlagen/expertise-religioese-werteerziehung,property=pdf,bereich=bmfsfj,sprache=de,rwb=true.pdf%20 [Abrufdatum: 03.10.2011].

Uslucan, Hacı Halil (2015): „Bildet euch – Im Namen Gottes, der Euch erschaffen hat." Religiöse Erziehung im Spannungsfeld von Geborgenheit und Dogmatismus. In: Engin, Havva et al. (Hrsg.): Handbuch Christentum und Islam in Deutschland. Grundlagen, Erfahrungen und Perspektiven des Zusammenlebens. Freiburg im Breisgau, S. 752–768.

Uygun-Altunbaş, Ayşe (2017): Die religiöse Sozialisation in muslimischen Familien. Eine vergleichende Studie. Bielefeld.

Wensierski, Hans-Jürgen/Lübcke, Claudia (2012): „Als Muslim fühlt man sich hier auch zu Hause". Biographien und Allltagskulturen junger Muslime in Deutschland. Opladen/Berlin/Toronto.

Yalçın-Heckmann, Lale (1998): „Growing up as a Muslimin Germany: Moral and Religious Socialization among the Turkish Migrant Families in Germany". In: Vertovec, Steven/Rogers, Alisdair (Hrsg.): Muslim European Youth. Reproducing ethnicity, religion, culture. Aldershot, GB/Brookfield, USA, S. 164–185.

Christiane Schurian-Bremecker

Mit Ritualen zueinander finden

Der verbindende Aspekt von Ritualen in der Familienbildung

Abstract

Durch den vermehrten Zuzug von geflüchteten Menschen in die Bundesrepublik Deutschland ist die Bedeutung von Migration und Migrationsprozessen stärker in den Fokus der öffentlichen Institutionen gerückt. In der Praxis stehen die Mitarbeitenden oft vor erheblichen Herausforderungen, wenn es darum geht, Unsicherheiten, Konflikte und Auseinandersetzungen aufzufangen und zu begleiten. Dies betrifft auch und gerade die Arbeit mit und in Familien.

Vor diesem Hintergrund ist es wichtig, Gemeinsamkeiten von autochthonen und zugewanderten Menschen zu betonen und gleichzeitig Räume für gemeinsames Handeln zu schaffen. Rituale tragen das Potential in sich, Gemeinsames herzustellen, auch wenn Menschen unterschiedliche Ausgangspunkte mitbringen, denn Rituale stabilisieren und schaffen Ordnung in einer zufälligen Welt.

In diesem Beitrag werden ritualtheoretische Grundlagen und ihre Implikation auf die praktische Arbeit der Familienbildung erörtert. Im Fokus steht die Frage: Warum sind Rituale so wichtig, wenn es darum geht, soziale Gemeinschaften, zu verbinden?

1. Einleitend: Rituelle Inszenierungen im Familienalltag und in der Familienbildung

Rituelle Inszenierungen (Althans, Audehm u.a., 2001, 339) sind allgegenwärtig. Dies gilt nicht nur für den Alltag in Familien, sondern auch für das soziale Leben, in öffentlichen Institutionen.

Im Familienalltag mit all seinen Ritualen, Feiern und Traditionen mag dies leicht nachvollziehbar sein. Wir erinnern uns an den eigenen Kindergeburtstag, an die jährliche Weihnachtsfeier im Kreise der Familie und an alltägliche, immer wiederkehrende Rituale wie die Gute-Nacht-Geschichte vor dem Einschlafen oder das gemeinsame Mittagessen.[1]

In Bezug auf sozialpädagogische Einrichtungen, wie etwa Familienbildungsstätten liegen kaum Untersuchungen vor, die sich auf die Bedeutung ritueller Inszenierungen beziehen. Dabei gibt es auch hier eine Fülle von Ritualen: etwa das Prozedere, um an einem Kurs teilzunehmen, Begrüßungs- und Abschiedsrituale in Seminaren, Kennlernphasen zu Beginn einer Veranstaltung etc. Rituale und rituell vorgegebene Abläufe sind ein komplexes und bedeutsames Phänomen im pädagogischen Alltag. Vielfach entwickeln sich in sozialen Gruppen im Kontext der Familienbildung je eigene rituelle

1 Vgl. hierzu die Ausführungen von Audehm und Zirfas (2000, 29ff.) zur Bildung der Familie durch Rituale, denen eine empirische Studie zu praktischen rituellen Stilen in Familien zugrunde liegt.

Strukturen. Rituelle Inszenierungen haben in vielen Programmen der Familienbildung bereits Eingang gefunden. Jedoch scheint ein bewusster Umgang mit Ritualen in der pädagogischen Forschungsliteratur noch ‚in den Kinderschuhen' zu stecken. Warum eigentlich? Dem pädagogisch reflexiven Einsatz von rituellen Abläufen kommt auch für eine migrationssensible Familienbildung eine hohe Bedeutung zu.

Der vorliegende Beitrag will für einen bewussten Einsatz von Ritualen in familienpädagogischen Einrichtungen, wie Familienbildungsstätten, sensibilisieren. Mitarbeitende stehen in unserer Gesellschaft, die durch den vermehrten Zuzug von geflüchteten Menschen geprägt ist, vor erheblichen Herausforderungen in Bezug auf den Umgang mit und die Begleitung von Unsicherheiten, Konflikten und Auseinandersetzungen. Vor diesem Hintergrund ist es wichtig, Gemeinsamkeiten von autochthonen und zugewanderten Menschen zu suchen und gleichzeitig Räume für kollektives Handeln zu öffnen. Rituale tragen das Potential in sich, Gemeinsames herzustellen, auch wenn Menschen unterschiedliche Ausgangspunkte mitbringen, denn Rituale stabilisieren und schaffen Ordnung in einer zufälligen Welt (Zirfas 2004, 10).

Der Fokus der nachfolgenden Betrachtung liegt aufgrund dieser Herausforderungsstruktur, die sich auch in der Familienbildung zeigt, auf dieser verbindenden Funktion von Ritualen.

Zunächst soll hierzu unter Rückgriff auf Einsichten der anthropologischen bzw. pädagogischen Ritualforschung die Bedeutung von Ritualen als lebensweltliche Bindemittel und differenzbearbeitende Elemente herausgearbeitet werden. Im Fokus steht dabei die Fragestellung, was Rituale zur Konstituierung und Entwicklung sozialer Gemeinschaften beitragen können.

Auszugehen ist davon, dass Rituale wichtige Bausteine im pädagogischen Geschehen sind, denn Rituale eröffnen Handlungsspielräume, rhythmisieren die pädagogische Arbeit, tragen zu einer Struktur von Zeit und Tätigkeit bei und dynamisieren Gruppenprozesse.[2] Hohe Bedeutung kommt daher den rituellen ‚Ansatzpunkten' in der alltäglichen pädagogischen Arbeit zu. Daraus ergeben sich weitere Fragestellungen, die dann im Folgenden aufgegriffen werden: Wie sind Lehrende als Teil ritueller Inszenierungen eingebunden? Wie hängen räumliche Gestaltung und Rituale zusammen und wie sieht eine Begleitung gruppeninterner Dramaturgie in rituellen Performances aus?

2. Die Bedeutung von Ritualen für soziale Gemeinschaften

Lange Zeit herrschte in der Pädagogik eine gewisse Skepsis gegenüber Ritualen. Dies ist insofern nachvollziehbar, als sich viele Beispiele aus der pädagogischen Praxis finden lassen, in denen Rituale sinnentleert, zusammenhangslos und ausschließlich zur Festigung von Machtstrukturen eingesetzt wurden. Gerade weil sie ihrem Wesen nach natürlich wirken (Zirfas 2004, 10), ist es im (sozial-)pädagogischen Kontext so wichtig, rituelle Inszenierungen zu erkennen, zu bewerten und einen bewussten Umgang mit

2 Vgl. hierzu die Ausführungen zur Bedeutung von Ritualen bei Zirfas (2004, 9ff.).

rituellen Inszenierungen anzulegen. Die kritische Auseinandersetzung mit Ritualen in den 68er Jahren habe nach Kerll und Wagner „Berührungsängste und ein allgemeines Unbehagen gegenüber Ritualen" (2009, 2) hinterlassen. Die Autoren sind der Ansicht, dass nur in Ansätzen eine grundsätzliche, pädagogische Neuausrichtung im Umgang mit Ritualen geleistet worden sei. Eine Reflexion hinsichtlich eines bewussten Einsatzes von Ritualen findet deshalb innerhalb der Praxis (sozial-)pädagogischer Handlungsfelder vielfach bis heute nur selten statt.

Demgegenüber wird die Bedeutung von Ritualen für soziale Gemeinschaften von der pädagogischen Ritualforschung (Althans, Audehm u.a. 2001) seit langem hervorgehoben. Der ausgewiesene Ritualforscher Wulf (2005) betont unter anderem die rhythmisierende Funktion von Ritualen im Alltag, die lebensweltliche Erfahrung verbindet und bearbeitet. Lange Zeit habe man, so Wulf, die Bedeutung von Alltagsritualen unterschätzt. Der Berliner Ritualforscher ist der Überzeugung, dass Rituale das Potenzial in sich tragen, nicht nur institutionell zu prägen, sondern in kreativen, mimetisch geprägten Prozessen Identität zu erzeugen. Dies ist ein spannender Ansatz, der zu der Frage führt, wie und nach welchen Kriterien eine pädagogische Fachkraft Rituale in der Praxis einsetzen bzw. bei der selbsttätigen Entwicklung von rituellen Inszenierungen unterstützend mitwirken kann.

Der gruppenbildende Charakter von Ritualen stand bereits zu Beginn der Ritualforschung im Fokus. Schon früh verwiesen die Theoretiker in diesem Zusammenhang auf den performativen Charakter von Ritualen, also ihren handelnden, körperlich agierenden Aspekt. Dieser akzentuiert die Bedeutung von Inszenierung, Aufführung und Rolle der Beteiligten bei der rituellen Durchführung. Aufgrund dieser Charakteristika wirken Rituale gruppenbildend und lassen ein Zusammengehörigkeitsgefühl entstehen bzw. stärken dieses.[3]

Bereits im Jahr 1920 hatte Arnold van Gennep (1986) auf die dreiteilige Struktur von Ritualen hingewiesen, die sich durch eine Trennungsphase (‚séparation'), eine Übergangsphase (‚marge') und eine Angliederungsphase (‚agrégation') auszeichnen. Die Übergangsphase ist im vorliegenden Zusammenhang besonders interessant und im anthropologischen Kontext vielfach untersucht worden. Besonders nachhaltig hat Victor Turner (2000) die Diskussion um die Übergangsphase geprägt, indem er die Eigenschaften dieser Phase genauer herausarbeitete. Er verweist darauf, dass in der Übergangsphase alltägliche Handlungsmuster aufgehoben sind und ein Zustand der Unsicherheit entsteht. Dieser korrespondiert mit einem Statusverlust und löst die im Ritualvollzug befindlichen Person(en) aus den gewohnten Bedingungen des sozialen Lebens heraus. Erst der Zustand des Herauslösens aus dem Alltäglichen ermöglicht so die Veränderungen wie Statusübergänge.[4]

---

3 Vgl. hierzu vor allem die Ausführungen bei Wulf, Zirfas 2004 und Althans, Audehm u.a. 2001.

4 In diesem Zusammenhang soll auf die sozialpädagogische Diskussion um den Transitionsbegriff verwiesen werden. Als „Übergänge" oder „Transitionen" werden hier Ereignisse bezeichnet, die für die Betroffenen bedeutsame Veränderungen mit sich bringen. Vgl. hierzu

Gleichzeitig hebt Turner das besondere Erleben von Gemeinschaft in der Übergangsphase hervor. In diesem Sinne hatte bereits im Jahr 1912 Durkheim (1994) darauf verwiesen, dass sich Gemeinschaften durch Rituale bilden, erhalten und restituieren. Deshalb sind Rituale, so Durkheim, für das Zusammenleben in menschlichen Gemeinschaften unerlässlich. Victor Turner nimmt diesen Gedanken Ende der 60er Jahre des vorigen Jahrhunderts auf, indem er die mit dem Ritual verbundene besondere soziale Erfahrung betont. Dieses gemeinsame Erlebnis einer Gruppe im Ritual bezeichnet er als *communitas*.

Communitas
beinhaltet nach Turner (2000) ein elementares, nachhaltiges Gemeinschaftsgefühl, in welchem soziale und menschliche Verbundenheit in besonders starker Form zum Ausdruck gebracht werden.

Communitas vermittelt jedem einzelnen Menschen grundlegende Sicherheit, Geborgenheit und Vertrauen durch das Erlebnis der Einheit in der Gruppe. Damit schaffen Rituale nicht nur Kollektive, sie stabilisieren soziale Gemeinschaften auch und dienen letztendlich dazu, sich der Präsenz der Gemeinschaft immer wieder zu versichern und durch Wiederholung zu bestätigen.

Die anthropologischen Ritualtheorien betonen die Ambivalenz aus Starrheit und Offenheit in den Abläufen, die ungeklärte, vage Momente und kreative Gestaltungsräume sowie Gruppenbildungen nicht nur zulassen, sondern auch initiieren. Die Forschungsergebnisse der Gruppe um Christoph Wulf (2001, 2004, 2005) zeigen zum einen, dass Rituale in Institutionen bewusst eingesetzt werden, aber auch, dass sie überwiegend unbewusst stattfinden. Die Ergebnisse belegen, dass Rituale in öffentlichen Einrichtungen nachweisbar sind. Sie zeigen sich zugleich im individuellen und gruppenspezifischen Kontext. Damit ergeben sich wichtige Ansatzpunkte für pädagogisches Handeln. Pädagogische Fachkräfte haben so zunächst einmal die Möglichkeit, rituelle Arrangements bewusst einzusetzen und damit pädagogische Zielsetzungen zu unterstützen. Rituale können dann dazu dienen, Institutionen performativ zu öffnen und pädagogische Inhalte in Form von rituellen Inszenierungen aufzugreifen. Dies eröffnet Handlungsperspektiven für eine migrationssensible Familienbildung, etwa im Hinblick auf die Herausforderung, Menschen mit unterschiedlichen Ausgangsbedingungen zueinander zu bringen.[5]

---

z.B. Griebel, Niesel (2011). (Ein Statuswechsel ist z.B. der Schuleintritt oder die Pensionierung).

5 Vgl. dazu die Gestaltungsmöglichkeiten, die sich in Bezug auf den rituellen Kalender ergeben und später detaillierter ausgeführt werden.

3. Rituale als wichtige Bausteine von familienbezogenen Bildungsangeboten

Rituale sind also, wie oben ausgeführt, ein wenig reflexiv eingesetzter, aber immer schon bedeutsamer Teil des pädagogischen Alltagsgeschäftes gewesen. Im Bereich des schulischen Lernens ist dies erkannt und entsprechend diskutiert worden.[6] Im Zusammenhang der sozialpädagogischen Forschung, die eher in den öffentlichen Institutionen verortet ist, steht eine detaillierte Auseinandersetzung noch aus.[7]

Dabei erhalten in heterogenen Arbeitskontexten, die sich zunehmend auch in den öffentlichen Institutionen, wie auch der familienbezogenen Bildungsarbeit finden, rituelle Performances eine steigende Bedeutung. Zum einen benötigen Übergänge – auch außerhalb der schulischen Umgebung – Gestaltungsformen.[8] Hier besteht umfassender Bedarf an sinnstiftenden Ritualen, die sowohl die ‚Herkunftskulturen' als auch kulturelle Kontexte der Einwanderergesellschaft respektieren.

Rituale tragen das Potenzial in sich, auch in heterogenen Gruppen verstanden zu werden und Wirkung zu entfalten, da sie einer gleichen Grundstruktur folgen. Entsprechend können rituelle Vollzüge von den Teilnehmenden aus verschiedenen sozialen, religiösen und kulturellen Milieus gleichermaßen erkannt und aufgenommen werden. Da Rituale zu allererst aus Handlungen bestehen, spielt die Sprache hier – anders als in anderen pädagogischen Vollzügen – eine untergeordnete Rolle. In vielen Fällen ist es noch nicht einmal erforderlich, Begriffe und Worte im Einzelnen zu verstehen, um an einem Ritual vollwertig teilnehmen zu können. Dies prädestiniert Rituale in besonderem Maße für den Einsatz in heterogenen Gruppen.

Zum anderen bieten Rituale aufgrund ihrer Bedeutung für Vollzüge der Gruppenbildung ein besonderes Potenzial. So kann schon die Gruppenbildung durch rituelle Performances unterstützt werden. Althans, Audehm u.a. (2001) betonen darüber hinaus die Bedeutung von Ritualen, wenn Gruppenstrukturen eine Rahmung benötigen. Dies gilt besonders für wechselnde Anforderungen und unklare Rahmungen in Gruppenprozessen.

Leitziele wie Wertschätzung, Toleranz und Solidarität können in Gruppenprozessen der Familienbildung durch rituelle Inszenierungen innerhalb der Gruppen zum

6 Vgl. hierzu z.B. Kellermann (2008) und Kerll, Wagner (2009).

7 Eine Ausnahme bildet die frühkindliche Pädagogik (z.B. Becker-Stoll; Niesel; Wertfein (2009) oder Biermann (2002), in der im Übrigen auch auf der populärwissenschaftlichen Ebene immer wieder auf die Bedeutung von Ritualen im pädagogischen Geschehen verwiesen wird.

8 Denken wir z.B. an die Eingliederung von migrierten Menschen in die Gemeinschaft der Aufnahmegesellschaft, die bürokratisch intensiv begleitet wird. Ein Verbindung schaffendes Ritual, welches den Übergang deutlich hervorheben würde, steht hier allerdings noch aus.

Ausdruck kommen und explizit erfahrbar werden. Dies ist in der Vielfalt von Angeboten im Alltag der Einrichtung sonst oft nur implizit möglich.[9]

Insofern ist es zunehmend wichtiger, pädagogische Prozesse in der Familienbildung ritualpraktisch zu begleiten, rituelle Inszenierungen reflektiert und partizipativ in Gruppenprozesse aufzunehmen und hierzu kreative Ansätze als Beispiele für ritualisierte Formen sozialen Lernens zu entwickeln.

Ansatzpunkte hierzu sind Feste im Jahresverlauf, die von den Teilnehmenden in der Gruppe aufgenommen und gestaltet werden. Anhalt für solche Ritualpraxen ergibt sich etwa aus dem interkulturellen Kalender[10], der vielfach in Einrichtungen der Familienbildung aushängt und den Gestaltungsspielraum verdeutlicht, den Feste und Feiern unterschiedlicher Religionen und Kulturen bzw. Anlässe im Jahresverlauf eröffnen. So ergeben sich Möglichkeiten für Ausgestaltungen, Erfahrungen und Repräsentationen in rituellen Inszenierungen von Gruppen in der Familienbildung, etwa zur Inszenierung einzelner Feste, wie das christliche Weihnachtsfest (25.–26. Dezember), das islamische Opferfest, (6.–9. November), das jüdische Lichterfest (21.–28 Dezember) sowie eine besonders gestaltete Feier zum Tag der deutschen Einheit (3. Oktober). Daneben stehen Rituale, die sich aus der Gruppe selbst entwickeln, wie etwa die Ausgestaltung von Geburtstagsfeiern, besondere Anlässe einzelner Gruppenmitglieder oder auch spezifische Veranstaltungen der Einrichtung selbst.

Die pädagogische Fachkraft stellt dann jeweils den Rahmen zur Verfügung und hat in den vorbereitenden Gruppenvollzügen motivierende und unterstützende Aufgaben, damit die Teilnehmenden sich mit ihren je eigenen Potenzialen in den Gruppenprozess einbringen können. Voraussetzung hierfür ist ein reflektierter, erschließender und partizipativer Zugang zu Ritualen, die mit den Betroffenen gemeinsam entwickelt und in den gruppenbezogenen Kontext gestellt werden.

Unter diesen Voraussetzungen kann in konkreten Gruppenprozessen das sozialintegrative Potenzial von Ritualen auch in heterogenen Gruppen erschlossen werden.

---

9 Niekrenz (2015) beschäftigt sich in ihrem Beitrag „Gemeinschaft als Körperwissen" mit rituellen Praktiken. Sie bezieht sich insbesondere auf gemeinschaftliche Aktionen während öffentlicher Veranstaltungen, man denke an Straßenfeste, Musik- oder Sportfanereignisse. Diese Veranstaltungen sind nach Niekrenz (2015, 41) dazu prädestiniert, Gemeinschaft zu erzeugen. „Durch Nachahmung (Mimesis) ritueller Praktiken werden Körper gestaltet oder bewegt und (Wir-)Gefühle erzeugt. Gemeinsames Klatschen, Singen oder das Aufführen einer La-Ola-Welle in Fußballstadien und Konzerthallen sollen die kollektiv Anwesenden in einen Gleichtakt bringen, ihre Bewegungen synchronisieren und eine kollektive Stimmung erzeugen." Die verschiedenen Einzelelemente signalisieren dann den Menschen Gemeinsamkeiten, die ein Wir-Gefühl erzeugen. Darauf hatte bereits Hitzler (1998) hingewiesen. Interessant ist in unserem Zusammenhang, dass dies über kulturelle, religiöse und soziale Schranken hinweg funktioniert, wie später genauer im Kontext des communitas Begriffes dargestellt wird.

10 Dieser wird jährlich vom Beauftragten des Senats von Berlin für Integration und Migration herausgegeben und kann dort bestellt werden. Bezugsquelle: Der Beauftragte des Senats von Berlin für Integration und Migration, Potsdamerstr. 65, 10785 Berlin, Telefon: 030 90172357, E-Mail: integrationbeauftragter@intmig.berlin.de

Die Chance, die in den rituellen Inszenierungen liegt, ist für die migrationssensible Familienbildung enorm. Betont werden muss hier noch einmal, dass beim prozessualen Verständnis des rituellen Geschehens nach Turner, die transformative Kraft in der Übergangsphase des Rituals im Mittelpunkt steht. Die ‚séparation' nach Außen – nach Arnold van Gennep die erste Phase des Rituals – korrespondiert dabei mit der Solidarität nach Innen und bereitet das Gemeinschaftsgefühl der communitas vor, nachdem die Loslösung der Ritualteilnehmer aus ihren alltäglichen sozialen Beziehungen und Bindungen vollzogen ist. Erst diese Lösung schafft also die Voraussetzung für die Erfahrung von communitas, in der Rahmenbedingungen wie Geschlecht, Alter, Ethnie, Besitz usw. ihre Bedeutung verlieren. Gerade im Kontext eines interkulturellen Miteinanders ist dies bedeutsam, denn alle Differenzen scheinen in der Phase der ‚Umwandlung' temporär. Rituale haben damit nicht nur eine verbindende, erhaltende Funktion, sondern auch eine verändernde Kraft. Der Erfahrung von communitas kommt damit vor dem Hintergrund unterschiedlicher Herkunft, verschiedener kultureller Ausgangslagen und differenter Glaubensrichtungen eine erhebliche soziale Bedeutung zu. In dieser Phase sind also nicht nur beispielsweise konfessionelle Schranken irrelevant. Vielmehr realisiert sie die einzigartige Erfahrung, dass das, was Menschen im alltäglichen Leben voneinander trennt, nicht unabänderlich, sondern im Prozess überwunden ist. Die Erfahrung von communitas trägt also ein Potenzial in sich, das zur Initialzündung werden kann, differente gesellschaftliche Zuschreibungen, Herkunftsbezüge und Spannungen zu überwinden und heterogene Gruppen in einem sozialen Prozess zusammenzuführen.

Die Erfahrung von communitas ermöglicht es heterogenen sozialen Gruppen zueinander zu finden.

Das Begehen multireligiöser, -sozialer und -kultureller Rituale in pädagogischen Prozessen könnte so wegweisend sein für die migrationssensible Familienbildung, aber auch für eine inklusive Gesellschaft.[11]

Vor diesem Hintergrund erscheint es unzureichend, in pädagogischen Prozessen Kenntnisse zur eigenen und anderen Religion, Kultur und Gesellschaft zu vermitteln – so sinnvoll der Dialog für die Wahrnehmung und Wertschätzung von Menschen auch in der Familienbildung ist. Besonderer Zielpunkt der migrationssensiblen Familienbildung sind darüber hinaus gemeinsam begangene Feste, Feiern und Veranstaltungen, um besondere Erfahrungsräume anzulegen, zu stärken und weiterzuentwickeln.

Solche Erfahrungsräume ergeben sich dabei nicht nur in Festlichkeiten, die den Alltag unterbrechen und besondere Ereignisse markieren. Alltägliche Rituale wie gemeinsame Mahlzeiten, Gartenarbeit, kollektiv durchgeführte Aktionen wie Renovie-

11 Vgl. hierzu die Ausführungen von Schurian-Bremecker (2015, S. 179ff.) zum verbindenden Aspekt gemeinsam praktizierter religiöser Rituale. Im ethnologischen Kontext hat sich Volker Gottowik (2008) mit multireligiösen Ritualen in Zentralindonesien befasst. Er betont im Kontext einer differenzierten Darstellung und durchaus kritischen Bewertung die sozialintegrative Leistung von multireligiösen Ritualen, u.a. am Beispiel der Pilgerreise.

rungen etc. bergen ebenso das Potenzial in sich, die Erfahrung von communitas zu erleben.

In der pädagogischen Umsetzung von rituellen Inszenierungen gilt es, die Teilnehmenden an der Erarbeitung der rituellen Inszenierungen zu beteiligen.

Dabei ist eine partizipative Haltung unerlässlich, um die Teilnehmenden an der Erarbeitung der rituellen Inszenierungen zu beteiligen und so den selbstwirksamen Zugang sicherzustellen. So werden Partizipationsmöglichkeiten in die Gruppe eingeführt bzw. weiterentwickelt und damit eine Handlungsorientierung angelegt, die sich in der persönlichen Aneignung von Ritualvollzügen widerspiegelt und auf dieser Grundlage Vernetzungen der Gruppenmitglieder fördert. Für die pädagogische Fachkraft setzt dies ein Kompetenzprofil voraus, das wiederum den reflexiven Umgang mit Ritualen voraussetzt, aber auch Kompetenzen der Prozesssteuerung in den verschiedenen Phasen impliziert. Für dieses Kompetenzprofil[12] werden im Folgenden einige wichtige Bausteine benannt und in ihrer Bedeutung skizziert.

4. Konzeptionelle Ansatzpunkte für familienbezogene Bildungsangebote

Im pädagogischen Alltagsgeschehen gibt es eine Vielzahl von Ansatzpunkten, die den Einsatz von Ritualen, so auch in der Familienbildung, erlauben. Im Folgenden sollen hierzu einige Aspekte benannt werden:

a) Rituale rhythmisieren Zeit und Inhalte

Rituale rhythmisieren etwa Begrüßungs- und Verabschiedungsrituale, aber auch die Zelebrierung wiederkehrender Aufgaben. Sie bieten eine Rahmung für verschiedene Arbeitsphasen, setzen Anfang und Endpunkte, die mit spezifischen Worten, speziellen Gesten und verschiedenen Aktionen ausgestaltet sind.

Darüber hinaus rhythmisieren Rituale auch die Teile des pädagogischen Geschehens, die in keinem starren Korsett stattfinden, sondern zum offenen Teil der pädagogischen Arbeit gehören. Um dies nachvollziehen zu können, ist noch einmal auf die liminale Phase, die Viktor Turners (2000) Ritualtheorie akzentuiert, zu verweisen. Benjamin beschreibt im Sinne Turners die liminale Phase anschaulich als ‚Schwelle' (1991, S. 617, 618), also Ausgangspunkt zu etwas Unbekanntem, Neuem im Rhythmus zwischen Bekanntem, das Sicherheit vermittelt, Neuem bzw. Fremdem, das seine Ungewissheit, seinen Schrecken verliert. Folgt man den Ausführungen Turners und

12 Siehe hierzu das im Infokasten am Ende dieses Beirtags entwickelte Kompetenzprofil einer pädagogischen Fachkraft, die im Rahmen der pädagogischen Arbeit bewusst mit Ritualen arbeitet.

Benjamins wird deutlich, dass Rituale mehr sind als Inszenierungen, Gesten oder Symbole. Nach Kerll und Wagner können sie vielmehr als „ein offenes Experimentierfeld verstanden werden, in dem soziale Gestaltungsfreiräume eröffnet und selbsttätige Gruppenbildungen stattfinden." (2009, 5)

Offene und geschlossene Elemente im Sinne einer ritualisierten Rhythmik wechseln sich also ab.

Rituelle Inszenierungen stützen somit ergebnisoffene Prozesse, die den individuellen Zugangsweisen der Beteiligten Rechnung tragen. Auch wenn die Angebote der Familienbildung von institutionellen Vorgaben bzw. Sachzwängen gerahmt bleiben, bestehen sie im Kern doch vielfach in einer ergebnisoffenen und prozessual angelegten Arbeit. So umfassen etwa ein Besuch im Museum oder des örtlichen Fußballvereins offene und geschlossene Elemente im Sinne einer ritualisierten Rhythmik. Dies gilt auch für einen Gruppenausflug mit ergebnisoffenen Aufgaben. Diese lassen Kleingruppen Raum, um individuelle Eindrücke der Teilnehmenden zu erörtern. Wenn die jeweils spezifischen Impressionen dann in einer Präsentation nach festen Strukturen vorgestellt und in einem formalen Auswertungsprozess zusammengetragen werden, sind offene und geschlossene Elemente im Sinne einer ritualisierten Rhythmik erkennbar. Auch Gesprächseinführung, Abläufe der Durchführung und der Gesprächsabschluss selbst sind dann ja vorgegeben.

b) Räumliche Gestaltungen betonen Rituale

Arbeitsphasen und methodische Wechsel können nicht nur durch rituelle Inszenierungen markiert werden, sondern auch durch räumliche Gestaltungen und ritualisierte Raumwechsel. Dies gilt etwa für die Übergänge von Arbeitsphasen: Räumliche Gestaltungen betonen dann Inhalte und tragen dazu bei, diese bewusst oder unbewusst zu kennzeichnen und zu verstärken.

Hierzu gehören auch räumliche Ruhe- und Aktivitätszonen, die die dazu passenden Arbeitsformen betonen.

c) Pädagogische Fachkräfte als Teil von rituellen Inszenierungen

In der pädagogischen Arbeit werden Rituale z.T. statisch wiederholt und als Teil eines persönlichen Stils gesehen, ohne dies jedoch zu reflektieren (Kerll, Wagner 2009, 7).

Der bewusste Einsatz von Ritualen in der pädagogischen Arbeit bietet jedoch eine Vielzahl von Möglichkeiten, pädagogische Ziele zu erreichen und zu vertiefen. Lehrende können sich dabei ganz bewusst als Teil einer rituellen Inszenierung verstehen und diese aktiv mitgestalten. Für das Gelingen ritueller Inszenierungen im Kontext pädagogischer Prozesse maßgeblich ist ein ritualpraktisches Handlungsrepertoire der pädagogischen Fachkräfte. Allerdings steht eine auf die Anwendung in pädagogischen Prozessen bezogene Ritualforschung noch in den Anfängen. Entsprechende Modelle finden sich am ehesten im schulischen Bereich. Auch in der frühkindlichen Pädagogik gibt es inzwischen diverse Vorlagen. Viele Kindertagesstätten haben für Feste und Feiern bereits eigene Strukturelemente entwickelt.[13]

d) Rituale dynamisieren Gruppenprozesse

Noch einmal soll betont werden: Gerade im Bereich der Familienbildung bestehen die Teilnehmenden eines Kurses in der Regel aus Menschen unterschiedlicher Herkunft, die sich (noch) nicht kennen. Hier bieten Rituale das Potenzial, Gruppenprozesse einzuleiten. Rituelle Elemente können dabei den Eintritt in ein Lernszenario markieren. Sie gestalten so einen neuen Lernraum und motivieren für den Bildungsprozess.

e) Rituale eröffnen und fördern Eigeninitiative

Turner (2000; s. auch oben) und weitere Ritualtheoretiker bestimmen die liminale Übergangsphase als Eröffnung eines Handlungsspielraums jenseits von bekannten Strukturen und Rollenvorgaben. Rituelle Inszenierungen erschließen damit ‚spielerisch' einen Handlungsraum für die Teilnehmenden, der auf ihrer Eigenaktivität basiert und nicht primär von vorgegebenen Impulsen abhängig ist. Daher sind Rituale keineswegs immer gleichförmig und wiederholend. Sie tragen aufgrund dieser Funktion das Potenzial in sich, dass die Teilnehmenden in Absprache mit anderen Gruppenmitgliedern Entscheidungen fällen und für diese eintreten. Sie ermöglichen so Selbstvertrauen und erweitern das Spektrum für neue Handlungsmöglichkeiten.

Dies hat Bedeutung für eine migrationssensible Familienbildung: Gerade im Hinblick auf Menschen, die in unserer Gesellschaft eine neue Heimat suchen, ist dieser Aspekt wichtig. Entscheidend für die Integration in unsere Gesellschaft ist neben dem Spracherwerb die Partizipation am Bildungs- und Ausbildungssystem und im Arbeitsmarkt sowie die Teilhabe am gesellschaftlichen Leben. Integration ist nur möglich, wenn Menschen aufeinander zugehen und miteinander kommunizieren. Dies wird durch eine Ritualpraxis in der Familienbildung gefördert, denn der rituelle Rahmen von Kommunikationsprozessen vermittelt Sicherheit, so dass neue Handlungs- bzw. Kommunikationspraktiken ausprobiert werden können.

Rituelle Performances geben den Teilnehmenden zudem die Möglichkeit, sich zu inszenieren und als eigenverantwortliche Akteure tätig zu werden. Solche selbstgestalteten Rituale sind von rigiden, institutionell geprägten Regeln und Vorgaben zu unterscheiden. Wenn das Erleben von partizipativen Räumen im geschützten Rahmen wie der Familienbildungsstätte eingeübt wird, wirkt sich dies auf andere Lebensbereiche aus und trägt damit zur Stärkung von Kompetenzen bei, die auf eine aktive Mitgestaltung der Gesellschaft abzielen.

---

13 Vgl. hierzu die Anregungen etwa bei Biermann (2002). Ein Beispiel aus der täglichen Arbeit in einer Kita kann unter dem folgenden Link eingesehen werden: https://www.soelden.de/Kindergarten/Schwerpunkte/Paedagogische-Schwerpunkte-der-Kleinkindgruppe/Tagesablauf-und-Rituale

5. Zusammenfassende Überlegungen

Im Kontext der Familienbildung ermöglichen Rituale also nicht nur, Inhalte zu repräsentieren und Akzente zu setzen, sondern tragen das Potenzial in sich, gruppendynamische Prozesse zu initiieren und zu begleiten, die den verbindenden Aspekt von Gemeinschaften betonen.

Kompetenzprofil einer pädagogischen Fachkraft in der Arbeit mit Ritualen

Fachkompetenz
- d.h. Wissen um die grundlegenden Begriffe und Theorien von Ritualen.

Fertigkeiten
- d.h. Aufgaben- und Problemstellungen selbstständig, fachlich angemessen, methodengeleitet zu bearbeiten und das Ergebnis beurteilen und einordnen zu können.

Sozialkompetenz
- d.h. Akzeptanz gegenüber den Teilnehmenden der Angebote der Familienbildungsstätten,
- Förderung von Autonomie und Partizipation der Teilnehmenden der Angebote der Familienbildungsstätten,
- Bereitschaft und Fähigkeit zur Bearbeitung von Konflikten.

Selbstkompetenz
- d.h. Ausbildung von Fähigkeit und Bereitschaft, selbstständig und verantwortlich zu handeln, eigenes und das Handeln anderer zu reflektieren und die eigene Handlungsfähigkeit weiterzuentwickeln.[15]

Über die indirekte Inkorporierung von Normen, Werten und Wissen hinaus, ist die rituelle Handlung dabei selbst ein Bildungsprozess. Wulf (2004, 10, 11) ist sogar der Ansicht, dass sich ein erheblicher Teil der Bildung von Kindern und Jugendlichen in Ritualen vollzieht. Die Nachhaltigkeit der Bildungswirkung von Ritualen besteht, so Wulf (2004, 15) in ihrem repetitiven, symbolischen und performativen Charakter. Das repetitive Wesen der Rituale sorgt dabei für eine Wiederholung und Festigung des

14 Das Kompetenzprofil der pädagogischen Fachkraft in Bezug auf die Arbeit mit Ritualen wurde entwickelt auf der Grundlage der folgenden Literatur: Diskussionsvorschlag eines Qualifikationsrahmens für Lebenslanges Lernen. Erarbeitet vom „Arbeitskreis Deutscher Qualifikationsrahmen", Februar 2009, http://www.deutscherqualifikationsrahmen.de; Qualifizierung und Fachlichkeit für Partizipation – Anforderungen an sozialpädagogische Fachkräfte Diskussionspapier des Fachausschusses „Qualifizierung, Forschung, Fachkräfte in der Kinder- und Jugend-hilfe" der Arbeitsgemeinschaft für Kinder- und Jugendhilfe – AGJ, März 2009, http://www.agj.de

Wissens. Die Arbeit in besonderen, Routine aufbrechenden Settings einerseits und der häufige Einsatz bestimmter unterrichtlicher Inszenierungen und Lehr-Lernabläufe andererseits erhöhen die Lernleistung im pädagogischen Kontext der Familienbildung.

Letztendlich tragen also gemeinsam erlebte rituelle Erfahrungsräume von Menschen unterschiedlicher religiöser, kultureller und sozialer Sozialisation dazu bei, diese einander näher zu bringen. Rituelle Erfahrungsräume sind dann zugleich Ausdruck und Vision geteilten Lebens in einer globalisierten Welt, in der Menschen unterschiedlicher Religionen, Kulturen und Herkunft als gleichberechtigte Partner miteinander leben.

Literatur

Althans, Birgit; Audehm, Kathrin; Bausch, Constanze; Göhlich, Michael; Sting, Stephan; Tervooren, Anja; Wagner-Willi, Monika; Wulf, Christoph; Zirfas, Jörg (2001): Das Soziale als Ritual. Zur performativen Bildung von Gemeinschaften. Opladen. Anderson, Benedict (1993): Die Erfindung der Nation. Zur Karriere eines folgenreichen Konzepts. Frankfurt/Main.

Audehm, Kathrin; Zirfas, Jörg (2000): Performative Gemeinschaften. Zur Bildung der Familie durch Rituale. In: sozialer sinn. Zeitschrift für hermeneutische Sozialforschung 1, S. 29–50.

Becker-Stoll, Fabienne; Niesel, Renate; Wertfein, Monika (2009): Handbuch Kinder in den ersten drei Lebensjahren. Freiburg.

Benjamin, Walther (1991): Das Passagenwerk. In: Benjamin, Walther: Gesammelte Schriften, Bd. 1. Frankfurt am Main.

Biermann, Ingrid (2002): Rituale machen Kinder stark. Praxisbuch für den Kindergarten. München.

Durkheim, Emil (1994): Die elementaren Formen des religiösen Lebens. Übersetzt von Ludwig Schmidts. Frankfurt/Main (erstmals: 1912).

Gennep, Arnold van (1986): Übergangsriten. Frankfurt/Main, New York (erstmals: Les rites des passage, 1909).

Gottowik, Volker (2008): Multireligiöse Rituale in Zentralindonesien. In: Zeitschrift für Ethnologie 133, S. 31–50.

Griebel, Wilfried; Niesel, Renate (2011): Übergänge verstehen und begleiten. Transitionen in der Bildungslaufbahn von Kindern. Berlin.

Hitzler, Ronald (1998): Posttraditionale Vergemeinschaftung. Über neue Formen der Sozialbindung. In: Berliner Debatte INITIAL 9(1), S. 81–89.

Kellermann, Ingrid (2008): Vom Kind zum Schulkind. Opladen.

Kerll, Juliane; Wagner, Bernd (2009): Selbstgestaltete Rituale in der Gruppenarbeit mit Kindern. In: widerstreit-sachunterricht.de 13 (Oktober). http://www.widerstreit-sachunterricht.de/ebeneIII/rituale.pdf (abgerufen am 5.8.2017).

Niekrenz, Yvonne (2015): Gemeinschaft als Körperwissen. Rituelle Verkörperungen von Gemeinschaft und das Spielerische. In: Gugutzer, Robert; Staack, Michael (Hrsg.):

Körper und Ritual. Sozial- und kulturwissenschaftliche Zugänge und Analysen. Frankfurt/Main, S. 41–54.

Schurian-Bremecker, Christiane (2015): Warum sich der Schäfer der Gemeinde Affaltersbach dem Abendmahl verweigerte oder die Bedeutung von Ritualen für Gemeinschaften. In: Eppler, Wilhelm (Hrsg.): Fundamentalismus als religionspädagogische Herausforderung. Göttingen, S. 179–196.

Turner, Victor (2000): Das Ritual. Struktur und Anti-Struktur. Frankfurt/Main (erstmals: The Ritual Process. Structure and Anti-Structure, 1969).

Wulf, Christoph (2005): Zur Genese des Sozialen. Bielefeld.

Wulf, Christoph (2004) Die innovative Kraft von Ritualen in der Erziehung. Mimesis und Performativität, Gemeinschaft und Reform. In: Wulf, Christoph; Zirfas, Jörg (Hrsg.): Innovation und Ritual. Zeitschrift für Erziehungswissenschaft Beiheft 2/2004 7. Jg., Wiesbaden, S. 9–16.

Zirfas, Jörg (2004): Vom Zauber der Rituale. Leipzig.

Freimut Schirrmacher

Religiosität und Kirche in der Familienbildung

Abstract

Familienbezogene Erwachsenenbildung steht in der Erwachsenenbildungsforschung eher am Rande, weist aber im evangelischen Bereich den zahlenmäßig größten Anteil an Teilnahmen aus. Angesichts der Pluralität der Gesellschaft kommt der Religionssensibilität und darauf bezogenen pädagogischen Prozessen in der kirchlichen und nicht konfessionell gebundenen Familienbildung gleichermaßen hohe Bedeutung zu. Dabei ist pädagogisch von einer Doppelaspektivität auszugehen, die eine interreligiöse und eine auf religiöse Selbstpositionierung gerichtete Perspektive familienpädagogisch miteinander verschränkt. Dies fordert nichtkonfessionelle sowie kirchliche Einrichtungen jeweils spezifisch heraus, zumal bei pädagogischen Fachkräften zum Teil Ausbildungsdesiderate vorliegen. Um diese konzeptionelle Ausrichtung zu entfalten, ist von einem Identitätsverständnis auszugehen, das Identität nicht primär als Abgrenzungskategorie, sondern als Ressource erkennt. Familienpädagogische Einrichtungen, wie Familienzentren, eröffnen dann wichtige intergenerationale Lernräume, die in den Sozialraum ausstrahlen und auch Kirchengemeinden und kirchlicher Arbeit wichtige Impulse geben können.

1. Einleitung

Das Handlungsfeld ‚Familienbildung' ist gekennzeichnet durch eine Vielzahl an Einrichtungs- und Arbeitsformen, wie Familienbildungsstätte, Familienzentrum, familienbezogene Gemeinwesenarbeit, Kindertagesstätte etc. – mit unterschiedlichen Trägern und darauf bezogenen konzeptionellen Ansätzen.[1] Dieser Arbeit kommt im Alltag von Kindern, Eltern und Familien hohe Bedeutung zu. In der Evangelischen Erwachsenenbildungslandschaft ist das familienbezogene Angebotsspektrum traditionell breit aufgestellt[2]: Laut neuesten Befunden sind hier jährlich 362.777 Unterrichtsstunden nachgefragt, und das bei einem derzeitigen Gesamtvolumen der Evangelischen Erwachsenenbildung von 1.212.244 Unterrichtsstunden insgesamt. Das Themenprofil „Familien – Gender – Generationen" ist damit das mit dem stärksten Lehrvolumen und konnte zuletzt (2016) 473.990 Teilnahmen im Jahr registrieren. Diese Bedeutung der familienbezogenen Erwachsenenbildung spiegelt sich in den Diskursen der Erwachsenenbildung nicht wider, dieses Handlungsfeld steht dort am Rande.[3] Dabei ist Familienbildung stets verschränkt mit familienbezogener Erwachsenenbildung: Kin-

1 Vgl. Lösel u.a. 2006.

2 Vgl. im Folgenden: DEAE-Statistik 2016: http://www.deae.de/Archiv/Statistik.php (zugegriffen am 3.12.2018).

3 Vgl. Iller 2017, 24: „Die Familienbildung im Kontext der Erwachsenenbildung ist kaum sichtbar." Ebenfalls Müller-Giebeler 2017, 371ff.

der sind in der Regel auf Eltern bezogen, insofern „Pflege und Erziehung der Kinder … das natürliche Recht der Eltern (sind)“, und es ist die „zuvörderst ihnen obliegende Pflicht“[4], Pflege und Erziehung verantwortlich wahrzunehmen – darin aber auch selbst Lernende zu sein und zu bleiben. Wer Vater oder Mutter ist, weiß nur zu gut: Eltern befinden sich stets auch in Bildungs- und Reflexionsprozessen, die ihr pflegendes und erziehendes Handeln begleiten. Die umfangreiche Literatur an Erziehungsratgebern ist nur *ein* Symptom hierfür. Mag diese Literaturgattung auch ausufern, es ändert sich bislang noch nichts an der Randstellung der pädagogischen Forschung, die diese Literatur eigentlich mit fundieren sollte oder könnte.[5]

Im familienpolitischen Diskurs wird die Bedeutung von Familie und Familienförderung zwar vielfach im Hinblick auf finanzielle Transferleistungen akklamiert, jedoch weniger mit Blick auf qualitative Aspekte der Begleitung von Familien in ihren Bildungs- und Entwicklungsherausforderungen[6] – obwohl sich aus der familienrechtlichen Grundlage des Grundgesetzes auch eine staatliche Verpflichtung zur Gewährleistung qualifizierter Begleitung familienbezogener Bildungsprozesse ableiten lässt. Der Vernachlässigung familienbezogener Erwachsenenbildung korrespondiert auch die Beobachtung, dass in Ausbildung und Studium pädagogischer Fachkräfte zum Teil relativ wenig familienpädagogische Expertise aufgebaut wird.[7] Gleichwohl aber darf als Konsens gelten, dass „Familien … für Kinder der zentrale Ort des Aufwachsens (sind). Hier machen sie in der Regel ihre ersten elementaren Erfahrungen mit anderen Menschen.“[8] Daraus muss – entgegen dem obigen Eindruck – folgen, dass pädagogische Arbeit mit Kindern *nur in kontinuierlichem reflektiertem Bezug zur Sozialisationsgröße ‚Familie‘* als prägendem Sozialsystem sinnvoll ist beziehungsweise gelingen kann.

Die Herausforderungen für Familien sind heute jedenfalls vielfältig und vielschichtig – und zwar nicht nur in möglicherweise sozial prekären, sondern auch in klassischerweise als ‚bürgerlich‘ eingestuften familiären Situationslagen.[9] Auszugehen ist daher in der Familienbildung – unabhängig von Träger, Einrichtungsform oder jeweiligem konzeptionellem Leitbild – von einem *großem Bedarf* an Begleitung bzw. Eltern- und Familienbildung sowie einem hohen Erfordernis intensiver Verschränkung der kindheitspädagogischen Arbeit mit familienpädagogischen Konzepten. Dies nimmt der pädagogische ‚Minimalkonsens‘ des Bundesverbandes der Familienzentren in Bezug auf Arbeit und Aufgaben von Familienzentren zu Recht auf.[10] Unstrittig ist in der Fachliteratur auch, dass eine *migrationspädagogische bzw. interkulturelle Reflexivi-*

---

4 So die bekannten einschlägigen Formulierungen in Art. 6 Abs. 2 Satz 1 GG.

5 Vgl. etwa Betz u.a. 2017, 136 oder ebd., Suppl.: Zusammenfassung, 28ff.; Iller 2017, 24ff.

6 Vgl. hierzu Plonz 2013, 32–36.

7 Im vorläufigen Lehrplan des Erzieherberufes von 2015 in Hessen ist die Familienpädagogik im Zusammenhang mit Bildungs- und Erziehungspartnerschaften etwa innerhalb der theoretischen Ausbildung mit nur *einer* Jahres-Wochenstunde ausgewiesen; vgl. grundsätzlich auch Iller 2017, 26.

8 So die lehrbuchmäßige Formulierung bei Andresen/Hurrelmann 2010, 79.

9 Vgl. Walper/Wild 2014, 372ff.; 383f.

10 Vgl. Bundesverband der Familienzentren e.V. (BVdZ) 2017, 8ff.

tät und Handlungsfähigkeit im Sinne einer „Pädagogik der Vielfalt" mittlerweile zum Standardrepertoire von Fachkräften gehören sollte, auch wenn zum Teil die Gefahr einer Stigmatisierung mit dem Terminus „Migrationshintergrund" verbunden wird.[11] Die Rede von ‚Migrationshintergrund' verweist auf ein vorgängig erlebtes, biografisch nachwirkendes Szenario und bezieht so aktuelle Differenzerfahrungen auf eine Strukturkategorie, um diese Erfahrungen angemessen in den pädagogischen Prozess einzuholen und konstruktiv pädagogisch bearbeiten zu können. Bei aller Problematik, die ein solches Vorgehen zur Begriffsbildung mit sich bringt, im familienpädagogischen Kontext wird damit ein Gesichtspunkt zur Geltung gebracht, mit dessen Hilfe die *Erfahrungen von Differenzen zwischen und in Familienkulturen* konstruktiv familienpädagogisch erforscht und diskutiert werden können.

Im Folgenden soll nun der Frage nachgegangen werden, welche Konsequenzen sich auf dieser Grundlage für den Umgang mit Religion und (Familien-)Religiosität in der Praxis der Familienpädagogik ergeben. *Religionssensibilität* kommt dabei als *ein* Aspekt von Migrationssensibilität in den Blick, bezieht sich also auf die Wahrnehmung von Familienkulturen bzw. Familienreligiositäten, die unter anderem aufgrund von Migration Differenzerfahrungen auslösen können. Religionssensibilität ist dabei aufgrund der für Identitätsbildungsprozesse besonders relevanten Bedeutung von Religiosität eine besonders ‚Ich-nah' angelegte Sensibilitätsperspektive. Dass *kirchliche* Einrichtungen in Bezug auf *christliche* Religiosität besonders sensibel sind und darauf pädagogische Gestaltungskonzepte beziehen, dürfte kaum verwunderlich sein. Fraglicher erscheint nach solchen konzeptionellen Grundentscheidungen den christlichen Einrichtungen dagegen, welche Sensibilität und familienpädagogische Professionalität christliche Einrichtungen in Bezug auf *nicht*christliche Religiosität aufbringen und wie sie mit den Differenzerfahrungen dann umgehen. Hier deutet sich scheinbar eine Spannungssituation zwischen einer auf christliche Grundsätze bezogenen positionalen Grundlegung der pädagogischen Arbeit, wie sie in kirchlichen Einrichtungen in der Regel vorliegt, auf der einen Seite, sowie einer wertschätzend-begleitend angelegten, migrations- bzw. religionssensiblen Familienpädagogik auf der anderen Seite an. Auf der einen Seite stehen religiöse Familienkulturen bzw. die Religiosität von Familien, also Bereiche, in denen Eltern und Familien auch lernen und begleitet werden wollen. Auf der anderen Seite scheint solche Begleitung aufgrund positional begründeter Trägerfestlegungen konfessionell eingeschränkt. Zu klären ist, wie beide Pole konzeptionell und familienpädagogisch-praktisch sinnvoll zusammenzudenken bzw. aufeinander zu beziehen sind. Sicher ist diese Problematik nicht mit dem Verweis auf Träger oder Einrichtungen zu beheben, die weltanschaulich ‚neutral' bzw. ‚überkonfessionell' begründet sind, denn diese stehen in gleicher Weise in der Verantwortung: auch in solchen Einrichtungen und Verbänden impliziert Migrationssensibilität Religionssensibilität und erfordert in gleicher Weise Professionalität in einem Bildungsbereich, der für viele Familien eine wichtige Dimension von Bildung und Erziehung darstellt. Würden nichtkonfessionell oder nichtreligiös positionierte Einrichtungen Religion und Religiosität als Teil von Migrationshintergründen nur delegieren an möglicherweise

11 Vgl. hierzu etwa Sulzer 2013, 8f.

jeweils religiös und konfessionell passende Einrichtungen und Verbände, dann könnten sie den Bildungsauftrag der Familienpädagogik nur eingeschränkt wahrnehmen.

2. Religionssensibilität in der Familienpädagogik

Religionssensibilität stellt eine Perspektive migrationssensibler Familienbildung dar, die unabhängig ist von der jeweiligen Trägerperspektive, weil sie letztlich anthropologisch angelegt ist und sich aus dem Gesamtanliegen einer inklusiv angelegten „Pädagogik der Vielfalt" ergibt. „Die Auseinandersetzung mit Themen von Religion und Weltanschauung sollte in allen Kindertageseinrichtungen als Unterstützung der Sozialisation in eine multireligiöse Gesellschaft angeregt werden".[12] Sie stellt eine Querschnittsperspektive von Familienpädagogik dar, insofern Religion und religiöse Kultur auf alle Bereiche und Phasen familiären Miteinanders bezogen sein können. Dabei lässt sich zwischen zwei unterschiedlichen Bildungsperspektiven unterscheiden: zum einen interreligiöser Bildung und zum anderen identitätserschließender Religionsbildung.[13] Beide Perspektiven stehen in engem Zusammenhang und entwickeln sich – zumal in einer pluralen Gesellschaft – auch aneinander und mit Bezug aufeinander. Beide Perspektiven haben – ganz trägerunabhängig – Relevanz für Erziehung und Bildung in Familien und sind im Alltag der Familienpädagogik nicht voneinander zu isolieren: Auf der einen Seite geht es in pädagogischen Prozessen der Familienbildung um Wertschätzung und Dialogfähigkeit, also einen reflektierten, konstruktiven Umgang mit religiöser Heterogenität in der pluralen Gesellschaft; auf der anderen Seite geht es um religiöse Bildung für eine reflektierte und ausdrucksfähige religiöse Selbstpositionierung, insbesondere in Bezug auf Ethik, Spiritualität und Lebensdeutung. In einer religiös vielgestaltigen Gesellschaft macht es nur Sinn, Religionssensibilität in diesen beiden aufeinander bezogenen Perspektiven zu entwickeln.[14] Nicht sinnvoll erscheint dagegen, Fragen von Religion und Religiosität in Arbeitsfeldern der Familienpädagogik zu tabuisieren, weil dies womöglich zu kontrovers werden könnte, oder sich nur auf eine informierend-moderierende Perspektive zu reduzieren. Religiöser Bildung und Erziehung kommt vielmehr eine *Schlüsselfunktion* für Gelingen und Zukunft einer migrations- bzw. vielfaltssensiblen Gesellschaft zu. Letztlich ist ein qualifizierter Umgang mit Religion bzw. die Profilierung *beider* Perspektiven religiöser Bildung in der Familienbildung eine Art „Nagelprobe" für Migrations- und Kultursensibilität der Gesellschaft insgesamt, ähnlich der Bedeutung von Partizipationsprozessen und Demokratiepädagogik in der Kindheits- und Familienpädagogik für Akzeptanz und Zukunft einer demokratischen Gesellschaft. Wenn nicht im Kontext migrationssensibler Familienpädagogik, wo sonst sollte sich ein reflektiert-wertschätzender und zugleich familienkulturell gestalteter Umgang mit Religiosität entwickeln und entfalten können? Familienpädagogisch relevanten Einrichtungen, also Familienzentren,

12 So Sulzer 2013, 41.

13 Vgl. hierzu Dommel 2010, 148ff.

14 Vgl. hierzu Sulzer 2013, 41 (dort weitere Lit.).

Familienbildungsstätten oder Kindertagesstätten, kommt hier gerade *aufgrund* ihrer Trägervielfalt eine Schlüsselaufgabe zu in dem Bemühen, konstruktiv mitzuwirken an der Entwicklung einer migrations-, und d.h. auch: religionssensiblen, pluralen Gesellschaft. Diese Einschätzung findet sich z.T. auch in Bildungs- und Erziehungsplänen einiger Bundesländer wieder, wenngleich – je nach Bundesland – in unterschiedlichen Akzentuierungen und Ausprägungen.[15]

Dass Religion und religiöse Bildung in der Familienpädagogik bedeutsam sein können, bedeutet dann aber keineswegs, dass dogmatische Einsichten einzelner Religionen dabei unkritisch absolut gesetzt werden. Vielmehr geht es um die Entwicklung und Gestaltung pädagogischer Konzepte, die die Doppelaspektivität religiöser Bildung entfalten, also in einer konkreten Einrichtung Religionssensibilität im Sinne von Wertschätzung *und* Religiosität fördern und unterstützen.[16] Familienreligiosität, so wie sie in konkreten Familien gelebt wird, ist auch nicht einfach ‚identisch' mit abstrakten religiös-theologischen Positionierungen oder Vollzug religiöser Normen – selbst wenn sie darauf bezogen ist oder sein soll bzw. will. Vielmehr ist auch Familienreligiosität Ergebnis von vorgängigen und begleitenden Positionierungs- und Aushandlungsprozessen. Diese sind nie vollständig abgeschlossen, sondern begleiten Familien auch in weiteren Phasen und – nicht zuletzt – ist hierzu auch ein reflexiver Bezug möglich. Religiosität ist daher aufgrund ihrer Bezogenheit auf gelebtes familiäres Miteinander im Sinne einer „Domäne" zu verstehen, also als Wirklichkeits- und Deutungsperspektive, die familienpädagogisch wahrzunehmen und weiterzuentwickeln ist.[17]

Nachvollziehbar erscheint auch vor diesem Hintergrund, dass die familienpädagogische Arbeit konfessioneller Träger (etwa evangelische sowie katholische Kirche bzw. Diakonie und Caritas) eine familienbezogene *christlich*-religiöse Bildungsperspektive aufweist[18] – und zwar nicht nur bei Problemlagen oder Krisenfällen, sondern als konzeptionell angelegte pädagogische Gesamtperspektive einer Einrichtung.[19] Problema-

15 Vgl. Sulzer 2013, 17ff.

16 Arbeitsformen hierzu können u.a. aus kindheitspädagogischen Bezügen aufgenommen werden. Sulzer 2013, 42f., etwa nennt als Ansatzpunkte: Gespräche zu religiösen bzw. weltanschaulichen Wertvorstellungen, Arbeit mit einschlägigen Materialien und Medien, Schaffen von Anlässen für Diskurse, bewusstes Aufgreifen von Gesprächsimpulsen, Achten auf Nichtabwertung in Interaktionen und Achtung von familienreligiösen Bezügen, Projekte und Erkundungen und Initiierung von Ausflügen.

17 Vgl. Büttner/Dieterich 2013, 25ff. (dort weitere Lit.). In diesem kognitionswissenschaftlich begründeten Ansatz unterscheidet sich die religiöse Domäne etwa von der der Naturwissenschaften.

18 Dies ergibt sich hinsichtlich der christlichen Religiosität aus der Verantwortung, die die kirchliche Gemeinschaft aus Kasualien wie Trauung und Taufe übernimmt.

19 Im Positionspapier „Familienzentren in evangelischer Verantwortung" (Diakonie Deutschland 2017) werden verschiedene Funktionsbereiche von Religion angesprochen: Christliche Religion erscheint u.a. als Begründungperspektive (vgl. Präambel) sowie als „Angebote zur Stärkung der Selbstwirksamkeit und zur Bewältigung von Übergängen im Lebenslauf" sowie als „integrativer Bestandteil" (vgl. These 2) von Familienzentren in explizit christlicher Trägerschaft.

tisch wäre aber, wenn sich etwa in Bezug auf andersreligiöse Migrantenfamilien eine quasi „familienpädagogisch-koloniale" Behandlung wiederholt, also religionspädagogische Arbeit sich auf einen *ausschließlich* christlichen Gestaltungshorizont reduzieren würde. Dies ließe erkennbar keinen Raum für eine religiöse Bildung nichtchristlich religiöser Familien. In diesem Falle wäre zudem die zweite Dimension religiöser Bildung, also interkulturelles Lernen aneinander bzw. das für eine plurale Gesellschaft unverzichtbare wertschätzend-explorierende Lernen im Miteinander *unterschiedlicher* Familienreligiositäten kaum möglich bzw. beeinträchtigt. Migrantinnen und Migranten geraten dann in eine Situation, die auf der einen Seite in der Gefahr steht, *koloniale Mechanismen* zu reduplizieren und auf der anderen Seite verhindert, dass in der christlichen Mehrheit Ängste vor Fremdem bearbeitet und Basiskompetenzen einer pluralen Gesellschaft aufgebaut werden. Aus diesen Gründen sind auch und gerade in kirchlichen Trägerschaften *beide* Aspekte religiöser Bildung auch für nichtchristliche Teilnehmende bzw. Familien zur Geltung zu bringen. Dies muss in gleicher Weise ebenfalls für kommunale oder freie Träger gelten, auch wenn diese nicht positional-religiös angelegt sind und sie Konzepte interkulturell-religionssensibler Pädagogik daher scheinbar einfacher realisieren können. Dabei besteht jedoch – quasi spiegelbildlich zu religiös positionierten Trägern – die Gefahr, dass Bildungsprozesse abgekoppelt werden vom identitätsbildenden Aspekt religiöser Bildung oder sogar eine religiös-indifferente Perspektive Anfragen und Gelegenheiten religionssensibler Familienpädagogik unbearbeitet lässt.[20]

Familienbildung in der Migrationsgesellschaft ist also so anzulegen, dass *beide* Perspektiven religiöser Bildung aufgegriffen werden und Familien in Bezug auf *beide* Aspekte religionspädagogisch reflektiert begleitet, unterstützt und mit Bezug auf die jeweiligen Entwicklungsaufgaben (weiter-)gebildet werden. Hierfür ist eine kindheits- bzw. familienpädagogische Handlungsfähigkeit und -reflexivität von pädagogischen Fachkräften erforderlich, die entsprechend *beide* Aspekte religiöser Bildung umfasst.[21] Migrationssensibilität impliziert also eine Religionssensibilität, die pädagogische Kompetenzen erfordert und letztlich die Entwicklung einer Haltung voraussetzt, die sich auf die interkulturelle *und* die identitätsbildende Perspektive von Religion bezieht. In den Ausbildungs- und Studiengängen professioneller Akteure in der Familienpädagogik (Erzieher/in, Soziale Arbeit, Lehramt, Pfarramt u.a.) dürften insbesondere migrationspädagogische Inhalte bis in die letzten Jahre hinein kaum hinreichend präsent gewesen sein. Religionspädagogische Inhalte der Erzieher/innen-Ausbildung sind z.T. sogar reduziert worden.[22] Forderung bzw. Notwendigkeit einer ‚migrationssensi-

20 Religiöse Indifferenz erscheint dann aber u.U. selbst in der Funktion einer Religion, insofern sie analoge Bedeutung für die Lebensrealisierung gewinnt. Auf religionsanthropologische Diskurse kann hier nicht genauer eingegangen werden. Vgl. zu dem hier vertretenen Religionsverständnis Schirrmacher 2000; zur anthropologisch angelegten Bezogenheit von Glauben und Wissen vgl. Gerhardt 2016.

21 Vgl. zu den hierfür relevanten Kompetenzen: Sulzer 2013, 42f.

22 Im neuen Lehrplan für die Ausbildung zum/r „Staatl. anerkannten Erzieher/in" in Hessen ist ‚Religion/Religionspädagogik' als Fach nur noch in zwei von vier Semestern der

blen Familienbildung' treffen so in der Praxis auf Desiderate, die wohl nur längerfristig und mit entsprechend *verstärkten* Aus- und Weiterbildungsanstrengungen nachhaltig behoben werden können: Neben der Nach-Qualifizierung in Familienpädagogik besteht Handlungsbedarf auch in den Bereichen Migrations- und Religionspädagogik. Herausforderungen betreffen dabei die Implementierung von Ausbildungsinhalten, vor allem aber das im Ausbildungskonzept von Fachschulen angelegte Mentoring und Coaching von Studierenden. Die Ausbildung ist so auszurichten auf eine *Haltung* pädagogischer Fachkräfte, die Religionssensibilität in *beiden* Perspektiven mit umfasst und Fachkräfte auf dieser Grundlage in die Lage versetzt, alltagsintegrierte religiöse Bildungsprozesse mit Eltern und Familien anzulegen, durchzuführen und zu reflektieren.[23]

3. Migrationssensibilität als Herausforderung für die Kirche

Familie und Migration sind bedeutsame Querschnittsthemen nicht nur gegenwärtiger pädagogischer Herausforderungen, sondern auch im biblischen Schriftencorpus und Selbstverständnis christlicher Wirklichkeits- und Existenzdeutung. Im Zusammenhang christlich-jüdischer Theologie ist Migration ein bedeutsames Thema, das sich motivisch durch wichtige Traditionsbereiche bzw. biblische Bücher ‚hindurchzieht'.[24]

---

theoretischen Ausbildung (jeweils zweistündig) vorgesehen. In einer kulturell heterogenen Gesellschaft nimmt jedoch die Bedeutung von Religionspädagogik zu, denn „die Qualität der pädagogischen Praxis im Umgang mit kultureller Differenz wird … begrenzt, wenn Fachkräfte sich unsicher fühlen, auf welcher fachlichen Grundlage sie handeln" (so Sulzer 2013, 6).

23 Für ein kompetenzorientiertes Konzept der Ausbildung zum/r „Staatliche anerkannten Erzieher/in" bedeutet dies konkret eine Aufwertung religionspädagogischer Inhalte, die dann die Themenfelder Ethik, Spiritualität, Grundwissen Religion, Interreligiosität/Interkulturalität sowie religionspädagogische Konzipierungs- und Handlungsfähigkeit einschließen muss. Zudem kann Religionssensibilität dann nicht nur im Fachkontext der Religionspädagogik thematisiert werden, sondern zeigt sich als Querschnittsperspektive mit besonderem Focus im Mentoring.

24 Dies gilt etwa in der Hebräischen Bibel für die sog. „Urgeschichte" (Gen 1–11; mit den Migrationsgeschichten bzw. -motiven des Sündenfalls, Kain und Abels, Noahs oder des Turmbaus zu Babel) oder die sog. Väter- und Müttergeschichten (ab Gen 12; z.B. Abraham, Joseph und seine Brüder oder die Jakobsgeschichte). Vor allem aber ist das für das Selbstverständnis des biblischen Glaubens bedeutsame Exodusgeschehen (Ex 1ff.; die Herausführung des Volkes Israel aus Ägypten) zu nennen. In seiner geschichtlichen bzw. theologischen Bedeutung für das Frühjudentum und die folgenden Traditionsbildungsprozesse (z.B. Prophetie) kaum zu überschätzen ist die sog. „babylonische Gefangenschaft". Aber auch das Neue Testament bietet Migrationsmotive: Jesus selbst erscheint in seiner Hauptwirkungszeit als nicht sesshaft, sondern lebt mit einem migrantischen Lebenskonzept. Paulus wirkt auf Reisen, die den heutigen Migrationsrouten z.T. nicht unähnlich scheinen. Für das ‚Ende der Zeiten' wird in bestimmten Überlieferungskontexten eine Art universale Migration „der Völker" nach Jerusalem vorausgesetzt (z.B. Mi 4,1–5; Jes 60).

Der biblische Glaube ist in seiner Überlieferungssubstanz pointiert „migrationssensibel“ – bis hinein in das Selbstverständnis des christlichen Glaubens als „Nachfolge“ oder im Blick auf identitätsbildende Erzählkomplexe.[25] Weil die Migrationsthematik derart bedeutsam für den biblischen Bezugshorizont des christlichen Glaubens ist, erscheint es legitim, nach der Bedeutung von Migration im gegenwärtigen kirchlichen Selbstverständnis zu fragen.

Während Migration in der biblischen Tradition sogar theologisch-motivisch für das Selbstverständnis des christlichen Glaubens ausgedeutet wird, zeigt sich für das Selbstverständnis der Kirche heute eher eine *stationäre* Selbstverortung. Maßgeblich sind hierfür unterschiedliche Faktoren, etwa organisationssoziologische Kontextfaktoren, aber auch finanzielle Rahmenbedingungen: Kirchengemeinden sind strukturell schwerpunktmäßig auf die religiöse Versorgung der lokal ansässigen aktiven Gemeindemitglieder (d.h. etwa 15–20% der lokalen Gesamtmitgliedschaft) ausgerichtet und dies steht auch im Vordergrund der Berufsausübung des Pfarramtes bzw. weiterer Berufsgruppen in der Kirche.[26] Herausforderungen außerhalb dieses klaren Bezugsrahmens erscheinen demgegenüber perspektivisch nachrangig: Die Wahrnehmung von Kirche für etwa ein Drittel der Mitglieder ist auf eine mit Pfarrer/in und Kirchengebäude personal und lokal verankerte Verlässlichkeit[27] ausgerichtet. Die Pluralisierung der Gesellschaft ist also im „Binnenraum“ der Kirchengemeinde z.T. nur abgeschwächt relevant. Aufgrund dieses Befundes scheint naheliegend, wenn Kirchengemeinden bzw. kirchliche Einrichtungen im Bereich der Familienbildung wenig auf die zunehmend plurale, *nicht* mehr schwerpunktmäßig christlich geprägte Gesellschaft ausgerichtet sind. Dies betrifft auch Anforderungen einer doppelaspektiv angelegten migrations- bzw. religionssensiblen Familienpädagogik. Ansätze für Weiterentwicklungen können evtl. aus D. Bonhoeffers Leitidee einer „Kirche für andere“ erschlossen werden.[28] Vor allem aber ist die Gemeindepädagogik als praktisch-theologische Subdisziplin weiter zu entwickeln. Betrachtet man deren Entstehung, so zeigt sich unter dem leitenden Blick heutiger Herausforderungen z.T. ein „exkludierendes“ Verständnis von Gemeindepädagogik, das vorwiegend auf die theologische Zurüstung von Gemeindemitgliedern ausgerichtet ist und – verständlicherweise – die Pluralität der Gegenwart und die Doppelaspektivität religiöser Bildung nicht angemessen berücksichtigt.[29] Weiterentwicklungen müssten pädagogisch aufnehmen und umsetzen, was im Bildungsbegriff

25 Vgl. etwa die Weihnachtsgeschichte (Lk 2), die den Bezug des Heilsereignisses (Geburt Jesu) zu Kontextsituation und weltlichen Machtansprüchen *anhand einer Migrationsmotivik* erschließt.

26 Lindner 2000, 78ff.; 85ff.

27 Vgl. so Hermelink 2014, 32f.

28 Vgl. hierzu den Anfang der Präambel von „Familienzentren in evangelischer Verantwortung“ (Diakonie Deutschland 2017): „Kirchlich-diakonisches Handeln versteht sich als ‚Da sein für andere‘ und ‚Leben mit anderen‘ … So entsteht eine neue Gemeinschaft … Evangelische Familienzentren sind Orte, an denen diese Form des Zusammenlebens verwirklicht wird.“

29 Vgl. Rosenboom 1978, 55ff.; bes. 57, 60.

der EKD-Denkschrift „Maß des Menschlichen" angelegt ist, wo Bildung als „Zusammenhang von Lernen, Wissen, Können, Wertbewusstsein, Haltungen (Einstellungen) und Handlungsfähigkeit im Horizont sinnstiftender Deutungen des Lebens" bestimmt wird.[30] Zu fragen ist dann, wie dies in Bezug auf Menschen mit Migrationshintergrund sowie „poor working families"[31], aber auch einfach für Kinder als „zunehmend … benachteiligte Bevölkerungsgruppe"[32] umzusetzen ist. Die Kirchengemeinde ist in diesem Sinne als Ort zu verstehen und zu profilieren, an dem *beide* Aspekte religiöser Bildung ihren Raum haben und dabei auch Kinderrechte gewahrt und partizipativ umgesetzt werden bzw. Kinder als *aktive Partner* wahr- und ernstgenommen werden.[33] Konzeptionell weiterführend erscheint in diesem Zusammenhang eine Erinnerung an Schleiermacher, für den gerade die „Zirkulation" des religiösen Selbstbewusstseins und dabei „die gleiche Selbständigkeit aller", also ein *gemeinsamer Prozess,* kennzeichnend für Kirche und Kirchengemeinde sind.[34] Dabei geht Schleiermacher davon aus, dass das religiöse Selbstbewusstsein Verständnis und Einfühlungsvermögen auch gegenüber anderen Religionen oder Konfessionen begründet und ermöglicht – und nicht aus sich selbst Abgrenzung und Aggression hervorruft.[35]

4. Identität als Schlüssel für eine migrationssensible Familienbildung

In der heutigen Situation einer nicht mehr primär christlich geprägten, pluralen Gesellschaft erscheint ein Rekurs auf den *Identitätsbegriff* klärend für die Entwicklung eines Selbstverständnisses bzw. einer ‚Haltung' in der migrationssensiblen Familienbildung. Statt im Sinne eines nicht mehr für den Dialog offenen, abgegrenzten und abgrenzenden Überzeugungskonzeptes, lässt sich Identität auch als Ressource bestimmen, die Prozesse und Räume von Austausch und gegenseitigem Lernen gerade ermöglicht.[36] Identität erschließt sich so aus ‚Quellen', auf die sich der Mensch existentiell bezieht. Diese gilt es in Begegnungen und Austausch zu aktualisieren und auch weiterzuentwickeln, so dass sich anhand des Austausches ‚Identität' erst jeweils für die Gegenwart

30 Rat der Evangelischen Kirche in Deutschland 2005, 66.

31 Meiert 2017, 28.

32 Rat der Evangelischen Kirche in Deutschland 2005, 31.

33 Betz u.a. 2017, 134, 138.

34 Vgl. so Herms 2003, 269.

35 Vgl. hierzu etwa Schleiermacher 1984, in der 2. Rede über das Wesen der Religion, in: Über die Religion. Reden an die Gebildeten unter ihren Verächtern. 1799: „Jeder muss sich bewusst sein, dass die seinige" Religion „nur ein Teil des Ganzen ist … und dass aus anderen Elementen der Religion Anschauungen und Gefühle ausfließen, für die ihm vielleicht gänzlich der Sinn fehlt. Ihr seht, wie unmittelbar … diese freundliche, einladende Duldsamkeit aus dem Begriff der Religion entspringt … Wie unrecht wendet Ihr Euch also an die Religion mit Eueren Vorwürfen, dass sie verfolgungssüchtig sei und gehässig, dass sie die Gesellschaft zerrütte und Blut fließen lasse".

36 Vgl. Jullien 2017.

anordnet und profiliert.[37] In einer Pädagogik, die sich auf ein solches Identitätsverständnis bezieht, sind Räume für gemeinsames Erleben, Gespräch und Begegnungen *Basis* für ein Miteinander im Lernen, das sich gerade durch einen solchen Austausch *der eigenen Identität vergewissert.* Ein solcher Identitätsbegriff macht eine *Haltung* möglich, in der sich positionale Bezogenheit und interreligiöse Dialogfähigkeit verbinden. Der christliche Glaube – und überhaupt das Christentum – ist in dieser Perspektive eine „Ressource ..., die zur *existentiellen* Förderung des Subjekts beiträgt“[38] und sich jeweils im Dialog für die Gegenwart formiert. Zirkulation wird dann aber zum Grundparadigma einer religionssensiblen Familienbildung: Die Sinnperspektive wird durch den Bezug auf unterschiedliche religiöse Überzeugungen als Ressourcen gerade „im Gespräch“ gehalten und gebildet. Auf Grundlage eines solchen Identitätsbegriffs erschließt sich auch ein Zugang zur Kirchengemeinde als Ort existentieller Förderung. Die Überwindung des exkludierend-abschließenden Identitätsbegriffs ermöglicht und erschließt dann nämlich beide Aspekte von Religionssensibilität: Wertschätzendes Miteinander *und* vertieftes Selbstverständnis der eigenen religiösen Selbstverortung. Austausch und Kommunikation werden dann als wertschätzendes Nachspüren und Wahrnehmen des anderen (und dessen tragenden Ressourcen) erfahrbar – und zugleich zu einer Chance der Vergewisserung der eigenen Religiosität.

Begegnung mit migrantischen Familien und konkrete Auseinandersetzung mit Migration findet in der Kirche (neben Angeboten der Diakonie) in besonderer Weise in Organisationsformen der Familien- und Kindheitspädagogik statt. Diese Arbeit erscheint auch wichtig, weil „Eltern mit vielfältigen Belastungen, z.B. Migrationsvorgeschichte, ... ihren Kindern außerschulisches Lernen nicht – oder nur in begrenztem Maße – ermöglichen (können).“[39] In diesen Handlungsfeldern ist die oben skizzierte Doppelaspektivität religiöser Bildung bedeutsam, selbst wenn Kirchengemeinden insgesamt diese Haltung organisational nicht einholen können. In der Familienbildung aber werden konzeptionell ‚Räume‘ angelegt, die zu Begegnung und zu gemeinsamem Lernen öffnen und eine entsprechend wertschätzende Haltung möglich machen und kultivieren.[40] So ergibt sich die Perspektive einer religiösen Bildungsarbeit, die weniger bezogen ist auf ein gemeindepädagogisches Paradigma im exkludierenden Sinne, sondern auf Bildungsprozesse, wie sie die evangelische Erwachsenenbildung kennzeichnen. Familienbildung rechnet dabei nämlich konzeptionell mit einer Heterogenität, die im Prozess des Miteinanders bereichert und ermöglicht, aneinander zu lernen. Die familienbezogene Erwachsenenbildung gewinnt so eine Schlüsselbedeutung für Familienbildung in der pluralen Gesellschaft.[41]

37 Vgl. Jullien 2017, 43, 54, 57.

38 Jullien 2017, 68. (Hervorhebung im Original).

39 Haschke/Thier 2017, 8, die aufgrund dieser Konstellation etwa ein präventives Patenschaftsprojekt mit „Bildungspiloten“ entwickelt haben.

40 Dies ist auch eine wichtige Voraussetzung für das Gelingen von Demokratie.

41 Sie ist immer schon öffnend und führt ins Gespräch. Sie erhält so die für Religiosität unerlässliche Ambiguitätstoleranz (vgl. Bauer 2018, 31ff.).

Ein auf *Identität als Ressource* ausgerichteter Identitätsbegriff erschließt und begründet dabei eine *Haltung*, die damit rechnet, dass Dialog und Austausch nicht gefährden, sondern bereichern. Für die Familienbildung ist daher der ressourcenbezogene Identitätsbegriff besonders hilfreich, insofern Phasen, Räumen und Orten des Miteinanders und der Begegnung hohe Bedeutung in einer pluralen Gesellschaft zukommt und sich darin auch Familien in Alltagspraxen und Aushandlungsprozessen etc.[42] immer wieder neu formieren. Wegweisend für die Umsetzung dieser Perspektive im kirchlichen Bereich ist das Positionspapier „Familienzentren in evangelischer Verantwortung" von 2017[43], das diese Perspektive in neun Thesen entfaltet und die Familienzentrumsarbeit in die Vision einer „neue(n) Gemeinschaft" stellt, „die offen, solidarisch, partizipativ und herrschaftsfrei ist"[44]. Dies trägt – wie C. Iller ausdrückt – dazu bei, Familienbildung als „Ort der Auseinandersetzung und Gestaltung von Familienkonzepten"[45] zu ermöglichen.

Kirchengemeinden sind – selbst wenn Familienzentren oder Kindertagesstätten in kirchlicher oder diakonischer Trägerschaft bestehen – oft nur ansatzweise mit den Organisationsformen der Familienbildung vernetzt. Andererseits sind Kinder und Jugendliche immer weniger in den klassischen Bereichen von Kirchengemeinden präsent, sondern verbringen zunehmend einen wesentlichen Teil ihres Tages in Einrichtungen wie Kindertagesstätten, Horten oder Ganztagsbetreuung. Dies verändert die kirchengemeindliche Arbeit erheblich, insofern Familien weit weniger Bezug zu Kirchengemeinden haben als dies traditionell mit Kinder- oder Krabbelgruppen, Jugendarbeit etc. der Fall war – zumal wenn beide Elternteile berufstätig sind. Diese Entwicklungen haben also erhebliche Auswirkungen auf die Familienbildungsarbeit in Kirchengemeinden, ebenso wie die Veränderungen der familiären Zeitstrukturen, Digitalisierung, verändertes Freizeitverhalten etc. Daher liegt auch eine Chance darin, dass sich *neben* (aber z.T. doch in Trägerschaft) von Kirchengemeinden, die in Bezug auf die zunehmende Pluralität in der Gesellschaft teilweise eher als segmentierte Organisationsformen wahrgenommen werden, Familienzentren gebildet haben. Diese stellen – ob in kirchlicher Trägerschaft oder nicht – durch ihre sozialraumorientierten, familienpädagogisch angelegten Konzepte ein für heterogene und inklusive Bildungsprozesse angemessener aufgestelltes Setting dar als die Angebotsstruktur von Kirchengemeinden dies traditionell leisten konnte. Familienzentren eröffnen so aber Räume, die dazu beitragen können, Kirchengemeinden zu *öffnen* und *weiterzuentwickeln* sowie familienbezogene Begegnung, Intergenerationalität sowie familienbezogene Erwachsenenbildung zu kultivieren. So öffnet sich mit der kindheits- und familienpädagogischen Perspektive ein für kirchliche Träger interessanter und ergänzender Sozialraum für Inklusivität und Gemeinschaft in Verschiedenheit religiös-kultureller Herkünfte – und so auch ein *gemeinsamer Lernraum* für religiöse Erfahrungen. Familienpädagogik intendiert so letztlich „Lerngemeinschaften", bei denen auch Migrantinnen

42 Vgl. Mengel 2017, 17f.

43 Diakonie Deutschland 2017.

44 Vgl. ebd., Präambel.

45 Iller 2017, 27.

und Migranten gleichwertig inkludiert sind. Der Begriff der „Lerngemeinschaft", der in der Erwachsenenbildung der Kirche in der DDR entwickelt wurde, ist in diesem Sinne für die plurale Gesellschaft zu erweitern und auf die Familienbildung in der Migrationsgesellschaft zu beziehen.[46] Familienpädagogik erschließt so einen Gemeinschaftsbegriff, in dem religiöse Werte in das soziale Miteinander eingebracht werden können, ohne dass dies primär auf den sprachlich bestimmten, liturgisch festgelegten Gemeindegottesdienst bezogen ist. Dies fordert die Kirchengemeinde heraus, Formen sowie Konzepte zu entwickeln, um sich auf diese Arbeit zu beziehen und im Bereich migrationssensibler Familienbildung handlungs- und reflexionsfähig werden.[47]

Einrichtungen der Familien- und Kindheitspädagogik ermöglichen so intergenerationales und interkulturelles Lernen auf der Grundlage gegenseitiger Wertschätzung. Hierzu steht die ausschließliche Einstellung und Beteiligung evangelischer oder christlicher pädagogischer Fachkräfte in kirchlich getragenen Einrichtungen in einem gewissen Widerspruch. Wenn es tatsächlich in kirchlicher oder diakonischer Trägerschaft um religiöse Bildung bzw. Religionssensibilität in *beiden* Perspektiven unter dem Vorzeichen identitätsermöglichender und -vertiefender Zirkulation geht, könnten an diesem Arbeitsfeld auch nichtchristliche Pädagoginnen und Pädagogen mitwirken, die das (christlich bestimmte) Leitbild der Einrichtung mittragen. Anders als neuere Positionen in der Diakonie erscheint die Anstellung nichtchristlicher Pädagoginnen und Pädagogen dabei *nicht unvermittelt dogmatisch-theologisch* und gerade *nicht* aus einem *„Hilfeethos"*[48], sondern aus der *Glaubwürdigkeit* und *Professionalität* der migrationssensiblen Familienbildung in der pluralen Gesellschaft begründet. Diese ist durch eine wertschätzende Perspektive ausgezeichnet und gestaltet auf dieser Grundlage religiöse Bildungsarbeit. Für eine religionssensible pädagogische Qualität der Familienbildung ist also „‚eine in kultureller … Hinsicht plurale Zusammensetzung des Personals' Voraussetzung"[49] – auch in kirchlicher oder diakonischer Trägerschaft.

Literatur

Andresen, Sabine/Hurrelmann, Klaus (2010): Kindheit, Beltz: Weinheim/Basel.

Bauer, Thomas (2018): Die Vereindeutigung der Welt. Über den Verlust an Mehrdeutigkeit und Vielfalt, 2., durchges. Aufl., Reclam: Ditzingen.

Betz, Tanja u.a. (2017): Partner auf Augenhöhe? Forschungsbefunde zur Zusammenarbeit von Familien-Kitas und Schulen mit Blick auf Bildungschancen, mit Suppl.: Zusammenfassung, Bertelsmann-Stiftung: Gütersloh.

Bundesverband der Familienzentren e.V. (BVdZ) (2017): Positionspapier, Bensheim.

---

46 Vgl. zu Hintergrund und Kontext des Begriffs ‚Lerngemeinschaft' Rothe 2007, 477ff.

47 Anzusetzen ist dabei sicher auch in Hinsicht auf die Weiterentwicklung der Kompetenzen von Pfarrerinnen und Pfarrerin in den Feldern Sozial-, Kindheits- und Familienpädagogik.

48 These 2 der „Thesen des Brüsseler Kreises" (in: Haas/Starnitzke 2014, 21–23) thematisiert die Frage der Voraussetzung der Kirchenmitgliedschaft für die Anstellung bei kirchlich-diakonischen Trägern als „theologisches Problem".

49 So Neumann, zit. bei Sulzer 2013, 53.

Büttner, Gerhard/Dieterich, Veit-Jakobus (2013): Entwicklungspsychologie in der Religionspädagogik, Vandenhoeck & Rupprecht: Göttingen.

Diakonie Deutschland (Hrsg.) (2017): Familienzentren in evangelischer Verantwortung. Positionen der Diakonie 08.

Dommel, Christa (2010): Religion – Diskriminierungsgrund oder kulturelle Ressource für Kinder?, in: Handbuch Kinderwelten. Vielfalt als Chance – Grundlagen einer vorurteilsbewussten Bildung und Erziehung, Hrsg. Petra Wagner, Herder: Freiburg/Br., S. 148–159.

Gerhard, Volker (2016): Glauben und Wissen. Ein notwendiger Zusammenhang, 2.Aufl. Reclam: Ditzingen.

Haas, Hanns-Stephan/Starnitzke, Dierk (Hrsg.) (2014): Diversität und Identität. Konfessionsbindung und Überzeugungspluralismus in caritativen und diakonischen Unternehmen, Kohlhammer: Stuttgart u.a.

Haschke, Marie-Louise/Thier, Edith (2017): Mit dem Bildungspiloten die Welt entdecken. Ein präventives Patenschaftsprojekt für Kinder aus bildungsungewohnten Familien, in: forum erwachsenenbildung, 3/17, S. 8–9.

Hermelink, Jan (2014): Kirchenbilder. Erste Beobachtungen zu den Antworten auf die offenen Fragen, in: Engagement und Indifferenz. Kirchenmitgliedschaft als soziale Praxis. V. EKD-Erhebung über Kirchenmitgliedschaft, EKD: Hannover, S. 32–35.

Herms, Eilert (2003): Schleiermachers Lehre vom Kirchenregiment, in: ders., Menschsein im Werden. Studien zu Schleiermacher, Siebeck/Mohr: Tübingen, S. 320–399.

Iller, Carola (2017): Forschungsdesiderat familienbezogene Erwachsenenbildung, in: forum erwachsenenbildung 1/17, S. 24–27.

Jullien, Francois (2017): Es gibt keine kulturelle Identität. Wir verteidigen die Ressourcen einer Kultur. Aus dem Französischen von Erwin Landrichter, 2. Aufl. Suhrkamp: Berlin.

Lindner, Helgo: Kirche am Ort. Ein Entwicklungsprogramm für Ortsgemeinden (2000), völlig überarb. Neuaufl., Kohlhammer: Stuttgart u.a.

Lösel, Friedrich u.a. (2006): Bestandsaufnahme und Evaluation von Angeboten im Elternbereich. Abschlussbericht. Im Auftrag des BMFSFJ, verfügbar unter: www.bmfsj.de/doku/elternbildungsbereich/pdf/abschlussbericht2006.pdf

Meiert, Andreas (2017): Poor working families und die Reproduktion sozialer Ungleichheit, in: forum erwachsenenbildung 3/17, S. 27–31.

Mengel, Melanie (2017): Alleinerziehende in der Erwachsenenbildung: Wie kann „Bildung" an die besonderen Leistungen dieser Familienform anschließen?, in: forum erwachsenenbildung 4/17, 15–19.

Müller-Giebeler, Ute (2017): Innovative Familienbildung: Möglichkeit für nichtaffirmative Bildungsprozesse oder heteronome Professionalisierung von Elternschaft, in np 4, S. 371–383.

Plonz, Sabine (2013): Politisch denken – Themen setzen. Evangelische Impulse für eine familienbezogene Erwachsenenbildung, in: forum erwachsenenbildung 3/13, S. 32–36.

Rat der Evangelischen Kirche in Deutschland (2005): Maße des Menschlichen. Evangelische Perspektiven zur Bildung in der Wissens- und Lerngesellschaft. Eine Denkschrift des Rates der Evangelischen Kirche in Deutschland, 3. Aufl., Gütersloher Verlagshaus: Gütersloh.

Rosenboom, Enno (1978): Gemeindepädagogik – eine Herausforderung an die Kirche, in: Leben und Erziehen durch Glauben. Perspektiven bildungspolitischer Mitverantwortung der evangelischen Kirche. Mit einem Geleitwort von Landesbischof D. Helmut Claß, Gütersloher Verlagshaus: Gütersloh, S. 55–71.

Rothe, Aribert (2007): „Kirche als Lerngemeinschaft" (1974) von Albrecht Schönherr, in: Wegweisende Werke zur Erwachsenenbildung, hrsg. von Ralf Koerrenz/Elisabeth Meilhammer/Käthe Schneider, Edition Paideia: Jena, S. 477–488.

Schirrmacher, Freimut (2000): Der natürlichere Mensch. Helmuth Plessners religionsanthropologische Systematik in ihrer Bedeutung für die theologisch-anthropologische Urteilsbildung, Königshausen & Neumann: Würzburg.

Schleiermacher, Friedrich D. E. (1984): Über die Religion. Reden an die Gebildeten unter ihren Verächtern (1799), in: ders., Schriften aus der Berliner Zeit 1796–1799. Kritische Gesamtausgabe. Erste Abteilung. Zweiter Band. Hrsg. von Günter Meckenstock, de Gruyter: Berlin/New York, S. 185–326.

Sulzer, Annika (2013): Kulturelle Heterogenität. Anforderungen an Fachkräfte. Eine Expertise der Weiterbildungsinitiative Frühpädagogische Fachkräfte, WIFF Expertisen 34, DJI: München.

Walper, Sabine/Wild, Elke (2014): Lernumwelten in der Familie, in: Pädagogische Psychologie, hrsg. von Tina Seidel/Andreas Krapp, 6., vollst. überarb. Aufl., Beltz: Weinheim, S. 359–385.

Autorinnen und Autoren

Dr. Donja Amirpur,
TH Köln, Arbeitsschwerpunkte: Bildungsräume in Kindheit und Familie, Intersektionalität und Inklusion mit den Schwerpunkten Behinderung und Migration, Rassismuskritik; Kindheitsforschung, Elternschafts- und Familienforschung; biographische und ethnographische Feldzugänge
E-Mail: donja.amirpur@th-koeln.de

Prof. Dr. Anselm Böhmer,
Pädagogische Hochschule Ludwigsburg, Arbeitsschwerpunkte: Allgemeine Pädagogik, insbes. poststrukturalistische Ansätze; Migration; Soziale Räume.
E-Mail: boehmer@ph-ludwigsburg.de

Prof. Dr. Jörn Borke,
Professur für Entwicklungspsychologie der Kindheit, Hochschule Magdeburg-Stendal, Fachbereich Angewandte Humanwissenschaften, Arbeitsschwerpunkte: Entwicklungspsychologische Grundlagen; Kulturvergleichende Entwicklungspsychologie; Kultursensitive Frühpädagogik und Beratung von Familien mit Säuglingen und Kleinkindern.
E-Mail: joern.borke@hs-magdeburg.de

Prof. Dr. Havva Engin,
Pädagogische Hochschule Heidelberg, Arbeitsschwerpunkte: Inter-/transkulturelle Pädagogik; Spracherwerb:Deutsch als Zweitsprache; Schulentwicklung in Einwanderungsgesellschaften; Erziehungspartnerschaft mit Familen mit Zuwanderungs- und Fluchtbiografie; Interreligiöse Kompetenz in Bildungskontexten.
E-Mail: mail@havvaengin.de

Prof. Dr. Kenan Engin,
Akkon Hochschule für Humanwissenschaften Berlin, Arbeitsschwerpunkte: Migration & Flucht, Strukturen der migrantischen; Gesellschaft, Migration und Gesundheit, Minderheiten und Fluchtbewegungen im Nahosten, Strukturen der nahöstlichen Konflikte.
E-Mail: Kenan.Engin@akkon-hochschule.de

Prof. Dr. Veronika Fischer,
Professorin für Erziehungswissenschaft Hochschule Düsseldorf, Arbeitsschwerpunkte: Erwachsenen- und Familienbildung, Migrationspädagogik, Interkulturelle Öffnung/Diversity.
E-Mail: veronika.fischer@hs-duesseldorf.de

Prof. Dr. Thomas Geisen,
Professor für Arbeitsintegration und Eingliederungsmanagement/Disability Management an der Hochschule für Soziale Arbeit der Fachhochschule Nordwestschweiz, Arbeitsschwerpunkte: Arbeit und Migration.
E-Mail: thomas.geisen@fhnw.ch

Prof. Dr. Carola Iller,
Professorin für Weiterbildung im Institut für Erziehungswissenschaft der Stiftung Universität Hildesheim, Arbeitsschwerpunkte: Bildung im Lebenslauf, Bildungsbeteiligung und Partizipation, Familienbildung.
E-Mail: carola.iller@uni-hildesheim.de

Tatjana Kasatschenko M.A.,
Institut für Allgemeine Pädagogik und Berufspädagogik der Technischen Universität Darmstadt, Arbeitsschwerpunkte: Rassismuskritische Bildung; Gender Studies und kritische Weißseinsforschung im Kontext päd. Professionalisierungsprozesse.
E-Mail: t.kasatschenko@apaed.tu-darmstadt.de

Dr. Steffen Kleint,
Wissenschaftlicher Mitarbeiter Comenius-Institut, Arbeitsbereich Erwachsenenbildung.
E-Mail: kleint@comenius.de

Dipl.-Soz. Doris Lüken-Klaßen,
Staatsinstitut für Familienforschung an der Universität Bamberg (ifb), Arbeitsschwerpunkte: Migration, Asyl, Integration; Diversity, Anti-Bias und interkulturelle Kompetenz; Eltern- und Familienbildung.
E-Mail: doris.lueken-klassen@uni-bamberg.de

Dipl.-Päd. Melanie Mengel,
Projektkoordination „Gesundheit für alle im Stadtteil“, Gesundheitsamt der Stadt Nürnberg, Arbeitsschwerpunkte: Familienbildung und Frühe Hilfen; Gesundheitsförderung; Integrierte kommunale Planung und Steuerung sowie Kooperation in multiprofessionellen Netzwerken.
E-Mail: melanie.mengel@stadt.nuernberg.de

Dipl.-Soz. Regina Neumann,
Staatsinstitut für Familienforschung an der Universität Bamberg (ifb), Arbeitsschwerpunkte: Eltern- und Familienbildung; Wissenschaftliche Begleitforschung und Evaluation.
E-Mail: regina.neumann@ifb.uni-bamberg.de

Prof. Dr. Halit Öztürk,
WWU Münster, Arbeitsbereich Erwachsenenbildung/Weiterbildung, Arbeitsschwerpunkte: Empirische Teilnehmer- und Adressatenforschung; diversitätsorientierte Organisations- und Personalentwicklung; Begleitforschung/Evaluation im Weiterbildungsbereich-
E-Mail: halit.oeztuerk@wwu.de

Dipl.-Päd. Sara Reiter,
Wissenschaftliche Mitarbeiterin, WWU Münster, Arbeitsbereich Erwachsenenbildung/Weiterbildung, Arbeitsschwerpunkte: Betriebliche Weiterbildung und Migration sowie Diversität in Weiterbildungsorganisationen.
E-Mail: sara.reiter@wwu.de

Prof. Dr. Freimut Schirrmacher, M.A
Pfarrer, apl. Professor für Praktische Theologie an der Kirchlichen Hochschule Wuppertal/Bethel (Hochschule für Kirche und Diakonie), Direktor des Ev. Fröbelseminars der Diakonie Hessen, Kassel. Arbeitsschwerpunkte: theologische und philosophische Anthropologie, Beratung und Seelsorge, Erwachsenenbildung, Familienbildung.
E-Mail: f.schirrmacher@ev.froebelseminar.de

Tabea Schlimbach,
wissenschaftliche Referentin, Deutsches Jugendinstitut, Halle, Arbeitsschwerpunkte: Übergänge im Jugendalter, Migration, qualitative Sozialforschung.
E-Mail: schlimbach@dji.de

Prof. Dr. habil. Christiane Schurian-Bremecker,
Professorin für „Methoden Sozialer Arbeit“ an der CVJM Hochschule, Kassel, Privatdozentin am Fachbereich Sozialwesen der Universität Kassel mit der Nomination „Familiale Sozialisation und Ethnizität“, Arbeitsschwerpunkte: Kindheits- und Familienforschung; Ritualforschung.
E-Mail schurian@cvjm-hochschule.de

Dr. Anja Schwentesius,
Geschäftsführung und wissenschaftliche Mitarbeiterin am Kompetenzzentrum Frühe Bildung der Hochschule Magdeburg-Stendal, Arbeitsschwerpunkte: Professionalisierung der Kindheitspädagogik; Übergang Kita Schule; Kultursensitive Frühpädagogik;
E-Mail: anja.schwentesius@hs-magdeburg.de

Dr. Michael Tunç,
Vertretung der Professur Migration und Interkulturalität in der Sozialen Arbeit, Hochschule Darmstadt, Fachbereich Soziale Arbeit, Arbeitsschwerpunkte: Männlichkeit; Väterlichkeit; Intersektionen von Männlichkeit/Väterlichkeit und Migration/Ethnizität; Migrationsforschung und Migrationssozialarbeit; Diversität; Rassismuskritik und Antidiskriminierung; (migrationssensible) Väterarbeit und ihre Evaluation.
E-Mail: post@michael-tunc.de

Dr. Ayşe Uygun-Altunbaş,
Arbeitsschwerpunkte: Muslimische Religiosität; Religiöse Sozialisation muslimischer Kinder und Jugendliche; Kindheit, Jugend, Familie im Migrationskontext; Sozialisation, Werte und Wertebildungsprozesse in Migrationsfamilien, einschl. Identität(-sbildungsprozesse) von Kindern und Jugendlichen; Methoden empirischer Sozialforschung
E-Mail: uygun-altunbas@web.de

Dr. Olga Zitzelsberger,
Institut für Allgemeine Pädagogik und Berufspädagogik der Technischen Universität Darmstadt, Arbeitsschwerpunkte: Migration und Bildung; Genderstudien und Qualitative empirische Sozialforschung.
E-Mail: o.zitzelsberger@apaed.tu-darmstadt.de